卓越绩效计分卡

从优秀到卓越的"造钟"方法

Performance Excellence Score Card

杨克军 ◎ 著

企业管理出版社
ENTERPRISE MANAGEMENT PUBLISHING HOUSE

图书在版编目（CIP）数据

卓越绩效计分卡：从优秀到卓越的"造钟"方法 / 杨克军著. -- 北京：企业管理出版社，2024.10.
ISBN 978-7-5164-3147-4

Ⅰ.F272.5

中国国家版本馆CIP数据核字第2024806VX8号

书　　名：	卓越绩效计分卡：从优秀到卓越的"造钟"方法
书　　号：	ISBN 978-7-5164-3147-4
作　　者：	杨克军
责任编辑：	于湘怡
出版发行：	企业管理出版社
经　　销：	新华书店
地　　址：	北京市海淀区紫竹院南路 17 号　　邮　编：100048
网　　址：	http://www.emph.cn　　电子信箱：1502219688@qq.com
电　　话：	编辑部（010）68701661　　发行部（010）68701816
印　　刷：	河北宝昌佳彩印刷有限公司
版　　次：	2024 年 10 月第 1 版
印　　次：	2024 年 10 月第 1 次印刷
规　　格：	700mm × 1000mm　　开　本：1/16
印　　张：	23.25 印张
字　　数：	392 千字
定　　价：	88.00 元

版权所有　翻印必究 ·　印装有误　负责调换

序

一、"造钟"方法的探索

1994年，吉姆·柯林斯和杰里·波勒斯在二人合著的《基业长青》一书中提到，拥有一个伟大的构想，或身为高瞻远瞩的魅力型领导，好比是"报时"；建立一家公司，使公司在任何一位领袖身后很久、经历许多次产品生命周期仍然欣欣向荣，好比是"造钟"。他们向企业家和职业经理人提出建议：要把公司本身当成最终的创造。如果你正致力于构建和管理一家公司，那么，要求你花较少的时间思考特定的产品线和市场策略，多花时间思考组织设计；要求你少花时间扮演"报时人"，多花时间扮演"造钟师"。

《基业长青》研究了18个卓越非凡、长盛不衰的公司，总结出这些公司具有普遍规律性的管理理念、组织结构和行为方式。吉姆·柯林斯在其2001年出版的《从优秀到卓越》一书中，通过对28家公司的对比研究，发现了企业从优秀到卓越的内在机制和决定性因素。而早在1982年，汤姆·彼得斯和罗伯特·沃特曼在《追求卓越》一书中，就总结了卓越企业的八大特征。然而，这三部管理学经典著作并没有告诉我们，一家"普通"的企业如何成长为"优秀"或"卓越"，或者告诉我们具体的"造钟"路径和方法。

1987年，美国通过了《马尔科姆·波多里奇国家质量提高法》，设立了美国国家质量奖。受其影响,目前世界上已有80多个国家设立了国家质量奖。卓越绩效模式(Performance Excellence Model,PEM)是以各国政府质量奖评价准则为基础的一类经营管理模式的总称,其范围涵盖组织经营管理的所有方面,包括领导、战略、顾客、测量、分析与知识管理、运营、员工、经营结果,卓越绩效模式已成为"经营管理事实上的国际标准"。

相比于《追求卓越》《基业长青》以及《从优秀到卓越》,卓越绩效模式对"卓越"的具体要求及评判标准有了更明确、更具体的指南,但对"造钟"的具体路径和方法依然没能给出明确答案。

2004年,我国国家标准《卓越绩效评价准则》(GB/T 19580—2004)正式发布,"全国质量奖"评选工作正式启动。在过去的20年里,除全国质量奖,我国30多个省/市/自治区设立了政府质量奖,还有市/县/区一级的政府质量奖。全国各地企业踊跃学习卓越绩效模式、申报政府质量奖,获奖不仅可以给企业带来荣誉和口碑,还能创造经济价值。

近年来,我国质量奖评选热潮呈逐渐消退之势,卓越绩效模式推行效果未及预期,抛开企业自身存在不足、质量奖评审水平参差不齐等诸多外部原因,回归到标准本身,笔者认为,在指导企业"造钟"方面,卓越绩效模式存在三点不足:

第一,缺少一个充分对标卓越绩效模式的绩效测量系统;

第二,缺少一条企业从"普通"到"优秀"再到"卓越"的实施路径;

第三,缺少一张将"理念"从上至下转化为"原则""指标"及"方法"的思维导图。

二、"造钟"方法的诞生

各类卓越绩效模式(或质量奖标准)从不同维度给出了评价企业经营管理成熟度的指标体系。然而,多达数十甚至逾百项指标,哪些

序

是关键性指标？每类指标对结果的"贡献度"占比多少？各类指标之间的相互关系如何（如哪些是驱动型指标，哪些是结果型指标）？对这些问题，标准并没有给出具体答案。这些问题的存在，导致如下两个问题：

第一，企业在建立绩效指标体系时高度依赖管理团队的经验和知识遴选绩效指标，一旦漏选或选错对企业经营管理成熟度提升具有重要影响的绩效指标，极有可能导致企业经营绩效提升不显著，甚至可能带来负面影响；

第二，各类质量奖评选活动未能充分发挥"以评促改"的作用，不能帮助参评企业发现最具价值的改进机会，使企业通过改进关键绩效指标涉及的过程及结果提升企业经营管理成熟度。

为此，有必要对影响企业经营管理成熟度的关键因素（或关键指标）进行研究，在理论研究的基础上，选择某一特定区域、特定行业的企业群体展开调查分析，从而构建一个既能契合卓越绩效模式（或各类质量奖）要求，又能满足该类企业群体经营管理需要的绩效评价体系。

平衡计分卡曾被《哈佛商业评论》评为20世纪最具影响力的管理概念之一，并被誉为最伟大的管理工具之一。根据盖特纳咨询（Gartner Group）报告，1999年《财富》杂志统计的1000家企业中，北美公司的大约50%、欧洲公司的大约45%都在使用平衡计分卡。然而，在满足21世纪20年代各类企业（尤其是制造型企业）绩效测量系统的建立需求方面，平衡计分卡存在三个方面的不足：

第一，未体现可持续发展的经营理念；

第二，利益相关方的视角不够宽广；

第三，对创新的关注度不够充分。

因此，很多企业在采用平衡计分卡构建绩效测量系统时，发现其不能充分满足卓越绩效模式的准则要求。

以平衡计分卡的系统框架为基础，融入可持续发展理论、利益相

卓越绩效计分卡：从优秀到卓越的"造钟"方法

关方理论、企业创新理论及相应的绩效测量体系，同时参考美国、中国和欧洲三类质量奖标准的指标设置建议，笔者构建了一个新的指标体系，并邀请20余位粤港澳大湾区政府质量奖的评审专家和学者参加对新指标体系的意见调查。经过两轮调查与调整，最终形成了一个具有4个层面、12个维度、50类指标的绩效测量系统——卓越绩效计分卡（Performance Excellence Score Card，PESC），可音译为沛思计分卡。

2022年年底至2023年年初，笔者团队基于沛思计分卡设计了一份企业经营管理成熟度调查问卷，对粤港澳大湾区先进制造业企业进行了一次调查，回收有效问卷300余份。基于回收问卷，我们采用层次分析法与熵值法相结合的方式，获得了不同类型指标的权重，同时，我们还发现了不同的发展路径对企业经营管理成熟度提升的影响程度。研究表明："经营历史""规模成长"及"公开上市"等因素对企业经营管理成熟度水平的影响均高于"导入卓越绩效模式"对企业经营管理成熟度的影响。换言之，导入卓越绩效模式有助于提升企业经营管理水平，但成效不显著，低于企业上市、规模扩张及经营历史的影响。

受此研究结论启发，我们提出了一个企业从"普通"到"优秀"再到"卓越"的沛思（PESC）四阶段成长模型，从低阶到高阶包括"野蛮式生长期""高质量经营期""可持续发展期"和"卓越经营期"。在企业发展的不同阶段，存在不同的关键发展主题和相应的绩效指标，对处于初期及中期发展阶段的企业而言，照搬卓越绩效准则要求的指标是不适宜的，不仅达不到提升企业经营管理成熟度的目标，反而会消耗企业有限的资源，造成负面影响。

此外，为了有效地将企业的经营理念转化为具体的指标和行动计划，我们提出了由七个关键环节构成的企业经营逻辑——沛思环（PESC Circle），"原则→指标→方法→行动→测量→改进→校准"七个环节像"戴明环"一样，环环相扣，螺旋式上升，持续推动企业改进经营绩效，帮助企业稳步实现从优秀到卓越的跨越。

序

至此,以卓越绩效计分卡(PESC)为核心的"造钟"方法全部开发完成,包括以下几个部分:

(1)沛思(PESC)企业成长四阶段模型;

(2)沛思环(PESC Circle);

(3)沛思计分卡(PESC)。

此外,我们还开发了一个沛思(PESC)企业经营管理成熟度评价模型,推荐若干沛思计分卡(PESC)关联管理方法供企业选择使用。

三、本书的阅读指南

本书分为上篇(第一章到第三章)、中篇(第四章到第六章)和下篇(第七章到第九章)三部分,分别介绍企业经营的逻辑、卓越绩效计分卡的理论研究和卓越绩效计分卡的管理实践。其中,中篇的理论研究根据笔者的博士论文研究成果整理而成,涉及较多的文献研究、专家意见调查和多个统计分析工具的应用,主要是为了满足一些理论研究者的阅读偏好,如果读者对相关内容不感兴趣,可以忽略第四章和第六章,仅阅读第五章,不影响对沛思系列工具理解和应用的完整性。

沛思"造钟"理论和方法不仅适用于导入卓越绩效模式的企业,对所有致力于"造钟"而非"报时"的企业都是适用的,这些"造钟"理论和方法分布在如下章节中。

第二章,介绍沛思企业成长四阶段模型,在不同的发展阶段,企业关注的关键发展议题不同,意味着企业选择的绩效指标也存在明显差异。

第三章,介绍企业经营管理的逻辑——沛思环。

第五章,对沛思计分卡的指标体系全面解析(具体指标可参阅附录一)。

第七章,介绍如何应用沛思系列工具"造钟",共12个步骤,同时推荐沛思企业经营管理成熟度自评方法(参阅附录二)。

第八章，围绕沛思计分卡4个层面，12个维度的指标，介绍具有代表性的管理方法，除了比较传统但容易被忽视的杜邦分析法、卡诺模型、约束理论等，还介绍了一些当下比较热门的方法，包括业务组件模型（CBM）、集成产品开发（IPD）模式等，这些方法都是企业攀登卓越高峰的阶梯。

第九章，介绍沛思系列工具的其他应用，沛思计分卡不仅可以用于企业的"造钟"项目，还可以用于认证机构的自愿性管理体系认证（企业经营管理成熟度评价）及地方政府对当地质量经营指数的监测和统计。

特别说明：本书"中篇"将这个新的计分卡称为"卓越绩效计分卡（PESC）"（因该部分内容侧重于理论研究）；本书的"上篇"和"下篇"多将之称为"沛思计分卡（PESC）"（因这两部分内容侧重于管理实践）。本书中，"PESC"既作为"沛思"的音译对象，也作为"Performance Excellence Score Cord"的缩写。

四、谁是本书的读者

这是一本写给企业家的书。

虽然一些管理学经典著作（如《基业长青》《从优秀到卓越》《追求卓越》）让人手不释卷、热血沸腾，但真正将书中所述精要应用于企业的"造钟"实践却存在"落地"困难。本书立足于中国企业（尤其是中小民营企业）的生存生态构建"造钟"理论和方法，期望能够帮助企业选拔或者培养优秀的"造钟师"。

这是一本写给职业经理人的书。

无论您是在职的集团公司总经理（CEO）、事业部总经理、子公司总经理，还是这些岗位的候选者或追梦人，掌握一套完整的"造钟"理论和方法，能帮助您的组织或部门实现更好的经营管理绩效，也能帮助您获得更多的职业发展机会。

这是一本写给在企业内推行卓越绩效模式工作者的书。

无论是开展贯标工作，还是申报质量奖，当您陷入迷茫时，可以

序

利用本书推荐的"造钟"理论和方法重新梳理工作思路，找到前进的方向。

这是一本写给卓越绩效模式评审员的书。

本书提出的经营管理逻辑（沛思环）能够帮助您像被评审方的总经理一样思考，运用沛思计分卡能够帮助您更轻松地发现评审企业绩效测量系统存在的问题，能够引导您强化一些重要管理方法/工具的知识储备，从而帮助您在评审时发现更多有价值的问题，让您的评审更有意义。

这是一本写给卓越绩效模式咨询师的书。

本书建立了一个企业迈向卓越的四阶段模型，推荐了帮助企业迈上卓越之旅的"十二步法"，提供了一个企业经营管理成熟度自我评价调查表，还有若干实用的管理方法，您可以将它们融入您的咨询方案，让您的咨询工作为客户创造更多的价值。

此外，本书还写给具有创新和企业家精神的认证机构的领导、从事质量奖评审的专业组织的负责人、从事质量监管的政府工作人员等读者。不同读者可以从行业角度、从区域角度，或从其他视角思考某一特定企业群体的高质量与可持续发展问题。

结束语——致敬平衡计分卡和戴明环

传统的平衡计分卡受制于时代，已经不能完全满足21世纪20年代企业经营管理的需求，需要融入新的管理理念才能焕发新的生命力。本书提出的卓越绩效计分卡/沛思计分卡（PESC）融入了一些新的管理理念，突破了平衡计分卡的历史局限性，但整体结构和逻辑基本与平衡计分卡保持着一致。

同时，以卓越绩效计分卡（PESC）为中心，本书建立了企业经营管理成熟度提升的沛思四阶段发展模型；参照质量改进的戴明环，本书构建了一个由七个关键环节构成的企业经营管理逻辑链——沛思环（PESC Cirde）。沛思四阶段发展模型、沛思环和沛思计分卡三者构成了一套完整的"造钟"理论和方法。

在此，笔者向罗伯特·卡普兰教授、大卫·诺顿博士、爱德华兹·戴明博士致以最崇高的敬意，感谢他们对管理科学的理论与实践做出的贡献，感谢他们为卓越绩效计分卡"造钟"理论和方法的诞生提供的阳光和雨露。

任何一种管理理论和方法只有经过实践才能证明其有效性。卓越绩效计分卡"造钟"理论和方法是全新的尝试，是否能被市场接受还有待进一步验证。同时，由于笔者理论水平有限，本书的论述中不免瑕疵甚至谬误，真诚希望读者批评指正。根据大家的意见和建议，笔者将进一步补充、完善、丰富相关理论研究和管理实践，并将成果发表在"沛思计分卡研修会"微信公众号和"沛思计分卡@凯文博士"今日头条号上，敬请读者关注。

杨克军

二〇二四年五月一日于深圳

电子邮箱：1554611471@qq.com

目 录

上篇　企业经营的逻辑

第一章　"造钟"和"造钟师" ... 2
　　一、"造钟"，如何"造钟" ... 2
　　二、寻找职业"造钟师" ... 6

第二章　企业成长路径：从普通到优秀再到卓越 ... 10
　　一、阶段 I：野蛮式生长 ... 13
　　二、阶段 II：高质量经营 ... 15
　　三、阶段 III：可持续发展 ... 20
　　四、阶段 IV：卓越经营 ... 27

第三章　企业经营的逻辑：从原则到指标再到方法 ... 35
　　一、关于经营逻辑的探讨 ... 35
　　二、从戴明环到沛思环 ... 39
　　三、企业经营逻辑的迷失 ... 57

中篇　卓越绩效计分卡理论研究

第四章　卓越绩效计分卡（PESC）模型构建 ... 64
　　一、研究背景 ... 64
　　二、研究问题 ... 66

三、国内外绩效评价机制比较研究 —— 67
　　四、卓越绩效计分卡（PESC）模型构建过程 —— 100

第五章　卓越绩效计分卡（PESC）模型解析 —— 109
　　一、企业价值层面 —— 109
　　二、利益相关方层面 —— 120
　　三、内部流程层面之一：运营 —— 137
　　四、内部流程层面之二：创新 —— 146
　　五、内部流程层面之三：环境、社会与公司治理 —— 150
　　六、学习与成长层面 —— 157

第六章　卓越绩效计分卡（PESC）实证研究 —— 168
　　一、基于层次分析法-熵值法的卓越绩效计分卡（PESC）指标体系组合赋权研究 —— 169
　　二、卓越绩效计分卡（PESC）各维度指标相关性分析 —— 176

下篇　卓越绩效计分卡管理实践

第七章　迈上卓越绩效之旅：从第一个沛思环（PESC Circle）开始 —— 188
　　一、Step 1：管理层决心 —— 189
　　二、Step 2：成立沛思计分卡推行工作组 —— 190
　　三、Step 3：学习沛思计分卡相关理论及方法 —— 191
　　四、Step 4：识别企业自身所处的发展阶段 —— 193
　　五、Step 5：用沛思环审视组织的经营逻辑 —— 195
　　六、Step 6：用沛思企业经营管理成熟度模型进行自我诊断 —— 200
　　七、Step 7：拟定企业3~5年经营管理成熟度提升计划 —— 211

目录

八、Step 8：构建你的第一批沛思环——从原则到指标再到方法 214
九、Step 9：行动——先人后事，知行合一 217
十、Step 10：测量与分析 217
十一、Step 11：绩效改进与方法改进 218
十二、Step 12：校准——调整现有沛思环，引入新的沛思环 220

第八章 沛思计分卡（PESC）关联方法：企业攀登卓越的阶梯 222

一、杜邦分析法——实施价值管理 223
二、企业风险管理框架（ERM）——构建ESG管理体系 229
三、卡诺（Kano）模型——顾客满意关键因素分析 236
四、高绩效工作系统AMO模型——提升员工敬业度 242
五、供应链合作模式——打造双赢 249
六、创造共享价值——履行战略型企业社会责任 255
七、约束理论（TOC）和精益生产（Lean）——中小民营企业的选择 261
八、持续改进机制——选择与建立 269
九、业务组件模型（CBM）——治疗"大企业病"的良方 281
十、基于顾客的品牌资产金字塔模型（CBBE）——创建自主企业品牌 288
十一、集成产品开发（IPD）——面向市场的开发 297
十二、气候风险应对八步法——气候变化管理及气候信息披露的长效机制 304

第九章 沛思（PESC）系列工具的其他应用 312

一、采用滴灌法导入卓越绩效模式 313
二、采用沛思计分卡（PESC）进行企业战略部署 314

三、实施基于沛思（PESC）企业经营管理成熟度评价的自愿性管理体系认证 ———— 315

四、开展沛思（PESC）企业评选——来自米其林餐厅的启示 ———— 319

五、建立沛思（PESC）质量经营指数，监测高质量发展绩效 ———— 320

附录 ———— 322

附录一：沛思计分卡（PESC）绩效指标体系备选指标及工具／方法一览表（参考用） ———— 322

附录二：沛思（PESC）企业经营管理成熟度调查问卷（参考用） ———— 330

致谢 ———— 333

后记 ———— 335

参考资料 ———— 338

上 篇
企业经营的逻辑

第一章
"造钟"和"造钟师"

一、"造钟",如何"造钟"

吉姆·柯林斯和杰里·波勒斯(2005)在二人合著的《基业长青》一书中提到,拥有一个伟大的构想,或身为高瞻远瞩的魅力型领导,好比是"报时";建立一家公司,使公司在任何一位领袖身后很久、经历许多次产品生命周期仍然欣欣向荣,好比是"造钟"。作者进一步强调,高瞻远瞩公司的创办人通常都是制造时钟的人,而不是报时的人,他们主要致力于建立一个组织,一座会嘀嗒走动的时钟,而不是找对时机,用一种高瞻远瞩的产品构想打进市场,或利用一次优秀产品生命周期的成长曲线;他们并非致力于取得高瞻远瞩领袖的人格特质,而是采取建筑大师的方法,致力于构建高瞻远瞩公司的组织特质;他们努力的最大成果不是实质地体现一个伟大的构想,不是表现人格魅力,不是满足个人的自尊或累积个人的财富,他们最大的创造物是公司本身及其代表的一切。

《基业长青》的作者认为,最为高瞻远瞩的公司能够持续不断地提供卓越的产品和服务,原因在于它们是杰出的组织,而不是生产优越的产品和服务才成为伟大的组织。所有的产品、服务和伟大的构想，无论多么高瞻远瞩，终究会过时，但一家高瞻远瞩的公司却不见得会过时，只要公司在现有的产品生命周期之后有能力继续改变和演进，公司就不会过时。

在《基业长青》一书中，企业"造钟师"的概念被首次提出。该书作者向企业家和经理人提出建议：要把公司本身当成最终的创造。如果你正致力于构建和管理一家公司，那么，要求你花较少的时间思考特定的产品线和市场策略，多花时间思考组织设计；要求你少花时间扮演报时人，而多花时间扮演"造钟师"。

汤姆·彼得斯和罗伯特·沃特曼（2007）在《追求卓越》一书中，总结了卓越企业的八大特征，《基业长青》进一步发现了高瞻远瞩公司不同于其他优秀公司的基本特质。然而，这两部风靡全球的管理学经典并没有说明一家"普通"的企业如何成长为"优秀"或"卓越"的企业，或者告知一位"造钟师"具体的"造钟"方法。

1987年，美国通过了《马尔科姆·波多里奇国家质量提高法》，设立了美国国家质量奖。《卓越绩效准则》作为美国国家质量奖的评审依据，经过三十余年的广泛应用和全球推广，已经形成了一种新的经营管理模式——卓越绩效模式（PEM），成为"经营管理事实上的国际标准"，其本质是对企业经营管理工作的标准化、规范化和具体化，是企业进行经营管理的"操作指南"。

《卓越绩效准则》对"卓越"的企业进行了诠释：首先，标准的十一项企业核心价值观是企业追求卓越应遵循的基本原则；其次，标准从七个方面给出了"卓越"企业应满足的具体要求；最后，标准提供了一个满分为1000分的企业经营管理成熟度评价模型，美国国家质量奖评审规定，只有获得600分以上的企业才有资格获得国家质量奖，这相当于设置了一个企业进入"卓越俱乐部"的基线或门槛。

相比于《追求卓越》和《基业长青》，卓越绩效模式虽然明确规定了"卓越"的具体要求及评判标准，但是，同前两者一样，针对如何"造钟"这一具体问题，依然没有给"造钟师"一个明确的答案。

政府质量奖的评审，体现了"优中选优"的思想，换言之，只有"卓越"（或者"优秀"）的企业才有机会获得各类质量奖，但对一家"普通"的企业向"优秀"以至"卓越"成长的旅程中如何规划"卓越绩效"的实施路径，也未能给"造钟师"一个准确的答案。

柯林斯和波勒斯在创作《基业长青》之前，曾做过长期的研究：选出一组真正杰出、历经岁月考验的公司（这些公司平均创立时间是1897年），研究这些公司草创时期的情形，研究它们如何应对世界发生的急剧变化（包括两次世界大战、经济大萧条、科技革命、文化动荡等）而基业长青。

2022年年底至2023年年初，我们针对规模以上粤港澳大湾区先进制造业企业开展了一次经营管理成熟度调查（杨克军，2024），调查范围覆盖了广东省九个城市（广州、深圳、佛山、东莞、江门、中山、珠海、肇庆和惠州）。在回收的300余份有效问卷中，样本企业经营年限最长的为42年，最短的为1年，平均年限为16年，经营年限在7年到24年区间的企业占比为75%。

这些企业经营年份的数据，是珠三角区域经济带制造业企业画像的一部分，我们甚至可以将其推至长三角经济带、环渤海经济带以至全国。

事实上，无论是以《基业长青》中所描述的那些高瞻远瞩公司的基本特质为基线，还是以卓越绩效模式所定义的"卓越公司"的入门标准为基线，大多数企业都无法在短期内成为一家"卓越"的公司。那么，对那些致力于公司本身的构建与演化，致力于"造钟"的企业家和经理人而言，有什么方法能够快速提升公司的经营管理成熟度呢？

根据本次调研结果，我们对企业的不同发展路径对经营管理成熟度提升的影响进行了分析，其中，发展路径分为"经营历史""规模成长""公开上市"和"导入卓越绩效模式"，影响对象为20类关键绩效指标（根据AHP-EM法计算得出，如ESG评级结果、营利能力、运营能力、顾客契合，下文简称Top20）。成熟度提升程度分为五个等级，分别是"一般提升（L1）""明显提升（L2）""重大提升（L3）""非常重大提升（L4）"和"极其重大提升（L5）"，分析结果如表1-1所示。

表1-1　企业不同发展路径对经营管理成熟度的影响（以Top20指标为例）

序号	发展路径	影响程度			合计	占比/%
		L5	L4	L3		
1	经营历史	7	4	9	20	100
2	规模成长	7	6	5	18	90

续表

序号	发展路径	影响程度 L5	影响程度 L4	影响程度 L3	合计	占比/%
3	公开上市	4	2	9	15	75
4	导入卓越绩效模式	1	2	6	9	45

对表1-1内容说明如下。

路径一：经营历史，指企业既不寻求公开上市，也不导入卓越绩效模式，沿着时间轴自然成长的发展道路。研究表明，企业从A区间（0~6年）发展到E区间（>24年），100%的Top20指标获得了"重大提升"，其中获得"极其重大提升"的指标为7项，占比35%。

路径二：规模成长，指企业既不寻求公开上市，也不导入卓越绩效模式，而是通过"规模化"成长的发展路径。研究表明，企业从"中型"成长为"大型"直至"特大型"，90%的Top20指标获得了"重大提升"，其中获得"极其重大提升"的指标为7项，占比35%。

路径三：公开上市，指企业不导入卓越绩效模式，而是通过融资上市成长的发展路径。研究表明，上市公司与非上市公司相比，75%的Top20指标存在"重大提升"潜力，其中4项指标存在"极其重大提升"提升潜力，占比20%。

路径四：导入卓越绩效模式，指企业不寻求公开上市，而是通过导入卓越绩效模式成长的发展路径。研究表明，获得与未获得政府质量奖的企业相比，仅有45%的Top20指标存在"重大提升"潜力，其中仅1项指标存在"极其重大提升"提升潜力，占比5%。

综上所述，在四条路径中，"经营历史"对企业经营管理成熟度的作用最为明显，其次是"规模成长"和"公开上市"，"导入卓越绩效模式"的作用最低。不过，四条路径所花费的时间正好相反，"导入卓越绩效模式"投入时间最短，"公开上市"次之，"经营历史"（从A区间到E区间）花费的时间最长。

事实上，企业持续经营、实现规模成长，以及实现公开上市，不以经营管理成熟度提升为目标，不是手段，成熟度的提升仅是其"副产品"。"导入卓越绩效模式"才是一种手段，成熟度提升为其目标。然而，"导入卓越绩效模式"对企业经营管理成熟度的提升效果却不及前三者显著，这值得我们深思。

美国马尔科姆·波多里奇国家质量奖基金会曾对全美2500家税收超过1亿美元的企业进行过调查，有79%的企业认为美国国家质量奖及其评奖标准在很大程度上刺激了企业质量的提高，有67%的企业认为在很大程度上刺激了企业竞争力的提高。

我国各级政府质量奖的公信力和影响力尚未被广大公众所熟知和认可。一项关于政府质量奖公信力的研究结果显示：148名参与问卷调查的公众中，70.27%的人表明其未曾听说过政府质量奖，也从未关注相应获奖企业，认为政府质量奖宣传渠道较少，力度不足（胡晓洁，2018）。

曹静（2020）通过对我国省级政府质量奖的设立和评选情况的调查、统计、分析，指出质量奖公信力和影响力不高的原因有很多，包括企业参与评奖动机"重荣誉轻履行"；获奖企业"最佳实践分享"活动开展不充分；质量奖评审员能力不足等。

熊伟和王娟丽（2013）基于对浙江省424家政府质量奖获奖企业的实证研究，认为浙江省各地区推行卓越绩效的先后及力度不同，导致各地区推行质量奖的成效存在较大差异；许多中小企业在实施政府质量奖标准过程中，对如何系统运用管理方法和管理工具提升综合绩效存在较多疑惑。

综合上述学者的研究结论，我们认为，卓越绩效模式在我国推行成效不及预期的原因，一是缺少一个适用于中国本土企业（尤其是中小民营企业）的卓越绩效模式落地方案（即"造钟"方法）；二是缺少具有"造钟"意识和"造钟"能力的职业"造钟师"，无论是对某一具体企业，还是对整个社会而言，都缺乏此类人才。在接下来的第二章和第三章，我们将分别就这两个问题进行讨论。

二、寻找职业"造钟师"

在当下的中国市场，初创企业之所以得以设立，往往源于创始人（或合伙人）自身的竞争优势：要么有产品（或构想），要么有客户（或渠道），或者二者兼而有之。技术也是一种优势的来源,但它最终还要体现在产品上。因此,考察企业创始人(或合伙人)的背景,大体包括两类情形:一类是销售出身(如销售经理或者经销代理),他们手头有现成的客户或销售渠道;一类是技术出身(如工程师或者科学工作者),他们能够开发并生产市场需要的产品。很少见到既无客户又无技术的职业经理人担任初创企业的总经理,即使有,也大多"有名无实"。

企业创始人的工作背景及人格特质对公司的企业文化及运营特质产生重大且深远的影响。销售出身的创始人,其公司容易刻上"销售为王""狼性文化"的烙印;技术出身的创始人,其公司容易给客户留下"重视品质""工匠精神"的印象。这些创始人往往将更多的精力投在"产品"和"客户"上,不免严重忽视另外一种特殊"产品"——公司的构建和管理。

当一家公司经历了初创阶段的各种艰辛,并最终获得了稳定的客户和收入,成功地"活下来"之后,创始人就需要思考《基业长青》提出的建议:如果你在构建和管理一家公司,我们请你少从高明前瞻的产品观点来思考,少追求魅力型领袖的人格特质,而多从组织方面的前瞻眼光思考,多考虑构成高瞻远瞩公司的特质。

为了实现这种转变,创始人首先需要思考以下问题:"造钟师"从何而来,是外部聘任还是内部培养?"造钟师"可以通过自我研修炼成吗?有没有系统的"造钟"理论和方法?

日本围棋大师、因棋圣战五连霸而被称为"名誉棋圣"的藤泽秀行先生,有一次与他的朋友将棋九段芹泽博文就"关于围棋和将棋,我们到底知道多少"的话题进行讨论:如果神仙知道一百,那么我们知道多少呢?两人各自将答案写在纸上,前者为七,后者为六,这就是围棋界广为流传的"棋道一百,我只知七"的由来。两人如此作答,是因为谦虚,还是棋道之深,的确深不可测,秀行先生辞世17年之后,"围棋之神"(人工智能)给出了答案。

1997年,美国IBM公司研发的深蓝超级电脑在一场六局的对决中,以3.5∶2.5的总分战胜了国际象棋大师世界冠军卡斯帕罗夫,震惊世界。然而,围棋界一直固执地认为,超级电脑也好,人工智能也罢,是不可能战胜人类围棋高手的,因为围棋的复杂度远胜国际象棋。

2016年3月,围棋人工智能(Alpha Go)与围棋世界冠军李世石九段对战，以4：1的总比分获胜。2016年年末至2017年年初，该人工智能以"大师"（Master）为注册账号在围棋网站上与中日韩三国数十位围棋高手进行快棋对决，连续60局无一败绩；2017年5月，Alpha Go与当时排名世界第一的柯洁九段对战，以3：0的总比分获胜。同年，Alpha Zero在只知道游戏规则的情况下，没有使用先验知识和专家数据，直接基于深度学习逐步逼近全局最优解，仅用21天就达到了Alpha Go的水平。围棋界公认，Alpha Zero的棋力已经超过人类职业围棋顶尖水平，它就是秀行先生曾经提到的"围棋之神"。

在Alpha Go诞生之前，对棋局形势，除了当局者，一些棋界元老也会给出判断，这些判断都依靠人类自身对围棋的理解和认知能力，有时大家各执一词，很难达成一致意见。但是自从有了人工智能（AI），软件直接给出答案，评棋者都根据AI的意见进行讲解，否则很难获得局内和局外人的认同。一些以AI为师的棋手棋力提升迅速，成绩突飞猛进，而抵制AI的棋手则"不进即退"，成绩下滑。

根据国家统计局《中国统计摘要》（2020—2022）发布的数据，2021年，我国共有规模以上工业企业40.88万家，当年实现营业收入127.92万亿元人民币（下同），利润总额8.71万亿元，用工人数7439万人；平均每家企业实现营收3.12亿元，利润2130万元，利润率6.8%，雇用员工182人。

根据我们对粤港澳大湾区先进制造业企业的调查结果，300家规模以上工业企业平均经营年限为16年，经营年限为7年到24年的企业占比为75%，其中51%的企业集中在7年到18年的区间。

以上数据显示，调查的大多数制造业企业普遍经营年限不长、规模小、利润率低、经营质量不高。假如存在像Alpha Zero一样的"经营之神"，那么每位经营者都可以向它请教经营之道，它也可以随时指出企业在经营管理上犯下的错误。在"经营之神"的指导下，我们通过掌握正确的原理和方法，能够在更短的时间内提升企业的经营管理水平，获得更丰厚的利益，创造更大的企业价值。

这个"经营之神"可能永远都是一种"理想"或者"虚幻"的存在，永远都不可能像Alpha Zero一样被开发出来，因为企业经营管理不是简单的"计算"。但是，一家企业从"普通"走向"优秀"并最终达成"卓越"，一定存在一些特定的规律，并且一定有一条"无形"的路径，它们如同Alpha Go

赖以战胜人类的蒙特卡洛算法和深度神经网络一样,等待我们去发掘和探索。企业按照这些规律和路径发展未必一定能够成功,但一定可以提高成功的概率。当我们发现越来越多的规律时,就能掌握更多"造钟"的方法。我们每一位经营者通过系统学习这些规律并付诸实践,必将成为优秀的"造钟师"。

第二章
企业成长路径：从普通到优秀再到卓越

吉姆·柯林斯（2006）在解释创作《从优秀到卓越》一书的初衷时，曾提及他同麦肯锡合作人比尔·汉的对话。比尔·汉告诉他，虽然大家都很喜欢《基业长青》这本书，但遗憾的是，这本书毫无用处，因为书中介绍的大部分公司自始至终都非常卓越，而大多数优秀但不卓越的公司并不能由此得到启示。

这个问题犹如播下的一粒种子，成为《从优秀到卓越》的根基。吉姆·柯林斯领导的研究团队花了五年时间对实现了"从优秀到卓越"跨越的目标公司进行了研究，以找出这些公司与对照公司（在同一个行业，拥有相似资源、相同机会，但未实现跨越的公司）在特质上的不同。

目标公司的基本特征是：累计股票收益率在15年内相当于或低于市场平均水平，此后有一明显的转折点，在随后的15年中其累计股票收益率至少是市场平均水平的3倍。

按照此标准，研究团队对在1965年至1995年出现在《财富》500强企业排名榜上的公司进行了系统检索，最终找出11家实现跨越的公司，并通过与11家直接对照公司和6家间接对照公司的比较，概括出了从优秀到卓越的企业特征，包括"训练有素的人""训练有素的思想"和"训练有素的行为"，然后将其研究成果在《从优秀到卓越》一书中予以发布。

然而，非常遗憾，吉姆·柯林斯的研究成果对中国的很多企业而言，并无太大借鉴意义。他所研究的目标对象均为上市超过30年的公司，加上未上市之前的时间，这些公司估计平均经营年限超过40年。我们调查的企业（尤其是中小民营企业）的平均经营年限在16年左右，绝大多数企业尚处于"普通"水准，远远达不到"优秀"的标准，更谈不上"卓越"。因此，对很多中国企业而言，应优先实现从"普通"到"优秀"的跨越，然后再考虑如何从"优秀"到"卓越"。

在粤港澳大湾区先进制造业企业管理成熟度研究课题中，我们发现，位于A区间（<6年）的企业经过约20年的自然成长后进入E区间（>24年），其Top20指标均得到了"重大""非常重大"以及"极其重大"的提升，如果我们能够总结规律并引入新的发展路径，是否可以缩短一半（或更短）的时间仍能取得同样的成熟度及经营绩效呢？

根据这项成熟度研究，我们构建了一个企业从"普通"到"卓越"的四阶段成长模型（如图2-1所示），不同阶段的企业有不同的经营理念及关键发展主题。

阶段Ⅰ——"野蛮式生长"期。在本阶段，企业秉持"股东至上"的经营理念，通过创造（或生产）满足市场需要的产品（或服务）并打通"客户－组织－供方"的价值链，从而实现经营目标，企业的关键发展主题为产品、客户、供方及营业收入。简言之，此阶段公司的目标是"活下去"。

阶段Ⅱ——"高质量经营"期。在本阶段，企业仍然秉持"股东至上"的经营理念，以提升投资回报率（ROE）为终极目标，通过高质量的运营、创新、最低成本的合规，以及高效的战略协同来持续提升企业的效益和效率。简言之，此阶段公司的目标是"活得好"。

阶段Ⅲ——"可持续发展"期。在本阶段，企业的经营理念从"股东至上理论"过渡到"利益相关方理论"，经营指标从只关注"财务"指标转变为同时兼顾"财务"和"可持续发展"指标，企业的关键发展主题为以员工为中心、与供方互利的关系、规则制定者/社区关系，以及可持续发展绩效。简言之，本阶段公司的目标是"不仅自己活得好，还要大家活得好"。

阶段Ⅳ——"卓越经营"期。在本阶段，企业的经营理念已彻底从"股东至上理论"转变为"利益相关方理论"，在上一阶段发展成果的基础上，企业通过高效的组织系统、远见卓识的领导以及企业家精神，创建了卓越的企业品牌，站在了"微笑曲线"的顶端，实现了品牌溢价和卓越的经营绩效。简言之，此阶段的目标是"不仅活得好，还要活得久，要活成百年老店"。

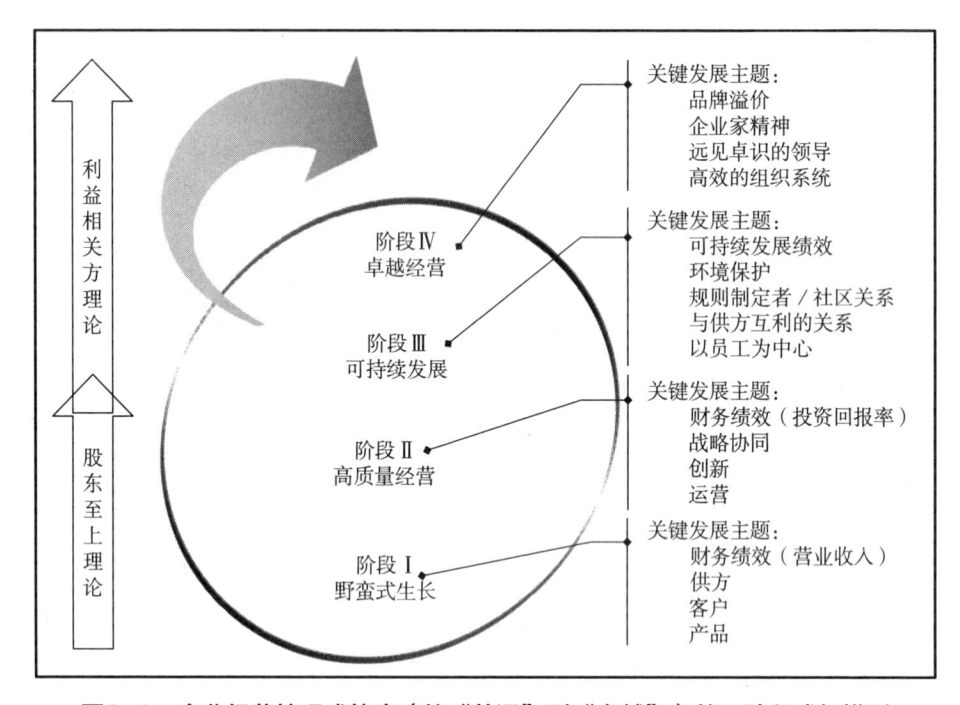

图2-1 企业经营管理成熟度（从"普通"到"卓越"）的四阶段成长模型

注：①企业的经营管理成熟度只能从低阶逐步向高阶发展，不能实现跨越式发展，换言之，只有上一阶段的"造钟"任务完成，才有可能进入下一阶段的"造钟"工作。②随着成熟度的提升，企业的关注焦点（或关键绩效主题）呈现递增的态势，上一阶段的关注事项会被自动带入下一阶段，但其权重会因为自身重要度的下降而逐步降低。

关于企业经营理念，我们将在第四章讨论，接下来，我们针对企业在不同阶段的"关键发展主题"进行探讨，以期揭示企业从"普通"到"优秀"再到"卓越"的一般规律。

一、阶段Ⅰ：野蛮式生长

企业从初创到最终拥有稳定的客户、稳定的收入，摆脱亏损，并且至少连续三年实现收入和利润的逐年增长，我们将这段发展历程定义为"野蛮式生长"期。这个阶段大概为6年时间。

在本阶段，毫无疑问，创业者的第一要务是"活下去"，很难要求他们拥有远大的目标和理想（极少数人除外），他们也不太关心公司秉持何种经营理念，但毋庸置疑，基本上是"股东至上"，或者"股东利益最大化"。

在这一阶段，绝大多数企业的产品相对单一，组织结构采用直线制或职能制，既没有建立一套绩效测量系统，也没有引入适宜的绩效改进工具，企业创始人团队依靠自身的经验和直觉进行管理，最关注的事项是产品、客户、供方和营业收入。

（一）产品

对于一家初创企业而言，如果没有特殊的资源，其提升竞争优势的唯一途径就是做好产品。无论是一个全新的产品，还是一个改良的产品，产品经理都需要围绕产品功能、操作使用及用户体验等方面下足功夫才能赢得客户。很多创始人在创业初期都在扮演产品经理的角色，在产品设计和开发上殚精竭虑，同时还需要全力以赴打通采购、生产、交付以至售后服务等整个价值链并提升其效率。因此，产品是企业在此阶段的第一关注焦点。

（二）客户

初创公司的第一名销售员往往就是企业的创始人（或合伙人），并且他会在很长的一段时间内排在公司销售排行榜的第一位。如果产品的竞争力不足，初创企业通常会雇用较多的销售人员，并提供足够强度的销售激励，从而形成一种"销售为王"的企业文化。在这个阶段，企业没有品牌，没有流量，只有通过直销或分销的方式，借助频繁的客户接触与拜访，促成订单的成交。然而，对客户数量或成交额的过度追求，往往会牺牲客户交易的质量。

本书第八章介绍了一个用于顾客需求及顾客满意度关键因素分析的工具——卡诺模型，虽然它在本阶段的作用似乎不大，但在阶段Ⅱ将发挥重要作用。

（三）供方

供应商是企业价值创造的重要一环。为了找到合适的供应商，企业创始人（或合伙人）又摇身一变为高级采购员，直接参与一线的采购工作。这一阶段，企业对供应商没有考评，也没有管理，价格往往是选择供应商的第一考量，客户的降价需求会第一时间传递给供应商，仓库会存放大量物料。与供方互利关系的理论、供应链管理的工具或方法在这一阶段通常派不上用场。在这个阶段的尾声，企业会初步建立供应商的管理机制，会逐步关注质量、成本、服务及交期等综合绩效的评估与管理，但还远远谈不上与供方建立互利的关系。

（四）财务绩效（营业收入）

一家成熟的企业通常会从多个维度关注财务绩效，包括营利能力、运营能力、偿债能力、发展能力等，但初创企业似乎只关注唯一一项指标——营业收入。初创企业似乎并不特别关注利润和现金流，没有建立系统的方法（包括绩效系统）来管理它们。在创业伊始，规模往往是衡量一家企业能否跨越"生死线"进入下一个发展阶段的重要标准。在"做大"还是"做强"方面，初创企业大多选择前者。

在此阶段，企业创始人（或合伙人）既当产品经理，又任王牌销售，还做高级采购，一心只想将企业"做大"，往往会忽视经营质量及流程建设，导致企业隐性浪费严重，企业发展更多依赖"爆款产品"或"狼性文化"，处于一种"野蛮式"的发展状态，经营管理能力不足，经营管理成熟度不高。

我们认为，一家企业的这种经营状况如果发生在初创期6年以内，可以理解且能够接受；然而，一旦超过6年或者更长时间仍然维持这种状况，企业的发展将面临严重的危机，因为在这种状态下，企业的诸多决策缺乏理性且没有逻辑。创始人应采取重大的变革措施，化身或引进"造钟师"，采用"造钟"方法，使公司转型进入"高质量发展"期。

二、阶段Ⅱ：高质量经营

如何衡量一家企业经营的质量（或者好坏）？人们通常从经营效果（如净利润、经济增加值）、经营效率（如净利润率）或经营质量（如净现金流）等财务的角度进行评价，或者采用一个综合的指标——投资回报率或净资产收益率（Return On Equity，ROE）进行评价。

净资产收益率（ROE）是净利润率、总资产周转率以及权益乘数三个指标的乘积，将这三个指标进行第二层、第三层甚至更深层次的分解，可以得到更加具体的流程指标和岗位指标。围绕这些细分指标，企业通过增加营业收入、节约成本费用、加快资本周转以及优化资本结构等措施，可以有效提升净资产收益率，从而实现企业的高质量经营。

企业从"野蛮式生长"阶段迈入"高质量经营"阶段，有一个痛苦的转型期。人事方面，可能需要引进一批职业经理人并对其充分授权；或者创业团队实现集体蜕变。这个转型期短则3年，长则6年，具体视企业文化、企业规模、经营管理复杂度等因素而定。转型时间不宜过长，时间越长，成本越高、风险越大、失败的概率也会大幅提升。转型成功之后，可以进一步夯实高质量经营的基础，同时采取措施，逐步向阶段Ⅲ过渡。

在本阶段，企业仍然秉承"股东至上理论"，追求股东利益最大化。企业的产品需要从单一化发展到多元化，以抵消产品生命周期的影响；组织架构也要进行调整，改造成"以顾客为中心"的事业部制或"相互赋能"的矩阵式；需要建立组织绩效测量系统，引入绩效改进工具；价值创造流程及支持流程应得到持续优化，战略管理流程驱动组织绩效提升的动能逐渐增强。管理层不再凭经验和直觉进行管理，而是形成了初步的经营逻辑，并采用系统的方法进行管理。管理层应重点关注以净资产收益率为核心的各类财务指标，同时兼顾"运营"和"创新"两驾"马车"的产出绩效。在本阶段的后期（或者高级阶段），企业应构建更为完善的战略制定和战略部署流程，并提升"战略协同"的能力。

（一）财务绩效（投资回报率）

站在"股东利益最大化"的立场，从投资者的角度考察企业的经营质量，净资产收益率（ROE）无疑是一个最全面、最综合的指标，但在实际的经营过程中，股东或董事会通常用净利润、经济增加值（EVA）等绝对值指标对经营管理层进行考核，所以围绕ROE，会衍生一系列财务指标，通常包括四种类型：其一，营利能力指标，包括净资产收益率、净利润（率）、毛利润（率）、营业收入、净现金流等；其二，运营能力指标，包括资产周转率、固定资产周转率、应收账款周转率、存货周转率等；其三，偿债能力指标，包括流动比率、速动比率、资产负债率、利益保障倍数等；其四，发展能力指标，包括资本保值增值率、利润增长率、营收增长率等。

围绕净资产收益率（ROE）进行指标分解，并确定若干关键绩效指标（KPI），需要结合行业特点及公司自身的内外部环境进行。哪些是先导型（或驱动型）指标，哪些是滞后型（或结果型）指标？哪些指标在改进到一定程度时会对其他指标造成负面影响？管理层需要厘清其中的逻辑关系，从而找出适合企业发展战略的关键性财务指标。

例如，面对客户提出的持续降价要求，"野蛮式生长"期的企业创始人习惯于将这笔成本直接转嫁给供应商，而忽视在"价值链"中寻找被浪费或可改进的机会；而在"高质量经营"期，职业经理人则可通过提升运营效率，开展产品创新和商业流程创新应对客户的这一需求。

本书第八章对一个经典的财务分析方法——杜邦分析法进行了介绍，并结合价值树等管理工具，解释企业如何利用杜邦分析法实施价值管理，提升投资回报率。

（二）运营

迈克尔·波特的"价值链"模型将企业价值创造活动分为进货后勤、生产、发货后勤、销售和售后服务五种类型，强调运用价值链分析来确定企业核心竞争力，为企业建立长期的竞争优势。施振荣的"微笑曲线"理论认为，企业价值创造的活动由研发、生产和品牌等组成，其中研发和品牌位于微笑曲线的左右最上端，代表高价值，生产位于微笑曲线的最下段，代表低价值，因此企业应聚焦于创新和品牌管理。中村末广提出的"武藏曲线"理论则与"微笑曲线"正相反，认为真正丰厚的利润源正是在"制造"上（如英特尔公司内部创造价值最高的是制造环节而非研发环节），因此企业应致力于效率的提升。

客户价值主张决定企业战略选择，卡普兰和诺顿总结了四种典型的价值主张，分别是"总成本最低""产品领先""全面客户解决方案"和"系统锁定"。普华永道的一个绩效评估小组（PMG）将企业的竞争基础分为创新、顾客体验、产品（或服务）质量和成本四种类型。不同的客户价值主张、不同的竞争基础，在很多情况下是不一致的甚至是相互冲突的。

价值链管理的目的是提高客户价值或降低生产成本，运营管理的目的在于提升价值链管理的效率和质量。面对不同的价值理论和运营方法（如约束理论、精益生产），企业创始人或经理人需要在全面、综合评估的基础上，确定运营的目标和策略，并充分评估其对财务绩效的影响。以某个生产工厂（或车间）为例，人们习惯于将"周期""效率""质量"及"成本"作为其核心的运营指标，但是，如果没有考虑"产销率""库存"以及"运营费用"等指标，将极有可能出现运营指标优异但财务绩效不佳的现象，包括坏账风险、现金流赤字、利润的成色不足等。

本书第八章介绍了约束理论（又名瓶颈管理，TOC）。相比于精益生产（Lean），约束理论有一套独特的财务指标体系，使用起来更简单，同时能够产生立竿见影的效果，推荐中小民营企业采用。

（三）创新

根据弗农的产品生命周期理论，产品从投放市场到退出市场一般经历进入期、成长期、饱和期和衰退期四个阶段。如果一家企业的产品种类较为单一，或者各类主要产品的生命周期曲线基本一致，那么企业将面临较大的衰退风险。一旦利润增长缓慢或利润率下滑，企业极有可能裁减员工数量、削减管理费用、重组组织架构，甚至放弃一些产品和市场。

提供单一产品或服务的企业的生命周期曲线像一条"倒U形"的抛物线，到达顶点的同时，企业将直面衰退的风险。因此，企业应在这个节点到来之前，及时引入新的产品和服务并投放市场，从而实现企业经营业绩的第二次飞跃。苹果公司推出Mac电脑并大获成功之后，已经着手推出iPad并进军商业音乐界，iPod刚刚占领市场，又设计推出新产品iPhone，升级版的iPhone尚在热卖当中，iPad已经进入市场攻城拔寨了。

查尔斯·汉迪（2019）认为，S形（或"倒U形"）曲线是每个组织和企业在预测未来时一定会参考的工具，一切事物的发展都逃不开S形曲线（又称"第一曲线"）。如果组织和企业能够在第一曲线到达巅峰之前，找到带领企业二次腾飞的"第二曲线"，并且第二曲线必须在第一曲线达到顶点前开始增长，弥补第二曲线投入初期的资源（包括金钱、时间和精力）消耗，那么企业永续增长的愿景就能实现。

如何找到"第二曲线"，推动企业成长，是每个经理人关心的问题。有些人认为应该更好地使用现有的内部资源，实现内部增长；有些人主张在短期内借助外力，补己之不足；还有一个选择是干脆并购其他公司以获得所需的技术。这些思考体现了产品创新的三种途径，分别是自主创新、协同创新和兼并收购，每类创新的早期投入、变现时间、成功概率、业绩贡献等都各有不同，管理层应统筹安排，设置相应的创新指标。

德鲁克将经济学的"创新"概念引入管理领域，认为创新包括技术创新和管理创新。经济合作与发展组织（OECD）将创新分为产品创新和商业流程创新，前者通过引入一种新的或改进的产品或服务以增加收入，后者通过改进旧流程或创造新流程以提升效率或降低成本，包括流程创新、组织创新和营销创新。

企业在设置创新指标时，应避免陷入两类误区，一是延续传统的思维，只有自主创新的指标，没有协同创新和兼并收购的指标；二是混淆商业流程创新和产品创新的概念。本质上，商业流程创新是为企业的"运营"进行赋能，聚焦于提高效率和降低成本，可以归类为"运营"类指标，只有产品创新才能驱动企业的第二次腾飞。

本书第八章介绍了在众多高科技公司取得巨大成功的集成产品开发（IPD）模式，并以华为早期引入IPD为例，给出中小民营企业导入IPD研发模式的参考建议。

（四）战略协同

在《管子·国蓄第七十三》中提到"利出于一孔者，其国无敌；出二孔者，其兵不诎；出三孔者，不可以举兵；出四孔者，其国必亡"。将"利出一孔"的治国理念应用于企业，就是强调企业要将有限的资源投到最重要的战略议题上,集中优势资源、聚焦少数关键目标,持续发起冲击并最终突破。华为就是"力出一孔"经营哲学的成功践行者。

克里斯·麦克切斯尼等(2013)在《高效能人士的执行4原则》中给出了目标管理的4原则,依次为:聚焦最重要目标、关注引领性指标、坚持激励性计分表、建立规律问责制。这些原则比较适合个人领导力的提升,同样也适用于中小企业或者大公司内部某个部门的目标管理。

"战略"一词从军事领域引入企业经营领域已经很久了,但是,《财富》杂志的一份研究表明,只有不到10%的战略得到了有效实施,大约70%企业的失败不是因为战略不行,而是因为战略实施不当。平衡计分卡(BSC)诞生并应用于战略部署,在一定程度上改善了这种局面,但因为其自身的局限性,例如单项因果关系链(学习与成长→内部流程→客户→财务)的因果关系经不起推敲(Todd,2001;Malmi,2001),导致一些企业的应用效果并不十分理想。

衡量企业是否真正做到了"力出一孔"或者"聚焦最重要指标",其标准是"战略协同"。彼得·圣吉(2009)在《第五项修炼:学习型组织的艺术实践》一书中强调,一项基础广泛的组织变革要求协调一致,即团队的所有成员都有共同的目的、共同的愿景和对个人作用如何支持整个战略的共识。一个协调一致的组织鼓励员工授权、创新和冒险精神,因为个人行为受到实现高水平目标的指导;一个不协调的组织鼓励和授权个人会导致混乱,因为创新的冒险者会把组织引向矛盾的方向。卡普兰和诺顿(2005)采用衡量"战略协同"的指标包括能确定战略优先任务的员工百分比、个人目标与平衡计分卡(BSC)连接的员工百分比、目标与战略一致的员工百分比(主管及以上级别)等。

为实现战略协同,在本阶段,企业需要着手启动企业文化建设(包括使命、愿景和价值观)、建立战略管理流程、实施预算管理、导入目标管理工具、对战略管理的成效进行评审,对战略协同的绩效进行测量。此外,为提升战略协同能力,企业还应该同步开展领导力培育、人员授权以及多功能团队建设等工作。

三、阶段Ⅲ：可持续发展

传统的"股东至上理论"强调短期利益最大化，甚至容忍一定程度的利益相关方"剥削"。例如，在前述"高质量经营"阶段，企业为了提高劳动效率，可能会过度延长员工的工作时间，从而损害劳动者权益；为了降低运营费用，可能会减少在环境保护方面的投入，从而对所在社区造成环境影响；为了降低财务费用，可能会设置苛刻的付款条件，延期支付供应商的货款。

利益相关方理论认为，企业应在可持续发展的三个方面（经济可持续性、环境可持续性和社会可持续性）以长期利益最大化为目标，始终利于所有利益相关方。该理论并不否定盈利是公司的合法目标，但不认为这是最终目标，公司应成为改善利益相关方利益并为所有利益相关方创造共同价值的工具。

企业从"高质量经营"迈入"可持续发展"阶段，意味着发生了重大的转变，企业的经营理念也要随之产生重大的变化，即从"股东至上理论"转变为"利益相关方理论"。这种转变不能停留于经理人形式上的口号，而需要投资者和董事会的深度参与。

为了应对早期的环境保护潮流，一些企业披上了"漂绿"的外衣；为了应对可持续发展热点，一些企业发布了"注水"的ESG（Enviromental, Social and Governance，环境、社会和公司治理）报告；更有甚者，一些企业的管理层为了获得高额报酬，采用虚增收入等方式进行财务欺诈，违背社会责任，严重损害股东利益。

职业经理人关注短期利益，股东及其他利益相关方（包括顾客、员工、政府/社区以及供应商/合作伙伴等）关注长期利益。职业经理人采用聘任制，更多关注任期内的经营绩效，没有关注长期利益的动力，因此，董事会应给经营管理层下达财务指标之外的其他可持续发展指标，从而将公司推进到"可持续发展"阶段。

一家企业是否真正进入"可持续发展"期，一个重要特征是高层管理者的薪酬是否与可持续发展绩效挂钩。2017年，气候相关财务信息披露工作组（TCFD）发布了《工作小组关于气候相关财务信息披露的建议书》，提出了由"治理""战略""风险管理""指标和目标"等四大核心要素构成的气候信息披露框架，明确要求将气候变化相关的指标和目标纳入管理层的绩效考核范围。这种做法值得企业借鉴。

公司董事会应对关键利益相关方进行识别，对他们的需求和期望进行分析和评估，并结合相关政策及投资者要求制定相应的指标和目标，并从管理层自上而下分解。企业的可持续发展指标一般包括雇员、供应商／合作伙伴、规则制定者／社区、环境保护以及ESG评级指标。前三类指标来源于利益相关方理论，后两类指标来源于可持续发展理论。

（一）以员工为中心

员工是企业的一个重要的利益相关方。按照尼利等人绩效三棱镜的观点，企业不仅要考核员工对企业的贡献（如劳动生产率），还要关注其对企业的满意度。根据赫茨伯格"双因素理论"的观点，激励因素是提高员工工作绩效的关键因素，保健因素的改进才能消除员工的不满意。长期以来，关于员工满意度是否会直接影响工作绩效，一直存在不同的看法。但是，如果员工满意度降低，一定会使员工离职率增高，同时会影响员工敬业度，进而影响工作绩效。员工敬业度与工作绩效正相关——这一结论已被理论和实践所证明。

企业要真正做到"以员工为中心"，首先管理层应转变观念，不能继续将员工视为企业投资的人力资源（股东至上理论视角），而应同时将其视为一种内部的客户（利益相关方视角），从多个维度获取其需求和期望，并采取有效措施，消除员工不满意、降低核心员工流失率、提高员工敬业度。

当公司政策、管理措施、监督、人际关系、物质工作条件、工资、福利等因素恶化到员工不可接受时，员工就会产生对工作的不满意。不调查员工对这些保健因素的关切情况，企业就不会投入精力和成本去满足员工的合理诉求，虽然节省了成本，却伤害了员工的利益。

华中科技大学刘智强教授指出，组织中的核心员工一般为有特殊贡献者、有特殊能力者、占据重要岗位者、有良好的社会关系者、有巨大发展前景者、有丰富的专业知识和过人的技术专长者，等等。这类员工一般是组织的"稀缺资源"，通常只占全体员工的5%~10%，但其贡献巨大。核心员工对企业生存与发展的重要性已经毋庸置疑，核心员工是企业核心能力的主要创造者，根据"二八原理"，一家企业80%的价值和利润是由最核心的20%的员工创造的。这些员工是企业的核心和灵魂，是企业生产运营和发展壮大的动力源泉。核心员工的去留对每个企业的生存与发展都关系重大，因此需要重点测量核心员工流失率指标，并采取有效措施，避免核心员工流失。

盖洛普研究发现，员工敬业度始终如一地关联到企业经营的五大业绩指标——员工保留、利润率、工作效率、顾客满意度和安全，并具有前导性。盖洛普研究还发现，基层管理者是企业组织中承上启下的关键环节，他们一方面维系员工稳定和敬业，另一方面将企业的战略分解成阶段性目标贯彻落实到日常的管理活动中。因此，使员工敬业的一个重要途径是通过优秀经理塑造一种积极而高效的工作环境。

此外，在利益相关方理论的指导下，企业除了开展员工满意度、敬业度以及核心员工流失率的调查、分析和改进外，还应成立相关机构来构建和谐的劳资关系、维护员工的合法权益、让员工参与企业有关社会责任议题的讨论与决策、培训员工工作技能、帮助员工达成职业生涯规划目标，等等，从而真正实现"以员工为中心"的核心理念。

本书第八章对员工敬业度和高绩效工作系统（AMO）进行了讨论，并通过华为公司的管理案例介绍了如何通过构建高绩效工作系统来提升员工敬业度。

（二）与供方互利的关系

很多企业会根据客户带来的销售收入或毛利进行客户细分，并针对不同类型客户实施差异化的营销及售后服务，针对那些不能创造价值的客户，企业往往会予以放弃。同样，企业的供应商（或合作伙伴）也在评估我们给他们创造的价值，也在制定不同的策略来动态调整我们同他们之间的合作关系。

进入21世纪以来，企业间的竞争已由单一组织之间的竞争，转变为供应链之间，甚至生态圈之间的竞争。"与供方互利的关系"的理念已提出很多年了，但这种理念在我们企业的落地状况并不理想，企业只关注供应商的贡献而不关心供应商的满意，挤压供应商并最终被供应商反噬的事件屡见不鲜。

"最低价中标法"是我国在工程建设领域应用非常广泛的一种招标采购方法，同时也在制造业普及和推广。然而，多年的实践表明，这种方式存在诸多弊端。表面上看，"最低价中标法"给甲方节约了大量采购成本，然而，由于中标价格可能低于成本（或预期收益），一些乙方会通过"偷工减料""假冒伪劣""违规分包""变相加价"等方式来实现其自身的利益目标。

延长供应商账期、选择银行承兑汇票以及不准时支付货款等，是常见的几种买家采购降本方式，但这只是一方"单赢"，因损害乙方利益而无法做到"双赢"。真正的"双赢"来自整个供应链消除浪费、提高效率并实现价值共享。

丰田公司和其供应商建立了三个流程，分别是供应商协会，咨询小组以及自主学习团队，通过在整个供应链打造知识分享网络实现"利己也利人"的经营目标。这种模式不仅在日本产业界得到广泛应用，还被美国一些著名企业采纳，包括波音飞机、哈雷摩托以及赛灵思半导体等（Jeffrey和Dyer等，2004）。

评估一家公司是否将供应商（合作伙伴）视为重要的利益相关方，一方面可以考察其是否建立了"与供方互利关系"的绩效指标，包括供应商（合作伙伴）满意度、核心供应商的采购金额占比以及供应链的绩效改进收益（如成本、质量、效率）等；另一方面可以考察其是否建立了互联互通的供应链网络以实现信息整合、资源共享、组织互联以及质量体系整合等。

本书第八章对基于卡拉杰克矩阵的供应商分类策略进行了介绍，并以丰田汽车的供应商质量改进辅导为例，探讨如何与供应方建立互利的关系。

（三）规则制定者／社区关系

根据相关群体与企业是否存在交易性的合同关系，可以将利益相关方划分为契约型利益相关方和公众型利益相关方，或说直接利益相关方和间接利益相关方。在公众型（间接型）利益相关方中，按照影响方式的不同可以进一步分为两种类型，一类是被动地接受他方影响的相关方，包括各类国际公约组织、产品生产国／销售国的各级政府、社会活动团队以及新闻媒体等；另一类是主动地施加己方影响的相关方，包括组织所在社区及产品的最终消费者等。

当今时代，全球产业链进入重塑期，国际产业竞争从产品竞争升级到产业链群之间的竞争，美国、欧盟、日本等主要经济体纷纷出台政策措施加强对产业链的"国家干预"，产业链政策成为各经济体战略竞争主战场。产业链政策包括WTO规则、国家政策、法律法规（涉及质量、安全、环境保护等）、标准以及各种财政手段（包括直接经费支援、税收政策、信贷支持、补贴等）等。企业应构建同产业链的各方规则制定者的沟通渠道并维持良好的关系，在确保合规的同时，获得更多的政策支持。

尼利认为，规则制定者对企业的要求是：合法、公平、安全和真实，企业对规则制定者的期望是：规则、原因、清晰和建议；社区对企业的要求是：工作、忠诚、正直和财富，企业对社区的期望是形象、技术、供应商和支持。规则制定者对企业施加影响，企业将影响施加给社区，同样，社区反向影响企业，企业进一步反向影响利益相关方。影响可能是正面的，也可能是负面的，例如，企业通过遵守政府制定的环保法规获得了所在社区的赞誉，或者企业因违反环保法规被所在社区举报并最终受到政府的处罚。因此，构建良性发展的规则制定者／社区关系对企业的可持续发展尤为重要。

在各类公众性利益相关方中，企业需要重点关注各类规则制定者（包括国际组织、行业协会、产业联盟、地方政府等）和所在地社区两类相关方。一方面，企业应识别这些相关方的需求并尽可能满足；另一方面，企业也应及时将自身的需求告知对方并获取其支持和帮助。

评估一家企业是否将规则制定者／社区视为重要的利益相关方，可以从两个角度出发，一是考察其是否建立了规则制定者／社区满意度及贡献度的绩效指标，包括社区投资、被处罚次数、被社区投诉／举报次数、就业贡献度、政府补贴收入、获表彰次数、获荣誉次数、获正面报道次数等；另一方面，可以考察其参政议政的积极程度以及参与规则制定方面的成果，例如人大或政协的提案数量、参与起草的产业政策文件数量、参与起草的各类标准数量等。

本书第八章介绍了战略性社会责任概念以及企业创造共享价值的三条路径，并通过京东等三家企业的实践案例论述了企业如何通过挖掘"金字塔底层的财富"创造经济效率并同时履行社会责任。

（四）环境保护

早期的环境保护议题主要集中在污染物排放、资源与能源消耗、环境友好产品以及清洁生产等方面，随着2015年《巴黎协定》的签署，确立了"将全球气温升高控制在本世纪末（21世纪末）不超过2摄氏度，力争控制在1.5摄氏度以内"的气候目标，气候变化成为当前环境保护最重大的也是最紧迫的议题。

2020年9月，中国提出"双碳"目标（2030年"碳达峰"与2060年"碳中和"），很多企业逐步将低碳转型计划、碳中和方案的制定纳入日程，但各行业代表在制定及披露自身的低碳规划时，对风险和成本的披露尚不充分，对气候相关信息披露的完整性还不够高。

除了政府监管机构要求，越来越多的国际性及区域性组织要求目标企业披露环境绩效，例如全球报告倡议组织（GRI）的可持续发展报告、可持续发展会计准则委员会（SASB）的报告框架、气候相关财务信息披露工作组（TCFD）的气候信息披露框架，以及全球环境信息研究中心的CDP问卷等，各报告体系要求披露的环境议题虽然各有侧重，但环境合规与气候变化是共同的要求。

2021年11月，香港联合交易所发布《气候信息披露指引》，围绕TCFD要求披露的"治理""战略""风险管理""指标和目标"四大核心要素，制定了一套包括八个步骤的完整的信息披露流程，协助发行人根据TCFD建议做出气候变化汇报。《气候信息披露指引》建立了一个风险评估流程，指导企业进行气候变化相关风险的识别与评价，同时给出了一些气候相关参数和指标的示例，包括温室气体排放量、碳价格、受物理及转型风险严重影响的资产及/或业务活动的比例，以及用于应对气候相关风险与机遇的开支或资本投资金额等。

与环境保护议题（包括气候变化）相关的信息披露要求一般适用于重点排污单位、实施强制性清洁生产审核的企业、符合规定的上市公司及合并报表范围内的各级子公司等，并非适用于所有企业。然而，对于任何一家企业而言，不搞形式主义，通过健全制度和流程，主动识别所面临的环境机遇和环境风险，并积极加以应对，都有利于降低企业运营风险，顺应时代发展潮流，尽早享受低碳经济的发展红利。

本书第八章对联交所《气候信息披露指引》中的八个步骤做了系统介绍，以指导企业建立气候变化管理及气候信息披露的长效机制。

（五）可持续发展绩效

2023年6月26日，国际可持续准则理事会（International Sustainability Standards Board, ISSB）正式发布《国际财务报告可持续披露准则第1号——可持续相关财务信息披露一般要求》（IFRS S1）和《国际财务报告可持续披露准则第2号——气候相关披露》（IFRS S2）。两项信息披露标准定于2024年1月1日之后的年度报告期生效，这意味着第一批采用该标准的报告将在2025年发布。

2024年4月12日，上交所、深交所、北交所正式发布《上市公司可持续发展报告指引》（以下简称《指引》），并自2024年5月1日起实施。《指引》规定应当披露《可持续发展报告》的上市公司，应当在2026年4月30日前发布按照《指引》规定编制的2025年度《可持续发展报告》

三大交易所《指引》要求报告期内持续被纳入上证180、科创50、深证100、创业板指数样本公司，以及境内外同时上市的公司应当按照《指引》要求披露《可持续发展报告》，鼓励其他上市公司自愿披露。同时，《指引》明确了上市公司的披露内容及披露原则，要求具备财务重要性的可持续发展议题，应当围绕"治理－战略－影响、风险和机遇管理－指标与目标"核心内容进行分析和披露。

《指引》从环境、社会、可持续发展相关治理三个方面设置了21个具体议题。环境信息披露包括应对气候变化、污染物排放、生态系统和生物多样性保护、能源利用、循环经济等8个议题；社会信息披露包括乡村振兴、社会贡献、创新驱动、员工等9个议题；可持续发展相关治理信息包括利益相关方沟通、反不正当竞争等4个议题。

不少企业披露ESG信息的主观意愿不强，一方面因为管理层重视度不够；另一方面是缺少系统化的工具或方法帮助企业识别与ESG相关的风险和机遇，并对企业的关键ESG议题进行有效管理。本书第八章将介绍怎样利用企业风险管理框架构建企业的ESG管理体系。

可持续发展理念的深入发展，推动了ESG信息披露、ESG评级和ESG投资潮的兴起。国内外已经诞生了大量的ESG评级体系，MSCI ESG评价体系因将中国A股纳入其评价对象而广受瞩目。该体系关注每个公司在环境、社会和治理方面10项主题下的绩效表现，涉及37项关键指标，根据被评价者在本行业的表现，评分等级从高到低依次为AAA、AA、A、BBB、BB、B及CCC七个等级。

在所有的ESG评级体系中，SUSTAINALYTICS ESG评价体系独树一帜。其评价主题与其他评级体系差异不大，但它采取了以ESG风险评价取代全面的ESG评级的报告方式。ESG风险评级衡量的是企业的经济价值在ESG因素的驱动下面临的风险的程度，或者更严格地说，它衡量了企业财务绩效的质量。换言之，企业的ESG风险等级越高，代表着企业财务报表所呈现的财务绩效（如净利润）的质量越低，反之，则其质量越高。

在本书第五章用一个案例诠释了ESG评级／评分结果对财务绩效的影响，以及两者之间潜在的关系，并对企业价值（可持续财务绩效）进行了探讨。

利益相关方理论关注长期价值而不是短期收益，这对企业所有者和管理层都是巨大的考验，一方面，他们担心在可持续发展方面投入太多资源会影响当前的财务绩效（如利润、分红、股票市值）；另一方面，他们不清楚需要多长时间才能将这类投资转化为收益。其实，这种观点体现出他们还没有摆脱股东至上理论的传统思维。

利益相关方理论追求平衡之道，既要考虑股东／投资者的利益，也要考虑员工、供应商／合作伙伴、规则制定者／社区的关系；既要关注经济效益，也要防范经营风险；既要立足当下，也要着眼未来。管理者需要深刻理解各类可持续发展议题的投入与财务绩效之间的关系，例如，"员工敬业度"的提升将大幅提升财务绩效，"员工满意度"的下降将导致"员工敬业度"的下降；删除甲方"单赢"的合同条款，将有利于建立与供方长期的战略伙伴关系；参与产业链政策及规则的制定，企业可以获得更多的政策支持和竞争优势；积极研究"双碳"目标带来的风险和机遇，有利于企业优先获得低碳经济带来的红利，等等。作为高瞻远瞩企业的领导者，应将可持续发展当成重大的战略机会而不是威胁。

四、阶段IV：卓越经营

卓越企业应该具备哪些特征？汤姆·彼得斯在《追求卓越》一书中找出了杰出公司共有的八项特质；吉姆·柯林斯在《基业长青》一书中发现了

高瞻远瞩公司不同于其他优秀公司的特征，并在《从优秀到卓越》中总结了从平凡到优秀再到卓越的企业所拥有的"卓越气质"，包括"第5级经理人""先人后事""直面残酷的现实""刺猬理论""训练有序的文化"以及"技术加速器"等；2023—2024版《卓越绩效准则》（美国波多里奇国家质量奖标准）则提出了十一项相互关联的企业核心价值观和理念。

根据企业经营管理成熟度"四阶段"发展模型，我们需要找出处于"卓越经营"期的企业所独有的或者更加显著的特征。我们发现，前辈们总结出的卓越企业的很多特征在前三个阶段已经陆续出现了。经历了从"野蛮式生长"到"高质量经营"再到"可持续发展"的两次蜕变后，在阶段Ⅳ，企业具有四个更为显著的特征，这四个特征能够推动企业达到更高层次的发展，它们是"高效的组织系统""远见卓识的领导""企业家精神"及"品牌溢价"。

（一）高效的组织系统

企业的组织系统由两部分组成，一是组织结构，二是业务流程。组织结构是组织运行的框架，是企业内部进行价值创造的秩序，犹如人体的骨骼系统，组织结构支撑组织有序运行。业务流程对内将使命、愿景转化为战略目标及行动计划，并通过项目管理实现组织目标；对外将利益相关方需求转化为合同、订单及运营计划，并通过日常运营满足相关方需求。

如何衡量一家企业组织系统的好坏？假如我们将"组织系统"看作"造钟师"的一件产品，那么答案显而易见。首先是效率，例如一款新产品投放市场的时间效率；一项投资决策从立项到落地的时间效率。其次是成本，例如公司在价值创造过程和辅助支持过程投入的费用是多少；哪些过程（或部门）没有价值创造输出或者浪费了过多的资源。最后是质量，包括决策的质量、运营的质量等，例如一项新的业务投资，是否获得了预期的投资回报率；一个流程优化项目是否实现了预期的目标。此外，风险控制是一个重要的调节变量，一家倾向于"风险规避"的公司，通常具有周期长、效率低、成本高但风险低等组织特征；而倾向于"风险追求"的公司，则通常具有周期短、效率高、成本低但风险高等组织特征。

管理者在进行SWOT分析时，常认为中小企业"船小好调头"，而大企业是"大象不能跳舞"。大企业通常具有决策周期长、效率低、运营成本高等特征，不免同时"山头林立""系统繁杂"。怎样治愈或避免这些"大企业病"，让大象也能跳舞呢？

《卓越绩效准则》强调以"系统的视野"让组织的构成部门形成一个统一体来实现使命、持续成功和卓越绩效。"系统的视野"还意味着在一种相互关联的组织生态背景下对组织进行管理，该生态系统为新的和可能创新的关系提供了机会。那么，如何"让组织的构成部门形成一个统一体"（内部整合），又如何"在一种相互关联的组织生态背景下对组织进行管理"（外部整合）呢？

IBM提出的业务组件模型（CBM）是一个组织系统构建的结构化方法，在华为等世界著名公司得到了成功应用。CBM站在全局的高度来考虑"企业优化"，体现了"系统的视野"。其业务组件化的方法可以通过内部组件化和外部专业化的转变，提高企业的灵活性，并实现跨越式的增长。组件化可以消除企业内部冗余的功能，明确战略重点组件，非关键组件可以通过外部获取，从而实现从价值链向价值网络的转变。快速响应与稳健运营、多元需求与有限资源是企业经营管理的两对固有矛盾。通过建立组件化的运营平台，可以用内部稳定的、有限的资源（组件）搭建多样化的企业，满足外部多元、快速的客户需求，从而有效解决上述矛盾。

在本书第八章对业务组建模型（CBM）进行了系统介绍，并通过一个组织结构平台化转型案例说明了对CBM的具体应用。

（二）远见卓识的领导

《卓越绩效准则》核心理念之一"远见卓识的领导"强调管理层应设定愿景，建立以顾客为关注焦点的，展示明确而实在的价值观和道德观，并为员工提出高期望。这些愿景、价值观和期望应综合平衡所有利益相关方的需要。领导者确定的价值观应当用于指导组织所有的活动和决策。这里的"领导"不是一个名词（如"领导力"或"领导者"），而是一个动词，强调的是"领导"这个过程，它不是一个普通的过程，而是一个卓越的过程。

吉姆·柯林斯在《基业长青》一书中，系统阐述了卓越企业的共同特征，其中用三个独立章节，以极为简练且形象的语句来说明什么是企业的使命、愿景和价值观，即："利润之上的追求"（使命），"胆大包天的计划"（愿景）和"教派般的文化"（价值观）。愿景管理已成为一种时尚，成为不少经理人的一种谈资，一种噱头，但是真正能够做到"知行合一"的企业则非常少见。

在创业伊始，创始人一般不会想得太远，如果这时候你问他有关"使命"的话题，他可能会告诉你多个答案，但只有"活下去"才是他当下最真实的想法。松下电气器具制作所创立于1918年3月7日，但松下幸之助却把公司的创业纪念日确定在1932年5月5日，原因是这一天他提出了"自来水哲学"。在松下幸之助看来，尽管松下公司已经运行了十余年，但直到这一天，他才明白了企业的使命，所以，这一天才是真正的创业开端。

使命回答了"我们的业务是什么？"这个相对简单的问题，而"我们未来的业务将来会是什么？"，就不那么容易回答了。伴随着企业规模的扩大以及管理层经营理念的变化，使命和愿景也在不断演进中。进入阶段Ⅳ，企业的使命已逐渐由"模糊"变得"清晰"，从"股东利益至上"调整为"以利益相关方为中心"，并逐渐稳定，不再进行大的调整。然而，站在新的起点，管理层不能继续沿用之前的制度管理、流程管理以及绩效管理等方式，需要进入愿景管理的新阶段。

为什么企业需要愿景？休·戴维森指出，愿景描绘了未来的目的地，战略是通向目的地的行动路线。通向未来的道路上被凌乱地放置了许多路标，形成愿景将驱使你去正视它们，并决定选择哪一条道路。彼得·圣吉认为：建立共同愿景需要将组织成员的个人愿景与组织愿景相协调，实现愿景共享，这是组织整体修炼的基础。吉姆·柯林斯特别强调：未来愿景包括两个部分，即一个10到30年的宏大的、艰难的和胆大包天的目标和对公司实现这个目标后会怎样的生动描述。他同时建议从目标、常见对手、典型模范和内部转型四个维度来树立愿景。例如，索尼公司在20世纪50年代初的目标是成为全球最知名的企业，改变日本产品在世界上的劣质形象；耐克公司20世纪60年代的目标是击败阿迪达斯；本田20世纪60年代的目标是击败雅马哈；强生公司1996年制定了"20年后受人尊敬的程度与当今惠普公司相同"的目标；通用电子公司在20世纪80年代设立的目标是"在我们所服务的每一个市场中数一数二，通过企业改革，使我们不但拥有大型公司的实力，还具有小型企业的瘦身和灵活。"

价值观指企业开展经营活动时依据的是非标准和行为准则，明确哪些可以做，哪些不可以做。它需要回答，在追寻梦想的过程中，如何看待顾客、员工、股东、社会以及其他关键的利益相关方；经营理念、经营哲学是什么，应该建立一种什么样的企业文化来凝聚人心，共奔前程。

稻盛和夫一生培育了京瓷公司和KDDI两个世界500强企业，他的"阿米巴"经营思想被很多企业推崇。"敬天爱人"是京瓷哲学的基本理念，也是稻盛和夫的人生哲学，他在他的一本书中写道："公司并不是经营者个人追求梦想的地方，无论现在还是将来，公司永远是保障员工生活的地方。"京瓷处处体现"尊重员工利益、以回报社会为己任"的理念，公司实施员工终身雇用制，即使是在1974年石油危机的时候，京瓷也没有因为企业不景气而解雇任何一名员工。

我国很多企业都在效仿京瓷，学习"阿米巴"的经营管理模式，但成功者甚少，原因在哪里呢？中国的传统哲学讲究"道法术"。道，是规则、自然法则，上乘；法，是方法、法理，中乘；术，是行为、方式，下乘。"以道御术"就是以道义来承载智术，悟道比修炼法术更高一筹。"术"要符合"法"，"法"要基于"道"，道法术三者兼备才能得到最好的策略。如果抛开"敬天爱人"一类的经营哲学推行"阿米巴"的经营模式，无异于本末倒置，失败是必然的。

（三）企业家精神

"企业家"这一概念最早由法国经济学家里夏尔·坎提隆于1755年提出，他认为"企业家"是在市场中充分利用未被他人认识的获利机会并成就一番事业的人。另一位法国经济学家萨伊在1800年提出，企业家能够"将资源从生产力和产出较低的领域转移到生产率和产出较高的领域"，这一定义将"企业家"与所有权分离开来，同时将提高生产力和产出的职责赋予了企业家。约瑟夫·熊彼特在1912年出版的《经济发展理论》一书中指出，企业家就是"经济发展的带头人"，也是能够"实现生产要素的重新组合"的创新者。

彼得·德鲁克（2007）在萨伊和熊彼特研究的基础上，提出了"企业家精神"的概念，他认为，企业家精神能够大幅度提高资源的产出；创造新颖的与众不同的东西，改变价值；开创新市场和新顾客群；视变化为常态，总是寻找变化，对它做出反应，并将它视为机会并加以应用。总而言之，企业家精神的本质就是有目的、有组织的系统创新。创新就是改变资源的产出；就是通过改变产品和服务，为客户提供价值并使客户满意。

对"企业家精神"的研究，除了以熊彼特和德鲁克为代表的"创新精神"学派以外，还有国外的"冒险精神"学派和"社会责任"学派，以及国内的"德礼并济""义利合一"等儒家伦理学派。有些学者提出了企业家精神具有不同层次，即个人层面的企业家特质、组织层面的企业家行为影响，以及社会层面的企业家精神彰显。研究者认为正是这种特殊的个人层面的企业家特质（如创新、冒险、进取、奉献）使其取得了创业成功。

德鲁克对很多似是而非的观点进行了澄清。第一，并非所有的企业创办者都是企业家。比如一个人开了一家餐馆，虽然他冒了一点风险，但他既没有创造一种新的满足，也没有创造新的消费诉求，因此他不能算是企业家。克罗克（麦当劳创始人）则是杰出的企业家，他让汉堡包通过连锁的方式实现了标准化生产，大大提高了资源的输出，增加了新的消费需求，影响了人们的生活。第二，企业家（或企业家精神）与企业的规模或性质无关。无论是大企业还是小企业，无论是私人企业还是公共部门，无论是高科技企业还是非科技企业，都可以有企业家，也都可以具备企业家精神。第三，企业家（或企业家精神）与所有权无关。无论是企业所有者，还是职业经理人，或是普通职员，都可以成为企业家，并具备企业家精神。第四，企业家与人格特质无关，他们不是"专注于冒险"，而是"专注于机遇"。企业家之所以具有"冒险精神"，主要是因为在所谓的企业家中，只有少数人知道自己在干什么，大多数人缺乏方法论，违背了众所周知的法则。

在"高质量发展"阶段，本书将"创新"作为该阶段的四大企业特质之一，在"卓越经营"阶段（本阶段），强调的"企业家精神"之本质仍然是"创新"，但两者的内涵和外延有很大差异。前者重点强调"产品创新"，以产品创新来发现"第二曲线"，帮助企业摆脱产品生命周期的束缚，驱动企业再次腾飞；后者强调的是"颠覆性创新"，创新的成果不仅可以帮助企业获得超额利润，还能够促进经济的发展和社会的进步。华为的麒麟芯片、鸿蒙系统以及Mate 60手机就是企业家精神的产物。

（四）品牌溢价

世界品牌实验室（World Brand Lab）是一家国际化的品牌价值研究机构，采用"收益现值法"对品牌价值进行测评。该机构发布的2018—2021年《世界品牌500强》榜单中，美国始终维持在200家以上，排名世界第一，中国平均维持在40家左右，但无一家进入世界前十，整体处于中等偏下水平。2021年，国家电网、腾讯、海尔、中国工商银行、华为等44家中国企业入围《世界品牌500强》榜单，入选品牌主要集中在银行、能源、电信、传媒、食品与饮料等行业。除了华为、海尔等少数企业，中国在制造业领域的世界级品牌明显偏少，与中国世界第二大经济体的地位不匹配。相对于中国处于世界第二位的经济体量和消费市场，中国品牌特别是先进制造业品牌仍有巨大的发展空间。

制造业是立国之本、强国之基。中国制造向中国创造转变、中国速度向中国质量转变、中国产品向中国品牌转变，是推动消费升级和高质量发展的方向。中国企业品牌影响力不足的原因是多方面的，包括品牌技术支撑力不强、品牌保护意识薄弱、市场营销创新不足、国际化经营水平不高等。根据"微笑曲线"理论，我国制造业整体上还处于产业价值链的中低端，亟待实现从"制造端"到"品牌端"的转变。企业"以价取胜"的思维应该转变了，应采取品牌经营，以提高品牌溢价获取超额利润的方式实现从"中国产品"到"中国品牌"的转型。

品牌溢价又称品牌的附加值，用于评价品牌的营利能力，指同质的产品被标示品牌后能够卖出更高的价格；或者同类型基本同质的产品被标示品牌后能比竞争品牌卖出更高价格。一种产品的溢价具有短期性，该产品不可能长期获得高溢价；但对于一个品牌或一个企业而言，溢价则具有持久性，可以通过不同产品的溢价组合使企业长期获利。

大卫·艾格的品牌资产理论认为：品牌资产包括品牌知名度、品质认可度、品牌联想、品牌忠诚度，以及品牌的法律资产。品牌之所以能够成为资产，是因为品牌能够支持企业的盈利，品牌溢价能力是企业获得更高售价、更高利润率、更好营利的有力武器。品牌资产中的知名度、美誉度、品牌联想等指标最终通过提升客户忠诚度与溢价能力从而使品牌具有营利能力。

对任何一家企业而言，塑造品牌溢价能力是一项长期的、艰巨的任务，需要在品牌形象塑造、品牌质量提升、产品功能开发、强化品牌保护、市场营销创新，以及国际化经营等方面下足功夫。根据本书提出的"经营管理成熟度"四阶段模型，品牌管理工作在"野蛮式生长"阶段处于萌芽状态（对品质的追求是一种朴素的品牌投入），在"高质量经营"阶段处于觉醒期（企业开始有意识地加大品牌投入），在"可持续发展"阶段得到加速发展（企业在可持续发展方面的投入本身就属于品牌投入），并最终在"卓越经营"期开始逐步收获品牌溢价带来的红利。品牌溢价是本阶段的最重要特征之一，如果没有产生品牌溢价，就不能声称企业进入"卓越经营"期，没有品牌溢价的企业可以说"大"但不能说"强"。

本书第八章介绍了品牌管理大师凯文·莱恩·凯勒的"基于顾客的品牌资产金字塔"模型（CBBE），在它的指引下，企业可以从最基础的层次开始一步步创立一个强大的自主企业品牌。

第三章
企业经营的逻辑：从原则到指标再到方法

一、关于经营逻辑的探讨

每个成功的企业家或经理人都有其独特的经营管理思路和方法。有人将经营管理思路和方法提升至哲学高度，如稻盛和夫的"阿米巴经营"；有人将其归纳为某类管理系统，如通用电气（GE）的六西格玛管理，海尔的"人单合一体系"；有人则仍然停留在经营者个人的思维或习惯层面，这是大多数中国民营企业的现状。

在产业界，经理人常常聚集在一起交流各自对企业经营的看法，探讨如何实现企业目标，如何实现基业长青；在学术界，学者在各自的学术领域通过研究企业的实践案例发掘企业经营成功的秘诀。经理人和学者将此类话题（或课题）归结为对商业模式或经营逻辑的探索。

关于企业经营逻辑的概念，学术界和产业界的研究并不多，尚未形成一致的看法，也没有统一的定义，所以导致这一概念被严重滥用。例如，有人认为它是一种"经营理念"或"经营原则"；有人认为它是一种"成功秘诀"或"生存之道"；还有人认为它是一种"经营策略"或"营利模式"；

更有甚者，有人直接将它等同于"商业模式"。

事实上，"商业模式"有其特定的定义和内涵。根据学者从不同角度对商业模式的定义，商业模式的概念研究可以归结为四种视角：经济学、运营、战略和整合。经济学视角将商业模式定义为公司获取利润和实现利润最大化的一种方式；运营视角将业务模式表示为企业的组织结构和操作结构，旨在表达企业可以自我设计适宜的组织结构和运营方式去赚取比竞争者尽可能多的超额利润；战略视角将战略理论作为商业模式的理论基础，将其概念的范围界定于战略和策略之间，将商业模式与业务运营相挂钩，试图用此概念将各个独立业务融合在一起；在整合视角下，商业模式在企业中不仅是为了某一单独经营目标而存在，而是对企业整体如何健康高效运作的一种描述，是对企业各个环节的整合和优化。

亚历山大·奥斯特瓦德等在《商业模式新生代》一书中将商业模式定义为"一个组织创造、传递以及获得价值的基本原理"，并提炼出商业模式的九个关键要素：客户细分、价值主张、渠道通路、客户关系、收入来源、核心资源、关键业务、重要合作伙伴及成本结构。

如果一定要给"经营逻辑"下一个定义，首先要理解什么是"逻辑"。《现代汉语词典》将"逻辑"定义为：①思维的规律；②客观的规律性。《朗文当代英语词典》将"逻辑"（logic）定义为：a way of thinking about something that seems correct and reasonable, or a set of sensible reasons for doing something，中文即一种看似正确合理的思维方式，或一套合情合理的行事缘由。因此，我们将"经营逻辑"定义为"一组管理者如何进行经营的系统性的、规律性的、合情合理的思维方式"。

经营逻辑与商业模式不同。商业模式聚焦于公司通过什么途径或方式来赚钱，以及潜在的投资回报水平；经营逻辑则聚焦于通过什么途径或方式来提升赚钱（或其他经营主题）的效率。我们可以简单地将商业模式比喻为企业的"生产关系"，将经营逻辑比喻为企业的"生产力"。一方面，经营逻辑受到既有商业模式的影响，在既定框架下不断提升经营效率；另一方面，当商业模式效率低下时，经营逻辑会推动商业模式发生变革，以适应新的企业生产力发展需求。

不同行业企业的商业模式往往各不相同；相同行业、不同企业的商业模式则通常存在诸多共性。但是，即便是相同行业、不同企业的经营逻辑也往往因为管理者的经营思维方式不同而大相径庭，可以说，一千家企业就有一千种经营逻辑。以下以国内某家民营上市公司为例，来说明企业在不同的发展阶段、不同的管理者管理之下体现的基于股东至上理论的提升财务绩效的"经营逻辑"。

案例3-1：三任CEO的经营逻辑（财务维度）

一、郭百纳的经营逻辑："销售为王，顾客至上"

郭百纳是一家民营上市公司的联合创始人，公司首任CEO。为了将公司做大并完成上市目标，郭百纳将"营业收入"作为最重要指标，并实施了多项经营管理措施，例如：对高管团队、中层干部进行"营业收入"绩效考核，制定销售人员提成及超额奖励制度；建立一支规模庞大的销售队伍，迅速扩张营业网点，在全国"跑马圈地"；塑造"顾客至上"企业文化，引入相关培训课程，对销售及客服人员开展客户服务意识及技能培训。在他长达十余年的任期内，公司保持了20%以上的营业收入复合增长率，并在2010年成功上市。

二、徐克文的经营逻辑："系统规划，平衡发展"

公司上市之后，亟待摆脱此前的"野蛮式生长"模式，迈向"高质量经营"，经董事会研究，决定公司创业元老退出经营管理层，由职业经理人操盘。徐克文是美籍华人，公司第二任CEO，入职前担任一家国际知名管理咨询机构高级合伙人，同时也是美国国家质量奖评审员。

徐克文致力于"造钟"，以期转变企业"粗放式"经营管理方式，夯实企业高质量发展的基础。在他的两届任期内，推动并落实了以下重点工作：建立事业部制，实施充分的授权；建立战略管理流程；引入平衡计分卡（BSC）进行绩效管理；财务指标兼顾营收与利润；提升信息化管理水平，包括升级ERP系统，上马顾客关系管理（CRM）系统等。在他的六年任期内，公司继续保持20%以上的营收和利润复合增长率，同时获得了地方政府质量奖。

三、申望道的经营逻辑："股东至上，精益管理"

申望道是公司第三任CEO，从同行业外资公司"空降"。与徐克文不同,申望道来自非常熟悉的业务领域,可以将外企先进的经营理念及管理模式快速复制到公司,其做法包括:应用"杜邦分析法"进行经营指标的分解及行动计划的制定;导入精益生产模式,减少浪费,提高生产率;实施"内生增长+外部并购"的业绩增长模式;开展继任者计划及未来领导者的培养等。在他的第一届(三年)CEO任期内,公司的高质量经营体系得到进一步强化和提升,营业收入及利润均获得了大幅增长,利润增长率由负转正并稳步提升,公司市值翻番,受到了资本市场的一致好评。

申望道将他首届任期的成功归因为杜邦分析法(DuPont Analysis)的成功应用。围绕"净资产收益率",结合行业和本公司的经营特点,他将关键的财务指标聚焦于"利润"和"现金流",同时将"利润"进一步分解为"毛利率""销售成本""管理成本"以及"税费"等指标,将"现金流"进一步分解为"收款"和"付款"两个指标,并拟定具体的行动方案。

例如,针对"毛利润"指标,公司设定了"人均产值""设备利用率"等指标,并引入精益生产(Lean)模式来提升运营效率;针对"收款"指标,公司设定了"销售回款率"等指标,重塑了合同签订流程,调整了业务单元的薪酬激励机制;针对"付款"指标,公司调整了此前与供应商付款周期的约定,减轻了现金支付的压力。

杜邦分析法已有100多年的历史,并不是一个新的方法或工具,有优点也有局限性,相信绝大多数CEO或CFO都能熟练运用。然而,这家公司的三任CEO中,只有申望道在股东至上理论的指导下,准确找出影响"利润"和"现金流"的关键指标(或驱动性指标),并引入了有效的工具和方法来实现这些目标。他将其归纳成他的"经营逻辑",也是他在首个CEO任期内业绩(包括公司市值)快速增长的"秘诀"。

通过上述案例,我们可以发现,一位经理人的经营逻辑由多类元素构成,不仅包括经营理念(或原则),还包括绩效指标、流程或方法等,并且在企业的不同发展阶段,这些元素也处于动态调整或变化之中。那么,类似于商业模式由九类元素构成,经营逻辑又由哪些关键元素(或环节)构成呢?

二、从戴明环到沛思环

PDCA循环由美国质量管理专家沃特·阿曼德·休哈特（Walter A Shewhart）首先提出，后经威廉·爱德华兹·戴明（William Edwards Deming）的采纳和宣传而获得广泛应用，因此又称"戴明环"（Deming Circle）。PDCA循环最初应用于质量管理领域，它将质量管理工作分为四个阶段，即Plan（计划）、Do（执行）、Check（检查）和Action（处理），后来进一步扩展到"4阶段、8步骤"，具体如表3-1所示。

表3-1 戴明环的"4阶段、8步骤"

阶段	步骤
阶段1：P	步骤1：分析现状，找出问题
	步骤2：分析各种影响因素或原因
	步骤3：找出主要影响因素
	步骤4：针对主要原因，制定计划
阶段2：D	步骤5：执行、实施计划
阶段3：C	步骤6：检查计划执行结果
阶段4：A	步骤7：总结成功经验，制定相应标准
	步骤8：把未解决或新出现的问题转入下一个PDCA循环

以"戴明环"为基础，衍生出很多质量管理工具，如品管圈、QC小组、质量改进小组（QIT）、解决问题的八个步骤（8D）等，虽然这些工具各具特色，应用于不同场景，但它们都遵循了PDCA循环这一基本规律（或逻辑）。

此后，"戴明环"从最初应用于质量策划与质量改进，逐步延伸到各行各业的管理领域，例如设计开发、生产制造、市场营销、绩效考核以及战略管理等。"戴明环"这一工作方法既是质量管理的基本方法，也符合企业管理各项工作的一般规律。

PDCA循环不仅是一种工作方法，更是一种思维方式；既可应用于我们的工作，也可应用于我们的生活。在工作中，管理者可以通过PDCA循环改善工作流程和提高工作效率；在生活中，人们可以运用PDCA循环改善个人的学习、健康以及人际关系等。

PDCA循环概念的提出及成功应用，触发我们一个新的思考：在企业经营管理领域，有没有一个类似于"戴明环"的工具，可以帮助企业提升经营质量，实现可持续发展，同时能够有效诠释企业的"经营逻辑"？在本章中，我们效仿亚历山大·奥斯特瓦德商业模式"画布"的做法，将企业"经营逻辑"的若干关键要素提炼出来，同时以"戴明环"为基本框架，创作一幅"环环相扣，螺旋上升"的企业成长逻辑图。

在保留行动（Do→Action）、测量（Check→Measurement）和改进（Action→Improvement）三个要素的基础上，我们将计划（Plan）拆分为原则（Principle）、指标（Indicator）和方法（Method），同时再增加一个校准（Alignment）元素，最终构成由七个要素组成的企业的"经营逻辑"，并按照"原则→指标→方法→行动→测量→改进→校准"的先后顺序形成一个类似于PDCA循环的"环"（如图3-1所示）。我们将这个环命名为"沛思环"（PESC Circle）。关于为什么叫"沛思环"，具体分析参见第四章有关卓越绩效计分卡或者"沛思"计分卡的介绍。

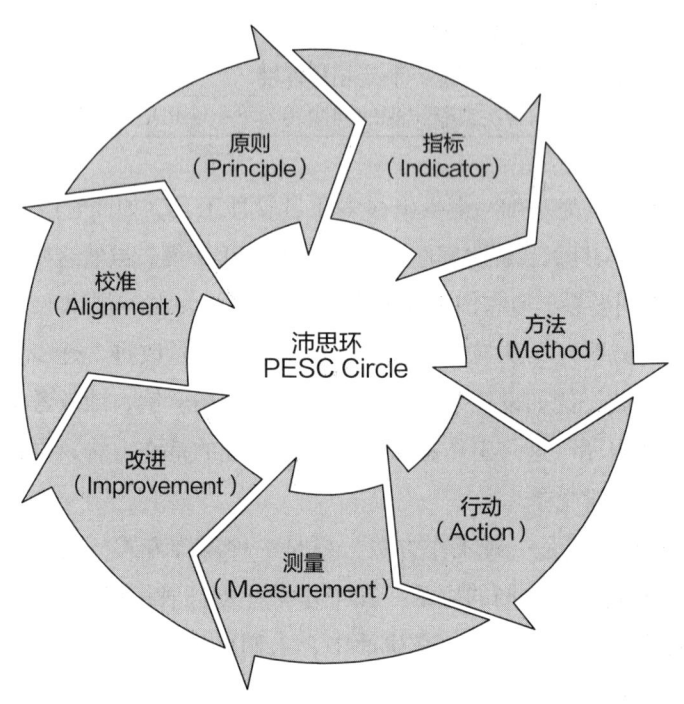

图3-1　企业经营的逻辑——沛思环（PESC Circle）

接下来，我们对沛思环经营逻辑的七个关键元素（或环节）逐一阐述。

（一）原则

德鲁克曾对企业存在的目的提出三个问题："我们的事业是什么？""我们的事业将是什么？""我们的事业应该是什么？"，这引发了人们对企业使命、愿景及价值观的思考。吉姆·柯林斯在《基业长青》一书中构建了企业的愿景架构，他认为一个构思良好的愿景由"核心理念"和"未来前景"两部分构成，而"核心理念"又由"企业核心价值观"和"企业使命"构成，其中：企业核心价值观是公司的精神和持久的原则——一套不需要外部调整的永恒指导原则，它对公司内部的人拥有固定的价值和意义；企业使命是公司存在的基本的、真正的原因，它反映了人们对公司事业的追求，是公司在"利润之上的追求"；"未来前景"包括两部分——一个10年到30年的胆大包天的目标和对公司完成目标后情景的生动描述。"企业使命"回答了"我们的事业是什么"，"未来前景"回答了"我们的事业将是什么"，"企业核心价值观"则是企业实现远大理想所必须遵循的原则。

按照吉姆·柯林斯的定义，企业在构建愿景架构时，价值观与原则（或者指导原则）是相同的概念，但是在管理实践中，两者有细微的差异，即价值观更为宏观和抽象，原则更为微观和具体。如果一家企业的价值观过于抽象，那么管理层就有必要将其展开为具体的指导原则，以便这个价值观能够被一个或多个合适的指标测量，同时能够被关键的利益相关方清晰且正确地理解。福特公司的经营哲学是一个典型的例子。

案例3-2：

福特汽车公司在20世纪80年代初重新审视了福特经营哲学，确立了新的"使命""价值观"与"指导原则"。"价值观"包括成功三要素，即"人员""产品"和"利润"；"指导原则"进一步有效地阐释了"价值观"，一共六条：

——质量第一；

——一切皆以顾客为焦点；

——持续不断地改善是我们成功的要素；

——全员参与是我们的生活方式；

——视经销商与供应商为伙伴；

——坚守正直原则，绝不妥协。

　　此外，理念和原则也是两个不同的概念。理念通常是在一定的文化、价值观、经验等背景下形成的，可以表现为一种抽象的概念或者想法，也可以表现为具体的信仰、主张或者哲学观点。原则通常是一种比较具体的行为准则或者道德标准，是人们在日常生活和工作中必须遵守的规范和要求。

　　同样，"经营理念"和"经营原则"也是两个需要澄清的概念。柯林斯在阐述"核心理念"时，曾将其比喻为宗教教义，或者美国《独立宣言》中蕴含的真理，或者科学界秉持的"科学无国界"的理想和原则。关于"经营原则"，我们耳熟能详的就有戴明的"质量管理十四原则"、克劳斯比的"零缺陷管理四原则"、ISO 9000标准的"质量管理八原则"以及富兰克林—柯维公司提出的"高效能人士的执行4原则"等。

　　为了帮助读者更好地理解"企业经营原则"的基本内涵，更好地理解其与"企业经营理论"以及"企业经营理念"（或"价值观"）之间的关系，同时也便于企业更好地制定经营原则，我们总结了企业经营原则（以下简称"原则"）的三大特征。

1. 特征一：原则是企业经营理论在某一具体企业的投影

　　企业存在的目的是什么？有人认为是"股东利益最大化"，有人认为是"满足顾客及其他利益相关方需求"，有人认为是"需要同时满足经济繁荣、环境保护和社会福利三个方面的平衡发展"，这些看法分别代表了股东至上理论、利益相关方理论和可持续发展理论（或三重盈余理论）。

　　虽然很多企业主并不关心，甚至不清楚自身企业所秉持的经营理论，但是从企业的经营指标或经营行为中不难找到答案。例如，将财务绩效排在第一位，且不惜牺牲员工和供应商利益的企业，信奉的是股东至上理论；废除以价格作为采购标准、贯彻"与供方互利关系"经营理念的企业，秉承的是利益相关方理论；从治理、战略、风险管理、指标和目标等四大核心要素来达成"双碳"目标的企业，遵循了"可持续发展理论"。因此，任何一家公司的经营原则，都是某一种或多种企业经营理论在该企业的投影。

每一位成功的企业家都希望自己的企业成为受人尊敬的"公司公民"，通过定期地将企业的"经营原则"与社会普遍认同的企业经营理论相比较、校准，能够推动企业成长得更加优秀和卓越。

2. 特征二：原则是公司核心价值观的诠释和具体化

价值观是企业对客观事物的基本信仰，是关于好坏、善恶、美丑的判断，是企业生存与发展的指导思想和基本准则。为了方便记忆和传诵，几乎所有公司的价值观都比较简明扼要，例如"诚信""团队""创新""以人为本"等，但是将这些价值观落实到企业经营的营销、研发、生产、人力资源以及财务等各个方面，就需要对它们进行必要的诠释，并形成相应的指导原则。

IBM和惠普都倡导"以人为本"，但两家公司对之的诠释却有差异。IBM强调"必须尊重个人"，公司的管理人员对公司任何员工都必须尊重，同时也希望每一位员工尊重顾客，并且，公司的行为准则规定，任何一位IBM的员工都不可诽谤或贬抑竞争对手。惠普则强调"我们信任并尊重个人"，公司吸纳那些能力非凡、个性迥异、极富创新能力的人加盟，承认他们对公司所做的努力和贡献，倡导惠普人积极奉献，并能分享其通过努力所获得的成功。

据统计，《财富》100强企业的企业核心价值观中，55%的公司强调"诚信"为本，49%的公司倡导"客户满意"，40%的公司信奉"团队精神"。这些都是优秀的文化要素，但仅停留在术语或口号层面显然是不够的，需要高层领导者对之予以进一步阐释并转化为一系列经营原则，作为指导员工行动的具体纲领。

3. 特征三：原则应为可衡量指标的制定指明方向

企业经营原则的形成受两方面因素的影响，一是来自外部的、被世人普遍认同的企业经营理论；二是来自内部的、被高层管理者推崇的公司经营理念（或企业核心价值观）。原则一旦形成，就意味着企业在经营管理活动的各领域、各层次的思想统一，并为各类指标的制定指明了方向。为了避免误读"原则"，企业的经营原则应确保可衡量，可以用一个或多个指标对某一具体原则进行测量。

例如，一家企业认为"诚信"是企业的立足之本，并将"全体雇员忠于职业操守"作为其经营原则，那么，企业有必要制定类似于"违背职业操守次数"或"因违背职业操守而被处罚的雇员数量"的对应指标并定期测量，否则，"诚信"可能就是一个口号。

有人认为，无论是企业的经营理念，还是企业核心价值观，都是企业文化的一部分，而企业文化相对较"虚"，往往难以测量。但是，经营原则上衔经营理念、下接经营指标，体现了"由虚转实"或"虚实相间"的特点，对只能主观判断的事物实现了可客观判断，对只能定性测量的主题实现了可定量测量。

例如，美国一家办公用品公司为了构建"以顾客为中心"的企业文化（企业核心价值观），制定了三条经营原则：一是选择爱服务的员工；二是培养提供优质服务的习惯；三是通过奖励巩固以客户为中心的行为。相对于企业核心价值观的"虚"和难以测量，这三条原则非常"实"、操作性强、容易测量。该公司进一步设置了相关指标，以测量各原则的"落地"表现。

我们建议，企业在制定"经营原则"时，应遵循如下两项基本原则。

1. 满足关键利益相关方的要求

关键利益相关方包括投资者、顾客、员工、供应商／合作伙伴，以及规则制定者／社区等。企业在追求自身发展的过程中，是以"股东利益至上"，还是兼顾其他"利益相关方"？是仅仅追求经济绩效，还是同时兼顾生态绩效和社会绩效？尽管在企业成长的早期阶段，大多数企业无法践行利益相关方理论和可持续发展理论，但至少不能伤害关键利益相关方的利益。

对关键利益相关方的关注同时意味着"长期主义"，一味强调利润，有可能驱动管理层为了今天的利益破坏企业的未来。例如，为了提高投资回报率（或利润率），管理层可能降低投资支出，减少对固定资产的投入，导致设备逐步落伍；降低人力资源投入，导致生产能力下降；降低环境保护及职业健康标准，导致运营风险增加……这些行为都会对企业的长期利益造成损害。

2. 形成一种独特且优秀的企业气质

企业气质是企业文化的一种外在表现。虽然很多企业重视企业文化的建设，但若不能形成一种内部为员工所认同、外部吸引客户的，独特且优秀的企业气质，企业文化的塑造将流于平庸甚至失败。在先进的企业管理理论指引下，企业应如何看待股东？如何看待顾客？如何看待员工？如何看待社会？如何看待卓越？……管理层应给出答案并率先垂范，从而形成全体员工自觉恪守的行为准则和道德规范。

企业的性质不同、规模不同、所处行业不同、发展阶段不同、创始人的胸襟和气质不同，都将对企业"经营原则"的制定产生影响。管理层只有基于"经营理念"形成"经营原则"，或者反过来，以"经营原则"为镜调整"经营理念"，从而将两者合二为一，并予以贯彻实施，才能形成独特的、优秀的企业特质，进而将之锤炼成公司的一项组织资产或核心竞争力。

（二）指标

想象在一家快速成长的企业，你有幸被任命为公司CEO（或者某部门经理），你可能需要重新思考公司（或者部门）的定位、发展方向、战略目标及指标，并对绩效进行测量。如果你负责的部门恰好是一个绩效测量部门（如质量管理部或人力资源部），那么你需要思考的会更多。

以往的经验可以帮你快速找到答案，但要注意：缺乏系统思考的"拿来主义"，往往会给你的组织带来伤害。在很多管理场景中，我们常会发现诸多不和谐的做法，例如，在一家过程质量只有三个西格玛的公司，质量经理执意推行六西格玛管理，因为他刚从一家六西格玛标杆企业"空降"而来；生产经理计划在车间内同步推行"精益生产"（Lean）和"瓶颈管理"（TOC）两种模式，却不理解这两种模式在价值体系方面存在差异甚至冲突；集团采购总监制定了每年5%的采购成本下降（Cost down）目标，然而，产品线总经理认为此举导致了供应商供货周期的延长，并对产品质量造成了影响。

每个绩效指标的设置都与顾客价值主张、业务流程、组织架构、所用工具或方法息息相关；同时，每个部门都是整体组织的一个子系统，局部最优未必全局最优。CEO及部门经理要站在整个组织系统的角度来思考并厘清：公司（或部门）的关键的绩效指标是什么？这些指标体现了什么样的经营原则？

在《高效能人士的执行4原则》一书中，作者将"聚焦最重要目标"列为各项原则之首，同时指出："你一开始至多只能选择两个最重要的指标，而非眉毛胡子一把抓，妄图把所有事情都一下子做好……如果你正在试图完成5个、10个，甚至20个重要目标的话，你的团队便无法聚焦精力。"

然而，根据《卓越绩效准则》（美国国家质量奖标准），致力于追求卓越绩效的组织应在"产品""过程""顾客""员工""领导""治理""社会责任""财务""市场"以及"战略"等多个维度设置50多类、100多个重要指标。

事实上，公司的资源永远是"有限"的，CEO需要在"绩效指标丛林"中找出真正重要的绩效指标，按照"重要""紧急"程度对它们排序，并找出适宜的方法（包括组织结构、业务流程、项目任务、管理工具等）来实现这些目标，同时确保各种方法协调一致。

在管理实践中，绩效指标的优先顺序往往通过"考核权重"来体现。处于"野蛮式生长期"的公司需要制定的"最重要目标"相对较少，一般由"利润"和"营业收入"等构成；处于"高质量经营期"的公司则需要关注更多的"最重要目标"，一些企业按照平衡计分卡（BSC）的架构进行指标设置，内容覆盖"财务""顾客""运营"以及"学习与成长"等；进入"可持续发展期"后，企业需要关注的绩效维度会更多，包括合规、道德责任以及可持续发展等，CEO在进行指标选择及排序时会愈加困难。

案例3-3：

一家民营上市企业在"财务"层面和"可持续发展"层面均设置了指标，但在权重的分配上，高管团队产生了较大的分歧。一方认为，尽管研究表明"可持续发展"指标（如ESG评级）能够帮助公司获得长期股东价值，但是在短期内，必不可少的ESG投入无疑会减少公司的利润，同时会影响股东回报及高管薪酬。另一方认为，必要的ESG投入能够降低公司的合规风险，另外，如果不及早投入，未来的ESG投资成本会更高。如何解决这类分歧？管理者需要重新审视公司当下所处的发展阶段，以及公司在该阶段确定的"经营原则"。换言之，离开了"原则"，所有的"指标"都会使企业陷于困扰甚至偏离方向，如同地球没有了磁场，所有的罗盘都将失去存在的意义。

我们认为，企业在制定"经营指标"时，应遵循两项基本原则。

1. 指标应与原则对齐

一家公司的绩效指标少则十余个，多则数十甚至逾百，依据指标之间的驱动逻辑（或因果关系），可以梳理出数量不是太多的指标链（或指标簇），位于指标链最顶层的指标体现了企业的若干经营原则。企业经营指标的选择一定是管理层深思熟虑的结果，因此一定与公司的经营原则相一致。如果不一致，意味着存在两种可能，一是所谓经营原则仅仅是个口号或者噱头，管理层未必真正关心；二是经营原则的落地出现了问题，处于一种"空中楼阁"的状态。

现实情况是，很多企业在"原则"和"方法"之间缺少"指标"这一环节。为了让沛思环形成一个完整的闭环，需要对"方法"和"原则"的一致性进行评估，并提炼出承前启后的相关"指标"。指标可以是定性的，但尽可能量化。例如，某公司引入精益生产系统，先在班组试点再逐步推广到车间和工厂，然而公司一直没有具体的指标来衡量精益生产的绩效，后来根据员工的提议，管理层将"精益"列入公司的核心价值观，制定了经营生产的若干原则及具体的测量指标。

2. 指标之间应协调一致

位于指标链（或指标簇）顶端的各类指标，应具备相互独立性，并明确指向一条或多条经营原则；位于指标链中端及末端的各指标之间也应协调一致，形成共生。企业的每一项管理议题，都需要综合考虑速度与风险，质量与成本，规模与敏捷等"硬币"的两面性，这常常令决策者难以取舍。如果处理不当，极可能顾此失彼，引发内部流程混乱甚至部门之间的冲突；如果指标体系设计合理，它们就能和谐相处，融为一体。假如某些指标实在无法协调一致，解决途径通常有两种，一是尝试寻找一些新的工具或方法，尽可能"鱼与熊掌兼得"；二是回到"原则"（或上溯至经营理念或价值观），重新对这些指标进行比较或排序，并确定优先级。

例如，《卓越绩效准则》（美国国家质量奖标准）十一项企业核心价值观之一的"敏捷性和韧性"，认为"时间绩效"（或周期时间）是一个非常关键的指标，企业可以通过对"时间绩效"的改进去驱动组织工作系统、质量、成本、供应链网络整合、生产率等企业其他关键绩效指标的改进。

（三）方法

指标（或目标）通过过程来实现，过程指组织使用的各种方法。《卓越绩效准则》提供了一种过程成熟度评估的方法，即从方法（Approach）、展开（Deployment）、学习（Learning）和整合（Integration）四个层次依次进行评价，这体现了过程自身的一种迭代或演化。

没有方法，工作就无法开展，过程就无法运行。方法可能很简单，例如一份待填写的工作表单、一个指导员工作业的流程图；也可能很复杂，例如战略规划、预算管理以及业务流程重组。

面对外部环境的"不确定性"，企业的经理需要以内部的"确定性"来应对，包括厘清目标并寻找适应的方法。《卓越绩效准则》以提问的方式列出了经济类组织六大类目若干子类目的各项管理要求，一共涉及五十多项需要开展的工作，近百类大大小小的管理工具可供选用。然而，如何选择适应的工具，《准则》并没有给出答案。

所谓"麻雀虽小，五脏俱全"，一家企业无论规模大小，都会采用一些工具或方法以实现经营目标。公司目标分解到部门及班组，分解到大过程和子过程，自然会产生诸多工具或方法的应用，如果不进行系统规划或约束，各种工具或方法就会泛滥并对企业的高效运营造成负面影响。我们认为，企业在选择方法以实现过程目标时，应坚持如下四点基本原则。

1. 以目标（或问题）为导向，方法应紧密联系实际

在启动一个新的流程，引入一个新的工具，开展一项新的变革之前，管理者应谨慎评估其必要性和适宜性；应认真回答"拟解决的问题是什么？""组织（或部门）拟实现的目标是什么？""有没有其他更合适的、效率更高的，或者成本更低的方法？"等问题，方法要聚焦于目标（或指标），应与拟解决的问题相匹配，应注意投资回报，不能小题大做、大材小用，现场能够解决的问题就交给一线解决。

2. 方法由易到难，越简单越好，尽量减少使用复杂系统

一个流程图或者一份表单，是最为常见也最为简单的方法。伴随着规模不断扩大，公司会不断引入新的管理工具、方法，甚至一套完整的模式或系统，然而，复杂系统的导入需要耗费更多组织资源，所以应尽可能选择简单、实用的方法。

3. 方法要尽可能少，但要精益求精

很多企业有追逐管理时髦的习惯，什么工具流行，就引入什么工具，如从20世纪90年代的ISO 9000标准，到后来的精益生产、六西格玛管理，以及当下的卓越绩效模式，但大量企业的实施效果未达预期。每当导入一个新工具时，企业应该保持工匠精神、精益求精的态度，所谓"一招鲜吃遍天"，尽可能将每一类工具的效能发挥到极致。

4. 不同方法之间要协调一致，避免前后不一或相互冲突

企业运行的各类方法应具备协同效应，避免出现前序方法和后序方法不一致、局部效率和全局效率相冲突，以及业务架构与IT架构未对齐等现象的发生。尤其是在推动管理变革时，是"不破不立"，还是"先立后破"？需要管理层统筹规划，建立组织新旧方法的导入和退出机制，并选择恰当的时机等。

"工欲善其事，必先利其器。"熟悉工具是一回事，而掌握工具的使用方法是另外一回事。中国企业的市场化进程并不长，在中国本土孕育和诞生的管理工具非常少，大多数工具属于"舶来品"，企业对这些工具、应用的成熟度相对不高，失败案例则不少，需要引起经理人的高度重视。

案例3-4：方法选择的迷失

在一家民营企业的年度"群策群力"领导力大会上，有一个工作坊小组负责呈现其研究成果"如何提升矩阵式组织架构下的协同效应"。这家集团公司采用"事业部－子公司"的矩阵式模式进行"双线"管理，其中事业部为"实线"，子公司为"虚线"。新一届管理层希望子公司在属地发挥更大的协同效应，把"虚线"做得更"实"一些。

同众多患有"大企业病"的公司一样，这家公司存在两类"烟

囱"——"信息孤岛"林立的"烟囱式"的信息管理体系和"山头主义"盛行的"烟囱式"的组织架构。由于事业部掌握了太多资源，包括研发、市场、销售、采购、生产、售后服务等，加上财务、人事、法务等重要职能由集团总部垂直管理，子公司总经理主要负责属地的公共关系及后勤服务工作，无法有效实施资源整合与协同。

这个工作坊的人员是来自多个部门的中层干部，由两名高管担任导师，然而研究成果并不理想。小组成员提出了很多解决方案，如"赋予子公司总经理更多的职权""委派更高级别的经理担任子公司总经理""对各职能进行双重考核"以及"调整人财物审批流程"等，但这些措施似乎并不能有效解决当前的问题，反而有可能激化事业部和子公司之间的冲突。

事实上，IBM创造的组件业务模型（Component Based Modeling, CBM）已经帮助很多企业解决了矩阵式组织架构存在的弊端（包括在华为的成功应用）。然而，非常遗憾的是，这家公司的管理团队并不清楚有这个工具，导致"烟囱"问题久拖不决。本书将在第八章详细介绍该方法的应用。

（四）行动

实施（Do）是戴明环（PDCA）的重要一环，同样，行动（Action）也是沛思环的关键环节。我们认为，要将方法付诸实施，首先要做好人力资源准备（包括培训、外聘或合作等）以确保组织具备相应的能力，其次是通过由点及面的项目实施建立新的秩序或流程，最终逐渐形成一种独特的、训练有素的企业文化，这三者依次推进，具有明显的因果链关系，即：人力资源准备→项目推进→企业文化形成。

1. 人力资源准备

企业的任何一个过程都由人、设备或信息系统来实现，即便是自动化或无人化，也离不开人的操控。大到伟大的事业，小到具体的项目，个人或者团队的能力往往成为成败的决定性因素。

卡普兰·诺顿开发了一个流程，用以识别、评估和发展隶属某一战略工作群组的员工能力，并以"人力资源准备度"为指标进行衡量。该指标反映实现某一战略目标需要具备的战略能力要求与实际能力之间的差距，差距越小,说明人力资源准备度越高。

国内的咨询机构正略钧策开发了一个以组织绩效为导向的培训体系——OPTS,该体系由三个模块组成,即绩效指标模块、组织能力模块和课程模块。绩效指标的达成是通过完成工作任务来实现的;组织能力的高低决定组织完成相关工作的效率和效果;培训是提升组织能力的重要方式,而课程是承载培训的知识传递、技能传递、标准传递、信息传递及管理行为等功能的具体形态。因此,任何组织在启动一项新的工作任务时,必须提前开展人力资源(包括能力和意识)的准备。IBM为了建立"以顾客为中心"的流程及文化,斥资800万美元,历时三年开发了"关键时刻"(Moment of Truth)教学课程,培训全体员工,对"大象也能跳舞"的组织变革目标的实现发挥了重要作用。

2. 项目推进

过程萌芽于项目。尽管有少量项目一旦完成就意味着终结,但大多数项目会演化成稳定的流程。为了建立一个新的流程,或者升级一个旧的流程,管理者更倾向于以小的项目驱动大的变革,例如很多企业的品管圈、六西格玛、零缺陷等质量改进项目,都是从少数几个班组或过程开始试点,以点带面、横向展开,逐步推广至所有相关的部门或过程。

为了确保项目推进成功,需要高效地对项目进行管理。项目管理涉及的内容非常多,包括项目决策、项目计划、团队建设、项目实施、质量保证以及验收评价等。对于简单的项目,管理者需要掌握一些简单技能的应用,例如工作分解结构、甘特图以及关键路线法等;对于复杂的项目,管理者需要接受系统的培训,或者聘任专业的项目管理经理/工程师进行管理。

3. 企业文化形成

明代心学大师王阳明有一个著名的"知行合一"理论。"知"主要指人的道德意识和思想意念;"行"主要指人的道德践履和实际行动。王阳明认为,"知是行的主意,行是知的工夫;知是行之始,行是知之成","知"就是"行","行"就是"知",知和行并不是两个互不相关的概念,而是强调了同一件事,既不存在脱离"知"的"行",也不存在脱离"行"的"知"。

美国麻省理工学院的企业文化专家沙因教授提出了一个企业文化的"睡莲模型"：水面上的花和叶是文化的外显形式，是能被接触和感知的企业文化；中间是睡莲的枝和茎，是各种被公开倡导的价值观、使命、愿景以及行为规范等；最下面是睡莲的根，是各种视为当然的、下意识的信念、观念和知觉。在这朵盛开的睡莲里，员工的个人行为和企业价值观达成了统一，企业文化有效融合员工价值观和企业价值观，做到了全体员工的"知行合一"。

自20世纪末"愿景"这一概念被提出以来，无论在国外还是在国内，越来越多的公司将愿景纳入企业的长期战略，并围绕"愿景"构建以"价值观"为核心的企业文化。然而，由于"价值观"（"睡莲"的枝和茎）与最底层的"视为当然的、下意识的信念、观念和直觉"（"睡莲"的根）不一致，很多企业在价值观上言行不一、知行分离，从而无法将企业文化磨砺为一种组织资源，一种核心竞争力。

企业文化的培育，究竟是从"知"开始，还是从"行"入手，不同的企业可能有不同的安排，但是，只有持久的、日积月累的"行动"才能培育出个人以至整个组织"视为当然的、下意识的信念、观念和直觉"，才能将"睡莲"的根深扎于组织的土壤。一个普通人养成一个新习惯需要多长时间？2010年，伦敦大学的费莉帕·勒理博士进行了实验，结果表明：养成习惯平均需要66天，其中有些人只需要18天，而有些人则需要254天。对个人尚且如此，对组织而言需要更长的时间。我们认为，管理层提出一个新的价值观，如果没有三到五年的用心浇灌，很难将其培育为一种真正的企业文化。

今天，现场主管技能培训（Training Within Industry for Supervisor，TWI）已成为精益生产方式（丰田生产方式，TPS）的坚实基础，不仅在日本经久不衰，在其他国家和地区也受到同样好评。笔者曾观摩过一场TWI系列课程之一的工作改善（JW）的现场培训，在两天的课程中，培训老师带领学员反复十余次朗读、默诵"工作改善"四个阶段的每一个步骤，并自问自答6个"W"和1个"H"（Why，What，Where，When，Who，How），目的是让学员形成一种"下意识"的观念和习惯。学员回到工作岗位后，将带领班组成员开展一系列工作改善项目，在不断强化个人意识的同时，也把相关意识和技能传授给班组成员，从而实现从个人到团队，从局部到全体的共同行为和习惯，培育出一种真正扎根于组织土壤的"精益"文化。

（五）测量

如果不能衡量就无法进行管理。原则（或价值观）有没有落地、绩效指标有没有达成之类的问题，只有通过测量才能给出答案。对单一原则、单一指标的测量相对比较简单，但对整个组织的绩效系统进行全面的测量，则需要构建一个绩效系统或者一套系统的测量方法。

测量体现了"基于事实的管理""一切用数据说话"等经营管理的理念和原则。在《卓越绩效准则》中，绩效测量系统被定位为企业经营管理的基础，一方面，企业在构建绩效指标体系时，或者按照沛思环构建经营逻辑时，可以参照测量系统拟定绩效指标；另一方面，通过对绩效指标的测量、统计和分析，可以找出经营管理的改进方向。

一个好的绩效测量系统能够有效指导企业进行指标遴选，但是现有的绩效管理工具或多或少存在一些问题。例如，《卓越绩效准则》本身也是一个绩效测量系统，提供了覆盖产品、过程、供应链、顾客、员工、领导、治理、社会责任、战略实施、财务与市场等若干类别近百个独立的指标，但如何选择，"准则"并没有给出答案；又如，平衡计分卡被誉为20世纪最伟大的管理工具之一，由于时代的局限性，也越来越难以满足当今时代企业经营管理的需求；再如，绩效三棱镜声称超越了平衡计分卡，虽然有利益相关方理论支撑，但指标体系并不完备。

为了解决这些绩效管理工具存在的问题，我们开发了一个新的绩效测量系统——卓越绩效计分卡（又名沛思计分卡），具体内容将在第四章进行介绍。

测量本身也是一种方法。对传统指标，如质量、成本、效率、周期等，测量工作相对简单，不需要特别的方法；对顾客满意度、顾客忠诚度、员工满意度，以及员工敬业度等指标，可能需要在既有的理论和实践基础上，另行开发一些适宜的测量工具或方法。

（六）改进

自戴明环（PDCA）的"四阶段、八步骤"改进模型开发出来，受其影响，质量管理领域诞生了一系列改进理论和方法。从早期的品管圈（QCC）、质量改进小组（QIT）、解决问题的八个步骤（8D），到后期的零缺陷、六西格玛方法以及标杆管理等，无一例外地打上了戴明环的烙印。

除了这些专门用于改进的工具（或方法）以外，有些管理工具"自带"改进功能，例如战略管理中的"战略回顾"，绩效管理中的"绩效回顾"、ISO 9001质量管理体系的内部审核等，但并非所有工具都是如此，因此，企业至少需要引进一套专门的绩效改进系统，实现对公司经营管理涉及的原则、指标及方法的改进。

将"改进"理解成一种特别的"行动"，然后按照本章前述"人力资源准备→项目推进→企业文化形成"因果链实施，从而形成一种组织特有的改进方法和改进文化，能够帮助企业从普通走向优秀并实现卓越经营。

本书第八章介绍了四种改进机制，包括QC小组、标杆管理法、六西格玛管理以及"零缺陷"管理，企业可以根据自身经营特点和管理需求选择其中一种用于企业持续改进机制的建立。

（七）校准

所谓校准，意味着企业在应用沛思环构建经营逻辑时，应确保原则、指标和方法三者之间的一致性，同时，相应的行动、测量和改进应能有效支持"原则"的落地和"指标"的实现。未来世界充满太多的不确定性，就像航海家一样，郑和七下西洋依靠"牵星术"导航，哥伦布四次出海依靠"罗盘指针"导航，企业家为了确保组织的行动与目标保持一致，也需要有一个好的"导航"工具用于指引方向并及时校准。

企业在践行使命、追逐愿景时，通常会制定多条经营原则，从而自上而下形成多条经营逻辑链，并衍生出一套完整的指标体系和方法组合。这些逻辑链是否构成了显著的因果关系？不同逻辑链之间是否存在相互干扰或冲突？需要定期进行校准，校准可以从"纵向校准"和"横向校准"两个维度进行。"纵向校准"包括评估指标是否与原则一致？方法是否与指标一致？"横向校准"包括原则与原则之间是否相互矛盾？指标与指标之间是否存在冲突？方法与方法之间是否协调一致？……

通过校准，并采取措施不断消除经营逻辑链上各种要素之间的矛盾、冲突与不一致，可以实现系统的"整合"。决策效率与运营风险、上市周期与客户体验、采购成本与供货质量……各种要素常常以矛盾统一体的形式成对出现，只有通过"整合"才能解决问题。"整合"构筑在"校准"之上，意味着组织经营逻辑的各要素以充分互联的方式运行，并产生可预期的结果，即在纵向保持方向一致，在横向形成协同效应。

通过校准，能够发现"原则"与"行动"相脱节的原因。类似于"生产力决定生产关系，生产关系反作用于生产力"的原理，"经营原则指导管理实践，管理实践反作用于经营原则"。"原则"与"行动"一旦不匹配、不一致，将导致内部管理冲突、经营效率下降，企业应该及时进行调整，尤其要重视"原则"应与时俱进，以满足组织当前及未来的内外部环境及利益相关方的需求和期望。

校准在沛思环中起承前启后的作用，它代表着某个沛思环上一个循环的结束，并开启下一轮循环。经过校准，新环在旧环的基础上实现了迭代与更新，例如调整了指标或方法；也有可能在旧环的基础上演化或分离出一个全新的循环，例如在顾客维度循环的基础上，增加了员工、供应商或社区等维度的循环。随着企业经营管理成熟度的不断提升，其绩效指标体系也日臻完善，相应的沛思环也会增加，这一个个看不见的"环"凝聚了企业的各种经营理念和原则，形成多个相互独立、相互协同的经营逻辑链，推动企业突破"普通"走向"优秀"，跨越"优秀"迈向"卓越"。

（八）企业战略管理中的经营逻辑（沛思环）

传统观点认为，企业战略是公司为之奋斗的终点与公司为达到终点寻求的途径的结合物，具有计划性、全局性和长期性等特征。较新的观点则认为，企业战略是一系列决策或行动方式，这套方式包括刻意安排的（计划性）战略和任何随机出现的（非计划性）战略，具有应变性、竞争性和风险性。

无论哪种观点，战略制定和部署的过程通常包括"确定使命和愿景→内外部环境分析→SWOT战略选择→制定战略目标→实施战略部署"几个关键步骤，这些关键步骤的差异在于某个或多个决策过程花费时间的长短，共性在于决策者个人（或团队）的经营逻辑（沛思环）发挥了非常重要的作用。

在战略制定阶段，任何一项组织绩效（指标）的制定都受到两个因素的影响，一是战略目标（它通常是理性分析和选择的产物），二是经营原则（它通常受制于经营理念及价值观）。例如，在确定利润率水平时，秉承"股东至上理论"或"利益相关方理论"的决策者会选择不同的"指标"，并进一步影响"方法"的选择。图3-2显示了经营逻辑（沛思环）在一个组织的战略管理中的功能和作用。

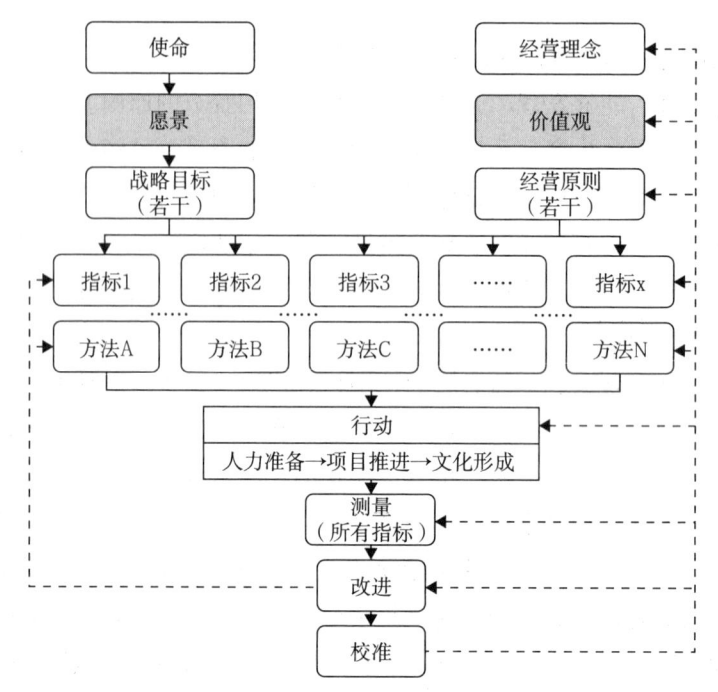

```
        使命                        经营理念
         ↓                             ↓
        愿景                          价值观
         ↓                             ↓
      战略目标                       经营原则
      （若干）                       （若干）
         ↓                             ↓
   ┌────┬────┬────┬────┬────┐
  指标1  指标2  指标3  ……  指标x
   ↓     ↓     ↓          ↓
  方法A  方法B  方法C  ……  方法N
   └────┴────┬────┴────┘
              ↓
            行动
   人力准备→项目推进→文化形成
              ↓
            测量
         （所有指标）
              ↓
            改进
              ↓
            校准
```

图3-2　企业战略管理中的经营逻辑（沛思环）

沛思环贯穿了企业战略管理的全过程。我们将沛思环的七个环节——原则（Principle）、指标（Indicator）、方法（Method）、行动（Action）、改进（Improvement）、测量（Measurement）和校准（Alignment）需要开展的工作进行了总结（如表3-2所示）。

表3-2　沛思环（PESC Circle）的七个环节

环节	内容
1. 原则（P）	将抽象的企业经营理念（或价值观）转化成具体的、可衡量的经营指导原则
2. 指标（I）	选择一个或多个最适宜的、可测量的指标去衡量经营指导原则
3. 方法（M）	选择一个或多个性价比最优的工具或方法以实现过程或结果指标
4. 行动（A）	开展人力资源准备，推行一个或多个项目，促进企业文化的形成
5. 测量（M）	对绩效指标的达成情况按照策划的频次定期监测
6. 改进（I）	选择一项改进方法或工具，以建立整个企业（或系统）的持续改进机制
7. 校准（A）	实施校准，以确保原则、指标和方法的一致性，以及各个"沛思环"的协调一致

三、企业经营逻辑的迷失

企业经营管理工作涉及非常多的主题，包括财务、顾客、运营以及人力资源等，每个主题又可以逐层分解为多个小的议题，这些议题形成了一个又一个沛思环。如果不认真思考和梳理，同一个"环"的内部，以及不同"环"之间，往往容易陷入逻辑混乱、理念冲突，进而使企业迷失经营管理的方向、丧失内部运营的动能。

在管理实践中，指标背离原则、方法背离指标、原则与原则相冲突、指标与指标相矛盾，以及方法与方法不一致的现象比比皆是，导致企业运营效率低下，纠纷与冲突不断。一名"造钟师"在构建企业的系统架构时，应遵循正确的经营逻辑，即按照沛思环七个环节的逻辑顺序来设计经营管理系统，形成各要素之间的"一致"和"协调"，以有效消除企业在经营逻辑上的迷失，包括各种背离、冲突与不一致。

（一）指标与原则相背离

在降低物资采购成本方面，"最低价中标法"是一种常见的采购方法，其对应的指标通常是"采购成本降低多少个百分点"。对于一家以"股东至上"为经营理念的企业来说，虽然这种方法可能存在一定风险，但其本身也无可厚非；然而，对于一家将"与供方互利的关系"作为指导原则的企业来说，就存在指标与原则相背离的风险，需要采用其他更适宜的指标，例如"战略供应商/合作伙伴采购金额百分比""供应商/合作伙伴满意度"等。

在企业的日常管理中，这种背离情形不胜枚举。例如，有些公司倡导"顾客至上"，但是既不做客户分级，也不做客户满意度调查，在不断开发新客户的同时，老客户则在流失；又如，有些公司声称"以人为本"，但极少关注员工诉求，从来不做员工意见调查，员工流失率远超行业平均水平；再如，有些公司承诺产品"环境友好"，但是声称"绿色"的产品使用了有害材料。

（二）方法与指标相背离

针对传统制造业的一些绩效指标，例如周期、成本、质量、效率等，经理人已经掌握了足够的知识和方法来解决问题、实现目标。然而，伴随着新经济时代的到来，经理人面临的问题更加复杂，例如"如何提升矩阵式组织架构下的协同效应""如何实施数字化转型"以及"如何培育一种创新的企业文化"等。针对这些课题，经理人需要对问题进行更准确的描述，对拟达成的目标及指标进行更清晰的定义，同时找出相应的路径和方法。

在将指标展开到方法的过程中，方法背离指标，方法与指标弱相关甚至不相关的情形时常发生。例如，企业采用纵向和横向的"双重考核"方式，而不是用业务组件模型（CBM）来解决矩阵式组织架构存在的问题；用管理委员会（或跨部门小组）而不是用业务流程优化（或重组）来解决流程本身存在的问题；用瓶颈管理（TOC）而不是精益生产（Lean）来实现"零库存"的目标。

西汉韩婴《韩诗外传卷·弓人之妻》记载了一个故事。

> 齐景公使人为弓，三年乃成。景公引弓而射，不穿一札。景公怒，将杀弓人。弓人之妻往见景公，曰："妾闻，奚公之车，不能独走；莫邪虽利，不能独断；必有以动之。夫射之道：左手若拒石，右手若附枝，掌若握卵，四指如断短杖，右手发之，左手不知，此盖射之道。"景公以其言为仪而射之，穿七札。蔡人之夫立出矣。

齐景公请工匠制作了一把弓并亲自拉弓发射，但连一层牛皮的箭靶也穿不透。后来，齐景公按照工匠之妻所教的方法射箭，一下子穿透了七层牛皮箭靶。这则故事说明：任何精良的工具，要使它发挥效力，必须有正确的使用方法。

（三）原则与原则相冲突

企业的价值观（或经营原则）常常用于回答企业如何看待股东、顾客、员工、供应商、社会等议题。极少有企业制定自相矛盾的经营原则，但在实际经营过程中，"知""行"未能"合一"，言行不一致的问题屡见不鲜。尤其是当价值观冲突时，企业很容易在利益或诱惑面前动摇，放弃优先度靠前的原则而选择那些排位靠后的原则，例如一些标榜"诚信""公正"的中介机构，为了满足客户的不当要求，违背职业操守，将"利益最大化"置于首要位置。

解决这种冲突的方式很简单，就是要么不说，要么就说出你的真实想法。"股东至上"的想法并不错，在利益相关方理论诞生之前，它曾是商业机构信奉的一条"金科玉律"。当然，价值观（或经营原则）需要花时间去打磨，并且在企业的不同成长阶段，或者在不同的CEO任期，应对它适时调整。经过长期的锤炼、取舍、排序，每一条原则都会找到自身正确的位置，并彼此达成和谐与统一。

（四）指标与指标相矛盾

在一家消费品生产厂商，业务部门希望生产部门能够不断缩短交付周期，快速响应客户突然提出的临时性需求，然而生产部门认为缩短交付周期需要增加人员和设备，同时质量很难得到保证，更重要的是，这与公司对生产部门的考核要求（"零缺陷"和"低成本"）不一致，因此拒绝接受业务部门的改进建议。

在一家集团型企业，管理层将关键物资采购权授予集团采购中心，并对采购成本下降率/节约额进行考核。采购中心通过艰苦卓绝的努力，连续两年采购成本节约逾千万元，得到管理层的肯定。然而，一些产品线的总经理却不以为然，他们指责采购中心议价时间太长，急需物资无法及时供应，导致订单丢失或客户抱怨，从而无法完成集团下达的年度业务目标；另一方面，一些替代性物资的质量得不到保证，导致产品质量事故频繁发生，最终影响订单交付及顾客满意度。

在一家技术服务机构，每个新项目的开展都需要提前获得资质许可，相应的评审费是一笔不菲的开支。为控制评审费用，质量部拟定了全年的评审计划，并对评审次数做了严格规定。然而，业务部不希望限制评审次数，因为市场变化很快，不断有新的需求产生，业务部希望质量部能够缩短每次资质许可的评审周期，提高新项目资质评审的通过率。

部门分工不同、立场不同、看问题的角度不同，绩效考核的方向和重点自然会产生差异，这是不同部门绩效指标发生冲突的根源。解决冲突的钥匙握在高层管理者手中，其通常的做法是在更高阶层面上进行指标设计、分解，以及优先度（或权重）分配。在此，"双因素理论"也许可以为企业提供一个新的解决思路。

美国行为学家赫茨伯格认为，引起人们工作动机的因素主要有两个：一是保健因素，二是激励因素。只有激励因素才能给人们带来满意感，而保健因素只能消除人们的不满意但不会带来满意感，这就是大家熟知的双因素理论（又称"激励－保健理论"）。

假如将这种理论应用于顾客（包括外部顾客和内部顾客），在质量、成本、周期和服务等指标中，哪些指标能够给客户带来满意感，哪些指标只能消除客户的不满意但不会带来满意感呢？换言之，哪些属于激励型指标，哪些属于保健型指标？

不同客户有不同价值偏好，不同企业也会提出不同的客户价值主张，在此基础上，经理人可以分辨各类指标的类型，并将优先度（或较高的权重）分配给那些激励型指标。例如，一家快消品生产企业，强调快速与敏捷，那就意味着"周期"是激励因素，而"品质""成本"以及"服务"都可能是保健因素；一家奢侈品公司，强调高端和尊贵，则意味着"品质"和"服务"是激励因素，而"周期"和"成本"是保健因素。

（五）方法与方法不一致

在管理实践中，常常会遇到这样一些场景，在目标（或指标）十分明确的前提下，各部门都高效地开展了工作，然而工作成果（或效果）未能达到预期，这有可能源于方法与方法之间的不一致。这些不一致可以分为三种类型：前序方法和后序方法不一致、局部效率和全局效率相冲突，以及业务架构和IT架构未对齐。

1. 前序方法和后序方法不一致

平衡计分卡（BSC）强调四个维度之间的逻辑关系，前一个维度是先导型（或驱动型）指标，后一个维度是滞后型（或结果型）指标，从而构成绩效链：学习和成长→内部流程→客户→财务。然而，很多学者认为，这种绩效链经不起推敲，例如，相比于杜邦分析法用定量方式来揭示利润的构成来源，平衡计分卡只能用定性的方式来解释顾客满意和财务绩效之间的关系。实践表明，顾客满意度提升的方式有很多种，但并非所有的方法都有利于提升财务绩效。

在将企业的战略目标逐级分解到部门目标、班组目标以及个人目标的过程中，各级经理人需要确保战略、规划、实施和运营各层协调一致，消除混乱并降低复杂性。例如，某企业的年度目标是降低运营成本20%，分解的指标之一是取消30%的低价值运营环节，采用的方法是业务流程重组（BPR），那么相应的组织架构调整、线下及线上的流程优化，都要在纵向上保持前序和后序方法的协调一致。

2. 局部效率和全局效率相冲突

无论是大野耐一建立的"精益生产"系统（Toyota Production System, TPS），还是高德拉特开发的"制约法"（Theory of Constraints, TOC），都将"局部效率必须废止"作为一项重要的原则。实践证明，无论是TPS还是TOC，聚焦于流动（Flow）而不是局部的成本，反而能够令整体成本下降，员工整体效率提升。相反，只专注节省局部成本，而不全部聚焦快速流动，整体成本反而上升了。这种局部效率和全局效率相冲突的例子不仅发生在生产领域，在企业的其他管理领域也普遍存在，冲突降低了企业运行的效率。

传统的流程优化有两种类型，一是在局部和部门内部的优化，这种优化方式由于缺乏各部门之间的沟通和企业层面的协调，造成了很多职能重叠和浪费，流程之间的共享和交互能力低，虽然单个流程优化了，企业整体却没能得到优化；二是跨部门之间的优化，这种优化方式同样由于缺乏全局或系统视野，导致流程优化不能取得预期效果，甚至失败。

在经济低迷的情况下，很多公司会通过裁员、外包或业务流程重组的方式来削减成本，其中裁员是最简单、最立竿见影的一种方式。然而，这种方式简单粗暴，会给公司文化和公司在股票市场上的表现带来重创。贝恩公司的一份调查表明，相比于大量裁员的公司，裁员率低甚至无裁员情况的公司在股票市场上的表现更为突出。"末位淘汰制"尽管存在很多争议，但一旦这种方法被各级经理人熟练掌握并在企业内部建立标准化的流程和制度，无疑更优于企业面临危机时的大规模裁员，可以兼顾局部效率和全局效率。

3. 业务架构和IT架构未对齐

随着互联网的兴起，人类迈入数字化时代，全球经济向数字化转型和迁移已成必然趋势。然而，在数字化转型过程中，由于缺乏顶层设计，导致很多企业产生大量的业务架构（包括运营模式、流程、组织、地域等）无法和IT架构（包括数据架构、应用架构、技术架构等）有效对齐的情况。

随着事业部制的广泛应用，一些传统企业将分散的业务进行集中，建立了运营共享中心、财务共享中心、采购共享中心以及人力资源共享中心等。有些企业为了满足不同业务单元的信息化战略需求，会陆续上马一些新的系统，但由于缺乏系统规划，各系统之间往往相互独立，各自应用不同开发商和运维团队，使用不同的编程语言、数据库、中间件以及系统架构等。这种"烟囱式"的信息管理系统给运维环节造成了无尽的困难：各自为政、条块分割、孤岛林立、信息割裂。此外，各业务单元为了扩大经营管理权，会向总部申请更多的资源，从而生成很多"山头"。每个"山头"都拥有独立的研发、市场、销售、采购、生产、售后服务等功能，但各个"山头"之间往往业务功能不一致、工作流程不一致，甚至部门文化也不一致，导致整体资源利用效率低下、协同困难，形成了"烟囱式"的组织架构。

对于如何解决上述企业在经营逻辑上的各种背离、冲突、矛盾问题，本书第七章推荐了构建企业沛思环的"十二步法"。在第四步，管理者可以利用企业沛思（PESC）经营管理状况自我诊断表，就每一项管理主题，如实回答记录与之对应的"原则""指标""方法"和"行动"。在第五步，管理者可以利用沛思环审视公司的经营逻辑，如实回答并记录如下四个问题并做出判断。

1）经营原则是否与公司价值观保持一致？
2）关键绩效指标是否与公司经营原则保持一致？
3）工具或方法是否与经营原则及关键绩效指标保持一致？
4）不同主题的逻辑链（沛思环）是否存在经营原则、关键绩效指标以及工具或方法之间的冲突、矛盾或不协调？

根据评审结果，企业管理层可以从第八步开始，重新构建每一个经营逻辑混乱的沛思环，也可以回到第一步，一切从"零"开始，采用一种全新的方式开启卓越绩效之旅。

中 篇

卓越绩效计分卡理论研究

第四章
卓越绩效计分卡（PESC）模型构建

一、研究背景

（一）《中国制造2025》推动中国制造业高质量发展

我国自20世纪70年代末启动改革开放以来，凭借劳动力人口数量庞大、劳动力成本相对低廉的竞争优势，在过去的四十多年，制造业得到快速发展，目前已建立起门类最为齐全、供应链最为完整的产业体系，我国制造业规模跃居世界第一。然而，同欧美日等传统制造业强国相比，我国制造业普遍"大而不强"，在资源利用效率、企业经营效益、品牌竞争力、管理成熟度等方面存在较大差距，具有国际竞争力的头部企业相对较少。因此，如何快速转型升级，实现高质量发展是当前中国制造业亟待解决的一个重大课题。

为了实现从"制造大国"到"制造强国"的转变，我国制定了"三步走"的战略。根据规划，到2025年，迈入制造强国行列；到2035年，我国制造业整体达到世界制造强国阵营中等水平；到2049年，综合实力进入世界制造强国前列。2015年5月19日，《中国制造2025》由国务院正式印发，通过努力实现中国制造向中国创造、中国速度向中国质量、中国产品向中国品牌三大转变，推动中国到2025年基本实现工业化，迈入制造强国行列。

（二）以政府质量奖驱动的卓越绩效模式在我国得到广泛推广与应用

第二次世界大战结束后，日本为了鼓励产业界采用先进的质量管理方法改进产品质量，提升产业竞争力，率先于1951年设立日本国家质量奖——戴明奖，并在其后的三十年获得了巨大成功。美国为了应对来自日本的竞争，于1987年设立马尔科姆·波多里奇国家质量奖，鼓励企业采用卓越绩效模式——一种更先进的经营管理方式，以提升企业经营绩效及美国企业的整体竞争力。

2004年，中国质量协会以《卓越绩效准则》（美国国家质量奖评价标准）为参考蓝本，制定并发布了中国国家标准《卓越绩效评价准则》（GB/T 19580—2004），并于同年启动"全国质量奖"的评审工作，以引导企业追求高质量运营和卓越绩效结果。

除了全国质量奖外，我国还有三十多个省／市／自治区设立了政府质量奖，市／县／区一级的政府质量奖更是不胜枚举。这些奖项有的采用了中国标准《卓越绩效评价准则》，有的采用美国标准《卓越绩效准则》，还有的则采用自编标准作为评价准则。

（三）各类组织（尤其是制造业企业）在贯标时缺乏有效的方法论指导，导致实施效果各有千秋

中国各级政府质量奖活动已经持续了近20年，评选出了一大批优秀的企业，对推动中国企业提升竞争力和可持续发展具有明显的促进作用，然而，评选过程中存在的一些问题也不容忽视。比较突出的问题是，在实际贯标及评奖过程中，由于缺少有效的方法论指导，导致评审专家在开展质量奖评审时，评审质量参差不齐；企业在建立卓越绩效模式时，实施效果各有千秋。

抛开外部因素，单纯从标准本身出发，我们提出如下问题：各类卓越绩效模式（或质量奖标准）分别从不同维度给出了评价企业经营管理成熟度的指标体系，然而，针对高达数十甚至逾百项指标，哪些是关键性指标？每类

指标对结果的"贡献度"占比多少？各类指标之间的相互关系如何（例如哪些是驱动型指标，哪些是结果型指标）？对这些问题并没有具体答案。

上述问题的存在，导致如下后果：

1）企业在建立绩效指标体系时，高度依赖管理团队的经验和知识遴选绩效指标，一旦漏选或选错对企业经营管理成熟提升具有重要影响的绩效指标，极有可能导致经营绩效提升不显著，甚至可能带来负面影响；

2）各类质量奖评选活动未能充分发挥"以评促改"的作用——帮助参评企业发现最具价值的改进机会，并通过改进关键绩效指标涉及的过程及结果来提升企业经营管理成熟度。

为此，有必要对影响企业经营管理成熟度的关键因素（或关键指标）进行研究，在理论研究的基础上，选择某一特定区域、特定行业的企业群体进行调查分析，从而构建一个既能契合卓越绩效模式（或各类质量奖）要求，又能满足该类企业群体经营管理需求的绩效评价体系。

二、研究问题

粤港澳大湾区（以下简称"大湾区"）与美国旧金山湾、纽约湾以及日本东京湾并称世界四大湾区，位于中国华南地区，由香港特别行政区、澳门特别行政区和广东省的9个城市组成。2022年，大湾区GDP超1.9万亿美元，排在四大湾区之首，但在人均GDP差距方面，纽约湾区、旧金山湾区人均GDP接近10万美元，大湾区刚过2万美元，存在非常大的提升空间。

针对卓越绩效模式（各类质量奖标准）在实际贯标及评奖过程中存在的问题，我们以大湾区先进制造业企业为研究对象，开展理论及实证研究，旨在解决如下两个问题，从而提升卓越绩效模式在企业中的应用效果。

第一，影响大湾区先进制造业企业经营管理成熟度的因素（或关键绩效指标）有哪些，它们的贡献度如何？

找出这些关键因素（或关键指标）以及它们的贡献度，一方面可以帮助评审员在质量奖评审时掌握评审重点，发现并指出企业重要的改进机会；另一方面可以帮助企业在建立绩效测量系统时选择那些对提升企业经营管理成熟度最有价值的指标。

我们计划通过对不同的绩效管理体系（例如卓越绩效模式、平衡计分卡、绩效三棱镜、可持续发展绩效评价以及企业创新绩效评价）的比较研究，找出影响企业经营管理成熟度的关键因素，提出一个新的绩效评价体系，并采用实证研究的方式对新的指标体系进行赋权，以确定各类绩效指标对企业经营管理成熟度的贡献度。

第二，影响大湾区先进制造业企业经营管理成熟度的各因素（或关键绩效指标）之间的相关性如何，它们是如何相互影响的？

在关键因素（或关键绩效指标）贡献度（或权重）研究的基础上，我们拟通过构建结构方程模型的方式，对新的指标体系各维度指标之间的相关性进行研究，找出其彼此间的因果关系及优先次序，从而为企业制定相应的短、中、长期行动计划以实施"精确"且"高效"的绩效改进。

三、国内外绩效评价机制比较研究

下文以平衡计分卡（BSC）为基本框架，在其现有的"财务""顾客""内部流程"及"学习与成长"四个维度的基础上，寻找新的维度，改进现有维度，融合21世纪20年代最先进的企业管理理论和方法，在理论研究的基础上，构建一个新的绩效测量系统。

（一）基于平衡计分卡（BSC）的绩效评价机制

1. 平衡计分卡的产生和发展

平衡计分卡（Balanced Score Card，BSC）由卡普兰（Kaplan）和诺顿（Norton）提出，最初应用于人力资源方面的绩效评价，后来逐步演化为一种战略部署工具。平衡计分卡的演化可以分为三个阶段：阶段Ⅰ，评价指标体系（Kaplan和Norton，1992）；阶段Ⅱ，管理系统（Kaplan和Norton，1993）；阶段Ⅲ，战略管理系统（Kaplan和Norton，2007）。卡普兰和诺顿先后在1992年、1993年和2007年发表了三篇文章，又分别在1996年、2001年和2003年出版了三部著作，逐步对平衡计分卡的功能及应用进行了全面的、系统的阐述，并总结出战略执行的新等式：突破性成果 = 战略地图 + 平衡计分卡+战略中心型组织。

在战略规划阶段，平衡计分卡可以用于战略目标的制定与展开，其从四个层面来构建企业的绩效测量系统，即财务、客户、内部流程、学习与成长，这四个层面构成了平衡计分卡的框架（如图4-1所示）。

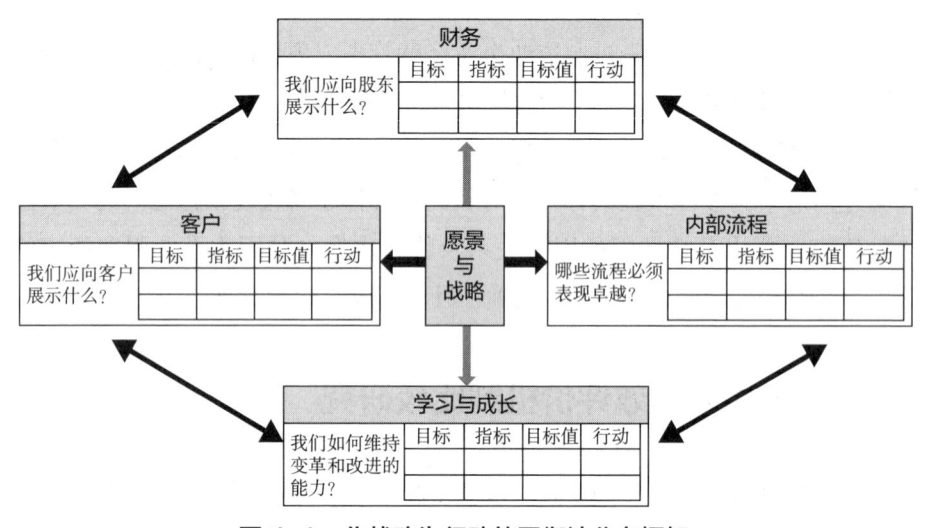

图 4-1 化战略为行动的平衡计分卡框架

（1）财务层面——长短期对立力量的战略平衡

平衡计分卡建立在股东至上理论的基础上，将利润最大化作为公司的最终目标。公司的财务业绩通过两种战略来实现：一是收入增长战略，其实现途径包括"增加收入机会"和"提高客户价值"；二是生产率战略，其实现途径包括"提高资产利用率"和"改善成本结构"。平衡计分卡认为组织的所有活动都应致力于财务目标（销售增加和开支减少）的实现。

（2）客户层面——战略的基础是差异化的价值主张

平衡计分卡提出了"客户满意率→客户保持率→客户获得率→客户份额"等指标之间的逻辑关系，以及客户指标与财务指标之间的关联，例如"客户获得率→增加收入机会""客户保持率→提高客户价值"。平衡计分卡理论同时认为客户价值主张定义了公司战略，并提出四种典型的价值主张——总成本最低、产品领先、全面解决方案和系统锁定。

(3）内部流程层面——价值通过内部流程创造

平衡计分卡理论认为，内部流程实现了两个关键的企业战略要素：一是向客户生产和传递价值主张；二是改善流程并降低成本，从而提升财务层面的生产率要素。内部流程分为四种类型：运营管理——生产及交付产品和服务；客户管理——提高客户价值；创新——创新产品和服务；法规与社会流程——改善社区和环境。每类流程又分为若干子流程。

（4）学习与成长层面——无形资产的战略协调一致

内部流程运行的质量和效率依赖于最底层的组织学习与成长。平衡计分卡将学习与成长分为三种类型：人力资本、信息资本和组织资本。尽管所有企业都在努力开发人力、技术和文化，但很多企业无法将这些无形资产聚焦战略、聚焦运营并协调一致，平衡计分卡致力于将这些无形资产转化为有形资产。

平衡计分卡框架自提出以来，在美国等西方国家得到迅速推广应用。美国管理会计委员会的一项研究发现，超过40%的公司在使用平衡计分卡（Frigo和Krumwiede，2000）。根据盖特纳咨询（Gartner Group）的报告，1999年《财富》杂志统计的1000家公司中，北美公司中的大约50%、欧洲公司中的45%在使用平衡计分卡。平衡计分卡与传统财务测量模式相比，其精髓在于"平衡"的思想（李志斌，2006）。

（1）财务指标和非财务指标的平衡

传统的绩效测量系统只关注财务类指标，忽视了其他非财务指标（顾客、运营、人力资本、信息资本、组织资本等）。在企业的实际经营管理活动中，非财务指标一方面对财务指标的达成产生直接或间接的影响，另一方面可以全方位衡量企业的经营绩效和可持续发展能力（顾客满意、运营效率、创新能力、合规绩效等），实现企业的平衡与协调发展。

（2）过程指标与结果指标的平衡

传统的绩效测量系统更多关注结果指标（尤其是财务指标），对过程指标（运营、客户、法规与社会等）关注较少，而财务指标是滞后指标，对企业的经营管理活动无法做到及时反馈和指导。平衡计分卡增加了过程指标（或驱动指标），并建立了过程指标与结果指标之间的因果逻辑关系，同时，过程指标的改进能够有效驱动财务结果达成预期目标，实现了过程指标与结果指标的平衡。

（3）绩效测量与战略部署的平衡

平衡计分卡不仅是一个绩效测量系统，更重要的，它还是一个战略部署工具。在企业的战略制定阶段，围绕企业的战略目标，管理层可以从"财务→客户→运营→学习和成长"四个层面从上至下、逐级分解经营目标和行动计划。平衡计分卡之所以受到世界500强企业的广泛认同，主要原因在于它可以同时用于绩效测量和战略部署。

2. 平衡计分卡的局限

平衡计分卡不仅是一个战略部署工具，同时也是一个绩效管理工具，尽管它在全球范围内得到了广泛的应用，但是，任何绩效测量系统都是次优的，平衡计分卡也不例外（迈耶，2005）。例如，在平衡计分卡框架设计方面，"学习与成长→内部流程→客户→财务"的因果关系链有待商榷（Todd，2001；Malmi，2001），魏丽坤（2005）认为它应该是一个循环的闭合回路，Norrtklit（2000）则认为存在双向的、复杂的关系。再如，利益相关方的视野不够宽广，尼利等（2002）认为平衡计分卡重点关注股东、客户和员工，但没有考虑最终用户、供应商、规则制定者、压力集团以及社区等其他关键的利益相关方。

企业管理理念日新月异，企业管理工具层出不穷。自平衡计分卡诞生以来，迄今已有30年。为了解决平衡计分卡在应用过程中出现的各种问题，学术界和产业界开发出很多平衡计分卡的变型应用。例如，平衡计分卡与关键绩效指标相结合；平衡计分卡与卓越绩效模式相结合；平衡计分卡维度数量的增加（增加环境、社会责任、公司治理、创新等维度）（王志红，2009）。同时，一些超越平衡计分卡的绩效管理理念和工具也应运而生，例如拓展了利益相关方范围的绩效三棱镜、体现了可持续发展理念的可持续平衡计分卡。

在总结平衡计分卡的局限性、平衡计分卡的变型应用，以及新的绩效管理工具开发应用的基础上，我们认为，在满足21世纪20年代各类企业（尤其是制造业企业）绩效管理的需求方面，平衡计分卡存在三个方面的不足。

(1) 未体现可持续发展理念

根据世界环境与发展委员会（WCED）发布的报告，可持续发展定义为"既能满足当代人的需要，又不对后代人满足其需要的能力构成危害的发展"（WCED，1987），它包括经济可持续性、环境可持续性和社会可持续性三大支柱。

随着可持续发展意识的觉醒，越来越多的投资者将企业的非财务指标纳入投资决策，要求企业承担社会责任，力图把企业在追求利润最大化过程中造成的"外部性"内部化，以应对日益严峻的社会与环境问题。

在企业社会责任问题上，企业社会责任金字塔理论建立者阿奇·卡罗尔（Archie B Carroll，1991）认为：企业社会责任指特定时期，社会对企业所寄托的经济、法律、伦理和企业自行裁量（慈善）的期望，它包括四个层次，类似于金字塔，由低到高依次为经济责任、法律责任、伦理责任和慈善责任。企业社会责任"三重底线"理论建立者埃尔金顿（Elkington，1998）认为，企业在开展经济活动时必须同时履行好经济责任、环境责任和社会责任。经济责任是传统的企业责任，环境责任是环境保护，社会责任是对社会其他利益相关方的责任。在当今社会，越来越多的企业逐步认同可持续性发展理念，注重环境保护和社会责任，而不再单纯地追求企业利润。

自挪威Norsk Hydro公司于1989年发布全球首份企业环境报告以来，国际上越来越多的组织定期发布独立于财务报告之外的环境报告、企业社会责任报告，以及可持续发展报告等。具有代表性的可持续发展（ESG）报告框架体系包括：全球报告倡议组织（GRI）四模块准则体系、可持续发展会计准则委员会（SASB）五维度报告框架、世界经济论坛（WEF）四支柱报告框架、气候相关财务信息披露工作组（TCFD）四要素气候信息披露框架、气候披露准则理事会（CDSB）环境与气候变化披露框架，这些报告框架涉及广泛的经济、环境、社会、治理等可持续发展议题。

国际财务报告准则基金会（IFRS Foundation）正在组织制定一套综合性的全球高质量可持续发展基准性准则——国际财务报告可持续发展披露准则（IFRS Sustainability Disclosure Standards，ISDS），要求营利性组织将可持续发展相关财务信息作为财务报告的一个有机组成部分予以披露。

企业作为人类经济活动的基本单元，是可持续发展不可或缺的重要力量。ESG是可持续发展理念在产业界的投影,是一种关注企业在环境(Environment)、社会(Social)和公司治理(Governance)三个维度表现的评价标准和投资理念,其核心观点是:企业管理和金融投资不仅应考虑经济和财务指标,还应将企业活动和投资行为对环境、社会以及更广阔范围内利益相关者的影响一并评估,从而促进人类社会的可持续发展。

2006年,联合国责任投资原则组织(UN PRI)成立,倡议并推动投资者将ESG因素作为投资决策的一部分。为了统一衡量上市公司ESG水平,资本市场产生了诸多ESG评价体系,拥有良好ESG表现的公司将获得更多投资机会与资本。ESG评级是将环境、社会和公司治理三个方面作为主要考量因素进行投资评估的评级方式。比较著名的ESG评级标准包括MSCI ESG评价体系、SUSTAINALYTICS ESG评价体系、汤森路透ESG评价体系、富时罗素ESG评价体系,以及Vigeo Eiris ESG评价体系等。

进入21世纪以来,可持续发展理念及其实践得到快速发展,产生了很多新的可持续发展绩效评价体系,同时对企业提出了一些新的绩效评价要求。尽管平衡计分卡也在跟随社会的进步不断进行调整和优化,产生了很多变型应用,但由于缺乏可持续发展理念的指导,在框架体系设计以及具体指标的设置方面存在较大的局限性。我们选择MSCI ESG评级体系为代表与平衡计分卡进行指标设置方面的对比分析。

MSCI(Morgan Stanley Capital International)ESG评级是基于可持续发展评价的典型评价体系,关注每个公司在环境、社会和治理方面10项主题下的37项关键评价指标表现。平衡计分卡仅在一级指标"内部层面"的二级指标"法规和社会流程"下设有"环境""安全和健康""员工雇佣"和"社区投资"四项三级指标,并且这些指标重点关注"合规",严重缺乏与"可持续发展"理念相关的各项绩效指标。

(2)未体现利益相关方理念

1986年,弗里曼首次提出利益相关方理论,这在当时是一个全新的企业责任概念,与传统的股东至上理论大相径庭。弗里曼(2010)认为利益相关方是"能够影响或受组织影响的任何团体和个人",通过将其利益和期望引入公司决策,管理层和利益相关方之间的关系将产生无形的影响,从而增加公司的业绩,为公司贡献效益,构成所有利益相关方共享的价值观。

传统的股东至上理论强调短期收益最大化，甚至容忍一定程度的利益相关方剥削；而利益相关方理论认为，企业应以长期利益最大化为目标，始终利于所有利益相关方。利益相关方理论并不否认寻求经济利益是公司的合法目标，但这不是最终目标，企业必须为所有利益相关方创造价值。

只有对利益相关方进行科学分类，才能针对不同类别的利益相关方进行科学管理。Freeman（1984）从所有权、经济依赖性和社会利益三个角度将企业利益相关方分为公司股票持有者、经理人员、债权人、雇员、消费者、供应商、竞争者、社区、政府官员，以及媒体等。Frederick（1988）将利益相关方分为直接利益相关方和间接利益相关方，包括股东、企业员工、债权人、供应商、中央政府、地方政府、社会活动团体、媒体、一般公众等。Charkham（1992）按照相关群体与企业是否存在交易性的合同关系，将利益相关方分为契约型利益相关方和公众型利益相关方。Mitchell（1997）根据合法性、影响力和紧急性三个特性将利益相关方分为潜在的利益相关方、预期性利益相关方和决定性利益相关方。基于"利益相关者"理论建立的绩效评价体系——"绩效三棱镜"将利益相关方分为投资者（或股东）、顾客、雇员、供应商/合作伙伴、规则制定者/社区。

与平衡计分卡相比，绩效三棱镜有三大突破。首先，绩效三棱镜的利益相关方覆盖面更广，在平衡计分卡的基础上扩展到供应商、合作伙伴、政府及社区等其他关键的利益相关方；其次，绩效三棱镜实行对利益相关方的双向测评，例如，平衡计分卡考核了员工的贡献却忽视了员工的满意度，评价了顾客的满意度却忽视了顾客的贡献，Neely等人（2002）认为利益相关方的满意与贡献其实是企业生存与发展的两翼，需要进行双向测评（颜志刚，2004）；最后，绩效三棱镜设置的利益相关方评价指标更多，全面、系统地覆盖了顾客、员工、供应商/合作伙伴、规则制定者/社区等各类指标，平衡计分卡由于缺乏利益相关方理论的指导，相应指标不多且较为零散。

我们选择以"绩效三棱镜"为主，辅之以美国、欧洲和中国三类质量奖标准，与平衡计分卡在客户、雇员、供应商/合作伙伴、规则制定者/社区四个维度进行了指标的对比分析，后者在"利益相关方满意"方面的指标设置明显不足。

（3）对创新的关注度不够充分

熊彼特（1912）把创新界定为"建立一种新的生产函数或供应函数"，即"企业创新就是把一种从来没有过的关于生产要素的'新组合'引入生产体系"。随着熊彼特"创新"理论的提出，逐渐形成了西方创新经济学的两个分支：一是以技术变革和技术推广为对象的技术创新经济学；另一是以制度变革和制度形成为对象的制度创新经济学（包括管理创新）。多年来，技术创新在整个创新研究领域占主导地位，直到Stata（1989）明确提出管理创新问题，指出企业发展的真正瓶颈是管理创新而非传统意义上的技术创新，从而开创了管理创新研究的先河。

彼得·德鲁克将"创新"概念引入管理领域，进一步发展了创新理论。德鲁克（1999）认为创新有两种：一种是技术创新，它在自然界中为某种自然物找到新的应用，并赋予新的经济价值；一种是社会创新，它在经济与社会中创造一种新的管理机构、管理方式或管理手段，从而在资源配置的改进中取得更大的经济价值与社会价值。

创新测度一直是创新研究的重要领域。创新测度的工具包括"弗拉斯卡蒂手册""奥斯陆手册""堪培拉手册"等，其中"奥斯陆手册"最为全面也最具影响力。《奥斯陆手册：创新数据的采集和解释指南》（*Oslo Manual: Guidelines for Collecting and Interpreting Innovation Data*）是经济合作组织（OECD）指导创新统计工作的基础文件，于1992年首次推出。出版该手册的目的是从统计角度对技术创新（产品创新和工艺创新）进行界定，为制造业领域的技术创新统计提供有明确依据的技术规范。该手册第三版将创新分为产品创新、流程创新、营销创新和组织创新四种类型（OECD，2005），第四版又将其简化为产品创新和商业流程创新两类（OECD，2018）。

随着国际竞争环境的日趋复杂化，技术创新已成为提升生产力和增强国家竞争力的关键因素，催生了一系列用于国家创新水平和竞争力评价的国家/区域创新指数，其中影响力较大的有欧洲创新记分牌、全球创新指数、全球竞争力指数、美国科学与工程指标以及世界竞争力年鉴（丁晓芹等，2022）。这些创新指数虽然主要用于评价某一国家或区域的创新绩效，但很多指标对企业创新也具有指导意义。例如，《欧盟创新指数报告》中的人力资源、研究系统、企业投资、知识产权、销售影响指标；又如，全球创新指数中的投入类指标（如制度、人力资本和研究、基础设施），产出类指标（如知识和技术产出、创意产出）；再如，全球竞争力报告中的人力资本维度指标（如健康和技能），创新生态系统维度指标（如商业活力、创新能力）。

企业创新理论认为，企业创新包括技术创新、管理创新和制度创新。因此，在设置评价指标时，无论是按投入产出，还是按企业经营环节，或者按企业资源要素进行分类，都要包括与技术、管理和制度有关的指标，三者缺其一都将不完整。企业创新理论为评价指标的选取、评价指标权重的设置，以及指标分类提供了理论依据（林如海等，2009）。

我们通过对《奥斯陆手册》（第四版）、欧洲创新联盟记分牌（EIS2018），以及中国科学技术部《中国企业创新能力评价报告》（2016）等创新评价体系的对比分析，总结出国内外主流创新评价体系主要由"创新投入""创新能力""协同创新""创新活动"及"创新产出"五个维度组成，涉及创新指标近40个。相比之下，平衡计分卡尽管在"内部层面"一级指标下设置了"创新流程"二级指标，但存在两点不足：一是创新流程下设置的四个子流程均属于"产品创新"类型，没有覆盖商业流程创新（包括流程创新、营销创新和组织创新）；二是从价值链的角度看，其指标设置主要集中在"创新活动"及少量的"协同创新"，没有覆盖"创新投入""创新能力"及"创新产出"三类指标。

（二）基于卓越绩效模式（PEM）的企业绩效评价机制

1. 卓越绩效模式概述

卓越绩效模式（Performance Excellence Model，PEM）是以《卓越绩效准则》（美国国家质量奖标准）为代表的一类经营管理模式的总称，它既不是一个单一的绩效评价体系，也不是一个仅针对质量管理的评价体系，而是一个综合的、全面的，旨在提高企业经营质量和经营管理成熟度的管理系统。

当今世界最具代表性的质量奖评奖模式——日本戴明奖、美国国家质量奖和欧洲质量奖分别设立于1951年、1987年和1992年。迄今为止，全球已有80多个国家和地区设立了国家质量奖，各个国家（或地区）的质量奖评价标准各有不同，但大多数参照美国质量奖标准（《卓越绩效准则》）制定。

（1）日本戴明奖

日本戴明奖（Deming Prize）由日本科学技术联盟（JUSE）于1951年设立，以美国质量管理专家爱德华兹·戴明命名，作为日本国家质量奖，设有"戴明奖"（包括个人和组织）"戴明应用奖"和"戴明控制奖"。戴明奖（组织类）的评价指标由3个一级指标、5个二级指标和7个三级指标构成，主要评估组织在"组织目标和战略及最高管理层领导的建立（100分）""TQM的有效贯彻实施（100分）"和"TQM成效（100分）"三方面的能力。

（2）美国马尔科姆·波多里奇国家质量奖

美国于1987年通过了《马尔科姆·波多里奇国家质量提高法》，设立马尔科姆·波多里奇国家质量奖（Malcolm Baldrige National Quality Award，MBNQA），也称美国国家质量奖，每年评选。MBNQA的标准《卓越绩效准则》由企业核心价值观、评价模型和评价系统三部分组成。评价模型由6个"过程"类目和1个"结果"类目组成，其中"领导""战略"和"顾客"3个过程类目构成"领导三角"，"员工""运营"和"结果"3个类目构成"结果三角"，体现了卓越绩效模式"好的过程产生好的结果"的经营逻辑；"测量、分析和知识管理"则强调了"基于事实的管理"，是整个卓越绩效管理系统的基础。《卓越绩效准则》的7大类目均被赋予了一定的分值，其中55%的分数分配给过程，45%的分数分配给结果。经过汇总，形成总分为1000的测度范围，其中：领导（120分），战略（85分），顾客（85分），测量、分析和知识管理（90分），员工（85分），运营（85分），结果（450分）。MBNQA的设立，相当程度上促进了美国20世纪90年代后的发展，该标准每两年修订一次，力图体现被证明有效的管理实践，帮助使用者应对所面临的日益复杂的挑战。

（3）EFQM卓越奖

1991年，欧洲三大机构欧盟委员会（EC）、欧洲质量组织（EOQ）和欧洲质量管理基金会（EFQM）共同发起设立欧洲质量奖，并于1992年举办了首届欧洲质量奖评奖，后于2006年更名为EFQM卓越奖（European Foundation for Quality Management Global Award）。EFQM卓越模式由基本理念、评价准则、RADAR逻辑与评分矩阵三部分组成。最新的EFQM模型（2020版）

的评分准则共包括7个类目，分为"方向"（200分）、"执行"（400分）和"结果"（400分）三类，7个类目分别是目标、愿景和战略；组织文化与领导力；与利益相关方互动；创造可持续价值；推动绩效与转型；利益相关方的看法；战略和运营绩效。RADAR是动态的评价框架和有力的管理工具，为审视组织绩效提供了一个结构化的方法。RADAR包括四要素：结果（Results）——定义想要的结果；方法（Approaches）——计划和开发方法来传递结果；展开（Deploy）——展开方法；评价（Assess）和改善（Refine）——评估影响并加以改进，以确保达到预期效果。

（4）中国全国质量奖

2004年9月，采用"修改采用"《卓越绩效准则》的方式，我国《卓越绩效评价准则》（GB/T 19580—2004）正式发布实施，用于全国质量奖（China Quality Award，CQA）的评选。全国质量奖标准基本上采纳了MBNQA标准的核心理念、标准框架及评分规则，其差异主要体现在两个方面：其一，企业核心价值观的差异，MBNQA标准建立在11项相互关联的企业核心价值观上，全国质量奖标准为9项（如表4-1所示）；其二，评奖标准条款结构及分值存在差异，主要集中在"资源"部分，全国质量奖标准"资源"类目包括"人力资源""财务资源""信息和知识资源""技术资源""基础设施"和"相关方关系"，MBNQA标准则仅强调"员工环境"和"员工契合"（如表4-2所示）。

表4-1　中美卓越绩效模式企业核心价值观对比表

序号	《卓越绩效准则》（2023—2024）	序号	《卓越绩效评价准则》（2012）
1	系统的视野	1	远见卓识的领导
2	远见卓识的领导	2	战略导向
3	顾客驱动的卓越	3	顾客驱动
4	重视人员	4	社会责任
5	敏捷性和韧性	5	以人为本
6	组织学习	6	合作共赢
7	关注成功和创新	7	重视过程与关注结果
8	基于事实的管理	8	学习、改进与创新
9	社会贡献	9	系统管理

续表

序号	《卓越绩效准则》（2023—2024）	序号	《卓越绩效评价准则》（2012）
10	道德和透明性		
11	传递价值和成果		

表4-2　中美国家质量奖评奖标准条款结构对比分析表

《卓越绩效准则》（2023—2024）			《卓越绩效评价准则》（2012）		
编号	评审要素名称	标准分数	编号	评审要素名称	标准分数
1	领导	115	4.1	领导	110
1.1	高层领导	65	4.1.1	高层领导的作用	50
1.2	治理和社会贡献	50	4.1.2	组织治理	30
			4.1.3	社会责任	30
2	战略	90	4.2	战略	90
2.1	战略制定	45	4.2.1	战略制定	40
2.2	战略实施	45	4.2.2	战略部署	50
3	顾客	85	4.3	顾客与市场	90
3.1	顾客的期望	40	4.3.1	顾客和市场的了解	40
3.2	顾客契合	45	4.3.2	顾客关系与顾客满意	50
4	测量、分析和知识管理	90	4.6	测量、分析与改进	80
4.1	组织绩效的测量、分析与改进	45	4.6.1	测量、分析和评价	40
4.2	信息和知识管理	45	4.6.2	改进与创新	40
5	员工	85	4.4	资源	130
5.1	员工环境	40	4.4.1	人力资源	60
5.2	员工契合	45	4.4.2	财务资源	15
			4.4.3	信息和知识资源	20
			4.4.4	技术资源	15
			4.4.6	基础设施	10
			4.4.6	相关方关系	10
6	运营	85	4.5	过程管理	100
6.1	工作环境	40	4.5.1	过程的识别与设计	50
6.2	运营有效性	45	4.5.2	过程的实施与改进	50
7	结果	450	4.7	结果	400
7.1	产品和过程结果	120	4.7.1	产品和服务结果	80
7.2	顾客的结果	80	4.7.2	顾客与市场结果	80

续表

《卓越绩效准则》（2023—2024）			《卓越绩效评价准则》（2012）		
编号	评审要素名称	标准分数	编号	评审要素名称	标准分数
7.3	员工的结果	80	4.7.3	财务结果	80
7.4	领导和治理的结果	80	4.7.4	资源结果	60
7.5	财务和市场以及战略的结果	90	4.7.5	过程有效性结果	50
			4.7.6	领导方面的结果	50
总分		1000分	总分		1000分

注：上述比较分析旨在强调两类质量奖标准的高度一致性，因此，除非特别说明，后续章节所述"卓越绩效模式"泛指上述两个标准。

2. 卓越绩效模式应用方面存在的问题

（1）如何进行战略部署——卓越绩效模式的问题

《卓越绩效准则》（2023—2024）"战略制定"条款要求回答"组织的关键战略目标及它们最重要的相关目标值是什么"，"战略实施"条款要求"说明组织如何将战略目标转化成行动计划""概述关键行动计划进程的关键测量项目或指标"。然而，利用什么管理工具进行战略目标制定与展开，《卓越绩效准则》并没有给出具体的答案。

《卓越绩效评价准则》（GB/T 19580—2012）在"战略制定"及"战略部署"条款中提出了同样的要求，并要求"采用诸如目标管理或平衡计分卡等方法层层分解、细化，以实现战略目标"。但是，我们已在前文中指出了平衡计分卡的局限性，其已无法满足当今时代企业整体绩效管理的需求。

欧洲EFQM卓越奖（EFQM，2020）提供了RADAR模型用于审视组织绩效，但在"确定其旨在实现的结果作为其战略的一部分（determine the results it is aiming to achieve as part of its strategy）"这个步骤中，也没有告知采用何种工具来实现。

（2）卓越绩效模式与平衡计分卡的结合应用

鉴于平衡计分卡在国际上广泛的影响力，其俨然成为"化战略为行动"的代名词（Kaplan and Norton，2007）。何阿彬（2007）认为，平衡计分卡与卓越绩效模式相结合，通过将企业的战略与绩效、长期目标与短期目标进行有效衔接，有利于企业战略目标的达成。杨登慧、杨海光和刘德智（2010）

将卓越绩效模式与平衡计分卡进行比较后发现，两者在领导力、战略管理、过程管理、以顾客为中心，以及经营结果的衡量等方面，具有非常高的相似性。因此，在理论研究及管理实践方面，平衡计分卡与卓越绩效模式相结合，产生了很多新的研究与应用。

1998年以来，摩托罗拉公司在其全球的经营单位中全面推行了"卓越业绩计分卡（Performance Excellence Scorecard）"，这是一种利用平衡计分卡制定长远发展战略，通过制定"当年应着手的工作"使平衡计分卡的内容具体化，最后按照卓越绩效评价框架中的内容检验工作成果的管理模式（王志红，2009）。

李娇和于敬海（2007）认为，卓越绩效模式有关公司治理及社会责任的相关理念在传统的平衡计分卡中没有得到充分体现，因此在其原有的四个维度基础上，增加了一个"组织治理和社会责任"维度，并将其与"财务"维度置于同一个层面。

龚晓明（2008）认为，摩托罗拉的实践说明了卓越绩效平衡计分卡的可行性，但其方法还不够精细，不能系统地借鉴平衡计分卡的绩效维度和战略地图等方法，也没有体现"利益相关方理论"，并由此构建新的"卓越绩效平衡计分卡"。提出以《卓越绩效评价准则》（GB/T 19580—2012）的五类结果指标为维度，重新构建一个变型的平衡计分卡。

Ching-Chow Yang（2009）在总结了美国国家质量奖、欧洲EFQM卓越奖、平衡计分卡以及方针管理等多种绩效管理模式／工具的基础上，提出了一种战略规划、平衡计分卡及方针管理的整合模式。

Manoj Dubey（2016）开发了一个"六阶段"模型，帮助组织不断提升其应用卓越绩效模式的能力和水平，其中，"与BSC整合"被列为关键的第三步。他还提到，大量的卓越绩效模式更多用于评价，对其在指导企业提升经营管理绩效方面到底有多大帮助缺少必要的研究。因此，有必要对模型的评分条款及其权重进行必要的调整。

（3）卓越绩效模式与其他管理工具的结合应用

António Teixeira和Nelson António（2008）自20世纪90年代起，一直在研究"质量"与"战略管理"之间的关系。为了抵抗环境复杂性与管理思想的持续演化形成的侵蚀元素，两人在分析了这两个领域的根源之后，推出了一个整合模型——质量战略。不仅如此，两人还认为，将不同的管理理念、不同的管理工具/方法相结合，可以开发出更多管理范式。

Rick L Edgeman（2013）提出了可持续的卓越企业（Sustainable Enterprise Excellence，SEE）的概念，SEE的关键要素来自各种卓越绩效模式和可持续发展报告，包括全球报告倡议、联合国全球契约10原则、欧洲质量奖和美国波多里奇国家质量奖的标准。

Nitin Gupta和Prem Vrat（2019）选取了6个比较知名的卓越绩效模式，包括MBNQA、EFQM等，并从中提取了12个关键绩效指标，然后利用层次分析法（AHP）评估每个指标的权重，从而得出了一个全新的绩效评价体系。其研究结果还表明，这个评价体系比很多卓越绩效模式都要好。

P H Fan和W L Chang（2021）将MBNQA与道·琼斯可持续发展指数（Dow Jones Sustainability Indexes）相结合，提出了可持续发展卓越绩效模式的指标体系，包括7个维度，69个指标。其框架按照《卓越绩效准则》的7大类目展开，并融入了道·琼斯可持续发展指数的经济、环境和社会维度。

Alessandra Neri，Enrico Cagnoa，Marco Lepri和Andrea Triannib（2021）基于"三重底线"理论，将平衡计分卡（BSC）和可持续供应链相结合，建立了6个维度的计分卡体系（包括财务、顾客、内部流程、学习与成长、环境、社会责任），形成了33类可量化的持续供应链的绩效指标，每类指标又进一步细化为可量化的指标。

此外，卓越绩效模式与企业创新理论相结合，在构建企业创新能力评价体系方面也产生了一些新的应用。单汩源等（2009，2010）通过对企业技术创新能力及卓越绩效模式的研究，先后构建了企业技术创新能力模型和企业持续创新机制框架模型。

（4）卓越绩效模式与平衡计分卡及其他理念/工具相结合仍然存在的问题

《卓越绩效准则》作为企业经营管理成熟度评价标准，只提供一些参考用的方法或工具，并不提供落地实施指南（包括战略展开）。它与平衡计分卡及其他理念/工具相结合，已有效解决了单一工具/方法在使用方面的局限性，但仍然存在如下两类问题。

第一，缺乏关键绩效指标的顶层设计及遴选机制。一方面，尽管各类卓越绩效模式赋予了每个大类目明确的分值（或权重），但针对每个大类目下的子类目，并没有提供关键绩效指标的遴选方法及赋权指南；另一方面，虽然各类卓越绩效模式都以当今最先进的管理理念作为自身的核心价值观，但在具体的标准文本中，仍然缺少一些相呼应的关键绩效指标，从而可能导致企业在构建绩效测量系统时会遗漏一些关键的指标。

第二，缺少可充分契合卓越绩效模式的独立的计分卡系统。平衡计分卡与卓越绩效模式相结合，形成了"卓越绩效平衡计分卡"；平衡计分卡与可持续发展理念相融合，形成了"可持续平衡计分卡"；"绩效三棱镜"拓展了利益相关的视角，实现了对平衡计分卡的超越；企业创新理论与卓越绩效模式相结合，形成了基于卓越绩效的企业创新能力评价体系，等等。然而，现阶段仍然没有一个独立的计分卡系统能够同时融合可持续发展理念、利益相关方理论和企业创新理论，弥补平衡计分卡的三大不足，并充分契合卓越绩效模式的核心理念和准则要求。

（三）基于可持续发展理论的企业绩效评价机制

1972年4月，意大利罗马俱乐部的Dennis Meadows等人完成了一份报告——《增长的极限》。该报告应用"零增长模型"对人口、农业生产、自然资源、工业生产和污染五个维度进行研究，发现如果按当时的水平继续下去，在未来的100年内将达到增长极限。自此以后的10年间，罗马俱乐部先后提交了12份研究报告，并首次提出了可持续发展的概念，但未形成具体实施方案。

1987年，世界环境与发展委员会（WCED）发布《我们共同的未来》报告，将可持续发展定义为："既能满足当代人的需要，又不对后代人满足其需要的能力构成危害的发展。"这一定义改变了发展的概念，将把发展理解为无限的经济和物质增长的一维方法，转变为理解经济增长必须与社会福利和尊重环境并行不悖的多维方法。这份报告系统阐述了可持续发展的思想，确立了可持续发展的三大支柱：经济可持续性、环境可持续性和社会可持续性。

2015年9月25日，联合国可持续发展峰会在纽约召开，会议通过了17个可持续发展目标（Sustainable Development Goals，SDGs），并形成了《2030年可持续发展议程》。新议程涉及可持续发展的三个层面：社会、经济和环境，还涉及与和平、正义和高效机构相关的重要方面。

企业是社会经济的基本单位，可持续发展的理论、蓝图和目标必须依赖企业去实现。如何评价企业的可持续发展绩效？主要有以下四类评价模式。

1. 基于三重盈余概念的绩效评价模式

Elkington（1998）认为企业在追求自身发展的过程中，需要同时满足经济繁荣、环境保护和社会福利三个方面的平衡发展。换言之，企业存在的目的不能仅限于经济利益，而应同时兼顾经济绩效、生态绩效和社会绩效，即三重盈余绩效。

三重盈余的概念甫一提出即获得社会的广泛认可。道琼斯公司于1999年率先推出道琼斯可持续发展指数（DJSI），从经济、环境和社会三个维度构建了企业社会责任体系（甄建斌等，2016）。全球报告倡议组织（GRI）于2000年发布《可持续发展报告指南》（G1），后持续更新为G2、G3和G4版本。在2006年的G3版本中，该指南将各类指标分为经济、环境和社会责任三类，规范了社会责任报告的内容（谢良安，2009）。

我国学者结合中国的实际情况构建了各类三重盈余评价指标体系。温素彬等（2005）构建了一个由静态绩效评价、静态平衡性评价、动态协调性评价构成的评价体系；宋荆等（2006）以三重盈余框架为基础，采用层次分析法构建了企业可持续发展的指标体系框架；白睿洁（2013）将三重底线理论引入了林业企业的绩效评价体系；李永臣等（2013）构建了一个供电企业"四位一体"的社会责任评价体系；买生等（2012）构建了以市场责任、社会责任、环境责任及其科学发展观为基础的社会责任评价指标体系。

不同于经济绩效指标，环境保护和社会责任方面的指标相对难以量化，同时不易制定统一的标准，尤其是在不同行业、地区及国家。因此，三重盈余绩效评价模式受制于可操作性和普遍适用性，在国内外的推广应用都是一个难题（符刚等，2015）。

2. 融入可持续发展理念的平衡计分卡模式

随着社会、经济和环境问题的日益凸显，以及可持续发展理念的提出，企业绩效评价的内涵也随之发生变化，传统的平衡计分卡（BSC）已无法适应企业的绩效管理需求。Chai N（2009）拓展了一种可以将可持续发展理念融入BSC的评估框架，率先提出了可持续平衡计分卡（Sustainability Balanced Score Card，SBSC）的概念和模型。Hubbard G（2010）和Granlund M（2010）在传统的BSC基础上增加了社会和环境两个维度，并为新增加的两个维度定义了新的性能指标。Hsu C W，Hu A H、Chao C Y等人（2011）改进了SBSC的框架，用可持续性和利益相关方维度替代财务和客户维度。

自SBSC的概念和模型提出后，出现了各种融入可持续发展理念的平衡计分卡的变型。韦鑫煜（2012）总结了建立可持续平衡计分卡（SBSC）的三种方法：添加法、重建法和整合法。

（1）添加法

在平衡计分卡四个层面的基础上增加一个"可持续发展"层面，该层面包括环境和社会两个维度及相应的衡量指标。

例如，彭定洪、黄子航（2019）在SBSC原理的基础上，从财务、顾客、内部运营、学习和成长、社会与环境5个维度建立了新能源汽车产业可持续发展绩效评价的整体框架。Alessandra Neri和Enrico Cagno等（2021）通过分析大量文献，将平衡计分卡（BSC）和可持续供应链相结合，建立了6个维度的计分卡体系，包括财务、顾客、内部流程、学习与成长、环境、社会责任，形成了33类可量化的绩效指标。

（2）重建法

将可持续发展理念融入企业的使命、愿景、价值观以及战略目标，然后利用平衡计分卡在各个层面分解环境绩效和社会绩效指标，从而实现对传统计分卡的重建。

例如，杨明（2015）在平衡计分卡的基础上，增加了一个环境绩效的评价维度。其具体构建思路如下：首先，设定企业的环境愿景；其次，将企业的环境愿景纳入企业战略当中；再次，将企业的战略转化为具体的目标，包括环境财务、利益相关方、内部流程、学习和成长四方面的具体目标；最后，对企业的环境绩效进行评价，并将评价结果反馈给企业，通过持续调整与改进，不断提升企业环境绩效。陈玲（2016）以德国国际机场为例，详细介绍了如何将环境、社会层面的因素整合进企业的主体管理体系之中，具体包括三个步骤：第一，战略性业务单元的选择；第二，识别战略相关环境和社会因素；第三，确定环境和社会因素的战略相关性。

（3）整合法

将平衡计分卡仅有的经济绩效视角拓展至经济、环境和社会绩效视角，然后将相关可持续发展指标整合到平衡计分卡的四个层面当中。

例如，梁言等（2018）将环境指标融入平衡计分卡的四个层面中，设计出企业通用的可持续平衡计分卡指标。汪榜江等（2020）将环境、社会和治理维度融入平衡计分卡，构建了一个以可持续发展目标为核心的七维三层指标体系。

3. 基于可持续发展理念的ESG评级

伴随GRI《可持续发展报告指南》及其他环境、社会和公司治理（ESG）标准的发布，越来越多的投资者要求潜在的投资对象（尤其是上市公司）定期发布其可持续发展报告（或社会责任报告），由此催生了大量的ESG评级机构。这些机构对企业披露的ESG报告进行评价，投资者根据评价结果进行投资决策，以有效控制投资风险，提高长期收益。

ESG评价又称ESG评级或评分。王凯等（2022）对国内外ESG评价状况进行了比较研究，总结出14类ESG评价体系，其中如下几类评价体系在国内外得到了广泛应用：MSCI ESG评价体系、SUSTAINALYTICS ESG评价体系、汤森路透ESG评价体系、富时罗素ESG评价体系，以及Vigeo Eiris ESG评价体系。以下选择MSCI ESG评价体系和SUSTAINALYTICS ESG评价体系作为ESG评级代表简要介绍。

（1）MSCI ESG评价体系

摩根士丹利资本国际公司（Morgan Stanley Capital International，MSCI）是全球投资领域关键决策支持工具和服务的领先提供商。2010年5月，MSCI收购Risk Metrics，成立了MSCI ESG Research，并以IVA模型为蓝本搭建自己的评估体系，形成了MSCI评级。2018年6月，我国A股正式纳入MSCI新兴市场指数和MSCI全球指数。2019年3月，MSCI宣布将扩大中国A股在MSCI全球基准指数中的纳入因子，从5%增加到20%，并分三个阶段落实。MSCI ESG的评级对象为所有纳入MSCI指数的上市公司，截至2020年6月，MSCI ESG评级覆盖了全球大约8500家企业和超过68万只股票和固定收益证券。

MSCI ESG评价体系关注每个公司在环境、社会和治理方面10项主题下的

37项关键评价指标表现，该模型使用加权平均方法，避免了行业不同带来的结果偏差。公司最终的ESG评级得分并不是一个绝对分数，而是公司相对于同行企业表现的相对成绩，根据公司在本行业的表现，企业的评分等级从高到低依次为AAA、AA、A、BBB、BB、B、CCC七个等级。

根据MSCI评级，"领导者"（行业领先水平，评级为AAA或AA）表示公司在管理最重大的ESG风险和机遇方面处于行业领先地位；"一般"（行业平均水平，评级为A、BBB、BB）表示公司在管理ESG风险和机会方面与同行相比有着大体一致的水平；"落后者"（落后于行业水平，评级为B或CCC）表示公司基于其高风险暴露和未能管理重大ESG风险而落后于其行业水平。

（2）SUSTAINALYTICS ESG评价体系

SUSTAINALYTICS是星辰公司（Morningstar Company）旗下一家领先的独立ESG研究、评级和分析公司，支持全球投资者制定和实施负责任的投资策略，总部位于荷兰阿姆斯特丹。SUSTAINALYTICS提供覆盖全球40000家公司的数据，以及针对20000家公司和172个国家及地区的评级。SUSTAINALYTICS的ESG研究和评级体系得到全球投资者的信赖，也支持诸多指数和可持续投资产品，其中包括星辰基金可持续性评级和星辰指数。

SUSTAINALYTICS的计分指标主要由三个计分模块组成，即企业管理模块、实质性ESG议题和企业独特议题模块。三个模块中，实质性议题模块为核心模块，涵盖了企业在环境、社会、治理三个层面的各类综合指标，共包括21个问题及21个指标，但关键指标的数量及其权重在不同的行业中有所不同。

SUSTAINALYTICS以ESG风险评级来取代全面性的ESG评级。ESG风险评级衡量的是企业的经济价值在ESG因素的驱动下所面临风险的程度，企业的ESG风险等级越高，代表着企业财务报表所呈现的财务绩效（如营业收入或利润）的质量越低；反之，则其质量越高。SUSTAINALYTICS根据企业ESG表现进行风险评估，它将企业ESG风险分为五个等级。

0～9.99分——可忽略的风险水平：企业价值被认为具有由ESG因素驱动的重大财务影响的可忽略风险；

10～19.99分——低风险水平；

20～20.99分——中风险水平：企业价值被认为具有由ESG因素驱动的重

大财务影响的中等风险；

30～30.99——高风险水平；

40分以上——严峻风险水平：企业价值被认为具有由ESG因素驱动的重大财务影响的严重风险。

4. 企业可持续发展报告

自全球第一份企业环境报告发布以来，越来越多的组织在财务报表之外披露了各种环境、社会责任及可持续发展等非财务报告，进而推动一些NGO组织发布了一系列报告框架。这些报告框架，促进了ESG理念的普及和推广，为企业编制ESG报告提供了有益的指南。然而，由于标准不统一，导致依据不同报告框架披露的ESG报告缺乏一致性和可比性，一方面加大了报告编制者的选择难度和遵循成本，另一方面增加了报告使用者的分析难度和分析成本（黄世忠，2021）。

国际会计准则委员会（IASCF）于1973年创立于伦敦，2010年更名为国际财务报告准则基金会（IFRS）。经过多年发展，该组织已成为国际上最具影响力的财务报告准则制定组织，160多个国家和地区采用其制定的会计准则。2011年11月，IFRS宣布成立国际可持续准则理事会（ISSB），以制定国际财务报告可持续披露准则（ISDS），与国际会计准则理事会（IASB）并列。2023年6月26日，ISSB正式发布两项准则，《国际财务报告可持续披露准则第1号——可持续相关财务披露的一般要求》（IFRS S1）和《国际财务报告可持续披露准则第2号——气候相关披露》（IFRS S2），于2024年1月1日正式生效。后续将陆续发布不同主题披露准则，包括水资源、生物多样性、人权以及公司治理等。

（1）ISDS的财务报告定位

在传统财务报表的基础上，IFRS希望通过增加对财务绩效产生影响的可持续发展信息的披露（包括短期、中期和长期），使财务报告的使用者获得更全面的信息，以利于投资决策。在增加了这些披露信息后，新的财务报告体系将由两部分内容组成。

Part A：财务报表。根据IFRS要求编制，反映企业财务状况、经营业绩和现金流。

Part B：可持续发展相关财务信息披露。根据ISDS披露，反映与可持续发展相关的风险与机遇。

（2）ISDS的准则架构体系

ISDS的构架由三类准则和四大要素构成。三类准则为"一般要求""通用议题"和"行业议题"，其中"通用议题"按照可持续发展主题（气候变化、水资源、人权等）展开，"行业议题"按照不同行业（煤炭开采行业、石油天然气行业等）分解。四大要素从上至下逐层展开，依次为"治理→战略→风险管理→目标与指标"。ISSB已经发布的两项准则（第1号和第2号）均按此架构展开。

（四）基于利益相关方理论的企业绩效评价机制

1. 利益相关方理论

传统的股东至上理论强调短期利益最大化，甚至容忍一定程度的利益相关方"剥削"。利益相关方理论则认为：企业应在可持续发展的三个方面（经济可持续性、环境可持续性和社会可持续性）以长期利益最大化为目标，始终有利于所有利益相关方。Freeman（1984）并不否认寻求经济营利能力是公司的合法目标，但这并不是最终目标，它必须成为改善利益相关方获利并为所有利益相关方创造共同价值的工具。

学者早已开始针对企业存在的目的进行思考，并认为盈利并非企业的唯一目标或终极目标。企业经营不能仅满足股东或者所有者的需求，同时还要满足各类利益相关方的需求，企业是具有各自价值的利益主体的集合，它的最终目标不应该是利润最大化，而是利益相关方价值最大化或者企业价值最大化（江若玫和靳云汇，2009）。从20世纪60年代开始，学者致力于构建利益相关方理论，包括契约理论（Freeman，1990）、委托代理理论（Hill和Jones，1992）、资源依赖理论（Blair，1999）、产权理论（Donaldon和Preston，1995）、互补性企业理论（Gorton和Schmid，2000），以及多重代理理论（Stiglitz，1993）等。

基于不同的利益相关方理论，产生了不同的利益相关方分类。衡量某种分类方式是否适当的评判标准在于其实践性——企业是否可以运用这种分类法对关键的利益相关方进行有效管理并实现可持续经营。从20世纪90年代开始，先后产生了两种分类方式：多锥细分法和米切尔评分法。

多锥细分法是一种消费者行为研究的方法，通过研究消费者的行为和期望来细分市场，以满足消费者需求。该方法还可以帮助企业识别特定消费群体的共性，以及确定不同消费群体之间的差异。采用多锥细分法，Freeman（1984）从所有权、经济依赖性和社会利益三个角度对利益相关方进行分类；Frederick（1988）从直接影响和间接影响两方面对利益相关方进行分类；Charkham（1992）按照是否存在合同关系对利益相关方进行分类。

米切尔评分法由美国学者Mitchell（1997）提出，该方法从三个属性上对可能的利益相关方进行评分，然后根据评分值的高低来确定不同类型的利益相关方，按其重要性依次为决定性的利益相关方、预期性的利益相关方和潜在的利益相关方。评价的三个属性分别是：合法性——某一群体是否被赋予法律和道义上的或特定的索取权；权力性——某一群体是否拥有影响企业决策的地位、能力和相应的手段；紧迫性——某一群体的要求能否立即引起企业管理层的关注。

和多锥细分法不同，米切尔评分法并没有直接告知企业需要关注的利益相关方类型，而是提供了一种评分方法用于判断和界定企业的利益相关方，该方法简单易学、操作方便，是利益相关方理论的一个重大进步。国内学者结合我国企业的实际对该方法做了一些本土化改良，我国企业可运用该方法来识别关键利益相关方并实施有效的管理。

2. 国内外基于利益相关方理论的企业绩效评价机制综述

国外学者提出了很多基于利益相关方理论的绩效评价体系。美国学者索尼菲尔德（Sonnefeld，1982）从外部利益相关方的利益出发，从社会责任和社会敏感性两个方面设计问卷，提出了企业绩效的外部利益相关方评价模式。

克拉克森（Clarkson，1995）从企业、雇员、股东、消费者、供应商、公众利益相关方等方面，借鉴沃提克和寇克兰（Wartick和Cochran，1985）描述企业社会绩效的四个术语建立了评价企业社会绩效的RDAP模式，分别是对抗型（Reactive）、防御型（Defensive）、适应型（Accommodative）和预见型（Proactive）。

戴文邦特（Davenport，2016）以伍德（Wood，1991）的公司社会绩效模型和弗里曼（Freeman）的利益相关方框架为基础，从企业伦理行为、利益相关方责任、环境责任三个方面，按照"公司公民身份"的要求，对企业绩效进行了评价。

瑟基（Sirgy，2002）提出了"利益相关方关系质量"的概念，将利益相关方分为内部利益相关方（internal stakeholders）、外部利益相关方（external stakeholders）和末端利益相关方（distal stakeholders），建立了基于上述三种利益相关方关系质量的绩效评价体系。

我国学者也提出了一些新的绩效评价体系。李苹莉（2001）以利益相关方理论为基础，研究了不同利益相关方的利益保护机制，建立了经营者业绩评价的利益相关方模式。刘亚莉（2003）从投资者、定规者、政府、公众、消费者五个方面设置了自然垄断企业利益相关方取向的综合绩效评价体系。

3. 绩效三棱镜

绩效三棱镜（Performance Prism）是埃森哲和格兰菲管理学院经营绩效中心开发的一种绩效评价模式。这种模式的逻辑是：企业关键的利益相关方包括投资者、顾客、雇员、供应商／合作伙伴，以及规则制定者／社区，为了实现可持续发展，企业首先需要识别利益相关方需求，然后据此制定战略；战略执行需要好的流程支持；流程需要有能力的人员来运行；最终获取利益相关方对企业的贡献（邓德强等，2016）。利益相关方需求、战略、流程、能力，以及利益相关方贡献构成了绩效三棱镜的五个维度，其中利益相关方需求和贡献为上下两个面，战略、流程、能力为三个侧面，由此构成一个三棱镜（如图4-2所示）。

（1）利益相关方需求

企业的运营始于"利益相关方需求"，终于"利益相关方满意"。绩效三棱镜理论将利益相关方分为股东、顾客、员工、供应商／合作伙伴，以及规则制定者／社区五种类型，针对每一类利益相关方，企业都必须首先识别其关键需求和期望，然后通过战略制定、流程运行、产品或服务提供予以满足。与股东至上理论只关注股东和顾客的需求不同，绩效三棱镜同时还关注其他利益相关方（如员工、供应商、政府及社区）的需求。

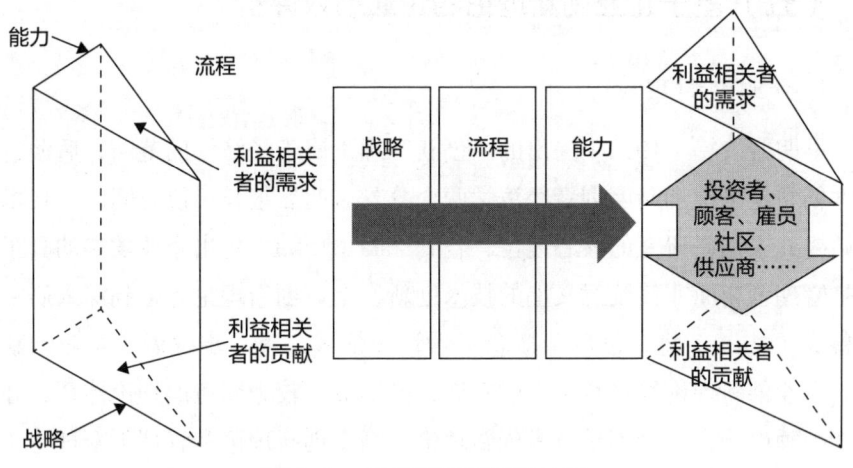

图4-2　绩效三棱镜评价体系

（2）战略

利益相关方的关键需求应作为企业战略制定的输入，并作为战略目标的输出，换言之，公司的战略目标应涵盖对利益相关方需求满足程度的测量。这些目标平衡了不同利益相关方的需求，从而确保企业实现均衡发展。

（3）流程

围绕战略目标，企业需要策划相应的流程（或者行动计划）并予以实施。当一个企业将其经营理念从"股东至上"调整为"利益相关方"时，原有的流程已无法满足新的战略目标的实现，需要优化、调整甚至新增一些流程。

（4）能力

流程的有效实施需要有与之匹配的能力，包括人力资源能力、信息资源能力和组织资源能力。在这个方面，绩效三棱镜借鉴了平衡计分卡"学习与成长"的理念及模型。

（5）利益相关方贡献

企业通过识别并满足利益相关方需求，进而实现利益相关方满意，最终获得利益相关方贡献。例如，投资者和债权人向企业提供资金；顾客向企业提供订单和市场；供应商向企业提供优质的产品和服务；员工向企业贡献更高的劳动生产率；政府向企业提供政策支持等，这些主体根据其需求的满足程度决定向企业贡献的多少。

（五）基于企业创新理论的企业绩效评价

1. 企业创新理论

早期熊彼特（1912）提出的"创新"理论属于经济学的范畴，后演进为技术创新经济学和制度创新经济学两个分支。此后很长一段时间内，技术创新始终处于创新研究的核心地位，直到Stata（1989）指出企业发展的真正瓶颈是管理创新而非传统意义上的技术创新，企业创新理论才得到深入研究。德鲁克（1999）将"创新"概念引入管理领域，进一步发展了企业创新理论。企业创新理论经过数十年的发展，已形成了较为完备的理论体系，并形成三个理论分支，分别是技术创新理论、制度创新理论和管理创新理论（林如海等，2009）。

（1）技术创新理论

熊彼特的创新理论本质上属于技术创新理论，强调技术进步对经济增长的贡献。自20世纪50年代以来，西方学者对技术进步与经济增长关系进行了深入研究并产生了丰富的理论成果。

新古典学派的代表索洛（Solow，1951）提出了技术创新的"两步论"，认为实现技术创新的两个步骤为新思想的来源和随后阶段的实现和发展。索洛（Solow，1957）还提出"索洛残差"概念，即索洛残差（技术进步带来的成果）=经济增长率–资本贡献率–劳动贡献率。根据该公式，索洛计算出1909年到1949年美国制造业总产出中约有88%归功于技术进步（李永波和朱方明，2002）。

弗里曼（C Freeman，1973）将技术创新定义为"是技术的、工艺的和商业化的全过程，其导致新产品的市场的实现和新技术工艺与装备的商业化应用"，后来（1982）他进一步将技术创新定义为"新产品、新过程、新系统和新服务的首次商业性转化"。

（2）制度创新理论

熊彼特的创新理论没有对制度创新进行深入讨论，戴维斯和诺斯（1971）发展了创新理论，提出了制度创新理论，认为制度创新是经济的组织形式或经营管理方式的革新，是能够使创新者获得额外利益的、对现存制度的变革。这些制度包括各类政治经济制度，例如金融制度、银行制度、税收制度、教育制度、工会制度，以及其他制度，公司制度也是其中一个组成部分。

我国学者魏杰（2006）针对企业制度创新进行了研究，他将企业制度创新划分为六个方面，即产权制度创新、法人治理结构创新、组织结构创新、管理制度创新、人格化制度创新和契约制度创新。他认为，企业制度创新的主体是企业本身，但是政府必须采取有力措施推动企业制度的创新。

（3）管理创新理论

长期以来，关于创新的研究主要集中在技术创新领域，学术界对管理创新的内涵及作用研究不多。20世纪80年代，Stata（1989）开管理创新研究之先河，自此涌现出大量的关于管理创新的研究。

关于管理创新的内涵，Damanpour等（1984）认为：管理创新指组织实施团队生产、供应链管理或质量管理系统等新管理实践或理念而产生的组织结构或过程变化。Benghozi（1994）对管理创新和技术创新、市场创新等进行比较分析，将管理创新从市场和技术的范畴中剥离出来。Armbruster等（2008）将创新分为技术性产品创新、技术性服务创新、技术性工艺创新和非技术性工艺创新，其中非技术性工艺创新即管理创新。常修泽等（1994）将管理创新视为组织创新在经营层次上的辐射。总体而言，关于管理创新，在理论研究方面至今尚无一个统一的定义。在管理实践中，结合《奥斯陆手册》第三版和第四版针对企业创新的分类，除了产品创新和组织创新，管理创新包括营销创新和流程创新两种类型。

关于管理创新的作用，Stata（1989）认为20世纪80年代造成许多美国公司衰落的真正原因就是管理创新方面的问题。Hamel（2006）强调管理创新的意义在于提高资源使用效率、增强企业核心竞争力和形成企业家阶层。Ichniowski等（1995）认为管理创新的作用在于提高生产力，改进产品质量并维持竞争力。根据Leseure（2004）的调查结果，多国政府已将管理创新作为部门或国家生产力提升的重要驱动力，例如英国贸工部和波特报告强调未能实现最佳管理创新是导致英国生产力水平相对落后的主要因素。

2. 国际创新调查与统计

现代经济发展的根本驱动力是技术进步和创新，一个国家、一个地区的创新能力、创新水平以及创新绩效如何，需要采用科学的方法进行衡量。国际上相关组织开发了若干创新调查与统计的工具，对创新活动的总量及结构进行调查，以全面反映创新活动的特征和规律（邓华等，2011）。创新测度的工具包括《弗拉斯卡蒂手册》《奥斯陆手册》以及其他创新统计规范。

（1）《弗拉斯卡蒂手册》

《弗拉斯卡蒂手册》（Frascati Manual，FM）是一个关于科技活动，特别是关于研究与实验发展（Research and Experimental Development，R&D）统计测度的纲领性文件，由经济合作与发展组织（OECD）于1963年首度发布，后经6次修订完善，成为指导世界各国进行科技活动测度分析的权威准则（李金华，2018）。FM 1963将R＆D活动分为三种具体形式，即基础研究、应用研究和试验发展。

（2）《奥斯陆手册》

《奥斯陆手册》是OECD指导创新统计工作的基础文件，于1992年发布，后经历了3次修订，并于2018年发布了第4个正式版本。4个版本的《奥斯陆手册》体现了不同的历史时期人们对创新的不同理解。

第1版手册（OECD，1992）中涉及的创新调查仅包括产品创新和流程创新，还没有延伸至服务；第2版手册（OECD，1997）重新定义了TPP创新（即技术上的产品创新和流程创新），并新增了组织创新的定义；第3版手册（OECD，2005）按照创新目标将创新分为两类，一类是涉及需求的创新（包括产品创新和营销创新），另一类是涉及成本的创新（包括流程创新和组织创新）；第4版手册（OECD，2018）将原来的四种创新简化为两种：产品创新和商业流程创新。

3. 国际/区域创新指数

国际上广泛采用创新指数来评价某一国家/区域的创新能力，产生了一些颇具国际影响力的评价体系，一些创新指数对企业创新能力及绩效的评价同样具有指导意义，包括欧盟创新指数、全球创新指数以及全球竞争力报告等。

（1）欧盟创新指数

欧盟创新指数用于对欧盟成员国的创新绩效进行定量比较。欧盟委员会自2002年发布首份欧洲创新记分牌（European Innovation Scoreboard，EIS）以来，其指标由最初的18个修改至25个，其中调整比较大的有四次，分别在

2003年、2008年、2010年和2017年。目前的评价指标包括4个一级指标（框架条件、创新投资、创新活动、创新影响）、10个二级指标（人力资源、研究系统、创新环境、财政支持、企业投资、创新企业、联系、知识产权、就业影响、销售影响）和25个三级指标。

（2）全球创新指数

全球创新指数（Global Innovation Index，GII）由世界知识产权组织等机构于2007年创设，用于反映一个经济体的综合创新水平。全球创新指数分投入和产出两类指标，每个参数下有对应的子参数，子参数由单独的指标构成，2020年的报告显示有80个具体指标。

（3）全球竞争力报告

《全球竞争力报告》（Global Competitiveness Report，GCR）由世界经济论坛于1979年开始发布，用于评价各国的经济运行情况并排名。该报告的指标体系分为4个维度，即赋能环境、人力资本、市场和创新生态系统，每个系统维度又有若干支柱指标，每个支柱指标下设子支柱指标和具体指标。2019年，全球竞争力指数（Global Competitiveness Index，GCI）共有12个支柱指标、23个子支柱指标以及103个具体指标（李巧巧和郇志坚，2020）。

4. 企业创新能力评价体系

在21世纪前，国内外学术界对企业自主创新能力的评价主要集中于技术创新能力方面（李慧，2015）。Harris（1983）和Porter（1990）从企业战略与竞争优势的角度对企业自主创新能力进行研究，强调技术对提高企业竞争优势的重要性。Adler（1990）、Guan（2003）和Burgelman（2004）从企业技术能力结构的角度研究企业自主创新能力。Ransley（1994）从技术策略等七个方面对企业的最佳R&D实践进行评估。

进入21世纪，学者开始关注企业创新能力评价体系的研究。Henny（2002）用专利数和产品创新指数两个指标来衡量企业的创新能力。Caloghirou（2004）采用显著改进产品及新产品的销售比例指标来衡量欧盟558家企业的创新能力。2005年，我国国家统计局发布了《中国企业自主创新能力分析报告》，从技术创新能力的角度提出了企业自主创新能力的评价指标体系。

龙艺璇等（2023）利用文献计量与主题模型对我国企业技术创新评价

指标体系研究的情况进行了分析，研究表明：评价体系主要围绕4个维度展开，分别是创新投入能力、创新产出能力、创新环境支撑能力以及创新管理能力，每个维度又包含若干主题词，基本上涵盖了技术创新的所有要素及全过程。

曹洪军、赵翔和黄少坚（2009）构建了一个"企业自主创新过程模型"，认为企业的自主创新是一个不断循环积累的过程，创新意识、创新投入能力、创新产出能力、创新活动管理能力、创新方式等5个方面是影响企业自主创新能力的主要因素，并借助层次分析法（AHP）建立了包括27个指标的企业自主创新能力评价指标体系。

庞景安等（2011）运用迈克尔·波特的钻石理论，从创新基础、创新能力、创新活动、创新绩效等4个方面构建了一个包括12个子要素、58个评价指标的企业创新发展指数评价体系。

中国科学技术部（2016）充分参考国外创新能力评价的研究成果，以创新构成（包括产品创新、工艺创新、组织创新及营销创新）和创新价值链（包括创新投入、创新产出及创新成果商业化）为基础，构建了包括创新投入能力、协同创新能力、知识产权能力和创新驱动能力4个一级指标、12个二级指标和24个三级指标的企业创新能力指标体系，并从2016年开始，每年发布一份《中国企业创新能力评价报告》。

谢德荪（2012）将创新分为始创新、流创新和源创新三种类型，并认为源创新是企业发展的源泉，是企业创新战略的重中之重。张振刚等（2021）参考谢德荪的"源创新"理论，基于文献计量和扎根理论，建立了一流制造企业创新能力评价体系，包括源创新、核创新和链创新3个维度10个大类若干小类绩效指标，并建议我国制造企业提前布局源创新、核创新、链创新3种创新活动，促进企业走向世界一流。

（六）不同绩效管理模式的比较分析

1. 不同绩效评价体系的评价维度比较研究

我们对当下五类主流的企业管理理论及相应的绩效评价体系进行文献研究和比较分析，旨在探索并构建一个新的计分卡模型——既能充分覆盖这些管理理论及体系的要求，又能替代传统的平衡计分卡（BSC），成为一种全新的、与卓越绩效模式充分契合的绩效管理体系。

这五类管理理论及其代表性评价体系是：

1）平衡计分卡；

2）卓越绩效模式——以中国质量奖、美国质量奖、欧洲质量奖标准为代表；

3）可持续发展及ESG评级——以MSCI ESG评级为代表；

4）利益相关方理论及绩效评价方法——以绩效三棱镜为代表；

5）企业创新理论及企业创新能力评价体系——以《中国企业创新能力评价报告：2016》《奥斯陆手册：创新数据的采集和解释指南》《欧洲创新记分牌：2018》为代表。

罗伯特·卡普兰和戴维·诺顿开发的平衡计分卡包括财务、顾客、内部流程、学习与成长4个层面，进一步细分为财务、顾客、运营管理、客户管理、创新、法规与社会、人力资本、信息资本和组织资本9个维度。

以平衡计分卡上述9个维度为基础，我们将其他各类绩效评价系统涉及的评价维度进行了对比，并通过新增、合并等方式，形成了一个具有12个维度的整合的绩效评价体系。新的体系与其他五类体系在12个维度指标设置上的差异如表4-3所示。

表4-3 各类绩效评价体系评价维度对比表

序号	平衡计分卡	绩效三棱镜	各类绩效评价体系 可持续发展	企业创新	卓越绩效模式	整合的绩效评价体系	备注
1	财务	投资者			结果（财务）	财务	略
2			可持续发展		领导	可持续发展	略
3	顾客	顾客			顾客	顾客	略
4		雇员			员工	雇员	略
5		供应商/合作伙伴			运营	供应商/合作伙伴	略
6		定规者/社区			领导	定规者/社区	略
7	运营管理				运营	运营	
	客户管理				顾客		
8	创新			创新投入	战略	创新	略
				创新能力			
				协同创新			
				创新活动			
				创新产出			
9	法规与社会		环境		领导	环境、社会与公司治理（ESG）	略
			社会		领导		
			公司治理		领导		
10	人力资本				员工	人力资本	略
11	信息资本				测量、分析和知识管理	信息资本	略
12	组织资本				领导	组织资本	略

2. 不同绩效管理模式的管理理论对比分析

通过以上对12个维度的比较分析，我们可以发现不同绩效管理模式在当今主流的三大管理理论（可持续发展理论、利益相关方理论、企业创新理论）上的实施表现，比较结果如表4-4所示。

表4-4 五类常见绩效管理模式在三大管理理论上的实施表现

序号	绩效管理模式类型	可持续发展指标	利益相关方指标	企业创新指标
1	平衡计分卡	不足	缺失	不足
2	绩效三棱镜	不足	适当	缺失
3	美国国家质量奖	不足	不足	不足
4	中国全国质量奖	不足	不足	不足
5	欧洲质量奖	不足	不足	不足

注：表中采用了三个术语进行评价，其含义如下。
①缺失——基本上没有对应的指标，没有体现相关管理理念的企业核心价值观。
②不足——有部分或少量对应的指标，不能充分体现相关管理理念的企业核心价值观。
③适当——指标的设置基本契合相关管理理念的企业核心价值观及要求。

从表4-4中可以得出如下结论。

1）在可持续发展理论及绩效评价方面，平衡计分卡和其他绩效管理模式虽然在环境、社会及公司治理方面设置了零星的指标，但并未将企业的"可持续发展"绩效提升至与"财务"绩效同等重要的位置。

2）在利益相关方理论及绩效评价方面，平衡计分卡存在重大缺失，员工也被视为"人力资源"而非"利益相关方"；绩效三棱镜为该理论"量身制作"；其他三类质量奖模式在指标设置上存在诸多不足。

3）在企业创新理论及绩效评价方面，绩效三棱镜基本没有涉及；三类质量奖模式仅涉及"创新产出"和"创新活动"；平衡计分卡仅关注"创新活动"，与国内外知名企业创新绩效评价体系相比缺乏理论支持，系统性也严重不足。

四、卓越绩效计分卡（PESC）模型构建过程

前文，我们对不同的绩效管理体系进行了比较研究，旨在在此基础上构建一个既充分涵盖当下最新且被普遍认同的企业经营管理理论，又充分契合卓越绩效模式（或各类质量奖）要求的新的绩效评价体系。新的体系建立在平衡计分卡（Balanced Score Card，BSC）的框架基础之上，用于企业践行卓越绩效模式（Performance Excellence Model，PEM），或实现更卓越的绩效，因此，我们将其命名为"卓越绩效计分卡"（Performance Excellence Score Card，PESC），同时根据英文首字母"PESC"发音，音译为"沛思计分卡"。这也是本书第三章所述企业经营逻辑——沛思环（PESC Circle）的由来。

（一）卓越绩效计分卡（PESC）评价指标体系的构建原则

为了确保既能满足《卓越绩效评价准则》的各项具体要求，又能有效融入"可持续发展""利益相关方"以及"企业创新"等企业管理理论，卓越绩效计分卡（PESC）的构建需遵循如下原则。

1. 系统性原则

卓越绩效模式（PEM）被广泛认同为一种组织综合绩效管理的有效工具或方法，其内容涵盖了企业经营管理的所有方面，具有明显的系统化、结构化特征。因此，在建立与之相对应的绩效评价体系时，各类评价指标的选择与组合，也必须体现系统化、结构化的特征。平衡计分卡（BSC）具有稳定的结构，且广为产业界熟知和认可，因此，本书将在平衡计分卡的基础上构建新的绩效评价体系。

2. 科学性原则

绩效评价体系的科学性来源于其是否具备相应的理论基础和实践基础。新的绩效评价体系以平衡计分卡为基础，融入了可持续发展理论、利益相关方理论和企业创新理论，具有时代先进性，但在具体应用上，一定要结合国家、地区、行业的实际情况进行指标的选择和权重设计，以科学、准确地反映中国制造业高质量发展的内涵、目标、特征、现状和规律。

3. 普遍性原则

制造业卓越绩效评价体系要具有普遍适用性的特点，指标的选取一定要具有典型性，一方面能够体现已导入卓越绩效模式的企业的实际情况，另一方面也能够为未导入卓越绩效模式的企业提供业绩改进指南。因此，在绩效指标的构建阶段，参与调查的专家来源面一定要广；在绩效指标应用的调研阶段，参与调研的企业数量一定要足够多，并且不能仅局限于某一类企业。

4. 可测量原则

对制造业卓越绩效评价体系的各类指标应予以清晰地定义，且具有可测量性，便于使用者理解与应用。指标尽可能来源于各类卓越绩效评价标准、平衡计分卡，以及与"可持续发展""利益相关方""企业创新"等理论相关的绩效评价体系，这些指标在不同场合已得到广泛应用，因此可以确保其可测量性。

5. 独立性原则

制造业卓越绩效评价的各类指标在横向上有不同维度，在纵向上有不同层次。在构建指标体系时，应按照一定规则将指标逐层分解成多个子指标以及孙指标，并确保同一层次的指标是相互排斥的。不符合独立性原则的指标应予以剔除或对指标体系重新调整。

6. 一致性原则

一致性原则强调上一级指标对下一级指标具有包含关系，下一级指标的实现能够有效促进上一级指标的实现，从而实现最终的绩效目标。制造业卓越绩效指标体系在进行指标设置及分解时，应采用一致的标准，确保同一维度不同层次之间的指标具有因果逻辑关系。

（二）卓越绩效计分卡（PESC）指标体系框架建立

卓越绩效计分卡（PESC）的指标初选有两项任务：一是确定评价指标体系的框架结构；二是筛选出具体的指标。参照平衡计分卡（BSC）"财务""顾客""内部流程""学习与成长"4个层面、9个维度的基本框架，卓越绩效计分卡（PESC）仍然采用4个层面的结构，但调整为"企业价值""利益相关方""内部流程"和"学习与成长",同时维度增加至12个,每个维度的内容也做了较大幅度的调整。平衡计分卡(PESC)和卓越绩效计分卡(PESC)的基本框架如图4-3所示。

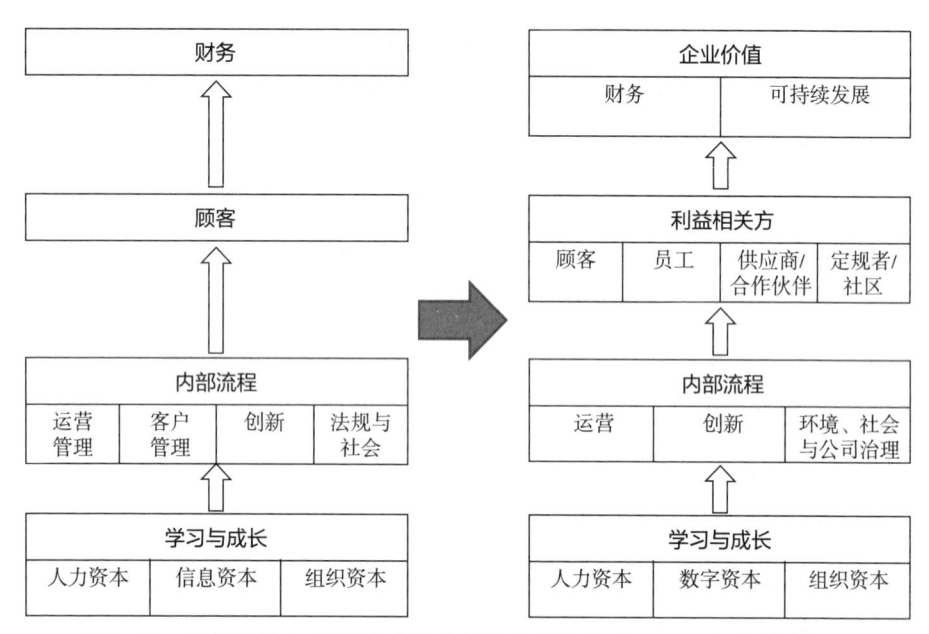

图4-3 平衡计分卡(BSC)和卓越绩效计分卡(PESC)的基本框架

现将卓越绩效计分卡(PESC)4个层面12维度的内容简要阐述如下。

1. 企业价值层面

该层面包括"财务"和"可持续发展"2个维度。"财务"维度来自原平衡计分卡的"财务"层面,"可持续发展"维度为新增,来自可持续发展理念下的可持续发展绩效评价,评价指标可以是ESG评级结果,也可以是国际财务报告可持续发展披露准则(ISDS)要求披露的绩效指标。

根据国际财务报告准则基金会(IFRS Foundation)的工作计划,在增加了可持续发展相关财务信息披露后,"财务报告"将由"反映企业财务状况、经营业绩和现金流量"的"财务报表"和"反映与可持续发展相关的风险和机遇"的"可持续发展相关财务信息披露"两部分构成,新的报告不再是单一规范的企业财务报告,而是双重规范的企业价值报告(黄世忠,

2021）。卓越绩效计分卡（PESC）将"财务"层面调整为"企业价值"层面也顺应了企业财务报告的变化趋势。

2. 利益相关方层面

该层面包括"顾客""员工""供应商/合作伙伴"和"定规者/社区"4个维度，一方面在平衡计分卡的"顾客"层面的基础上进行拓展；另一方面也吸收了绩效三棱镜的利益相关方的分类方式。

将"顾客"层面调整为"利益相关方"层面，有效处理了平衡计分卡股东至上的理论假设，确保新的计分卡模型建立在利益相关方理论基础之上。

3. 内部流程层面

该层面包括"运营""创新"和"环境、社会与公司治理"3个维度，它们来自平衡计分卡的4个维度，但均进行了较大幅度的调整，增加了较多的绩效指标类型。

调整后，新的计分卡模型融入了最新的"企业创新理念"以及"ESG理念"，有效弥补了平衡计分卡在上述两类管理理论上的缺失。

4. 学习与成长层面

该层面包括"人力资本""数字资本"和"组织资本"3个维度，与平衡计分卡基本保持一致，但在指标设置上有较大的调整。以"人力资本"维度为例，平衡计分卡仅有一项"人力资本准备度"，调整后新增了"员工能力与量能""员工权益与氛围""员工学习与发展"等指标。

此外，卓越绩效模式的"领导""战略"及"测量、分析和知识管理"类目的各项要求被分别拆解到新计分卡的"组织资本"和"数字资本"维度中，确保后者能够充分契合前者的核心价值观及标准要求。

在卓越绩效计分卡（PESC）中，"企业价值"为什么包括"财务"和"可持续发展"两个维度？这两个维度彼此之间存在什么关系？利益相关方层面的各维度又如何帮助企业创造价值？等等。对这些问题将在本书第五章解析和说明。

（三）卓越绩效计分卡（PESC）指标体系的指标遴选

为了保证评价指标体系更具代表性，基于对前期文献研究的结果，我们将初拟指标以问卷调查的方式进行筛选。问卷调查共进行两轮，每轮邀请相同的20名卓越绩效模式理论研究与应用专家参与，专家包括政府质量奖评审员、大学教授以及企业高管等。

问卷调查采用李克特五级量表法设计，通过在线方式（问卷星）进行，每轮调查结束后，都要根据预先设定的筛选原则进行"一致性评价"，只有通过筛选的指标才能纳入最终的指标体系。经过调整，最终形成了一个具有4个层面、12个维度、50类绩效指标的全新的、充分契合卓越绩效模式的计分卡模型——卓越绩效计分卡（PESC）（如表4-5所示）。

卓越绩效计分卡（PESC）、《卓越绩效评价准则》（GB/T 19580—2012）以及平衡计分卡（BSC）在指标的设置方面的差异如表4-6所示，从该表可以得出如下结论。

1）GB/T 19580—2012与卓越绩效计分卡（PESC）相比，在50类绩效指标（或议题）中，满足或部分满足的指标（或议题）33类，完全缺失的指标（或议题）17类，吻合度为66%。缺失的指标（或议题）主要集中在：ESG绩效、顾客贡献、规则制定者/社区满意及贡献、品牌管理、运营风险管理、创新（劳动力技能）、协同创新、商业流程创新、气候变化、环境负面事件、环境治理机遇、利益相关方争议、社会责任机遇、数字化/智能化、文化以及战略协同。

2）平衡计分卡（BSC）同卓越绩效计分卡（PESC）相比，在50类绩效指标（或议题）中，满足或部分满足的指标（或议题）29类，完全缺失的指标（或议题）21类，吻合度为58%。缺失的指标（或议题）主要集中在：偿债能力、ESG绩效、员工满意、员工契合、员工贡献、规则制定者/社区贡献、品牌管理、创新投入、创新能力、劳动力技能和知识产权能力、协同创新、商业流程创新、气候变化、产品责任、利益相关方争议、社会责任机遇、治理责任、商业道德、员工权益与氛围、员工学习与发展以及数字化/智能化。

表4-5　卓越绩效计分卡（PESC）指标体系框架

一级指标	二级指标	三级指标	四级指标
B1 企业价值 层面	C1 财务	D1 营利能力	
		D2 营运能力	
		D3 偿债能力	
		D4 发展能力	
	C2 可持续发展	D5 ESG评级结果	
B2 利益相关 方层面	C3 顾客	D6 顾客满意	
		D7 顾客契合	
		D8 顾客贡献	
	C4 雇员	D9 员工满意	
		D10 员工契合	
		D11 员工贡献	
	C5 供应商/合作伙伴	D12 供应商/合作伙伴满意	
		D13 供应商贡献	
	C6 规则制定者/社区	D14 规则制定者/社区满意	
		D15 规则制定者/社区贡献	
B3 内部流程 层面	C7 运营	D16 品牌管理	
		D17 客户/市场开发	
		D18 客户关系管理	
		D19 产品/服务生产	
		D20 产品销售/服务提供	
		D21 运营风险管理	
	C8 创新	D22 创新投入	
		D23 创新能力	E1 劳动力技能
			E2 知识产权能力
		D24 创新活动	
		D25 协同创新	
		D26 创新产出	E3 产品创新
			E4 商业流程创新

续表

一级指标	二级指标	三级指标	四级指标
B3 内部流程层面	C9 环境、社会与公司治理	D27 环境	E5 气候变化
			E6 能源与资源
			E7 污染物排放
			E8 环境负面事件
			E9 环境治理机遇
		D28 社会	E10 员工雇佣
			E11 社区支持
			E12 产品责任
			E13 利益相关方争议
			E14 社会责任机遇
		D29 公司治理	E15 治理责任
			E16 法律责任
			E17 商业道德
B4 学习和成长层面	C10 人力资本	D30 员工能力与量能	
		D31 员工权益与氛围	
		D32 员工学习与发展	
	C11 数字资本	D33 数字技术	
		D34 数字化/智能化	
		D35 知识管理	
	C12 组织资本	D36 文化	
		D37 领导力	
		D38 战略协同	

表4-6 PESC、GB/T 19580—2012及BSC指标设置对比表

卓越绩效计分卡（PESC）		卓越绩效评价准则（GB/T 19580—2012）	平衡计分卡（BSC）
1.1 财务	1.1.1 营利能力	4.7.4 财务结果	财务层面
	1.1.2 营运能力	4.7.4 财务结果 & 4.7.5 资源结果	财务层面
	1.1.3 偿债能力	4.7.4 财务结果	缺失
	1.1.4 发展能力	4.7.4 财务结果	财务层面
1.2 可持续发展	1.2.1 ESG绩效／ISS可持续发展报告	缺失	缺失
2.1 顾客	2.1.1 顾客满意	4.7.3.2 顾客方面的结果	顾客层面
	2.1.2 顾客契合	4.7.3.2 顾客方面的结果	顾客层面
	2.1.3 顾客贡献	缺失	顾客层面
2.2 雇员	2.2.1 员工满意	4.7.5 资源结果	缺失
	2.2.2 员工契合	4.7.5 资源结果	缺失
	2.2.3 员工贡献	4.7.5 资源结果	缺失
2.3 供应商／合作伙伴	2.3.1 供应商／合作伙伴满意	缺失	内部层面：运营管理流程
	2.3.2 供应商贡献	缺失	内部层面：运营管理流程
2.4 定规则制定者／社区	2.4.1 规则制定者／社区满意	缺失	内部层面：运营管理流程
	2.4.2 规则制定者／社区贡献	缺失	内部层面：运营管理流程
3.1 运营	3.1.1 品牌管理	缺失	内部层面：客户管理流程
	3.1.2 客户／市场开发	4.7.3.3 市场结果 & 4.7.6 过程有效性结果	内部层面：客户管理流程
	3.1.3 客户关系管理	4.7.3.2 顾客方面的结果	内部层面：运营管理流程
	3.1.4 产品／服务生产	4.7.2 产品和服务结果 & 4.7.6 过程有效性结果	内部层面：运营管理流程
	3.1.5 产品销售／服务提供	4.7.2 产品和服务结果 & 4.7.6 过程有效性结果	内部层面：运营管理流程
	3.1.6 运营风险管理	缺失	内部层面：运营管理流程
3.2 创新	3.2.1 创新投入	4.7.5 资源结果	缺失
	3.2.2 创新能力（1）：劳动力技能	缺失	缺失
	3.2.3 创新能力（2）：知识产权能力	4.7.5 资源结果	缺失
	3.2.4 创新活动	4.7.6 过程有效性结果	内部层面：创新流程

续表

卓越绩效计分卡（PESC）		卓越绩效评价准则（GB/T 19580—2012）	平衡计分卡（BSC）
3.2 创新	3.2.5 协同创新	缺失	缺失
	3.2.6 创新产出（1）：产品创新	4.7.5 资源结果	内部层面：创新流程
	3.2.7 创新产出（2）：商业流程创新	缺失	缺失
3.3 环境、社会与公司治理	3.3.1 环境（1）：气候变化	缺失	缺失
	3.3.2 环境（2）：能源与资源	4.7.7 领导方面的结果	内部层面：法规与社会流程
	3.3.3 环境（3）：污染物排放	4.7.7 领导方面的结果	内部层面：法规与社会流程
	3.3.4 环境（4）：环境负面事件	缺失	内部层面：法规与社会流程
	3.3.5 环境（5）：环境治理机遇	4.7.7 领导方面的结果	内部层面：法规与社会流程
	3.3.6 社会（1）：员工雇用	4.7.7 领导方面的结果	内部层面：法规与社会流程
	3.3.7 社会（2）：社区支持	4.7.7 领导方面的结果	缺失
	3.3.8 社会（3）：产品责任	缺失	缺失
	3.3.9 社会（4）：利益相关方争议	缺失	缺失
	3.3.10 社会（5）：社会责任机遇	4.7.7 领导方面的结果	内部层面：法规与社会流程
	3.3.11 治理（1）：治理责任	4.7.7 领导方面的结果	缺失
	3.3.12 治理（2）：法律责任	4.7.7 领导方面的结果	缺失
	3.3.13 治理（3）：商业道德	4.7.7 领导方面的结果	缺失
4.1 人力资本	4.1.1 员工能力与量能	4.7.5 资源结果	学习与成长层面：人力资本
	4.1.2 员工权益与氛围	4.7.5 资源结果	缺失
	4.1.3 员工学习与发展	4.7.5 资源结果	学习与成长层面：人力资本
4.2 信息资本	4.2.1 数字化 / 智能技术	缺失	学习与成长层面：信息资本
	4.2.2 数字化 / 智能化	缺失	学习与成长层面：信息资本
	4.2.3 知识管理	4.7.5 资源结果	缺失
4.3 组织资本	4.3.1 文化	缺失	学习与成长层面：组织资本
	4.3.2 领导力	4.7.7 领导方面的结果	学习与成长层面：组织资本
	4.3.3 战略协同	缺失	学习与成长层面：组织资本

第五章
卓越绩效计分卡（PESC）模型解析

卓越绩效计分卡（PESC）借鉴了平衡计分卡（BSC）的框架结构，表面上看起来似乎是平衡计分卡（BSC）的一种变型应用，但事实并非如此。除融入可持续发展、利益相关方及企业创新等理论及相应的绩效指标，卓越绩效计分卡（PESC）在框架结构的设计上，每个层面或维度都有相应的管理理论支持，是当今先进的管理理论与最佳管理实践的投映。

一、企业价值层面

在卓越绩效计分卡（PESC）模型中，我们将公司的终极目标确定为"企业价值"，并将其分为"财务"和"可持续发展"两个维度。为什么是"企业价值"？为什么要分成这两个维度？这两个维度之间存在什么逻辑关系？以下将围绕企业社会责任理论、企业可持续发展报告的发展趋势，并结合一个案例来阐述观点。

（一）企业社会责任理论——设置企业价值层面的理论基础

卓越绩效计分卡（PESC）中企业价值层面的设置建立在企业社会责任理论之上，包括阿奇·卡罗尔的企业社会责任金字塔理论以及约翰·埃尔金顿的三重底线理论。

1. 企业社会责任金字塔理论

卡罗尔（1991）提出，企业社会责任指特定时期社会对企业所寄托的经济、法律、伦理和企业自行裁量（慈善）的期望，它包括四个层次，类似金字塔，由低到高依次如下。

1）经济责任。经济责任反映了企业作为营利性经济组织的本质属性，也是企业最重要的社会责任，但不是唯一责任。

2）法律责任。企业作为社会的一个组成部分，为社会提供产品和服务，同时也要求企业在法律框架内实现经济目标，因此，企业肩负必要的法律责任。

3）伦理责任。企业的经济和法律责任中都隐含着一定伦理规范，公众社会仍期望企业遵循那些尚未成为法律的却为社会公认的伦理规范。

4）慈善责任。社会通常对企业给予了一些没有或无法明确表达的期望，是否承担或应该承担什么样的社会责任完全由个人或企业自行判断和选择。

埃尔金顿（1998）认为，企业责任可以分为经济责任、环境责任和社会责任。经济责任也就是传统的企业责任，主要体现为提高利润、纳税责任和对股东投资者的分红；环境责任就是环境保护；社会责任就是对社会其他利益相关方的责任。埃尔金顿认为，未来市场的成功往往取决于单个公司（或整个供应链）同时满足传统盈利底线和两个紧急底线的能力（环境质量和社会公正），因此，公司及其董事会需要考虑三重底线。

2. 卓越绩效计分卡（PESC）的观点之一

企业价值指企业本身的价值，是企业有形资产和无形资产所拥有价值的市场评估。从财务管理的角度，评估企业价值的方法有很多种，例如成本法、市场法、收益法、实务期权法，从而衍生出企业价值的若干经济学定义。

企业的财务绩效表现（净利润、净现金流、净资产等）是企业价值的一部分，它们与企业价值的关系为正相关，同时具备"乘数效应"，即每一类财务指标数值的增减，都会引起企业价值总量的同步变化，并表现为一定的倍数（或乘数）。

然而，利润是一个容易被人为操纵的指标。为了提高利润，除开"财务造假"不谈，管理层极有可能通过不履行一些企业"必尽"或"应尽"的社会责任，从而获取投资者（或管理层）利益最大化，并损害一些关键利益相关方（股东、员工、社区、供应商等）的利益。

因此，为了契合企业可持续发展理念，我们引入"可持续财务绩效"的概念，并将可持续财务绩效定义为在满足企业的必尽和应尽的社会责任（包括经济、法律和伦理责任）后所产生的、具有可持续发展能力的财务绩效。我们以"利润"指标为代表来解释"可持续财务绩效"（或可持续利润）的计算方式。

根据卡罗尔的观点——除了慈善是自行裁量（或自愿）的责任以外，经济、法律及伦理均是企业"必尽""应尽"的责任，我们认为，一家充分履行企业社会责任的公司，它的"可持续利润"由三部分构成，即"可持续利润＝财务利润－可持续发展欠账＋慈善投入"，其中，"可持续发展欠账"指公司为满足法律和伦理责任"应投入"但"尚未投入"的金额。

根据埃尔金顿的"三重底线"理论，我们认为，一家充分履行企业社会责任的公司，它的"可持续利润"由三部分构成，即"可持续利润＝财务利润－环境责任欠账－社会责任欠账"，其中，"环境责任欠账"和"社会责任欠账"指公司为充分满足环境和社会责任"应投入"但"尚未投入"的金额。

（二）可持续发展报告准则——企业价值层面两个维度设置的参考框架

国际财务报告可持续披露准则（ISDS）与欧洲可持续发展报告准则（ESRS）为当今国际两大可持续发展报告准则体系。卓越绩效计分卡（PESC）"企业价值"层面下"财务"和"可持续发展绩效"两个维度的设置参考了这两类可持续发展报告框架。

1. 国际财务报告可持续披露准则（ISDS）

2023年6月26日，国际财务报告准则基金会（IFRS Foundation）下的国际可持续准则理事会（ISSB）正式发布两项国际财务报告可持续披露准则（ISDS），即《国际财务报告可持续披露准则第1号——可持续相关财务信息披露一般要求》（IFRS S1）和《国际财务报告可持续披露准则第2号——气候相关披露》（IFRS S2）。这两项准则的颁布，是全球可持续披露基线准则建设的重要里程碑，对于推动全球经济、社会和环境的可持续发展具有非凡意义。这两份准则的主要内容及基本特征如下。

（1）披露目标

IFRS S1的目标是为通用目的财务报告使用者提供一整套可持续相关风险和机遇信息的披露，并认为这些信息将有助于使用者做出与向主体提供资源的相关决策。使用者包括现有和潜在投资者、贷款人和其他债权人。IFRS S1还认为，这些信息之所以对使用者有用，是因为可以合理预期这些风险和机遇会影响主体短期、中期或长期的现金流量、融资渠道或资本成本。

（2）披露原则

可持续发展事项是否具有重要性，可以从两个视角确定：基于由外到内的视角，只考虑可持续发展事项对企业价值的影响，称为财务重要性；基于由内到外的视角，只考虑企业（包括其价值链）活动对环境和社会的影响，称为影响重要性。在重要性选择上，ISDS选择了服务于投资者与债权人，强调财务影响的"单一重要性"，即"如果漏报、错报或掩盖该信息，将影响通用目的财务报告使用者基于这些报告做出决策，该信息就是重要的"。

（3）全球基线准则

ISDS以企业价值为导向，构成积木中的底层模块，提供全球基准。全球基线，意味着"最起码的要求"，在底层模块之上，为满足更广泛利益相关方的信息需求、捕捉其他可持续性利益和目标，可搭建其他模块，提供其他适用标准。这些模块可能是特定司法管辖区的标准，也可能侧重于更广泛的可持续性影响或其他超出ISSB企业价值创造领域的披露标准，但要确保这些标准的全球一致性和可比性。

（4）报告框架

根据IFRS S1，新的基于可持续发展理念的"IFRS财务报告"由两部分组成（如图5-1所示），一部分是根据IFRS要求编制的传统的"财务报告"，反映企业财务状况、经营业绩和现金流量；另一部分是根据ISDS要求编制的"可持续发展相关财务信息披露"，反映与可持续发展相关的风险与机遇。

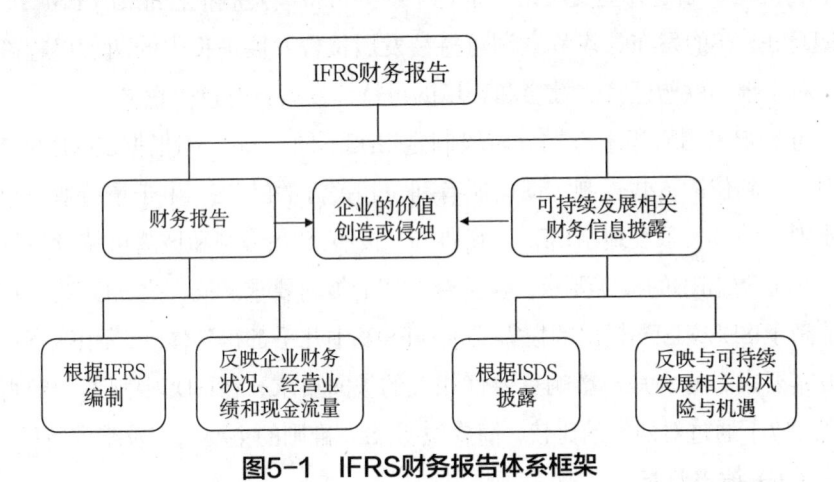

图5-1　IFRS财务报告体系框架

（5）报告主体

IFRS S1规定可持续相关财务信息披露应与通用目的财务报表的报告主体相同（例如，报告主体是企业集团，应包括母公司和合并范围内的子公司，但不包括联营企业、合营企业等合并范围以外的投资）。

（6）结构体系

ISDS在核心内容方面完全借鉴了TCFD框架及其指南，不仅限于气候变化主题，而是将TCFD的四支柱框架作为"一般要求"扩展至所有可持续发展主题。因此，IFRS S1的核心内容包括治理、战略、风险管理、指标和目标四个方面。

2023年5月4日，ISSB发布了《议程优先事项的咨询（意见征询稿）》，初步确定了未来两年的工作重点是推动已颁布的两项国际可持续披露准则的实施，提升SASB行业分类标准，同时研究生物多样性、生态系统和生态系统服务主题，人力资本主题，人权主题以及报告整合项目等（王鹏程等，2023）。

2. 欧洲可持续发展报告准则（ESRS）

2022年11月28日，欧盟理事会（EC）正式批准了《公司可持续发展报告指令》（CSRD），为欧洲可持续发展报告准则（ESRS）的制定和实施奠定了坚实的基础。2023年7月31日，欧盟理事会批准了欧洲财务报告准则咨询组（EFRAG）制定并提交的第一批12个欧洲可持续发展报告准则（ESRS）。CSRD和ESRS的发布，堪称欧洲可持续发展报告发展进程中的两大里程碑事件，对于推动欧盟经济、社会和环境的可持续发展具有重要意义。

与ISSB采用搭积木方式分阶段制定ISDS不同，EFRAG根据CSRD的要求采用一步到位的方式，制定面向所有利益相关方的ESRS。由于秉持双重重要性原则，并最大限度地与ISDS相互协调，按照ESRS编制和披露可持续发展报告，既符合CSRD的披露要求，也符合ISDS的披露要求。换言之，ESRS的披露要求高于ISDS，ISDS提出的披露要求在ESRS中几乎都得到体现，而ESRS提出的披露要求，特别是与影响重要性相关的披露要求，在ISDS中则不一定得到体现。以下通过对两者的比较，简要说明ESRS准则的主要内容及基本特征。

（1）披露目标

ISDS以投资者为导向，蕴含着ISSB对股东至上主义的坚守，而ESRS以利益相关方为导向，蕴含着EFRAG对利益相关方主义的接纳。ISSB无意通过ISDS改变企业行为，彰显了中立主义的原则立场，而EFRAG试图引导企业行为的改变，体现出积极主义的政策取向。

EFRAG制定的报告框架蕴含着寻求改变企业可持续发展行为的政策目标，通过披露企业对环境和社会的影响以及企业受环境和社会的影响，促使企业成为环境友好型、社会担当型的企业公民，进而促进经济、社会和环境的可持续发展。EFRAG将改变企业的可持续发展行为嵌入其政策目标，是为了更好地实现CSRD和欧盟其他相关法规的立法意图。

（2）披露原则

IFRS以满足投资者评估企业价值为政策目标，故要求ISSB制定ISDS时选择侧重于财务影响的单一重要性，聚焦于要求企业披露可能对企业价值产生影响的可持续发展相关风险和机遇，极少考虑甚至不考虑要求企业披露其自身和价值链活动对环境和社会的影响。

EFRAG认为，在评估和确定哪些可持续发展相关影响、风险和机遇具有重要性时，企业应首先考虑影响重要性，其次才应考虑财务重要性。EFRAG秉持这种观点是为了与CSRD的规定保持一致。根据CSRD的规定，企业应当报告有助于使用者了解企业对可持续发展事项的影响，以及可持续发展事项如何影响企业的发展前景、经营业绩和财务状况。

（3）报告框架

EFRAG选择了兼具影响重要性和财务重要性的双重重要性，故将可持续发展报告披露的信息定位为独立于财务报告的信息。基于CSRD的欧盟公司报告由两部分组成（如图5-2所示），一部分仍然是根据IFRS要求编制的传统的"以股东为中心的财务报告"，用于评价企业的经营效益；另一部分是基于EFRAG制定的ESRS准则要求编制的"以利益相关方为中心的可持续发展报告"，用于评价环境和社会效益。

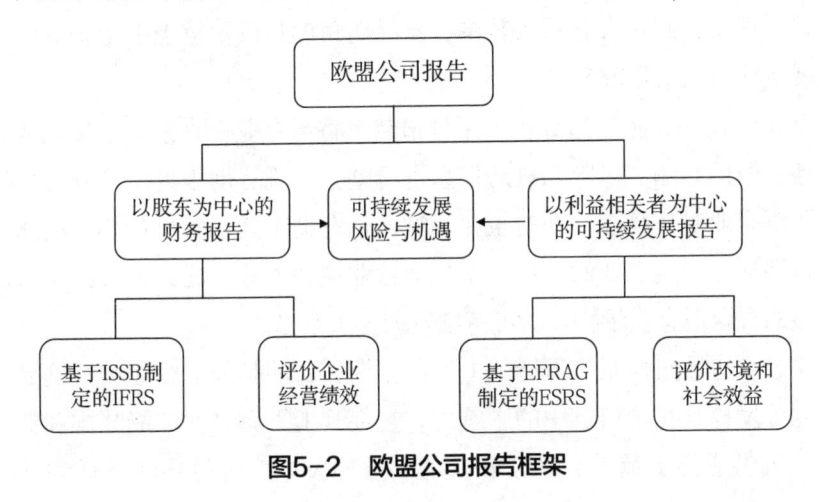

图5-2　欧盟公司报告框架

可持续发展报告披露的绝大部分信息未经会计程序的确认、计量和报告，包含大量非货币计量的定性化前瞻信息，明显属于非财务信息的范畴。EFRAG将这些信息定位为独立于财务报告的非财务信息，构建了由财务报告与可持续发展报告组成的公司报告，便于利益相关方评估企业对环境和社会的影响以及环境和社会对企业的影响，逻辑脉络更加清晰，理论依据更加充分。

EFRAG认为，将可持续发展报告披露的信息定位为独立于财务报告的非财务信息，有助于提高董事会、高管层和业务部门对可持续发展报告的重视程度，促使董事会和高管层组织协调更具胜任能力的业务部门负责可持续发展报告的编制和披露工作，更有可能形成高质量的可持续发展报告。

（4）报告边界

ISSB使用的术语是报告主体（Reporting Entity），而EFRAG使用的术语则是报告边界（Reporting Boundary）。报告主体蕴含财务控制的理念，报告边界则蕴含着可持续发展控制理念，同时涵盖了财务控制和经营控制。

EFRAG在确定报告边界时更多地体现了可持续发展控制理念。可持续发展控制理念同时从组织边界（Organizational Boundary）和经营边界（Operational Boundary）两个维度界定可持续发展事项的报告边界。组织边界的确定基于财务控制理念，与合并报表保持一致，从横向角度将企业控制的子公司、合营企业的可持续发展事项纳入报告范围。经营边界的确定基于经营控制理念，超过合并报表范围，从纵向角度将价值链上下游企业的可持续发展事项纳入报告范围。

EFRAG认为，报告边界扩大至价值链，将与企业有直接和间接业务关系的其他企业的影响、风险和机遇信息进行整合，既有助于可持续发展报告使用者了解企业对环境和社会的重要影响，也有助于其了解可持续发展相关风险和机遇如何影响企业的发展前景、经营业绩和财务状况，还有助于形成一套完整的符合信息质量特征的可持续发展相关信息。

将报告边界延伸至价值链的上下游企业，目的是鼓励企业（特别是大企业）充分发挥其在价值链中的影响力，督促其上下游企业节能减排和低碳发展，善待供应商、员工、客户和其他利益相关方，善尽环保责任和社会责任，推动企业及其价值链上下游企业为经济、社会和环境的可持续发展做出贡献（黄世忠，2022）。

（5）结构体系

EFRAG采用气候相关财务信息披露工作组（TCFD）的结构体系（包括治理、战略、风险管理、指标和目标四个方面），以便与ISSB发布的ISDS结构体系保持一致，在诸如财务重要性、价值链等关键观念、定义和披露要求上，尽可能与ISDS相互协调。EFRAG认为，按ESRS编制的可持续发展报告完全能够满足ISDS的披露要求。此外，EFFAG还与全球报告倡议组织（GRI）

保持顺畅沟通和深度合作，确保ESRS最大限度地体现GRI准则的规范内容和关键概念（黄世忠，2023）。

欧盟理事会批准的第一批12个欧洲可持续发展报告准则（ESRS）包括2个跨领域交叉准则（即ESRS 1 一般要求和ESRS 2 一般披露）和10个环境、社会和治理主体准则，包括气候变化、污染、水和海洋资源、生物多样性和生态系统、资源利用和循环经济、自己的劳动力、价值链中的工人、受影响的社区、消费者与终端用户，以及商业操守。

3. 卓越绩效计分卡（PESC）的观点之二

根据IFRS财务报告框架（如图5-1所示），企业除了披露传统的财务绩效（如利润）以外，还要披露与可持续发展相关的财务信息。我们认为，一家履行可持续发展（或ESG）责任的公司，它的"可持续利润"由两部分构成，即财务利润和可持续发展绩效，具体计算公式如下。

公式A：可持续利润＝财务利润＋可持续发展净投入

其中，"可持续发展净投入＝公司慈善（或公益支持）投入－可持续发展欠账"，可以为正数或负数。

根据CSRD要求的欧盟公司报告框架（如图5-2所示），企业除了披露传统的财务绩效（如利润）以外，还要披露非财务的、以利益相关方为中心的可持续发展报告。我们认为，一家履行可持续发展（或ESG）责任的公司，它的"可持续利润"以传统的"财务利润"为基础，并受到可持续发展绩效的影响，这种影响可以用一个系数，即"可持续发展绩效系数"来表示，具体计算公式如下。

公式B：可持续利润＝财务绩效×可持续发展绩效系数

其中，可持续发展绩效系数由外部ESG评级机构的评级结果转换而来，例如将MSCI的"BB"级评级结果取值为0.75，将SUSTAINALYTICS的"高风险水平"评级结果取值为0.5。

综上所述，我们认为，从可持续发展的角度看，企业价值由企业的"可持续财务绩效"创造，并通过市场的"乘数效应"放大，而企业的"可持续财务绩效"由"财务绩效"和"可持续发展绩效"构成，这两者可以是"加和"关系，也可以是"乘积"关系。

（三）一个理解企业价值（可持续发展财务绩效）的案例

为了帮助读者更好地理解卓越绩效计分卡（PESC）框架中的"企业价值"（可持续发展财务绩效），我们通过一家虚拟公司的案例进行说明。

案例5-1：某上市公司的企业价值

国内某制造型上市企业M公司，2022年财务报表披露相关经营绩效为：营业收入10亿元（人民币，下同），净利润6000万元，向新冠疫情高发地区捐赠50万元防疫物资，向西部希望小学捐赠10万元教学设施。公司同时发布了年度可持续发展报告，披露了公司在ESG方面的绩效表现，其中聘请咨询机构开展碳足迹核查投入费用30万元。公司收到了若干ESG评级机构的评价报告，其中，MSCI ESG评级结果为"BB"（代表公司ESG绩效处于行业平均偏低水平）；SUSTAINALYTICS ESG评分结果为32.5分（意味着公司的企业价值被认为具有由ESG因素驱动的重大财务影响的高度风险）。

公司ESG管理部门提交了一份2023年度ESG改进报告（含预算）至管理层，需要改进事项清单如下。

1）改造生产废水处理系统以使其稳定达标排放，预算500万元（按5年折旧计算，每年新增费用100万元）。

2）改造三个关键工序的职业健康与安全防护设施，预算800万元（按5年折旧计算，每年新增费用160万元）。

3）在替代禁用化学物质的使用方面，预计增加采购成本100万元。

4）原材料有害物质检测方面，需要加大检测投入以满足产品出口目的地（欧盟及美国）的环保法规要求，预计新增检测成本50万元。

5）在员工权益保护方面，需要控制一线班组的加班时间以满足当地劳动法规要求，如果无法提高劳动效率，将招聘新员工，预计新增人力成本500万元每年。

6）其他待改进事项，合计费用约200万元每年。

公司ESG管理总结报告还提到：过去一年内，因环保、职业健康与安全（EHS）合规及员工权益保护的不足，集团下属子公司已发生若干起政府处罚及员工投诉事件，如果不及时改进将给公司的正常运营带来负面影响；同时，因上游一些关键客户强化了对供方的ESG绩效评价，如不积极响应将逐步削弱公司在市场上的竞争力。

以案例中M公司2022年度的综合绩效表现为例，可以测算出该公司当年度的"可持续绩效"（利润）。

方式A：可持续利润=财务利润+可持续发展净投入=财务利润（6000）+公司慈善或公益支持（50+10+30）−（100+160+100+50+500+200）=4980万元。

方式B：可持续利润=财务绩效×可持续发展绩效系数=6000×0.75=4500万元（依据MSCI评级结果）；或=6000×0.5=3000万元（依据SUSTAINALYTICS评级结果）。

由案例5-1可知，任何一家公司，如果未能严格履行其经济、法律及伦理责任，或者未能严格履行其经济、环境和社会责任，其披露的年度财务报告，即便通过了第三方的严格审计，也不能真实、客观、准确地反映其企业价值（如利润）。通过企业披露的可持续发展报告以及相关ESG评级机构的评级结果，利益相关方能够对目标企业当下的财务绩效和未来的可持续发展前景做出更好的评价和预测。

（四）卓越绩效计分卡（PESC）企业价值层面指标体系框架图

卓越绩效计分卡（PESC）企业价值层面指标体系的构建以企业社会责任理论为基础，以IFRS和ISDS的国际财务报告体系、IFRS和ESRS的欧盟公司报告体系为框架，由"财务"和"可持续发展"两个维度组成。

"财务"维度包括"营利能力""营运能力""偿债能力"和"发展能力"四大类指标，每类指标又可细分若干具体指标。

"可持续发展"维度推荐"一用一备"两类指标。"一用"指"ESG评级结果"指标，随着各类ESG评级体系涌现，我们建议采用国际及国内知名度较高的ESG评级体系，避免被一些缺乏理论基础或未经实践验证的ESG评级产品误导。"一备"指"可持续发展净投入"，该指标仅在企业无法获得外部机构的评级结果时才使用，由于相关数据由企业自行统计，其结论未必准确或客观，仅供企业内部改进使用。

为了避免代理人（企业经营者）通过不履行企业的"必尽"和"应尽"责任来获取短期利益，委托人（企业所有者）可以设置"可持续发展净投入"指标进行持续监测，必要时予以考核，以约束代理人的短期经营行为，确保企业可持续发展。

"可持续发展系数"是我们推荐的另一个指标，它由"ESG评级结果"衍生而来。不同机构的ESG评级结果如何与"可持续发展系数"相对应，目前没有统一的标准，企业所有者（或董事会）可以酌情制定，并以此为依据评价或考核企业经营团队的ESG管理绩效。

企业价值层面的绩效指标框架体系如图5-3所示，可供选择的具体绩效指标见附录一。

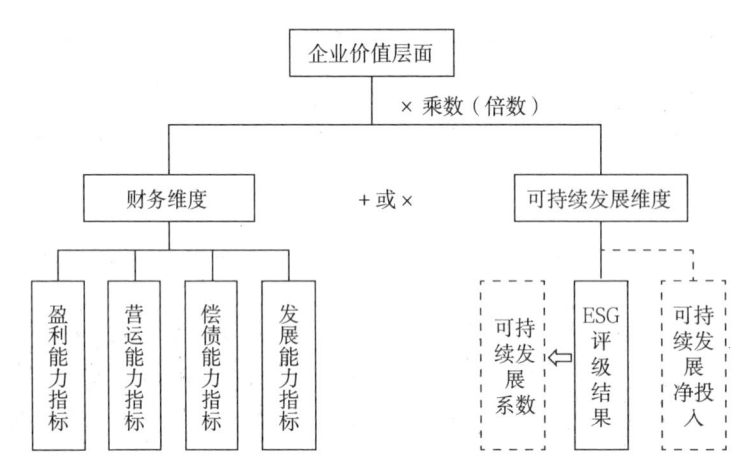

图5-3 卓越绩效计分卡（PESC）企业价值层面指标体系框架图

二、利益相关方层面

卓越绩效计分卡（PESC）利益相关方层面的设置建立在利益相关方理论之上。基于不同的利益相关方理论，存在诸多不同的利益相关方分类。米切尔分类法是一种简单易学、操作方便的分类方式，企业在构建绩效管理体系时，可以采用米切尔分类法进行关键利益相关方的识别和管理，也可以直接采用卓越绩效计分卡（PESC）的分类方法。

尼利等人（2002）在"绩效三棱镜"模型中，从构建绩效测量系统出发，将利益相关方分为投资者（股东）、顾客、雇员、供应商／合作伙伴、规则制定者／社区五种类型。卓越绩效计分卡（PESC）在构建利益相关方层面指标体系时，采用了这种分类方式。与投资者（股东）相关的指标已在上一节"企业价值"层面中做了充分介绍，因此本节不再赘述。

（一）利益相关方之一：顾客

1. 与顾客体验相关的几个基本概念

诸多指标可以用于衡量"以顾客为中心"的价值观或经营原则，它们常常成对出现，因此极易混淆。例如，在中国用户满意度指数测评模型中，设置了"顾客满意"和"顾客忠诚"两类指标；在绩效三棱镜模型中，设置了"顾客满意"和"顾客贡献"一对指标；美国《卓越绩效准则》（2009—2010版）设置了"顾客满意"和"顾客契合"两类指标，并用"顾客契合"取代此前的"顾客忠诚"。这些与顾客体验相关的指标，貌似一样，但各有内涵。我们对相关文献进行了整理，分析了这些指标彼此之间的差异和关系，以便读者更好地理解和应用。

（1）顾客满意

顾客满意（Customer Satisfaction，CS）的思想和观念诞生于20世纪50年代，学者对顾客满意的认识大都围绕着"期望－差异"范式。Oliver（1981）认为顾客满意是"一种心理状态，顾客根据消费经验所形成的期望与消费经历一致时而产生的一种情感状态"；Tse（1988）认为顾客满意是"顾客在购买行为发生前对产品所形成的期望质量与消费后所感知的质量之间所存在的差异的评价"；Philip Kotler（1997）将顾客满意定义为"一个人通过对一种产品的可感知效果（或结果）与他或她的期望值相比较后所形成的愉悦或失望的感觉状态"；Henry Assael（2000）认为，当商品的实际消费效果达到消费者的预期时，就会令顾客满意，否则会导致顾客不满意。

(2)顾客忠诚

有研究认为,仅有顾客满意是不够的,还需要"创造"顾客惊喜。"一般满意"的顾客的忠诚率为23%,"比较满意"的顾客的忠诚率为31%,当顾客感到"完全满意"时,忠诚率能够达到75%(Oliver、Rust和Varki,1997)。施乐公司对办公用品使用者的满意度调查显示,"完全满意"的顾客在购买后18个月再次购买的概率是"比较满意"者的6倍(Jones和Sasser,1995)。

对于顾客忠诚还没有形成统一的定义,被国内外学者广泛接受的定义来自Oliver(1997),他认为顾客忠诚是"高度承诺在未来一贯地重复购买偏好的产品或服务,并因此产生对同一品牌系列产品或服务的重复购买行为,而且不会因为市场态势的变化和竞争性产品营销努力的吸引而产生转移行为。"

(3)顾客契合

"契合"(Engagement)概念源于心理学,牛津高阶英文词典解释该词有"用于机器中,强调匹配"以及"参与其中的一种感觉"等含义。营销学借助机器零部件的相互匹配形象地说明了顾客感知与企业之间的匹配与契合,强调的是参与其中带来的心理感受。

顾客契合作为营销学的一个新兴研究领域尚处于探索阶段。美国《卓越绩效准则》(2009—2010版)将其定义为:顾客对组织的品牌和供应品的投入或承诺。契合度的特征包括顾客保留和忠诚,顾客与组织建立并增强商业关系的意愿,以及顾客积极倡导和推荐组织的品牌和产品供应的意愿。

(4)顾客贡献

"顾客贡献"来源于尼利等(2002)提出的"绩效三棱镜"模型,指组织从客户处获得的回报,包括利润、增长、建议和信任。衡量顾客贡献最直接的指标莫过于利润贡献度。对客户利润贡献度的研究主要有两个学术派别:成因学派和结果学派。成因学派主要研究客户利润贡献度的形成机制及影响因素;结果学派是根据历史交易数据来评价客户利润贡献度。

2. 顾客满意、顾客忠诚及顾客契合之间的关系

"顾客满意"是根据顾客过去的行为定义的,无法预测顾客未来的行为。换言之,顾客满意只是顾客对一次购买经历的临时感受,不能表明顾客

已与企业建立长期的情感联系。"顾客忠诚"不仅是顾客的一种态度或感受，而且是顾客的一种行为。忠诚的顾客已与企业建立一定的情感连接，与满意的顾客相比，他们与企业的联系更紧密、互动更频繁。"顾客契合"是比"顾客忠诚"体现更高水平的概念，它更关注互动体验和价值共创。契合的顾客在认知、情感和行为上都达到了契合，表现为对企业具有强烈的满意、信任、忠诚、情感联系和承诺，积极向他人推荐，并主动参与新产品／服务的开发，与企业共同创造体验和价值。

研究发现，顾客满意与顾客忠诚具有高度相关性，只有顾客满意了才会产生顾客忠诚，然而，两者并不是简单的线性关系，或者说顾客满意必然产生顾客忠诚。这表明在顾客满意和顾客忠诚之间存在着一些调节变量，这些调节变量及其作用强度会因行业的不同而有所差异。

1）社会规范与情境因素。个人主观的行为规范会受到社会规范的影响。例如，当一名少年消费者对一件时尚服装表现出极高的喜好倾向时，也许会认为父母对此类服装反感而取消购买的决定。

2）产品经验。顾客以前的经验无形中也就构成了今后使用这种服务的满意度的门槛。在顾客忠诚的形成过程中，产品经验通常作为一个情景因素发挥着调节作用。

3）替代选择性。如果顾客感知企业的现有竞争者能够提供价廉、便利和齐全的服务或者较高的回报，就可能决定终止现有关系，而接受竞争者的服务或产品。

4）转换成本。转换成本指的是顾客从现有厂商处购买商品转向从其他厂商购买商品时面临的一次性成本。研究表明，当转换成本非常小时，由于大部分人喜欢尝试多样性，即使一些顾客高度满意，但重购率并不高（杨平等，2007）。

3. 顾客满意的测量

美国密歇根大学费耐尔（Fornell）等人结合数量经济学的计算方法和以往顾客满意理论研究成果提出了顾客满意度测评的计量经济学模型（如图5-4所示，"+"表示正相关，"-"表示负相关）。他们认为顾客满意和顾客期望、顾客对质量的感知、顾客对价值的感知、顾客抱怨以及顾客忠诚等因素具有因果关系。该模型最初用于建立瑞典顾客满意度指数（Sweden Customer Satisfaction Barometer，SCSB）。在此基础上，费耐尔等（1996）用感知质量、感知价值、顾客期望、顾客满意、顾客忠诚以及顾客抱怨之间的关系建立了美国顾客满意度指数（American Customer Satisfaction Index，ACSI）的计量经济学模型。

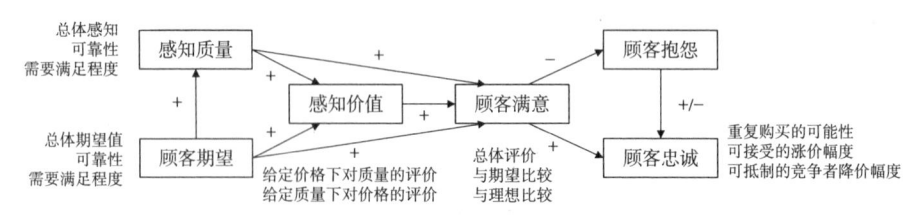

图5-4　顾客满意度测评的计量经济学模型

ACSI已成为全球影响最大的顾客满意度指数模型。该模型认为：顾客的满意度由顾客对服务质量的期望、对质量的感知以及对价值的感知共同决定；如果顾客对服务质量不满意，则会产生抱怨；顾客的忠诚取决于顾客的满意程度和事后抱怨的处理。

赵平（2001）对费耐尔的顾客满意度计量经济学模型进行了改进和拓展，原因变量除包含感知质量、预期质量和感知价值外，增加了品牌形象；结果变量中去掉了顾客抱怨，由此构建了中国顾客满意度指数（CCSI）模型（如图5-5所示），并于2003年起开始有计划地对中国多个行业进行顾客满意度的测评工作。

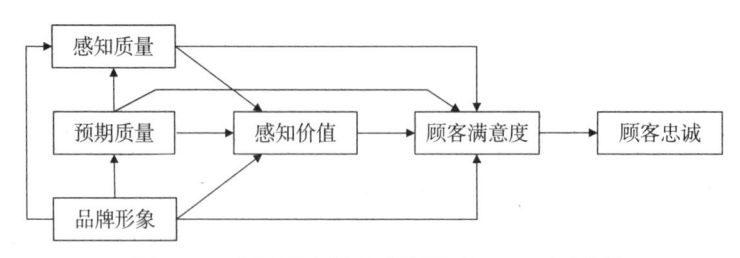

图5-5　中国顾客满意度指数（CCSI）模型

与ACSI模型一样，CCSI科学地分析顾客的消费认知过程，客观地反映消费者对服务质量的评价，综合地反映顾客的满意程度；同时，该模型得出的结果可以应用于不同行业，有利于企业服务质量的不断改进。然而，无论是ACSI还是CCSI，这些模型的不足之处在于对服务质量的具体因素分析不够深入，不太适用于某一具体企业的顾客满意度调查工作。

某一具体企业在开展顾客满意度测量之前，首先需要建立适合自身特点的顾客满意度测量指标体系。费耐尔提出的顾客满意度测评的计量经济学模型把顾客满意度测评看作一个具有多目标、多层次和多因素影响的复杂决策系统，把影响顾客满意度的多个因素嵌入一个因果关系模型中。其中顾客期望、感知质量与感知价值三个变量为原因变量；顾客满意、顾客抱怨与顾客忠诚是三个结果变量。

该模型认为，顾客期望往往反映顾客过去购买和消费产品／服务的经历以及其他顾客的口碑，所以能够预测企业未来提供产品／服务的能力，对感知质量、感知价值和顾客满意都产生正向的影响。感知质量与感知价值对顾客满意也存在正相关关系。顾客满意与顾客抱怨是负相关关系，与顾客忠诚是正相关关系，顾客越满意，顾客抱怨就会越少，顾客忠诚就会增加。顾客抱怨与顾客忠诚之间的关系取决于企业对抱怨的处理态度。

但上述6个变量都不能直接测量，故称为隐变量。实际测评中需要对隐变量进行逐级展开，直到形成一系列可以由顾客直接测评的指标，即观测变量，从而构造一个多变量、多层次的顾客满意度测评指标体系。

借鉴费耐尔的企业顾客满意度测评模型，企业还可以采用层次分析法、专家意见调查法、模糊综合评判法、主成分分析法等进行顾客满意度的问卷设计与调查。

4. 顾客忠诚的测量

准确地判断或评价顾客忠诚不是一件容易的事。Gronhoklt Martensen等（2000）指出，客户忠诚度可由4个指标构成：客户的再购买行为、向他人推荐公司和品牌的行为、客户对溢价的态度和交叉购买的行为（指购买同一公司其他产品的意愿）。

（1）客户再购买行为

一般来讲，客户在较长的时间内对所忠诚的公司的产品或服务会表现出较高频率的重复购买行为。比如在快餐业，忠诚度高的公司，消费者购买的频率可达到每月7至10次。因此，客户的再购买行为是客户忠诚度的直接反映。

（2）向他人推荐公司和品牌的行为

对于自己忠诚的公司，消费者十分乐意向其他消费者介绍和推荐，比如很乐意介绍自己使用该公司产品或服务的经验，希望与亲朋好友分享消费该公司产品或服务的快乐，介绍购买该公司产品或服务的渠道等。

（3）客户对溢价的态度

溢价指在提供近似利益的条件下，与另一个企业的产品或服务相比，客户愿意多付（或少付）的价格。一个企业的产品或服务与另一个企业相比较，可能有正溢价，也可能有负溢价。

（4）交叉购买的行为

客户交叉购买指的是客户购买以前从未买过的产品类型。客户交叉购买的可能性取决于两个因素：一是本公司提供而客户又有需求的产品数量，数量越多客户交叉购买的可能性越大；二是客户关系的水平，关系水平越高客户交叉购买的可能性越大。

在管理实践中，企业可以通过如下指标来测量顾客忠诚度。

1）顾客忠诚度。有些企业将在满意度调查过程中评价为"非常满意"（或"完全满意"）的顾客定义为"忠诚顾客"，并将其所占比例定义为"顾客忠诚度"。

2）客户保留。分为历史保留行为和预计保留意向两个指标，这两个指标可以通过企业内部数据分析和客户调查获得。

3）重复购买次数。只有进行重复购买的顾客才是有价值的忠诚顾客。例如，有些企业将在某一特定期限内发生三次及以上购买行为的顾客定义为"忠诚顾客"。

4）钱包份额（或顾客份额）。顾客倾向于更多地购买其信赖企业的产品或服务，在顾客的整体采购额中，某企业所占的销售比例就是该企业的钱包份额。

5. 顾客契合的测量

顾客契合对企业的价值来源于顾客的购买、推荐、影响以及知识行为，包括顾客终身价值、顾客影响价值、顾客推荐价值和顾客知识价值等。因此，对顾客契合的测量可以围绕以上各类顾客价值进行。考虑到可操作性，我们重点介绍顾客契合度、顾客终身价值、顾客推荐价值三种测量方式。

（1）顾客契合度

盖洛普（2001）侧重于顾客心理方面，提出了一套名为CE11的测量指标体系，通过顾客的理性忠诚和情感依附两个维度来测量"顾客契合度"。其中，理性忠诚通过"总体满意度""再次购买的意愿"和"向别人推荐的意愿"3项指标（L3）来测量；情感依附通过对品牌的"信任""诚信""自豪"和"激情"4个方面的8项指标（A8）来测量。

弗雷斯特研究公司（2000）构建了一个包括结果、情感、网站活动3个方面的测量指标体系。其中，结果包括销量、新顾客获取率和顾客保留率；情感包括顾客通过客服电话表达观点、顾客对网站的满意度以及顾客对产品或服务的满意度；网站活动包括网站访问和登录的频率、每次访问平均浏览的网页数量以及提交信息的完整性。

（2）顾客终身价值

从财务角度，顾客终身价值（Customer Lifetime Value，CLV）描述的是一名顾客与企业关系持续期间的财务净现值。Kumar和Rajan（2009）将顾客生命周期价值定义为：以加权平均资本成本计算的，一名顾客与企业的整个关系生命周期的累计净现金流的总额。顾客生命周期的货币价值一般通过顾客收益以及吸引、销售和服务该顾客的成本计算。

盖洛普咨询（2001）研究发现，充分契合的顾客在钱包份额、营利能力和关系发展等方面的贡献比普通顾客平均高23%；相反，完全不契合顾客的贡献平均低13%。Lantz（2012）认为，成功实现顾客契合的企业可以提高顾客保留率，减少顾客流失，从而降低获取新顾客的成本（获取一名新顾客的成本大约是留住一名现有顾客成本的6至7倍）。

（3）顾客推荐价值

顾客推荐价值（Customer Referral Value，CRV）是顾客契合的非交易性价值，指顾客通过推荐为企业带来的价值。Boulding等（1993）的实验表明，顾客非常相信服务质量会对重要的行为及结果产生影响，例如产生正面的口碑传播、向他人推荐服务。一项对欧洲7个国家7000名消费者的调查报告表明，60%的被调查者认为，他们购买新产品或新品牌是受到家庭成员或朋友的影响（Kiely，1993）。

在客户推荐价值的计算方面，Cornelsen分析得出，顾客推荐价值由5种因素组成：推荐程度比、平均边际贡献、社会网络数量、意见领袖强度、客户满意方向，并基于此提出了CRV模型（马特等，2011）。

6. 顾客贡献的测量

在"绩效三棱镜"模型中，"顾客贡献"的测量涵盖了除"顾客满意"的所有与顾客相关的指标，为了避免重复，同时也为了提高测量的简易性和可操作性，我们将其局限于与客户贡献率相关的指标，例如战略客户（或关键客户）收入占比/利润占比/毛利率、客户重复购买收入占比以及优质客户数量等。

（二）利益相关方之二：雇员

雇员在一个组织中扮演两个角色（具有两种身份）：一个是股东至上理论指引下的"人力资源"角色，一个是利益相关方理论指引下的"利益相关方"角色。在卓越绩效计分卡（PESC）中，雇员兼具两类角色，一类是利益相关方层面的"雇员"，另一类是"学习与成长"层面的"人力资源"。

绩效三棱镜模型设置了"员工满意"和"员工贡献"一对关联指标；美国《卓越绩效准则》设置了"员工满意"和"员工忠诚"（也译为"员工契合"）两类指标。"员工贡献"很好理解，产业界讨论得较多，学术界对其没有过多研究，所以本节仅就"员工满意"和"员工忠诚"两个主题进行讨论。

1. 员工满意度与员工敬业度的基本概念和二者间的关系

（1）员工满意度

梅奥的霍桑试验开启了管理者对人的心理和行为的研究，Hoppock在1935年出版的《员工满意度》（*Job Satisfaction*）一书中，首先提出了"员工满意度"的概念,认为员工满意度是工作者对其工作环境、工作自身在心理与生理两方面的主观感受。之后学者对员工满意度的概念开展了广泛的研究,产生了很多观点,这些观点的差异主要体现在员工满意度的来源、员工满意度的对象以及员工满意度如何形成三个方面。

赫茨伯格(Fredrick Herzberg)在1959年提出了著名的双因素理论(Two Factor Theory),亦称"激励-保健理论"。他认为,引起人们工作动机的因素主要有两个:一是激励因素,二是保健因素。只有激励因素能给人们带来满意感,保健因素只能消除人们的不满,不会带来满意感。激励因素与工作本身或工作内容有关,包括成就、赞赏、工作本身的意义及挑战性、责任感、晋升、发展等;保健因素包括公司的政策与管理、监督、工资、同事关系和工作条件等。

(2)员工敬业度

Kahn(1990)通过民族志研究、深度访谈等方法,总结出全情投入(Personal Engagement)的概念,并将其定义为:组织成员投入组织角色中,在生理上、认知上、情感上身体力行地完成自己的工作并在其中表现自我的程度。Kahn指出,员工在自我和角色间存在一种互动性,员工的敬业度较高时,会将自己的精力投入角色行为中,并在角色中展现自我;相反,员工的敬业度较低时,会将自我抽离于工作角色之外,不愿意创造工作角色所需要的绩效,并有可能产生离职意愿。

除了学者的专业研究,一些咨询机构(如盖洛普咨询、翰威特咨询、韬睿咨询)把全情投入的概念转化为员工敬业度(Employee Engagement)。虽然各机构说法不一,但都强调一点,即:员工敬业度是员工对工作投入的状态,这种状态直接影响员工的工作行为,高敬业度的员工会表现出积极的工作行为,低敬业度的员工则表现出消极的工作行为。

(3)员工满意度与员工敬业度之间的关系

员工满意度体现了员工对工作、环境等方面的期望与实际感知之间的差距,可用双因素理论、公平理论等来解释;员工敬业度则包含更深层次的意识、情感和行动等要素,主要涉及社会交换等理论。研究表明,员工满意度与敬业度存在正相关关系(卫巍,2010);员工满意度对敬业度的不同维度具有较好的预测作用(黄威,2016);与服务质量、顾客满意度和企业利润直接相关的是员工敬业度（马明等，2013）。

员工满意度和员工敬业度在对不同结果变量的预测效果上有着各自的优势。一方面，对于与离职相关的指标，员工满意度更有预测力，员工满意度与离职率负相关（兰玉杰等，2013），这意味着低满意度的员工更可能表现出离职倾向甚至离职行为。另一方面，在与工作绩效相关的指标上，员工敬业度更有预测力，这意味着如果提高员工的敬业度，就可能使员工的工作绩效乃至企业绩效得到更大提高（李鸿雁等，2014）。

2. 员工满意度与员工敬业度对工作绩效的影响

（1）员工满意度对工作绩效的影响

对员工满意度与工作绩效之间的关系，诸多学者的研究结果支持这二者之间的正相关关系（马凌等，2013）。也有学者得出不一样的结论，例如，惠调艳等人（2006）列举了一些代表性研究，这些研究表明员工满意度与工作绩效之间的相关性并不显著；刘云（2005）基于对民营企业的调查资料，证实员工满意度与绩效之间的关系非常小。上述实证结果的不一致性，可能是由于员工满意度和员工工作绩效之间的关系比较复杂，二者的关系以及其各自指标的高或低，是2×2的组合。无论是对企业还是对员工，理想的情况应该是"高工作绩效-高满意度"，要实现这种组合需要企业和员工双方更多的努力。

高的员工满意度并不意味着高的工作绩效，甚至有可能是更低的工作绩效，同时意味着提高员工满意度并不意味着工作绩效的提升。按照双因素理论进行分析，可能激励因素（而不是保健因素）才是提高工作绩效的关键因素。因此，对企业而言，注重员工满意度无疑是正确的，但是也应该认识到，对不同类型的员工采用不同的激励方式才可能提高其工作绩效（马学文，2023）。

（2）员工敬业度对工作绩效的影响

有别于员工满意度在实证研究结论上分歧较大，大多数学者支持员工敬业度对工作绩效的积极影响，研究结论较为一致。Harter（2002）等通过元分析指出，员工敬业度与企业经营绩效具有正相关关系，无论哪个行业，无论其规模和性质多么不同，平均而言，员工敬业度前50%的经营单位与后

50%的单位相比有以下特点：①客户服务质量提高86%；②员工保留率提高70%；③生产率提高70%；④利润率提高44%；⑤安全性提高78%。盖洛普咨询的研究显示，员工不敬业给美国带来了3000亿美元（约占GDP的3.76%）的损失，给日本带来了2000亿美元的损失，给新加坡带来了54亿新加坡元的损失（柯特·科夫曼等，2003）。翰威特咨询公司通过对超过100家大型企业的研究发现，高绩效的企业具有比平均水平高出20%~25%的敬业度，员工敬业度与公司5年平均股东回报率之间的相关系数为0.54；与5年的销售增长之间的相关系数为0.46（迈克·贝纳特等，2006）。

此外，研究发现，员工敬业度与离开职位的意愿、服务质量、顾客忠诚度等因素有显著影响。其中，Schaufeli和Bakker（2004）对荷兰四家服务企业（包括保险行业、养老基金行业、职业健康与安全行业、家庭保健行业）的1698名员工进行调查，发现敬业度与离职意愿呈显著的负相关，并对工作资源与离职意愿之间的关系具有显著的中介作用。盖洛普咨询（2001）对36家公司7939个商业单位进行了员工敬业度与顾客满意度、生产力、利润、补缺新员工和意外事故之间的关系的研究，发现员工敬业度与企业经营的5大业绩指标（员工保留、利润率、工作效率、顾客满意度和安全）密切相关，并且，员工敬业度是员工满意度和工作业绩的重要纽带。韬睿咨询公司对拥有6000名员工的网络服务机构的多年跟踪研究发现，员工敬业度每增长1%会促成顾客满意度增长0.5%。多维国际管理咨询公司对200个组织中的3000名员工进行了员工敬业度和满意度、绩效以及生产率的关系的研究，结果表明，敬业度高的员工的满意度更高，离职率更低，且善于获得更多的目标。

但是，较高的员工敬业度也可能存在一定的消极影响，其中就包括"工作－家庭"冲突。陈方英等人（2011）以饭店一线员工为例探讨了员工敬业度与"工作－家庭"冲突等变量间的关系，研究表明，如果员工在工作方面投入更多，即体现出更高的敬业度，就可能增加"工作－家庭"冲突；"工作－家庭"冲突则会直接削弱员工的工作激情，导致工作方面的投入下降，降低敬业度。二者之间的矛盾最终会影响工作绩效的提升，因此，对企业管理者以及员工自身而言，处理好"工作－家庭"冲突是一项不能忽视的任务。

3. 员工满意度的测量

欧美国家开发了一系列多维度的员工满意度测量工具，包括明尼苏达满意度问卷（MSQ）、工作描述指标量表（JDI）、员工调查表（SRA）、工作诊断调查表（JDS），以及工作满足量表（JSI）等。多维度的员工满意度量表能获得比较精确的企业管理各方面的评价和诊断结果，在企业员工满意度测评中被普遍采用。

在所有量表中，影响比较大的是明尼苏达满意度量表（MSQ）。MSQ由Weiss等人（1967）编制，分为长量表和短量表。长式MSQ有21个分量表，包括120个题目，可测量员工对20个工作项目的满意度及一般满意度，20个工作项目各自有5个小维度，通过加权20项得分可以得到总的满意度。短式MSQ包括内在满意度、外在满意度和一般满意度三个分量表。

工作描述指标量表（JDI）也在美国企业得到了广泛应用，由Smith等人（1969）编制。该量表从工作本身、薪酬、晋升、上级和同事等5个维度测量员工满意度，整体工作满意度分值为被测试者在这5个维度上的得分之和。被测试者对每个题目中选择不同的描述词作答，而不是选择内心的感受程度，因此，教育程度较低的受测者也可以轻松地回答。

我国开发的第一个员工满意度量表是学者吴忠怡、徐联仓在短式MSQ量表的基础上修订而成的。该量表淘汰了道德标准、社会服务、职业稳定性、能动性、成就感和同事6个项目，以心情舒畅、信息沟通、福利、胜任、信任和成功替代，形成了适合我国企业的MSQ量表，经测试，该量表具有较好的适用性。

国内学者卢嘉、时勘（2000）编制的工作满意度量表在国内影响较大，其测试结果具有较好的信度和效度。该量表共65个问题，由企业形象满意度、领导的满意度、工作回报的满意度、工作协作的满意度、工作本身的满意度5个方面组成。

总体而言，虽然学术界和企业实践对员工满意度的定义和测量方法达成了共识，但是关于衡量维度的研究却呈现多样化的趋势。关于员工满意度的衡量维度，不同的学者和研究机构得出了不同的结论，但在这些衡量维度中，工作本身、薪酬、上级和同事几个维度出现的频率最高，几乎出现在每一个量表中（孙红志，2017）。

4. 员工敬业度的测量

国内外学者开发的员工敬业度测试量表主要包括Maslach工作倦怠问卷（MBI）、Utrecht工作投入量表（UWES）、盖洛普工作场所调查问卷（GWA），以及综合敬业度量表（MEI）等。

（1）Maslach工作倦怠问卷（MBI）

工作倦怠问卷（Maslach Burnout Inventory，MBI）由美国心理学家Maslach等（2001）开发，用于测量情绪衰竭、玩世不恭和成就感低落三个倦怠维度，这是用于测量工作倦怠最权威、最常用的量表之一。该量表共16题，由三部分组成：情绪衰竭分量表（5题），玩世不恭分量表（5题）、成就感低落分量表（6题）。测量员工敬业度时，通过被试者在这三个维度上的反向计分来计算其敬业度分值。

2002年，中国社会科学院李超平博士获得该问卷开发者的授权，在国内修订MBI-GS量表，使其本土化，并得到了广泛应用。实践结果表明，该量表在国内具有较好的信度和效度。

（2）Utrecht工作投入量表（UWES）

Utrecht工作投入量表（Utrecht Work Engagement Scale，UWES）由美国学者Schaufeli等（2002）开发。通过对工作绩效水平较高的员工进行访谈，Schaufeli等发现，简单地将工作倦怠的测试结果反向计分，并不能有效测量员工敬业度。因此又开发了一套直接测量员工敬业度的量表，共17个问题，从活力、奉献和专注3个维度进行衡量。为了验证UWES的内部一致性信度和跨文化稳定性，2006年对10个国家的14521名员工进行了调查，并将问卷问题减少到9个。

北京大学心理学系的张轶文和甘怡群（2005）以中学教师为研究对象，对该表在中国使用的信度和效度进行了验证，分析结果表明，UWES量表总分的内部一致性系数达0.9左右，且其分量表之间的相关系数也很高，为0.7~0.8，这表明，中文版UWES量表可以作为国内员工敬业度测量的量表使用。

（3）盖洛普工作场所调查问卷（GWA）

盖洛普公司通过30多年对来自12个行业、24家公司、2500多个经营部门的105000名员工进行调查，形成盖洛普工作场所调查问卷（Gallup Workplace Audit, GWA）。盖洛普公司发现，有12个关键问题（Q12）最能反映员工的保留、利润、效率和顾客满意度4个硬指标，这12个问题分别用来测量员工对资源、期望学习与成长、组织愿景等管理实践以及工作要素的主观感知。

（4）综合敬业度量表（MEI）

国内学者曾晖（2009）建立了一个员工敬业度模型，包括任务中心（TF）、活力（V）、主动参与（IP）、价值内化（IV）、效能感（E）和积极坚持（PP）6项因子，以该模型为基础，编制了综合敬业度量表（MEI）。该量表包括6个敬业度分量表，1个测谎量表，共27个测验项目。该量表内部一致性信度系数为0.915，分半信度系数为0.887。验证性因素分析结果为，增值拟合指数（IFI）0.93，信度和效度均比较高。

以上量表中，最权威、使用最多的量表是盖洛普工作场所调查问卷（GWA）和Utrecht工作投入量表（UWES）。总体来看，企业和商业咨询等实践领域广泛使用GWA，学术研究领域则多采用UWES，也有小部分学者采用MBI。

（三）利益相关方之三：供应商/合作伙伴

供应商指向企业及其竞争对手供应各种所需资源的企业或个人，包括提供原材料、设备、能源以及劳务等。合作伙伴指通过合资、合作或其他方式，向企业提供资金资源、市场资源、先进技术以及管理经验等，推动企业技术进步、产业升级、核心竞争力提升的企业或个人。尼利等（2002）认为，企业对供应商的需求是快速、正确、便宜和容易；企业对合作伙伴的需求是：技能、技术、网络和渠道；供应商及合作伙伴对企业的需求是利润、增长、建议和信任。

由于供应商和合作伙伴对企业有共同的需求和期望，因此，卓越绩效计分卡（PESC）将二者作为一个维度看待，选取"供应商/合作伙伴满意"和"供应商/合作伙伴贡献"两大类指标。这两类指标之间存在因果关系，即"供应商/合作伙伴满意"导致"供应商/合作伙伴贡献"。

结合不同绩效评价模式的指标设置及我国企业经营管理的实际情况，我们推荐的供应商/合作伙伴满意类指标包括：核心供应商的比例、采购金额占比、供应商／合作伙伴满意度等；供应商／合作伙伴贡献类指标包括：采购质量、采购成本、采购周期以及来自供应商的创新数量等。

（四）利益相关方之四：规则制定者／社区

在众多的分类方式中，Frederick（1988）将利益相关方分为直接利益相关方和间接利益相关方，直接利益相关方是与企业直接发生市场交易关系的利益相关方，包括股东、企业员工、债权人、供应商等；间接利益相关方是与企业发生非市场关系的利益相关方，包括中央政府、地方政府、社会活动团体、媒体以及一般公众等。Charkham（1992）按照相关群体与企业是否存在交易性的合同关系，将利益相关方分为契约型利益相关方和公众型利益相关方。

我们认为，Charkham 提出的"公众型利益相关方"属于Frederick提及的"间接利益相关方"，并且可以将其按照影响方式进一步分为两类，一类是被动地接受他方影响的相关者；一类是主动施加己方影响的相关者。前者包括各类国际公约组织、产品生产国／销售国的各级政府、社会活动团队以及新闻媒体等；后者包括社区及最终消费者等。尼利（2004）在《战略绩效管理：超越平衡计分卡》一书中将这两类利益相关方定义为"规则制定者"和"社区"两种类型，我们采纳了这种定义方式，并将其合并成卓越绩效计分卡（PESC）的一个维度，因为它们都属于"公众型利益相关方"，彼此之间"影响"与"被影响"的关系往往随时发生反转，就像牛顿第三定律描述的那样，"作用力与反作用力总是成对出现"。例如，企业通过遵守政府制定的环保法规获得了所在社区的赞誉，或者企业因违反环保法规而被所在社区举报并最终受到处罚，这种情形下的"规则制定者"和"社区"实际上就是一枚硬币的两面。

在规则制定者／社区维度中，我们选取"规则制定者／社区满意"和"规则制定者／社区贡献"两大类指标，且两类指标之前存在因果关系，即"规则制定者／社区满意"导致"规则制定者／社区贡献"。尼利认为，规则制定者对企业的要求是合法、公平、安全和真实；企业对规则制定者的期望是规则、原因、清晰和建议；社区对企业的要求是工作、忠诚、正直和财富；企业对社区的期望是形象、技术、供应商和支持。

结合不同绩效评价模式的指标设置及我国企业经营管理的实际情况，我们推荐的规则制定者/社区满意类指标包括：社区投资、被处罚次数、被社区投诉/举报次数以及就业贡献率等；规则制定者/社区贡献类指标包括：政府补贴收入、获表彰次数、获荣誉次数以及获正面报道次数等。

（五）卓越绩效计分卡（PESC）利益相关方层面指标体系框架图

卓越绩效计分卡（PESC）利益相关方层面指标体系的构建以利益相关方理论为基础，采用绩效三棱镜的利益相关方分类方式，由"顾客""雇员""供应商／合作伙伴"和"规则制定者／社区"4个维度组成。

（1）顾客维度

顾客维度选取"顾客满意""顾客契合"和"顾客贡献"3大类指标，且3类指标之间存在驱动关系，即"顾客满意→顾客契合→顾客贡献"。"顾客忠诚"包含在"顾客契合"之中。

（2）雇员维度

雇员维度选取"雇员满意""雇员契合"和"雇员贡献"3大类指标，且3类指标之间存在驱动关系，即"雇员满意→雇员契合→雇员贡献"。"雇员敬业"包含在"雇员契合"之中。

（3）供应商／合作伙伴维度

供应商／合作伙伴维度选取"供应商／合作伙伴满意"和"供应商／合作伙伴贡献"两大类指标，且两类指标之间存在驱动关系，即"供应商／合作伙伴满意→供应商／合作伙伴贡献"。

（4）规则制定者／社区维度

规则制定者／社区维度选取"规则制定者／社区满意"和"规则制定者／社区贡献"两大类指标，且两类指标之间存在驱动关系，即"规则制定者／社区满意→规则制定者／社区贡献"。

利益相关方层面的绩效指标框架体系如图5-6所示，可供选择的具体绩效指标参见附录一。

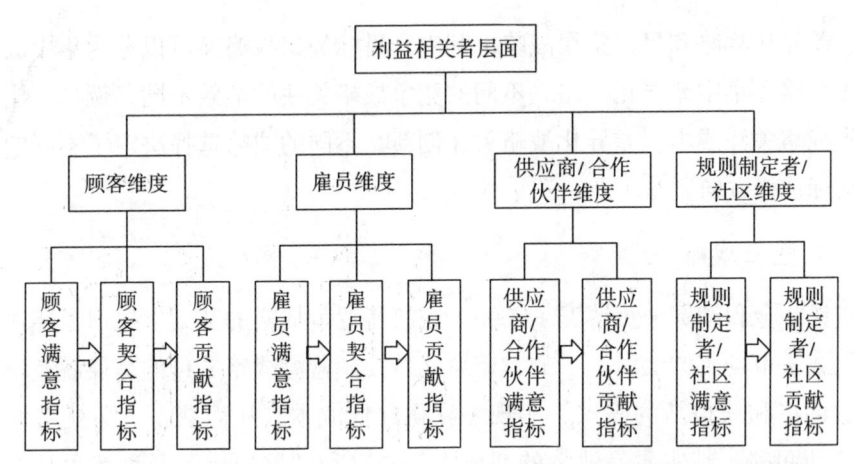

图5-6 卓越绩效计分卡（PESC）利益相关方层面指标体系框架图

三、内部流程层面之一：运营

将平衡计分卡（BSC）内部流程层面下的"运营管理流程""客户管理流程""创新流程"和"法规与社会流程"4个维度进行拆分、新增和重组，形成了卓越绩效计分卡（PESC）内部流程层面下的3个维度，即"运营""创新"和"环境、社会与公司治理"（ESG）。新架构下，每个维度指标体系的建立都以自成体系的企业管理理论为基础，并借鉴了相应的绩效评价体系框架。

卓越绩效计分卡（PESC）内部流程层面下的"运营"维度建立在各类竞争战略理论及价值链理论基础之上，并参考国内外典型的供应链绩效评价模型来构建指标体系框架。

（一）竞争战略的选择

1. 波特竞争战略

美国战略管理大师迈克尔·波特（2005）在《竞争战略》一书中指出，竞争战略指无论在什么行业或什么企业都可以采用的竞争性战略。他认为，一个企业只能拥有两种"基本的竞争优势，即低成本与产品差异化"，这二者与某一特定的业务范围相结合可以得出三个基本竞争战略，即成本领先战略、差异化战略和目标集聚战略。其中，目标集聚战略又可以分为集中成本领先战略和集中差异化战略。不同的竞争战略关注的绩效不同，例如，成本领先战略关注成本，差异化战略关注创新，不同的战略选择决定了不同的运营指标选择方向。

2. 蓝海战略

钱·金和勒妮·莫博涅（2005）在波特竞争战略的基础上提出了相对于激烈竞争市场（"红海"）的"蓝海战略"。蓝海战略的目的是摆脱竞争，通过创造和获得新的需求，实现差异化和低成本，从而获得竞争优势和更高的利润率，其实质是波特的"成本领先"和"差异化"两种竞争战略的整合。

蓝海战略提供了一个"四步动作框架"的战略分析和管理工具，该工具通过"加减乘除"（增加、减少、创造、删除）的方式，帮助组织重构买方价值，打破差异化和低成本化之间的权衡取舍关系，创造新的价值曲线。蓝海战略重新定义了客户价值，企业的核心竞争力因应重塑，运营指标也应随之调整。

3. 微笑曲线和武藏曲线

微笑曲线是施振荣提出的企业竞争战略。微笑曲线分成产业链的左、中、右三段，左段为研发与知识产权，中段为生产制造，右段为营销、品牌与服务，曲线代表的是价值空间（或获利水平）。微笑曲线中段位置为获利低位，左右两段位置为获利高位，如此，整条曲线看起来像一个微笑符号。

微笑曲线理论认为，当前制造产业的利润低，全球制造已供过于求，但是研发与营销的附加价值高，因此产业未来应向微笑曲线的两端发展，也就是在左段加强研发与知识产权，在右段加强客户导向的营销、品牌与服务。耐克、苹果、华为等公司是该理论的典型代表。

在这一思想指导下，中国制造业转型升级必须向价值链高端延伸，特别是走品牌化的道路。然而，面向零售市场或实施品牌战略则意味着高投入和高风险，并非适用于所有企业。

日本的中村末广提出的武藏曲线理论认为，与微笑曲线相反，真正最丰厚的利润源正是在"制造"上。中村末广通过对400家制造企业的调研，提出在产品研发、制造到售后服务的全过程中，制造组装阶段的流程有较高的利润。他认为，无论研发还是营销，本身并不创造价值，只有制造过程才能创造价值。武藏曲线进一步把制造分成两类，一类是简单加工，另一类是"高度制造"，高度制造创造高附加值和高额利润。几乎所有推行精益生产的公司都是该理论的忠实拥护者。

武藏曲线与微笑曲线看似是两个截然相反的理论，事实上，两者不存在孰对孰错，只是在不同的产业发展阶段，利润会在不同的环节被激发出来。中村末广指出，管理者应该根据产品及企业所处的经营状况，区别使用两种曲线制定不同的经营策略。就像苹果公司专注于研发和市场营销，而三星公司凭借全产业链也实现了高增长和高利润率。

4. 客户价值主张

在经过了顾客满意、顾客忠诚的研究与实践之后，人们认识到为客户提供超越竞争对手的价值是保证客户满意、造就忠诚客户的根本，也是建立企业竞争优势的前提。客户价值主张是商业模式的核心要素，它影响了企业商业模式的价值创造形式。

卡普兰和诺顿（2004）在其著作《平衡计分卡：化战略为行动》中总结了4种典型的客户价值主张，并对应4种典型的企业战略，不同的战略对应不同的运营指标。

1) 总成本最低。这些企业的价值主张是"提供一致、及时和低成本的产品和服务"，在客户体验方面关注有吸引力的价格、卓越而一致的质量、较短的服务周期、快速的响应、方便的购物和良好的选择。

2) 产品领先。这些企业的价值主张是"突破现有业绩边界，提供令人高度满意的产品和服务"，在客户体验方面关注独特的产品特征和性能，这些特征和性能可以是速度、尺寸、准确性、消耗功率或其他超出竞争产品并被客户看重的性能特征。新特征和性能的首先上市是这些产品领先公司的另一个目标。

3) 全面客户解决方案。这些企业的价值主张是"为客户提供最优的全面解决方案"，在客户体验方面关注客户生命周期营利性、已提供方案的质量,并对每个客户的各类需求进行深度开发,关注每个客户的产品和服务数量以及客户保持率等关键绩效指标。

4)系统锁定。在锁定战略下,企业通过实现"最终用户的高转换成本",从而产生长期的可持续性价值。这些企业的价值主张强调提供多种选择和方便的接入、广泛使用的标准、易用的平台和标准,以及平台稳定性方面的创新等,并为竞争者的模仿设置障碍。

(二)价值链分析与核心竞争力识别

1. 波特价值链分析模型

价值链(Value Chain)概念由迈克尔·波特于1985年提出。作为一种强有力的战略分析框架,"价值链分析法"将企业创造价值的活动分为"基本活动"和"支持性活动",基本活动涉及进料后勤、生产、发货后勤、销售及售后服务;支持性活动涉及企业基础设施(财务、计划等)、人力资源管理、研究与开发及采购等,基本活动和支持性活动构成了企业的价值链。不同的企业参与的价值活动中,并不是每个环节都创造价值,实际上只有某些特定的价值活动才能真正创造价值,这些真正创造价值的经营活动,就是价值链上的"战略环节"。企业要保持的竞争优势,实际上就是企业在价值链某些特定的战略环节上的优势。

运用价值链分析方法来确定核心竞争力,就是要求企业密切关注组织的资源状态,要求企业特别关注和培养在价值链的关键环节上获得重要的核心竞争力,以形成和巩固企业在行业内的竞争优势。企业的优势既可以来源于价值活动所涉及的市场范围的调整,也可以来源于企业间协调或合用价值链所带来的最优化效益。

价值链分析应用于多个方面,通常包括行业价值链、公司价值链(或运营价值链)。价值链分析的最终成果包括明确几个方面的问题:公司的主要活动有哪些?哪些活动是关键的?哪些关键活动提供最大机会(杠杆效应最大)?

(1)行业价值链分析

在行业分析层面可以运用产业链经济学模型。产业链经济学模型是将行

业价值链各环节展开后对其利润区分布及战略控制点进行深入分析,从而发现产业利润区和战略控制点:

1)企业应将其产业链向高利润区延伸以获取更高的营利能力;

2)战略控制点指能够对整个产业产生重大影响的关键环节。

如果可能的话,企业应将经营范围覆盖战略控制点,或与之结成战略同盟,以此来巩固企业在业内的优势地位。

(2)公司价值链分析

对企业价值链进行分析的目的在于分析公司运行的哪个环节可以提高客户价值或降低生产成本。对任意一个价值增加行为,关键问题在于以下几点:

1)是否可以在降低成本的同时维持价值(收入)不变;

2)是否可以在提高价值的同时保持成本不变;

3)是否可以在降低工序投入的同时保持成本收入不变;

4)更为重要的是,企业能否同时实现前三条。

价值链的框架是从基础材料到最终用户将链条分解为一系列独立工序,以理解成本行为和差异来源。通过分析每道工序系统的成本、收入和价值,业务部门可以获得成本差异并累积竞争优势。

2. 核心竞争力识别

核心竞争力(Core Competence)模型由普拉哈拉德和哈默尔(1990)在《哈佛商业评论》上发表的《企业核心竞争力》(*The Core Competence of the Corporation*)一文中提出。他们认为,随着世界的发展变化,竞争加剧,产品生命周期的缩短以及全球经济一体化的加强,企业的成功不再归功于短暂的或偶然的产品开发或灵机一动的市场战略,而是企业核心竞争力的外在表现。按照他们给出的定义,核心竞争力是能使公司为客户带来特殊利益的一种独有技能或技术。

企业核心竞争力是建立在企业核心资源基础上的企业技术、产品、管理、文化等的综合优势在市场上的反映,是企业在经营过程中形成的不易被竞争对手仿效、并能带来超额利润的独特能力。在激烈的竞争中,企业只有具有核心竞争力,才能获得持久的竞争优势,保持长盛不衰。

有两种工具能帮助企业识别和建立核心竞争力。第一种工具是价值链,第二种工具由四种标准组成，这些标准被用来判别哪些资源和能力是核心竞争力。

1）价值性。这种能力首先要能很好地实现顾客所看重的价值。例如，索尼的核心能力是微型化，它给用户的利益是随身携带；沃尔玛的核心能力是其采购、信息化和强大的物流管理，它给用户的利益是更低的价格。

2）稀缺性。这种能力必须是稀缺的，只有少数的企业拥有。例如，戴尔用来塑造并发展商业模式的能力。

3）不可替代性。竞争对手无法通过其他能力来替代它，它在为顾客创造价值的过程中具有不可替代的作用。例如，英特尔公司的核心能力是持续不断地推出新一代功能更强大的芯片。

4）难以模仿性。核心竞争力还必须是企业特有的，是竞争对手难以模仿的。这种难以模仿的能力能够为企业带来超过平均水平的利润。例如，企业的专有知识以及建立在经理和员工信任基础上的工作关系就是很难被了解，也很难被替代的能力。

迈克尔·希特（2006）指出，如果两种能产生价值的企业资源在执行相同战略的情况下，能分别产生价值，那么它们就被称作战略对等的资源。只有发挥那些有价值的、稀有的、难以模仿的以及不可替代的能力，企业才能获得持久性的竞争优势（如表5-1所示）。

表5-1 持久性竞争优势四种标准结合的结果

资源和能力是否有价值	资源和能力是否稀有	资源和能力是否难以模仿	资源和能力是否不可替代	竞争后果	业绩评价
否	否	否	否	竞争无优势	低于平均回报
是	否	否	是／否	竞争对等	平均回报
是	是	否	是／否	暂时性的竞争优势	大于等于平均回报
是	是	是	是	持久性的竞争优势	高于平均回报

注：迈克尔·A.希特（2006）

（三）供应链绩效评价

为了评估供应链运作的整体绩效，国内外学者从不同角度考察供应链并提出了相应的评估模型。主流的评估模型包括：ROF法（Resources，Output，Flexibility）、作业成本法（Activity-Based Costing，ABC）、平衡供应链计分卡（Balanced Scorecard-SC，BSC），以及目前影响最大、最权威的供应链运作参考模型（Supply Chain Operations Reference，SCOR）等。

1. 供应链运作参考模型（SCOR）

供应链运作参考模型（SCOR）由供应链理事会（Supply Chain Council）提出，是一个为供应链合作伙伴之间有效沟通而设计的流程参考模型，同时也是一种帮助管理者聚焦管理问题的标准语言。SCOR模型由5个基本业务管理流程组成，分别是计划（Plan）、采购（Source）、制造（Make）、配送（Deliver）和回收（Return）管理流程，每个流程都有相应的支持系统。

1）计划（Plan）。平衡供应链需求和供应情况，制定一系列业务运作方案，以便更好地为其他4个流程服务。

2）采购（Source）。按计划或需求获取原材料和所需的服务。

3）制造（Make）。根据计划或订单要求进行产品制造，分为按库存制造、按订单制造、按定制订单制造3种制造类型。

4）配送（Deliver）。供应链中的成品运送流程，对产品进行订单、仓库、装配和运输的管理。

5）回收（Return）。出于任何原因的回收和交付后的客户支持管理流程，包括将原材料退给供应商、客户的退货及一切逆向物流。

SCOR体现了"从供应商的供应商到客户的客户"的管理思想，覆盖了从供应商的供应商到客户的客户的市场交互、需求了解、物流运转、订单执行，以及付款发票所有环节。与此同时，SCOR还提供了涵盖整个供应链的绩效评价指标。

1）物流绩效。市场竞争压力迫使物流配送的提前期越来越短。SCOR从3个方面进行评价：从接到订货至发运的提前期、订单完成率、订单的响应速度。

2）柔性与响应性。SCOR从两个方面进行评价：生产柔性和供应链/循环/期提前期。生产柔性被定义为非计划产出提高20%的生产时间；供应链循环期/提前期被定义为"内部零库存生产或外包的平均时间+生产完成到交货的平均提前期+预测提前期"。

3）物流成本。主要包括整体的物流管理成本和订单管理成本。

4）资产管理。供应链资产主要包括库存、厂房、资金和设备，可以通过库存占销售产品成本的比率和现金周转率，以及净资产收益率等来表示。

在总结了各类供应链绩效评价体系的基础上，我国学者马士华（2016）认为：供应链的绩效评价一般从3个方面考虑。

1）内部绩效度量。主要是对供应链上的企业内部绩效进行评价，主要指标有成本、客户服务、生产率、良好的管理、质量等。

2）外部绩效度量。主要是对供应链上的企业之间的运行状况的评价，主要指标有用户满意度、最佳实践标杆等。

3）供应链综合绩效评价。是把供应链上的所有企业视为一个整体进行绩效评价，主要指标有用户满意度、订单响应时间、成本、资产增值等。此外，还可以由某些定性指标评价体系来反映，如企业核心竞争力、核心能力等。

2. 将运营指标与供应链管理战略相匹配

普华永道的一个绩效评估小组（PMG）通过对一些具有高绩效供应链的公司的研究，总结出不同客户价值主张的企业应如何将供应链作为一种战略资产进行竞争。PMG将企业的竞争基础分为创新、顾客体验、质量和成本4种类型，并指导供应链企业学会将运营指标与供应链战略相匹配（如表5-2所示）。

表5-2 运营指标如何与供应链战略相匹配

竞争的主要基础	产品和服务属性	供应链的关键贡献
创新	前沿的、必须拥有	上市时间和量产时间
顾客体验	定制，满足顾客的特殊要求	从顾客的角度设计供应链的交互
质量	可靠的性能	卓越的生产和采购，以及质量控制
成本	价格最低	高效率、低成本的流程和配置

注：Shoshanahc Cohen和Joseph Roussel（2015）

（1）基于创新的竞争

以创新为价值主张的企业要始终紧跟顾客需求的发展，不断发布比竞争对手更有竞争力的产品。供应链如何支持一个以创新为竞争力的企业？产品的上市时间十分关键，因为这样，快速跟随者侵蚀自己市场的机会将非常小。此外，量产时间同样重要。供应链与设计链之间的紧密合作可保证当需求确定时，整个供应链已经做好准备。

（2）基于顾客体验的竞争

以顾客体验为价值主张的企业为顾客提供满足其特定需求的一种体验，通过对顾客需求的深刻理解来定制供应链。PMG的研究表明：以客户体验为核心竞争力的企业的财务报表体现更短的周转时间、更低的顾客维护成本以及更优异的盈亏平衡点。

（3）基于质量的竞争

基于质量竞争的企业以其卓越的产品和服务而闻名，其提供的产品稳定可靠。一些企业具备追溯到产品生产起点的能力，在假货严重泛滥的行业，端到端供应链的完整性是必需的，为确保可追溯性，制造商紧密地控制着产品向顾客的流动。

（4）基于成本的竞争

企业关注成本，与基于成本的竞争的概念不同。后者是通过合理的价格来吸引价格敏感顾客或保证市场占有率。竞争的基础是高效运营，产品和流程的标准化，供应商、生产质量和库存控制是必需的。供应链绩用效率相关的指标来衡量，如资产利用率、库存满足时间、产品成本及供应商管理总成本等。

（四）卓越绩效计分卡（PESC）内部流程层面运营维度指标体系框架图

卓越绩效计分卡（PESC）内部流程层面运营维度指标体系建立在各类竞争战略及价值链理论之上，吸纳了各类供应链绩效评价体系的一些关键指标。结合各类卓越绩效模式的标准要求，将"创新"和"ESG"两类过程单列之后，我们将"运营"过程进一步细分为"品牌管理""客户/市场开发""客户关系管理""产品/服务生产""产品销售/服务提供"和"运营风险管理"6类活动，相应地，"运营"维度的指标体系包括了这6大类指标。企业在选择各类运营指标时应确保其与自身实施的竞争战略相匹配。

卓越绩效计分卡（PESC）内部流程层面运营维度的绩效指标框架体系如图5-7所示，可供选择的具体绩效指标参见附录一。

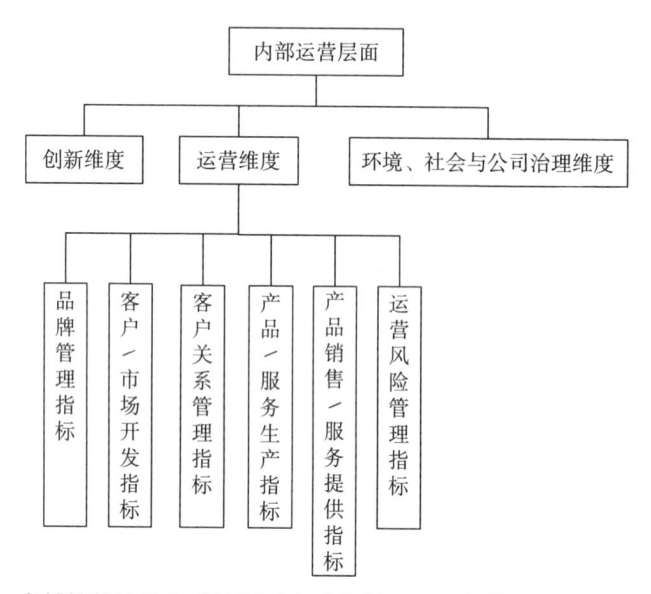

图5-7 卓越绩效计分卡（PESC）内部流程层面运营维度指标体系框架图

四、内部流程层面之二：创新

卓越绩效计分卡（PESC）内部流程层面下的"创新"维度建立在各类企业创新理论基础之上，并参考国内外典型的创新测度及创新绩效评价体系来构建指标体系框架。

（一）国内外创新指标体系介绍

自熊彼特开创"创新理论"以来，创新理论逐步演化出3个分支，即技术创新理论、制度创新理论和管理创新理论。在创新调查与测度方面，《奥斯陆手册》将创新分为产品创新和商业流程创新两类，其中后者包括流程创新、营销创新和组织创新。在创新绩效指标体系方面，国际上较为知名的有欧洲创新记分牌、全球创新指数和全球竞争力报告等；国内较为知名的有中国科学技术部的中国企业创新能力指标体系、国家统计局的中国企业自主创新能力评价指标体系等。《奥斯陆手册》已在本书第四章介绍过，本节选择另外两个具有代表性的创新指标体系进行介绍。

1. 欧洲创新记分牌（EIS）的指标体系

欧洲创新记分牌（European Innovation Scoreboard，EIS）通过对比分析欧盟成员国和非欧盟国家的创新绩效，评估不同国家和地区创新体系的相对优势和劣势，帮助欧盟各国确定需要加强的领域。2018年度EIS报告的"综合创新指数"指标体系包括"框架条件、投资、创新活动和影响"4个一级指标，10个二级指标，27个三级指标（如表5-3所示）。

表5-3　欧洲创新记分牌指标体系（2018年度）

1. 框架条件	3. 创新活动
1.1 人力资源	3.1 创新者
1.1.1 新增博士毕业生	3.1.1 具有产品或流程创新的中小企业
1.1.2 25~34岁接受高等教育的人口	3.1.2 具有营销或组织创新的中小企业
1.1.3 终身学习	3.1.3 具有内部创新的中小企业
1.2 有吸引力的研究体系	3.2 联动
1.2.1 国际合作出版物	3.2.1 与外部合作的创新型中小企业
1.2.2 全球引用率前10%论文占比	3.2.2 公私合作出版物
1.2.3 外国博士生	3.2.3 私营部门对公共研发的联合资助
1.3 有利于创新的环境	3.3 知识资产
1.3.1 宽带普及率	3.3.1 专利合作条约（PCT）专利申请
1.3.2 机会驱动型创业	3.3.2 商标申请
	3.3.3 设计申请
2. 投资	4. 影响
2.1 金融支持	4.1 就业影响
2.1.1 公共研发支出	4.1.1 知识密集型活动就业
2.1.2 风险资本支出	4.1.2 快速增长的创新型企业就业
2.2 企业投资	4.2 销售影响
2.2.1 商业部门研发支出	4.2.1 中高科技产品出口
2.2.2 非研发创新支出	4.2.2 知识密集型服务出口
2.2.3 提供ICT培训的企业	4.2.3 市场和公司新产品的销售

1）"框架条件"反映了公司创新绩效的主要驱动因素，其中"人力资源"用于衡量高技能和受教育劳动力的可用性；"有吸引力的研究体系"用

于衡量基础研究的国际竞争力；"有利于创新的环境"用来评估营商环境，以衡量企业开展创业活动的程度。

2）"投资"涵盖了政府和企业开展的投资，其中"金融支持"用于衡量创新项目融资中风险资本支出的可用性以及政府公共研发支出；"企业投资"包括企业为创新进行的研发投资和非研发投资，以及为员工提供ICT培训的情况。

3）"创新活动"涵盖了企业开展创新活动的基本情况，其中"创新者"用于衡量将创新引入市场或引入组织内部的公司所占的份额；"联动"用于衡量企业的系统创新；"知识资产"用于衡量在创新过程中产生的不同形式的知识产权。

4）"影响"指企业创新活动造成的影响，其中"就业影响"用于衡量创新对就业产生的影响；"销售影响"用于衡量创新活动的经济影响。

2. 中国科学技术部的企业创新能力评价指标体系

根据国内外创新能力评价的相关研究成果，中国科学技术发展战略研究院与中央财经大学自2016年起每年发布《中国企业创新能力评估报告》。该报告将中国企业创新能力评价指标体系分为4个一级指标、12个二级指标和24个三级指标（如表5-4所示）。

1）"创新投入能力"反映企业开展创新活动的意愿和投入力度。

2）"协同创新能力"反映企业在利用外部创新资源、开展合作创新方面的能力。

3）"知识产权能力"反映企业在知识产权创造、运用和保护方面的表现。

4）"创新驱动能力"反映企业在创新价值实现、增强市场竞争力和推动经济发展方式转变方面的表现。

表5-4 中国科学技术部企业创新能力评价指标体系

一级指标	二级指标	三级指标
创新投入能力	1.创新经费	1.1 创新经费投入
		1.2 R&D经费占主营业务收入比重
	2.创新人力	2.1 R&D人员占就业人员比重
		2.2 企业R&D人员中硕士博士学历人员比重
	3.研发机构	3.1 有研发机构的企业占工业企业的比重
		3.2 研究机构R&D经费投入占企业R&D经费的比重
协同创新能力	4.创新合作	4.1 创新合作企业占全部企业比重
		4.2 企业R&D经费外部支出高校和研究机构所占比重
	5.创新资源整合	5.1 购买国内技术经费支出与引进技术经费支出的比值
		5.2 消化吸收经费支出与引进技术经费支出的比值
	6.创新政策利用	6.1 使用来自政府部门的科技活动资金
		6.2 研发费用加计扣除减免税
知识产权能力	7.知识产权创造	7.1 每亿元R&D经费投入的专利申请量
		7.2 企业发明专利申请量占专利申请量的比重
	8.知识产权保护	8.1 采取知识产权保护或相关措施的企业占全部企业的比重
		8.2 万名企业就业人员商标拥有量
	9.知识产权运用	9.1 万名企业就业人员有效发明专利量
		9.2 专利所有权转让及许可收入
创新驱动能力	10.创新价值实现	10.1 新产品销售收入占主营业务收入比重
		10.2 新产品出口占新产品销售收入比重
	11.市场影响力	11.1 进入国家阶段的PCT国际发明专利申请数
		11.2 境外注册商标数
	12.经济社会发展	12.1 劳动生产率
		12.2 综合能耗产出率

（二）卓越绩效计分卡（PESC）内部流程层面创新维度指标体系框架图

卓越绩效计分卡（PESC）内部流程层面——创新维度指标体系以各类企业创新理论为基础，在《奥斯陆手册》（第四版）、欧洲创新记分牌（EIS，2018）以及中国企业创新能力评价指标体系（科学技术部，2016）的基础上，结合各类卓越绩效模式标准以及平衡计分卡（BSC）的创新指标设置建议而构建，细分为"创新投入""创新能力""创新活动""协同创新"和"创新产出"5大类指标，其中"创新能力"进一步细分为"劳动力技能"和"知识产权能力"两类，"创新产出"进一步细分为"产品创新"和"商业流程创新"两类。企业在选择各类创新指标时应确保其与自身实施的创新战略相匹配。

卓越绩效计分卡（PESC）内部流程层面创新维度的绩效指标框架体系如图5-8所示，可供选择的具体绩效指标见附录一。

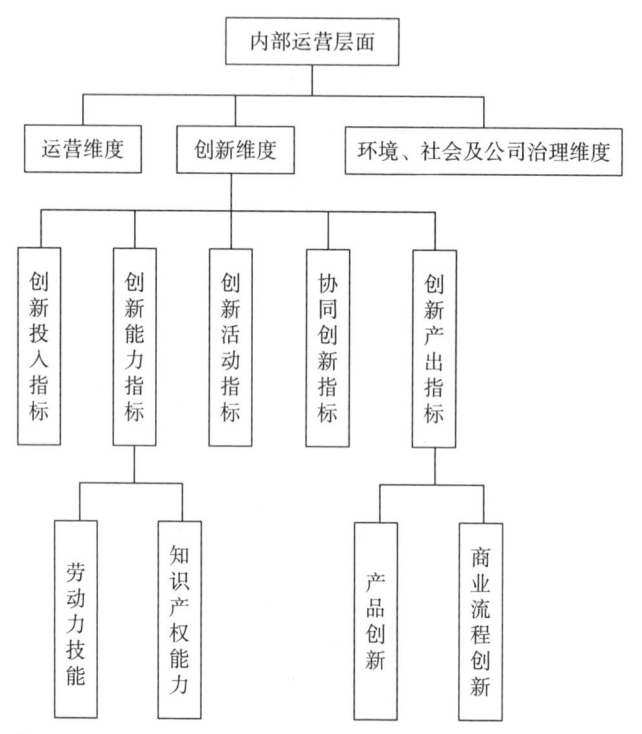

图5-8　卓越绩效计分卡（PESC）内部运营层面创新维度指标体系框架图

五、内部流程层面之三：环境、社会与公司治理

可持续发展报告（或ESG报告）包括两种类型，一类是通用型的可持续发展报告（或披露标准），包括全球报告倡议组织（GRI）发布的可持续发展报告指南、国际标准化组织（ISO）发布的社会责任指南（ISO26000）以

及可持续发展会计准则委员会基金会（SASB）发布的SASB准则等；另一类是专业型的气候变化相关信息披露标准，包括气候相关财务信息披露工作组（TCFD）的气候信息披露框架、全球环境信息研究中心（CDP）问卷以及气候变化信息披露标准委员会（CDSB）披露框架等。

在上述报告中，GRI可持续发展报告披露议题最为广泛，指标也最为齐全，涵盖了经济、环境和社会的诸多议题，但针对环境议题，缺少一些气候变化相关指标；在公司治理议题方面，提供的指标以定性为主，不便于直接采纳。因此，需要在GRI指标体系的基础上，借鉴其他标准的指标，才能构成一个完整的环境、社会与公司治理（ESG）绩效指标体系。

卓越绩效计分卡（PESC）"内部流程"层面下的"环境、社会与公司治理（ESG）"维度建立在可持续发展理论基础上，并参考GRI披露标准、TCFD气候信息披露标准及国内相关公司治理指数来构建指标体系框架。

（一）全球报告倡议组织（GRI）指标体系

全球报告倡议组织（Global Reporting Initiative，GRI）由美国环境责任经济联盟（CERES）和联合国环境规划署（UNEP）于1997年联合倡议成立。自2000年发布首份可持续发展报告指南（G1）以来，GRI已发布六代报告指南（G1、G2、G3、G4、GRI 2016和GRI 2021）。联合国可持续证券交易所倡议官网显示：截至2021年12月1日，全球各证券交易所ESG信息披露指引所引用的主流标准中，GRI准则位居第一且占比高达95%。

2021版GRI标准包括3份通用标准，34份可持续发展议题专项标准。专项标准分为GRI 200系列（经济类）、GRI 300系列（社会类）和GRI 400系列（治理类），分别反映企业及其利益相关方对经济、环境及社会产生的影响或贡献（如表5-5所示）。

与其他国际性可持续发展报告框架不同，GRI集原则性框架与指标细则为一体，不仅对报告应覆盖的角度、报告质量与内容等总体原则进行了阐述，同时还通过详细的指南定义揭示了在经济、环境和社会方面应披露的定量和定性指标，为企业披露相关内容提供了具体的指引。

表5-5　GRI标准（2021）议题专项标准类目表

GRI 200系列（经济类）			
GRI 201： 经济绩效	GRI 202： 市场表现	GRI 203： 间接经济影响	GRI 204： 采购实践
GRI 205： 反腐败	GRI 206： 不当竞争行为	GRI 207： 税务	
GRI 300系列（环境类）			
GRI 301： 物料	GRI 302： 能源	GRI 303： 水资源与污水	GRI 304： 生物多样性
GRI 305： 排放	GRI 306： 污水和废弃物	GRI 307： 环境合规	GRI 308： 供应商环境评估
GRI 400系列（社会类）			
GRI 401： 雇佣	GRI 402： 劳资关系	GRI 403： 职业健康与安全	GRI 404： 培训与教育
GRI 405： 多元化与平等机会	GRI 406： 反歧视	GRI 407： 结社自由与集体谈判	GRI 408： 童工
GRI 409： 强迫或强制劳动	GRI 410： 安保实践	GRI 411： 已定居居民权利	GRI 412： 人权评估
GRI 413： 当地社区	GRI 414： 供应商评估	GRI 415： 公共政策	GRI 416： 客户健康与安全
GRI 417： 营销与标识	GRI 418： 客户隐私	GRI 419： 社会经济合规	

（二）气候相关财务信息披露工作组（TCFD）的气候信息披露框架

气候相关财务信息披露工作组（Task Force on Climate-Related Financial Disclosure，TCFD）由G20辖下的金融稳定委员会（FSB）于2015年组织成立，其目标是议定一套一致的、自愿性的气候相关财务信息披露框架，协助投资者了解相关实体的气候风险。2017年，TCFD发布了备受关注的《工作小组关于气候相关财务信息披露的建议书》，提出由治理、战略、风险管理、指标和目标等四大核心要素组成的气候信息披露框架（如图5-9所示）。

图5-9　TCFD四要素气候信息披露框架

在四个模块中，TCFD列举了11条"建议的信息披露"，其中"指标和目标"模块建议的信息披露包括3个方面。

1）披露组织根据其战略和风险管理流程用于评估气候相关风险和机遇的指标。

2）披露直接排放（范围1）、间接排放（范围2）、其他间接排放（范围3）（如需）的温室气体（GHG）排放及相关风险。

3）说明组织使用的目标，以管理气候相关风险和机遇，以及针对目标的绩效。

TCFD的四要素气候信息披露框架十分重视气候变化的财务影响，勾勒出图5-10所示的气候相关风险、机遇及其财务影响之间的相互关系（黄世忠，2021）。

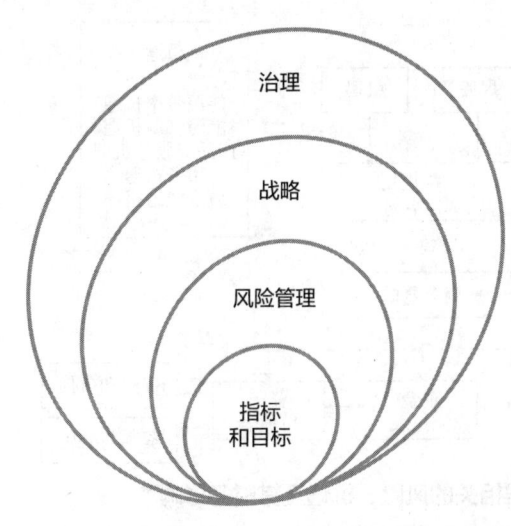

作为FSB的下设机构，TCFD发布的《信息披露指引》（TCFD指引）受到大型金融机构的普遍重视，这些金融机构近年来大力发展绿色金融，没有按照TCFD指引披露气候相关信息的企业将难以获得这些金融机构的信贷支持，因此TCFD指引得到了企业的广泛遵循。

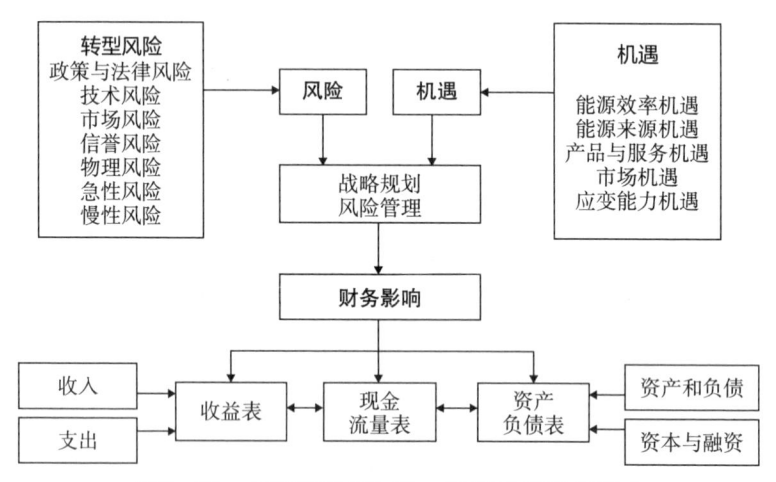

图5-10　气候相关的风险、机遇及其财务影响

TCFD发布的《2020年进展报告》显示，全球最大的100家上市公司中，有近60%支持TCFD且/或遵循TCFD建议进行报告。截至2021年6月，支持TCFD的组织机构已超过2000家，覆盖78个国家和地区，其中包括来自全球的110多个金融监管机构和政府实体，以及管理了178万亿美元资产的900多家金融机构。

随着中国提出"双碳"目标，中国企业也开始加大力度将低碳转型计划、碳中和方案制定纳入议事日程。然而，各行业企业代表在制定以及披露自身的碳中和规划时，对风险和成本的披露尚不充分，对气候相关信息披露的完整性还不够高。中国企业在披露碳达峰、碳中和目标和规划时，可参照TCFD发布的《信息披露指引》，以更具有财务相关性和前瞻性的方式披露计划和行动（屠光绍等，2022）。

（三）公司治理绩效评价体系

在各类ESG报告及ESG评级体系中，公司治理一般包括治理目标、治理机构、激励机制、商业道德以及争议事件等几个维度，然而这些报告及评级体系有如下几个共同的特点：其一，缺少定量指标，定性指标的评估方法难以反映公司治理水平；其二，ESG评价方法和评价指标标准不统一，评价结果差异较大；其三，引进国外的ESG评价方法和指标存在"水土不服"（尤毅，2022）。

伴随着公司治理理论和实践的发展，公司治理绩效评价的研究应运而生。1950年，杰克逊·马丁德尔提出的董事会绩效分析是公司治理的雏形，它主要针对公司治理结构的某一方面进行评价。此后一些国际知名机构相继推出各具特色的公司治理评价系统，包括标准普尔公司治理评价系统（1998）、欧洲黛米诺公司治理评价系统（1999）以及里昂证券公司治理评价系统（2000）等。我国较早的公司治理评价体系包括香港大学中国金融研究中心推出的公司治理水平指标——G指标、大鹏证券研究所的公司治理评价体系（2001）、北京连城国际的董事会评价体系（2002）等。南开大学在2003年推出的南开治理指数系统地评价了我国上市公司治理的状况，一直受到各界的极大关注。2008年以来，北师大陆续推出"中国公司治理分类指数系列"，为国内的公司治理评价研究注入一股新的力量（陈夏旋，2014）。

1. 南开大学公司治理指数

南开大学公司治理研究中心在国内率先推出"中国公司治理评价指数"（Chinese Corporate Governance Index，简称CCGINK，又称南开治理指数）（2004）。CCGINK结合中国公司治理环境和治理客体特点，采用科学的方法与评价标准对中国上市公司治理状况进行了全面系统的评价（李维安等，2005）。

CCGINK从股东权益/控股股东、董事/董事会、监事/监事会、经理层、信息披露以及利益相关方6个维度出发，设置了6类一级指标，23个二级指标、75个三级指标，构建了中国上市公司治理的综合性评价系统，其等级设置为CCGINK Ⅰ（治理指数90%~100%）、CCGINK Ⅱ（治理指数80%~90%）、CCGINK Ⅲ（治理指数70%~80%）、CCGINK Ⅳ（治理指数60%~70%）、CCGINK Ⅴ（治理指数 50%~60%）和CCGINK Ⅵ（治理指数<50%）共6个等级。从2003年至2023年，CCGINK指数连续发布20年，累计对5万家次样本公司开展了治理评价，指数从2003年的49.62升至2022年的64.40，提高了14.78。

2. 北师大公司治理指数

北师大公司治理指数又称"中国公司治理分类指数系列",是由北京师范大学公司治理与企业发展研究中心于2008年推出的国内首套公司治理分类评价体系。该指数划分了6类公司治理指数,包括中小投资者权益保护指数(36个指标)、董事会治理指数(38个指标)、企业家能力指数(35个指标)、财务治理指数(31个指标)、自愿性信息披露指数(31个指标)和高管薪酬指数,并在此基础上计算公司治理总指数。

高管薪酬指数将高管薪酬影响因素划分为基本因素、治理因素和绩效因素,并选取相应的指标来分析它们与高管薪酬之间的关系,考察了位于不同区间(激励过度、激励不足和激励适度)的上市公司在基本特征、治理特征和公司绩效方面的差异。

前5类公司治理指数均采用百分制,而高管薪酬指数衡量的是高管薪酬与高管贡献的吻合度,反映高管薪酬激励程度,理论上,高管薪酬指数越趋近100分,薪酬激励反映的高管薪酬与高管贡献越吻合。

(四)卓越绩效计分卡(PESC)内部流程层面ESG维度指标体系框架图

卓越绩效计分卡(PESC)内部流程层面——ESG维度指标体系以各类ESG理论为基础,以GRI指标体系为核心,辅以TCFD的气候披露相关指标和我国北师大公司治理指数来构建指标体系框架。该维度由"环境""社会"和"公司治理"3个子维度组成。

1)环境子维度。选取"气候变化""能源与资源""污染物排放""环境负面事件"及"环境治理机遇"5大类指标。

2)社会子维度。选取"员工雇佣""社区支持""产品责任""社会负面事件"及"社会责任机遇"5大类指标。

3)治理子维度。选取"治理责任""法律责任"和"商业伦理"3大类指标。其中,"治理责任"可参照北师大公司治理指数的分类方式,进一步细分为"中小投资者权益保护指数""董事会治理指数""企业家能力指数""财务治理指数""自愿性信息披露指数"及"高管薪酬指数"等。

卓越绩效计分卡（PESC）内部流程层面环境、社会与公司治理（ESG）维度的绩效指标框架体系如图5-11所示，可供选择的具体绩效指标参见附录一。

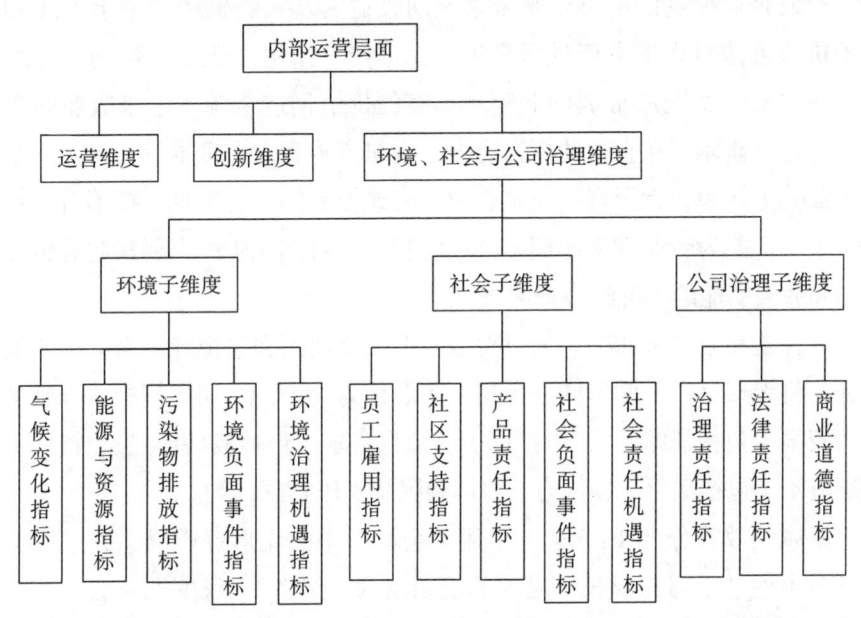

图5-11 卓越绩效计分卡（PESC）内部流程层面ESG维度指标体系框架图

六、学习与成长层面

（一）学习与成长层面的理论基础——无形资产

平衡计分卡（BSC）学习与成长层面基于会计学中的"无形资产"概念设置。企业的资产分为有形资产和无形资产两类，有形资产具有实物形态，无限资产没有实物形态。我国会计准则将无形资产定义为"企业拥有或者控制的没有实物形态的可辨识非货币资产"。无形资产的特征包括：没有实物形态；属于非货币资产；能为企业提供经济效益；所提供的经济效益具有很大的不确定性。

学者普遍认为无形资产能为企业创造价值。安妮·布鲁金（1996）认为，使公司得以运行的所有无形资产的总称是智力资本，包括市场资产、知识产权资产、人才资产和基础结构资产。托马斯·A. 斯图尔特（2003）认为，无形资产等同于智力资本，包括人力资本、结构资本、顾客资本。布莱尔和沃曼（2000）认为，无形资产指企业商品生产或劳务提供中使用的非实物资产或企业控制的能够带来未来预期收益的非实物资产。茅宁（2003）基于价值创造对无形资产进行界定：无形资产指由企业创新活动、组织设计和人力资源实践所形成的非物质形态的价值创造来源（未来收益的要求权），它具体体现在企业的探索能力、组织资本和人力资本等三方面。张凤莲（2006）认为，无形资产应是企业拥有或控制的，看不见、摸不着，却又非常重要，能为企业带来超额未来经济利益，对其他生产力要素起着组合、驱动和放大功能的无形经济资源。

卡普兰和诺顿（2005）通过对数百个战略地图和平衡计分卡应用场景的研究，将无形资产（学习和成长层面）总结为3种类型、6类指标，分别是：人力资本（包括战略能力1类指标）、信息资本（包括战略信息1类指标）、组织资本（包括文化、领导力、协调和团队工作4类指标）。

卓越绩效计分卡（PESC）沿用了会计学中的无形资产概念，采用了平衡计分卡的"学习与成长"层面的框架结构，但将3个维度调整为"人力资本""数字资本"和"组织资本"。对卓越绩效计分卡（PESC）12个维度指标之间的相关性进行研究，结果表明：在12个变量中，组织资本是唯一的"外生变量"，其余都是"内生变量"。组织资本包括"文化""领导力"和"战略协同"，类似于企业这台"机器"的"发动机"，推动了两个"学习和成长"维度和所有三个"内部流程"维度的运营，是企业生产和发展的第一驱动力。

（二）人力资本

1. 人力资本的基本概念

人力资本指由知识、技能和体力构成，并体现在劳动者身上的资本。在宏观层面，以技术内生化为特征的新经济增长理论将人力资本纳入增长模型来阐释人力资本促进经济增长的机制（Lucas，1988）。在微观层面，周其仁（1996）认为，企业是一个人力资本与非人力资本的特别合约。企业的竞争优势是其所具有的核心能力，而核心能力的基础则是企业所拥有的人力资本及其能力水平。

Flamholtz（1973）认为，企业人力资本投资包括早期的招聘、甄选、雇佣、安置等人力资本获得投资；发展期的教育和学习投资；结束期的重置成本。西奥多·舒尔茨（1990）认为，人力资本是通过投资形成的资本，投资渠道有医疗保健费用、学校教育费用、在职人员培训费用、择业过程中所发生的人事成本和迁移费用等5种。Snell和Dean（1992）认为，选择性的招聘配置、全面的培训、发展性的绩效考核，以及公平的奖励体系均属于企业人力资本投资。

Lucas（1988）认为，人力资本主要形成于对教育和"干中学"两个方面的投资，对企业而言，能够积累人力资本的主要途径就是招聘达到教育程度要求的求职者和通过"干中学"效应使员工积累知识及经验。那么，概括起来，企业人力资本投资的主要方式就是在员工招聘录用过程中加强对求职者教育背景的甄别和筛选，以及在员工入职后加强对其在生产经营过程中的在职培训。此外，与员工签订长期雇用合同有利于降低人力资本投资风险和获取人力资本投资收益。

2.人力资本投资对企业效益的促进作用

Armstrong（1998）站在企业角度考察了人力资本投资对企业效益的促进作用，研究结果显示，具有针对性的企业人力资本投资活动（包括员工定期培训、岗位轮换、薪酬福利等）越丰富，企业综合人力资本状况越容易得到提升和改善，最终可形成较高的生产力和竞争力，企业更容易获得良好的绩效。Bate（1990）分析了高级管理人员拥有的人力资本（包括知识水平、专业技能、工作经验等）和企业绩效之间的关系，研究结果表明，高管人力资本是企业人力资本的重要组成部分，与企业绩效存在显著的正相关关系。Chih-Hsien（2011）重点研究了员工入职后接受企业提供的培训或者自主参加职业教育提升自身知识和技术的状况，研究结果表明，职业教育对提升员工人力资本的作用较为明显，并且对提升短期和长期企业价值都有明显作用。

国内学者李倩等（2015）运用2004—2005年中国规模以上工业企业的普查数据，将企业的人力资本投资分为一般性人力资本（用员工受教育水平来衡量）和专有性人力资本（用企业对员工的培训投入来衡量），分析了其对企业绩效的影响。实证结果表明如下几点。

1）企业员工的受教育水平对资产回报率具有显著的正向影响，企业员工的受教育水平越高，企业的资产回报率越高。企业对员工的人均培训投入与资产回报率之间存在"倒U形"的影响关系，即当人均培训的投入水平处于"倒U形"曲线的左半段时，培训投入会对绩效产生显著的正向影响，而一旦投入水平处于"倒U形"曲线的右半段时，由于个体的学习和吸收能力有限，且受到企业对人力资本实际需求、企业可支配资源有限性等因素的制约，培训投入反而会对绩效产生负向影响。

2）员工受教育水平和培训投入之间存在负向的交互效应，即员工的受教育水平越低，人均培训投入对企业资产回报率的影响越大。即企业对员工的在职培训投入，可以有效地弥补员工在学历教育方面的不足，提高其工作技能，从而对企业绩效产生更加显著的影响。

3）企业所处行业的劳动密集度在企业人力资本投资与资产回报率的关系中起调节作用。企业所处行业的劳动密集度越低（即技术或资本密集型企业），员工的受教育水平对资产回报率的影响越大；企业所处行业的劳动密集度越高（即劳动密集型企业），企业对员工的培训投入对资产回报率的影响越大。

3. 人力资本（或人力资源）管理效能评价

詹姆斯·哈林顿在其著作《商业过程改进》一书中强调："人力资源管理的关键是评价，没有了评价控制也就成了空中楼阁，失去了控制也就失去了管理的根本。"效能是达成目标的程度。Huselid和Jackson等人（1997）认为人力资源管理效能是"高质量技术性和战略性人力资源管理活动的交付"。国内学者周文成和赵曙明（2004）将人力资源管理效能看作人力资源管理活动的产出。

国内外学者对人力资源管理效能评价的方法多达十几种，根据评价角度的不同，可以分为3种类型，即基于会计计量的评价方法、基于组织行为科学的评价方法和基于组织绩效的评价方法。

（1）基于会计计量的人力资源管理效能评价方法

此类方法主要包括人力资源会计、人力资源成本控制、人力资源利润中心、智能资产回收率及投入产出分析等。这类方法的共同特点是应用财务指标来评价人力资源管理的有效性，将人力资源管理的效果数字化，侧重于考虑人力资源管理的财务绩效，且只能反映人力资源管理的总体财务指标。其缺点是忽略了对人的关注，对人力资源管理创造的隐性价值无法测量，且无法反映具体工作环节中存在的问题，因此不利于具体指导人力资源管理效能的改进。

（2）基于组织行为科学的人力资源管理效能评价方法

此类方法主要包括人力资源关键指标、人力资源效用指数及人力资源指数等。这类方法的共同特点是通过员工、顾客和部门的主观判断来衡量组织的人力资源管理效能，虽然提升了对人的关注，但员工与顾客等的主观态度与组织绩效之间的关系还有待验证。

（3）基于组织绩效的人力资源管理效能评价方法

此类方法主要包括人力资源目标管理、资源竞争基准及人力资源计分卡等。相比于前两类方法偏重于理论研究，此类方法广泛应用于管理实践。Brian E Beeker等（2003）以平衡计分卡为基础，结合人力资源管理职能并予以改进，开发出人力资源计分卡。曹晓丽（2010）在人力资源计分卡的基础上构建了人力资源管理效能计分卡，从战略、运营、客户和财务4个方面出发设计了具体的指标体系来评价人力资源管理效能，增强了人力资源计分卡的可操作性。

（三）数字资本

1.数字资本的基本概念

在不同的信息技术、经济和社会发展背景下，不同领域人士对"网络空间"的内容有不同认识，从而产生了信息资本、数据资本、数字资本等不同术语。由于"资源""资产""资本"等术语紧密关联，从而衍生出一系列概念，包括信息资源、信息资产、数据资源、数据资产、数字资源，以及数字资产等。以下我们选择与资本有关的3个概念介绍，并将它们涵盖的所有内容统一归属到"数字资本"中。

Porat（1977）认为"信息资本"指对一切与信息服务相关的各种信息设

备的投资，包括与信息服务相关的设备、信息产品和服务等。平衡计分卡创立者卡普兰等（2005）提出"信息资本"是新经济下创造价值的原材料，包括系统、数据库、图书资源和网络等，分为技术基础设施和应用两部分。

"数据资本"一词最早出现在统计领域。1967年，挪威中央统计局的一份文件中提出数据资本是采集和计算数据的保留存量，在类似于工业生产资本的统计文件系统中起核心作用。2016年3月，MIT科技评论与ORACLE发布了一份报告——《数据资本的崛起》，报告指出，数据已经成为一种资本，它与金融资本和人力资本一样，能够创造新的产品和服务（叶雅珍，2019）。

"数字资本"一词由Tapscott（2000）在其著作《数字资本：利用商业网络的力量》中首次被提及，Tapscott认为，数字资本指由新的合作关系"商业网络"创造的财富。商业网络指由生产商、服务提供商、供应商、基础设施公司和通过数字渠道连接的客户等组成的合作网络。在商业网络中，客户资本成为关系资本，在未拥有人力资本的情况下公司也可以建立关系资本，并通过新的商业模式来构建结构资本。数字资本赋予了传统商业模式下人力资本、客户资本和结构资本新的内涵和维度。

2. 数字资本的类型

学术界普遍认为，数字资本应包括两大部分：一是传统的有形数字资本，由数字设备、数字连接系统、线上运作、支持训练等层面的数字技术组成；二是无形数字资本，即在读取信息、沟通合作、数字内容创造、安全性、问题解决等方面的数字能力（许秀梅等，2022）。Tapscott（2000）进一步将无形数字资本划分为网络关系资本、网络顾客资本、网络服务资本等，其中：网络关系资本是组织通过外部网络与供应商、合作伙伴与其他利益相关方建立的联系，如电子政务、网站形象、公共关系与网络；网络顾客资本是组织通过互联网与用户建立的关系，包括用户忠诚、组织声望与增值服务；网络服务资本是组织利用技术和互联网提供优质服务的能力，如网站系统稳定性、注册反应速度、顾客信息安全等。

3. 数字资本的作用机制

在理论层面，学者主要针对数字技术应用、数字化转型以及大数据的作用进行了探索；在实践层面，学者对数字资本的作用机制的研究主要集中于三个方面：数字资本与经济绩效，数字资本与创新绩效以及数字资本与公司治理。

（1）数字资本与经济绩效

大多学者证实了大数据分析与企业经济绩效显著正相关。McAfee等（2012）发现大数据驱动的实际效果比信息通信技术（ICT）技术应用于其他方面高出5%左右。Muller等（2018）发现大数据资产能够使生产率提升3%~7%，但这种影响因行业而异，应用于信息技术密集企业能够显著提升价值，对其他行业的企业影响则不显著。

数字化转型对经济绩效的影响主要体现在经营绩效与产出绩效。在经营绩效方面，何帆等（2018）发现，数字化变革通过降低成本费用、提高资产使用效率及增强创新能力，推动实体企业经济效益提升。在产出绩效方面，刘平峰等（2021）从数字技术是生产要素赋能型技术视角，将数字技术拓展为资本赋能型技术和劳动赋能型技术，并引入常替代弹性（CES）生产函数，推演出全要素生产率（TFP）增长公式，发现中国制造业全要素生产率（TFP）年增长率为4.9%，其中数字技术贡献了4.1%，由此可见数字技术是TFP增长的主要驱动力。

（2）数字资本与创新绩效

企业通过对消费者购买、评论和社交等行为大数据的挖掘，可以发现用户的兴趣和潜在需求，进而研发满足市场需求的产品，对创新绩效产生积极影响。周青等（2020）从数字化接入、装备、平台建设、应用水平4个方面证实了数字化接入水平有利于提升创新绩效，数字化装备、平台建设、应用水平对创新绩效的作用呈"倒U形"关系。

（3）数字资本与公司治理

研究发现，数字化通过降低信息不对称及管理者决策行为的非理性程度提高了公司治理水平。祁怀锦（2020）基于A股上市公司2013—2018年的数据，发现企业数字化程度越高，公司治理水平越高。刘业政等（2020）发现企业数字化能够削弱高管权力、增强基层权力、促使组织向下赋权，通过提升组织信息成本和削减组织代理成本的综合效应，促进企业分权变革。

4. 企业数字化转型的绩效测度

我国从2015年开始布局制造业的转型升级，并明确提出要促进制造业的数字化、网络化、智能化。评估中国制造业企业的数字化转型指数，对于明确制造业企业数字化状况，促进制造业企业数字化转型，提升其在全球市场的竞争力具有重要意义（庞瑞瑞等，2023）。

企业数字化转型的内涵主要是通过计算技术、信息技术、通信技术、连接技术的组合触发实体属性的重大变革（Vial，2019）。数字化转型的结果（或绩效）通常采用"企业数字化转型成熟度"进行测量与评价。知名咨询公司Forrester于2016年发布了《数字化成熟度模型4.0》报告，从文化、组织、技术、洞察力等维度对企业数字化转型水平进行评估。刘政（2020）依据企业采用信息技术的内容和过程构建了数字化指标，并将软硬件信息设备投资率、电子信息和网络支出率、员工计算机使用率、互联网产品销售率、ERP使用率等作为企业数字化指标的衡量要素。万伦等（2020）从价值驱动、能力驱动和要素驱动3个方面构建了制造业数字化转型指标评估体系。殷群等（2021）从数字化转型的基础能力、核心能力、保障能力构建了区域数字化转型指标评估体系。范德成等（2022）从业务流程和技术应用两个层面衡量上市汽车制造企业的数字化转型程度。

（四）组织资本

1. 组织资本的基本概念

长期以来，学者对企业组织与生产效率之间的关系问题给予了高度关注。早在1890年，马歇尔（Marshall）就将组织作为第四生产要素引入了经济学理论，并指出"知识和组织是资本的重要组成部分"。奈特（Knight）将改善组织看成与"增加设备"效果相同的一种选择（向显湖等，2009）。

Prescott等（1980）首次提出了组织资本的概念。他认为，有关员工个人和工作任务特征的信息是企业的一项资产，并将其定义为组织资本。Evenso等（1995）提出组织资本指在生产和交付满足需求的产品的同时将员工技能和物质资本结合起来的知识。组织资本与企业的运营能力、投资能力及创新能力相关，是技术与商业活动、流程和激励的融合体。

国内学者从不同的视角给出了组织资本的定义。翁君奕（1999）从经济学角度出发，将组织资本概括为企业内部组织资源配置的途径，包括组织内资源的分享机制、引导员工行为的文化氛围塑造以及组织成员对控制权力的分享。赵顺龙（2004）从管理学的视角，把组织资本定义为企业在生产经营和管理活动过程中，将组织成员的知识、技能和经验转化为组织特有的、共享的组织资源或资产的制度安排。虽然这些定义表述不一，但本质上，组织资本可以归纳为组织结构、制度规范和企业文化等内容（徐茗丽等，2016）。

2. 组织资本与相关概念

学者从不同视角对组织资本进行分析研究，但尚未得出一个统一的定义，甚至存在概念混淆的情形。我们通过分析组织资本与表外无形资产、人力资本、企业文化的异同，提炼并总结组织资本的内涵。

（1）组织资本与表外无形资产

向显湖等（2009）认为，无形资产是会计学和财务学的概念，现行财务会计准则对无形资产的定义不能真实反映企业管理层的受托责任履行情况，也会低估管理层业绩，导致管理层的短期行为。基于此，他们提出了表外无形资产的概念，认为表外无形资产是因为不符合当前会计确认标准，尚未在会计报表中反映的无形资产，包括人力资本和组织资本两大类。Lev（2009）认为，组织资本作为一种重要的无形资产，指组织内部独特的组织结构和组织设计，以及能够使企业产生持续竞争优势的业务流程、公司声誉、领导价值和创新能力等。

（2）组织资本与人力资本

对人力资本是否应归属于组织资本，存在不同的观点。卡普兰等（2005）将企业的无形资产划分为人力资本、信息资本和组织资本3类，并分别对应不同的绩效指标。Eveson和Westphal（1995），Atkeson和Kehoe（2005）等也将人力资本与组织资本做了区分。与此不同，有学者将人力资本置于组织资本范畴进行研究（如邸强等，2005），也有学者直接以人力资本来定义组织资本（如张刚，2000）。

向显湖等（2009）指出，将组织战略、组织知识、组织关系、组织文化等纳入组织资本系统无可非议，但不应将人力资本纳入。事实上，组织资本和人力资本是企业无形资本中既相互联系，又有着严格区别的两个概念。

（3）组织资本与企业文化

组织资本包括企业文化，企业文化并不等于组织资本（吉利等，2022）。陈传明等（2005）认为，企业文化是企业成员广泛接受的价值观念以及由这种价值观念所决定的行为准则和行为方式。刘超（2008）认为，组织资本包括企业的组织结构、业务流程、信息系统、组织文化等。邓康林和向显湖（2009）指出，组织资本包括产权与治理机构、组织流程、组织制度等流程类组织资本和价值观、组织惯例、文化氛围等文化类组织资本。这些组织资本一旦与组织其他资源结合，不仅能为企业创造利润，而且能为企业赢得竞争优势。企业文化是组织资本中由组织结构所创造的"标准化"的行为方式和处理方式，这种方式是与组织伴生的。

3.组织资本的测度

由于组织资本不能通过会计报表反映，因此很难得到组织资本的具体衡量指标。关于组织资本的测度方法主要有市场价值法、代理变量法、调查问卷法、指标法等。Hall（2000，2001）提出组织资本由调整成本，即托宾Q值超过1的部分积累而成，因此市场价值反映了组织资本。Basu等（2004）提出了一个将组织资本视为生产要素的简单模型，由该模型可以得到组织资本的增长率对TFP的增长率有促进作用。Miyagawa和Kim（2008）对该模型进行了发展，通过估计企业的研发资本和市场资本的价值，最后得到了组织资本的估计，并通过实证检验表明组织资本的增长对TFP的增长有正向的作用。

我国关于组织资本的研究相对滞后，实证领域的文献主要集中在组织资本对企业绩效的影响方面，虽然对组织资本的衡量方式各不相同，但基本得到了组织资本与企业绩效呈正相关关系的结论。刘海建等（2007）将组织资本划分为权力资本、规则资本和知识管理资本3种，其中，权力资本指企业组织内部权力资源的合理配置而形成的资本；规则资本指组织发展到一定阶段后组织内运营管理流程完善的程度；知识管理资本指组织中促进知识创造、传播与交流的一种机制（徐茗丽，2016）。

（五）卓越绩效计分卡（PESC）学习与成长层面指标体系框架图

卓越绩效计分卡（PESC）学习与成长层面指标体系以会计学中的无形资产概念为基础，与平衡计分卡（BSC）在该层面的指标保持基本一致，设置"人力资本""数字资本"和"组织资本"3个维度、9类指标，由于融入了各类卓越绩效模式标准的一些指标，整个指标体系更加丰富和完整。

1）人力资本维度。选取"员工能力与量能""员工权益与氛围"和"员工学习与发展"3大类指标。

2）数字资本维度。选取"数字技术""数字化／智能化"和"知识管理"3大类指标。

3）组织资本维度。选取"文化""领导力"和"战略协同"3大类指标。

卓越绩效计分卡（PESC）学习与成长层面的绩效指标框架体系如图5-12所示，可供选择的具体绩效指标参见附录一。

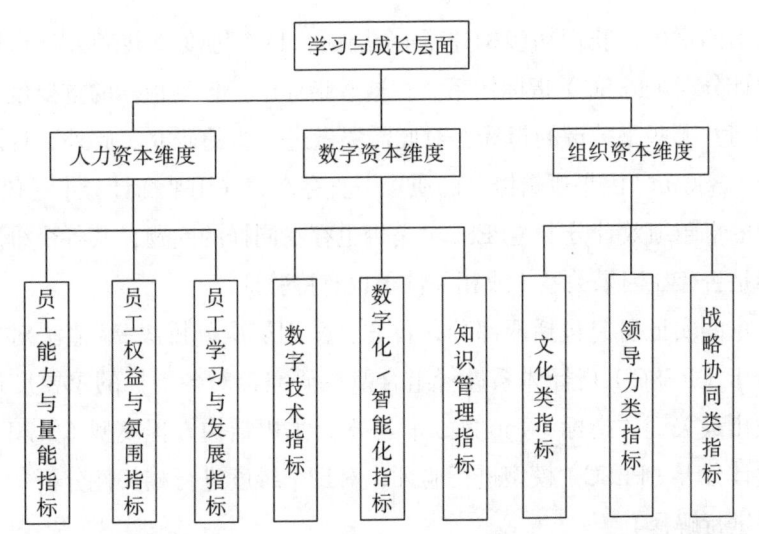

图5-12 卓越绩效计分卡（PESC）学习与成长层面指标体系框架图

第六章
卓越绩效计分卡（PESC）实证研究

在第四章中，我们初步构建了4个层面，12个维度，共50大类指标的卓越绩效计分卡（PESC）指标体系。在这些指标中，各类指标的重要度（或权重）如何？哪些是关键的指标？对此需要做进一步的研究。此外，针对平衡计分卡（BSC）"因果逻辑链"的质疑一直存在，采用平衡计分卡（BSC）结构框架的卓越绩效计分卡（PESC）是否也存在同样的问题，其各个维度、指标之间是否存在因果关系（或相关性）也有待验证。

本章的实证研究包括两部分，首先，采用层次分析法-熵值法对卓越绩效计分卡（PESC）指标体系进行组合赋权研究，对各指标的重要度进行排序，找出最关键的指标（Top 20）；其次，采用结构方程模型（SEM）对卓越绩效计分卡（PESC）模型进行验证，对12个维度进行相关性分析，并对验证结果进行解释。

一、基于层次分析法-熵值法的卓越绩效计分卡（PESC）指标体系组合赋权研究

（一）赋权方法选取

多目标决策过程中的赋权方法一般分为主观赋权法和客观赋权法。主观赋权法的赋权结果与评价者的知识、经验和偏好等相关，有一定的主观性，数据的重复性和再现性稍差。客观赋权法的赋权结果完全取决于实际观测到的数据，但这些客观数据与抽样方案及样本质量密切相关，如果抽样方案设计不合理，或者抽样过程的质量未得到保证，也会导致赋权结果存在偏差。

为解决以上问题，通常采用主客观赋权法相结合的方式，这样能够有效克服主观和客观两种赋权方法的缺点，使赋权结果更接近客观现实，也更具说服力。层次分析法（AHP）-熵值法（EM）是一种主客观相结合的赋权方法，以下采用该方法对卓越绩效计分卡（PESC）指标体系进行赋权，具体实施步骤如图6-1所示。

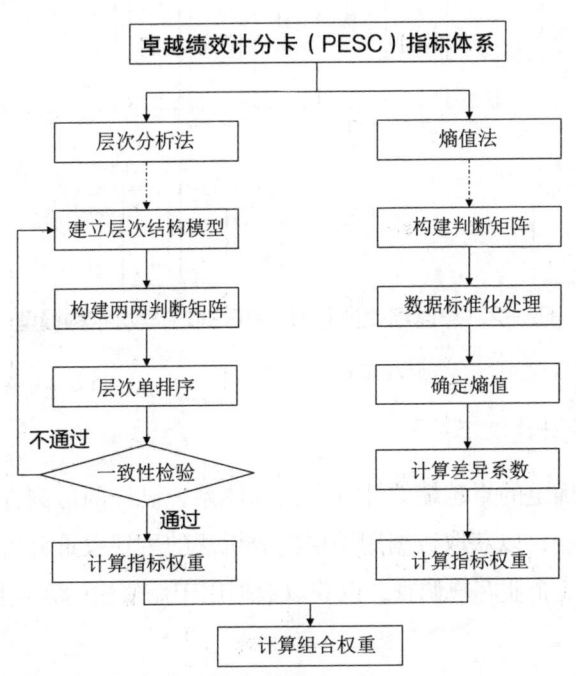

图6-1 基于层次分析法-熵值法的卓越绩效计分卡（PESC）指标权重分析流程图

（二）层析分析法-熵值法组合赋权过程

1. 卓越绩效计分卡（PESC）指标体系层次结构模型

根据已经确定的卓越绩效计分卡（PESC）指标体系（如表4-5所示）构建层次结构模型。模型由"目标（A）→一级指标（B）→二级指标（C）→三级指标（D）→四级指标（E）"构成（如图6-2所示）。

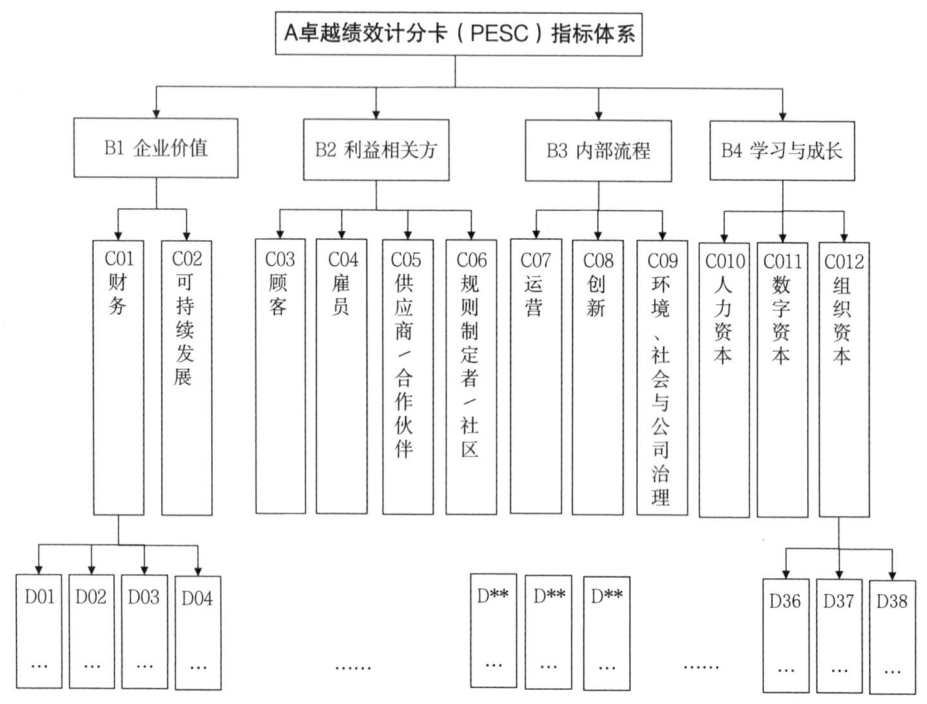

图6-2 卓越绩效计分卡（PESC）层次结构模型

2. 问卷设计

根据已经确定的卓越绩效计分卡指标体系，设计两份调查问卷：一份用于专家意见调查，以获取数据用于层次分析法的主观权重分析；一份用于大湾区先进制造业企业客户调查，以获取数据用于熵值法的客观权重分析。

3. 问卷发放与回收

为保证调查结果的专业性与权威性，参与意见调查的人员均为卓越绩效管理模式理论研究与应用方面的资深专家，包括政府质量奖评审员、大学教授及参与质量奖申报的企业高管等，其中质量奖评审员占比80%以上。2022年10月—11月，以问卷星的方式向专家发起意见调查，发放问卷28份，回收28份，通过一致性检验的有效问卷20份。

企业用户调查对象为规模以上的粤港澳大湾区的广州市、深圳市、佛山市、东莞市、江门市、中山市、珠海市、肇庆市和惠州市9个城市的先进制造业企业的代表。为确保调查结果真实有效，填写问卷的人员应基本了解所在组织的绩效测量系统状况，因此将被调查者限定在如下岗位之一：质量经理、质量总监、质量副总裁（或首席质量官）、绩效经理（主任）、人力资源经理、总裁办公室（或总经理办公室）主任、生产厂长、运营总监、事业部（或产品线）总经理、总裁等。我们委托数家从事检验、检测、认证、咨询的机构进行调查，调查采用"问卷星"在线调查方式进行。调查时间从2022年11月下旬开始，至2023年1月上旬结束，历时近60天。调查共回收问卷726份，经有效性评估，无效问卷384份，企业重复填写问卷8份，有效问卷334份。

（三）层次分析法-熵值法赋权结果分析

1. 卓越绩效计分卡（PESC）关键绩效指标排序

依次计算层次分析法（Analytic Hierarchy Process，AHP）各指标权重、熵值法（Entropy Method，EM）各指标权重、组合权重比例以及AHP-EM组合权重，得出卓越绩效计分卡（PESC）的50类绩效指标的权重及排序（如图6-3所示）。

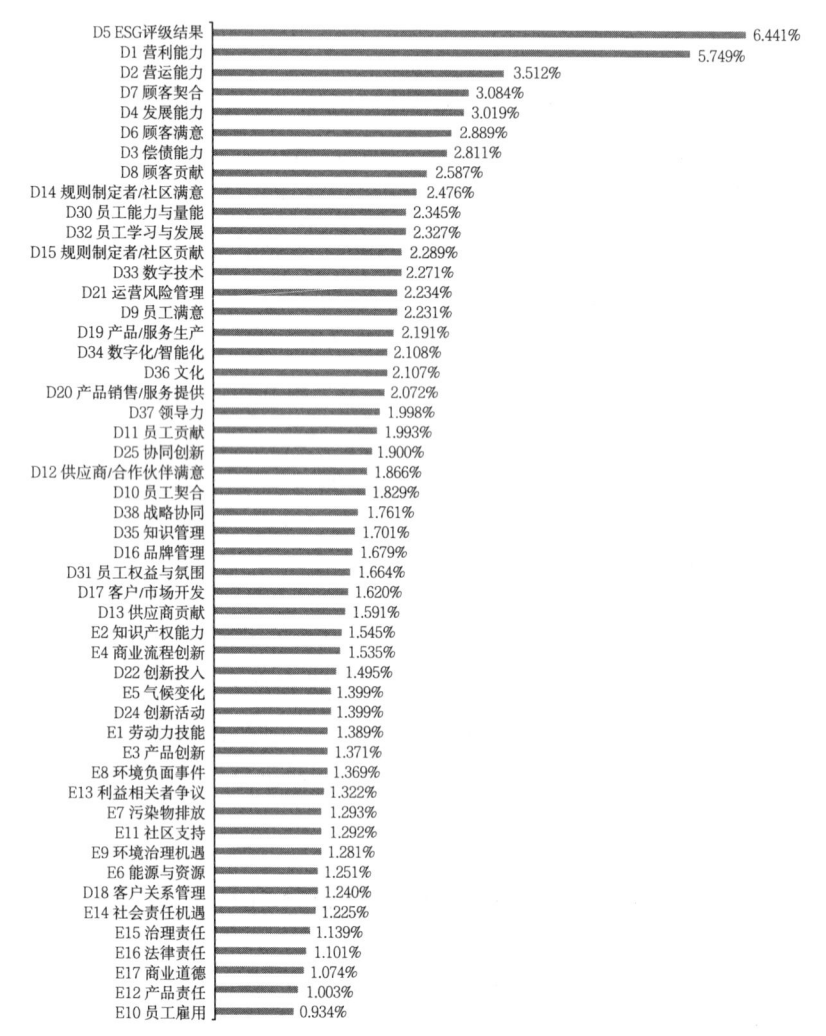

指标	权重
D5 ESG评级结果	6.441%
D1 营利能力	5.749%
D2 营运能力	3.512%
D7 顾客契合	3.084%
D4 发展能力	3.019%
D6 顾客满意	2.889%
D3 偿债能力	2.811%
D8 顾客贡献	2.587%
D14 规则制定者/社区满意	2.476%
D30 员工能力与量能	2.345%
D32 员工学习与发展	2.327%
D15 规则制定者/社区贡献	2.289%
D33 数字技术	2.271%
D21 运营风险管理	2.234%
D9 员工满意	2.231%
D19 产品/服务生产	2.191%
D34 数字化/智能化	2.108%
D36 文化	2.107%
D20 产品销售/服务提供	2.072%
D37 领导力	1.998%
D11 员工贡献	1.993%
D25 协同创新	1.900%
D12 供应商/合作伙伴满意	1.866%
D10 员工契合	1.829%
D38 战略协同	1.761%
D35 知识管理	1.701%
D16 品牌管理	1.679%
D31 员工权益与氛围	1.664%
D17 客户/市场开发	1.620%
D13 供应商贡献	1.591%
E2 知识产权能力	1.545%
E4 商业流程创新	1.535%
D22 创新投入	1.495%
E5 气候变化	1.399%
D24 创新活动	1.399%
E1 劳动力技能	1.389%
E3 产品创新	1.371%
E8 环境负面事件	1.369%
E13 利益相关者争议	1.322%
E7 污染物排放	1.293%
E11 社区支持	1.292%
E9 环境治理机遇	1.281%
E6 能源与资源	1.251%
D18 客户关系管理	1.240%
E14 社会责任机遇	1.225%
E15 治理责任	1.139%
E16 法律责任	1.101%
E17 商业道德	1.074%
E12 产品责任	1.003%
E10 员工雇用	0.934%

图6-3 卓越绩效计分卡（PESC）各指标权重排序一览表

2. 关键绩效指标（Top 20）排序情况分析

从图6-3可以看出，我国制造业企业在建立绩效测量系统时，应优先关注如下排在前20位（Top 20）的指标（累计权重高达56.74%）：

1）D5 ESG评级结果（6.441%）*；

2）D1 营利能力（5.749%）；

3）D2 营运能力（3.512%）；

4）D7 顾客契合（3.084%）；

5）D4 发展能力（3.019%）；

6）D6 顾客满意（2.889%）；

7）D3 偿债能力（2.811%）；

8）D8 顾客贡献（2.587%）；

9）D14 规则制定者/社区满意（2.467%）；

10）D30 员工能力与量能（2.345%）；

11）D32 员工学习与发展（2.327%）；

12）D15 规则制定者/社区贡献（2.289%）；

13）D33 数字技术（2.271%）；

14）D21 运营风险管理（2.234%）；

15）D9 员工满意（2.231%）；

16）D19 产品/服务生产（2.191%）；

17）D34 数字化/智能化（2.108%）；

18）D36 文化（2.107%）；

19）D20 产品生产/服务提供（2.072%）；

20）D37 领导力（1.998%）。

对卓越绩效计分卡（PESC）关键绩效指标（Top 20）做进一步分析，可以得出如下结论。

1）"ESG评级结果"（D5）位居Top 20之首，"营利能力"（D1）位居第2，说明"可持续发展"的企业经营理念已经成为当今社会的普遍共识，同时也充分显示了将"财务"和"可持续绩效"并列构成"企业价值"层面的合理性。

2）财务类指标仍然是权重最大的指标，所有4类财务指标均进入前7，其中有3类财务指标进入Top 5，分别是"营利能力"（D1）、"营运能力"（D2）和"发展能力"（D4）。在所有关键利益相关方中，股东显然排在第一位，这说明无论企业处于哪个发展阶段，财务绩效始终是企业生存和永续经营的基础。

3）顾客类指标中，所有指标均进入前8位，其中"顾客契合"（D8）进入Top 5，排第4，"顾客满意"（D6）排第6，"顾客贡献"（D8）排第8，这说明进入21世纪以来，虽然产生了很多新技术、新模式、新业态，但"以顾客为中心"的商业本质并没有改变。

4）雇员类指标中，"员工满意"（D9）排第15；人力资本类指标中，"员工能力与量能"（D30）排第10，员工学习与发展（D32）排第11，这些指标的排位情况体现了"以人为本"经营理念的重要性。

5）规则制定者/社区类指标中，"规则制定者/社区满意"（D14）排第9，"规则制定者/社区贡献"（D15）排第12，这体现卓越绩效计分卡已充分融入了利益相关方理论的精髓。

6）"数字技术"（D33）排第13位，"数字化/智能化"排第17位，体现了数字化转型对传统企业发展的重要性；"文化"（D36）排第18位，"领导"（D37）排第20位，体现了"高瞻远瞩的领导"对企业长远发展的重大影响。

3. 两种不同赋权方式下关键绩效指标（Top 20）排序对比分析

（1）主观赋权和主客观综合赋权结果基本一致的指标

采用主观赋权法（AHP）和主客观综合赋权法（AHP-EM）两种方式赋权，而且排名结果保持一致的指标，意味着专家意见在实践中得到了充分验证，企业在构建绩效测量体系时应对这些指标予以高度关注。

表6-1中序号1~10的指标在两种赋权方式下，排名均在前11位，且排位基本一致；序号11~15的指标的排位稍有波动，但也均位列前20。

表6-1　主观赋权和主客观综合赋权结果基本一致的指标

序号	指标名称	主观赋权法 权重/%	排名	主客观综合赋权法 权重/%	排名
1	D5 ESG评级结果	11.050	1	6.441	1
2	D1 营利能力	11.045	2	5.749	2
3	D2 营运能力	6.196	3	3.512	3
4	D6 顾客满意	5.101	4	2.889	6
5	D4 发展能力	5.058	5	3.019	5
6	D8 顾客贡献	4.358	6	2.587	8
7	D3 偿债能力	3.984	7	2.811	7

续表

序号	指标名称	主观赋权法 权重/%	排名	主客观综合赋权法 权重/%	排名
8	D7 顾客契合	3.692	8	3.084	4
9	D30 员工能力与量能	3.333	9	2.345	10
10	D32 员工学习与发展	3.300	10	2.327	11
11	D9 员工满意	3.235	11	2.231	15
12	D37 领导力	2.700	12	1.998	20
13	D36 文化	2.109	16	2.107	18
14	D15 规则制定者/社区贡献	1.850	19	2.289	12
15	D14 规则制定者/社区满意	1.804	20	2.467	9

（2）主观赋权和主客观综合赋权结果差异较大的指标

在表6-2和6-3中，有两类差异较大的指标，A类指标是主观赋权进入排名前20但主客观综合赋权未进入的指标，B类指标是主客观综合赋权进入排名前20但主观赋权未进入的指标。

表6-2　主观赋权和主客观综合赋权结果差异较大的指标——A类指标

序号	指标名称（A类）	主观赋权法 权重/%	排名	主客观综合赋权法 权重/%	排名
1	D11 员工贡献	2.583	13	1.993	21
2	D12 供应商/合作伙伴	2.430	14	1.866	23
3	D10 员工契合	2.176	15	1.829	24
4	D13 供应商贡献	1.993	17	1.591	30
5	D31 员工权益与氛围	1.935	18	1.664	28

表6-3　主观赋权和主客观综合赋权结果差异较大的指标——B类指标

序号	指标名称（B类）	主客观综合赋权法 权重/%	排名	主观赋权法 权重/%	排名
6	D33 数字技术	0753	31	2.271	13
7	D21 运营风险管理	1.186	26	2.234	14
8	D19 产品/服务生产	1.727	22	2.191	16
9	D34 数字化/智能化	0.887	30	2.108	17
10	D20 产品销售/服务提供	1.310	24	2.072	19

比较分析可以发现，A类指标全部属于利益相关方层面指标，体现了卓越绩效管理专家的"偏好"，但在企业实际经营管理过程中并未得到足够的重视；B类指标全部属于"内部流程"层面指标，体现出企业在实际经营过程中高度重视这些指标，但专家则对其赋予较低权重。

简言之，在为卓越绩效计分卡（PESC）各指标赋权的过程中，专家强调利益相关方层面指标的重要性，给出了比"内部流程"层面指标更高的权重；在实际运营中，企业显然更重视"内部流程"，而降低了对一些利益相关方（供应商/合作伙伴、员工等）的关注。这体现了理论研究与管理实践的差异。

二、卓越绩效计分卡（PESC）各维度指标相关性分析

（一）卓越绩效计分卡（PESC）各维度指标相关性研究的必要性

1. 针对平衡计分卡（BSC）"因果关系链"的讨论

"因果关系链"被视为平衡计分卡创立时所倡导的核心理念之一，也是战略地图的精髓所在。Norreklit等（2003）研究得出：平衡计分卡之所以被广泛应用，区别于传统绩效管理体系并发挥战略地图作用的关键就在于因果逻辑关系。其中，"学习与成长"是核心，"内部流程"是基础，"客户"是关键因素，"财务"是最终结果。平衡计分卡整个体系的构建是在公司远景和战略框架统领下完成的，为企业经营战略的实施和事后结果的评估提供了系统化的思路。由此可见，"因果关系链"在平衡计分卡中至关重要，具有不可替代的核心作用（胡元林和黎航，2017）。

尽管卡普兰和诺顿认为平衡计分卡的因果关系是存在的，并且用大量案例说明平衡计分卡存在因果关系链，但由于企业创立时对因果关系链的定义并不是特别清晰，随着平衡计分卡在各行业领域的应用日渐广泛，从1996年起学术界对"因果关系链"的异议此起彼伏。

1）卡普兰和诺顿对平衡计分卡各维度指标间的因果逻辑关系的阐释并

不够严密和准确，仅被认为只是4个维度指标的整合。如Norreklit（2003）认为，平衡计分卡运用于企业生产经营活动中时，各维度分解指标是单独或几乎被整合的，它们之间存在着某种关系但并不能说明一定存在内部因果逻辑关系。

2）各维度指标并不独立。因果关系链强调指标间的因果逻辑，但实际上并非如此。例如客户满意度与客户质量（如客户终身价值）的关系，虽然客户满意度提升了，但可能因为购买条件或竞争者提供了更优质的服务和更高质量的产品等因素影响，客户质量并不一定提高。

3）指标之间存在相关性而不是因果逻辑。因果逻辑关系强调要素之间的联系是单向的，而研究认为平衡计分卡各指标是相互影响的，各指标之间存在着相关性而不是因果逻辑性。同时，有关验证平衡计分卡内部因果逻辑关系是否存在的研究大多采用的是相关回归分析法，这种方法只能验证相关潜变量之间的相关性，如客户满意度和客户忠诚度的提高与财务指标的优化是相关的，而并不能验证其之间存在着因果逻辑关系。

大量实证研究也支持上述质疑。如Matthews和Katel（1992）的一项实证研究表明，大部分客户满意度提高对企业财务指标的改善作用并不明显。Tttner和Larcker（1997）研究表明，在各类行业、企业中内部流程制度和各项指标的设计并不一定能对绩效产生某种影响。Mittal和Lassar（1996）认为，客户质量与客户忠诚度之间不存在因果逻辑性。Fornell（1995）实证研究表明客户质量和忠诚度的提高可以促使企业扩大市场占有率，但并不是一种因果逻辑关系。

Norreklit根据休谟（David Hume）的因果准则思想得出平衡计分卡内部并不存在这种因果逻辑关系的结论。比较卡普兰和休谟对因果逻辑概念的理解，区别是：休谟认为因果律发生概率必须达到100%；卡普兰因果逻辑理念基于管理科学的角度，认为由于不确定性因素的存在，必然的因果关系是不现实的，只存在一定程度的因果逻辑关系，即因果律发生概率不一定达到100%。卡普兰对因果逻辑的理念更偏向于哲学上的基于概率论的因果关系，即只需满足原因与结果之间存在一定概率的因果影响。绩效有多方面的综合影响，驱动与结果之间具备较高概念意义。因此，从这个角度来说，平衡计分卡的因果逻辑关系是存在的，其4维度之间的关系符合基于概率论的因果关系理论，并同时具备因果性和时滞性（黎航，2016）。

2. 针对平衡计分卡（BSC）"因果关系链"的实证研究

相比于平衡计分卡在应用领域的研究，其因果逻辑实证检验的研究较少。鉴于"因果逻辑关系论"在平衡计分卡理论的核心地位及其在应用中的重要性，还需更多、更充分的实证研究来对其证明。

Birdi, AIan和Warr（1997）通过对大量制造业企业的职员进行调研，得出结论，企业为员工提供的一系列在职培训及职业发展规划，在一定程度上对员工整体工作满意度产生显著正向影响；Blau（1999）研究发现，员工满意度的提高很大程度体现在内部员工工作效率的提高和内部流程的优化上；Krishnan, Ramaswamy和Meyer等（1999）研究发现，内部业务流程的改进与顾客满意度提高直接相关；Spreng和Mackoy（1996）研究发现，服务质量和顾客满意度之间呈现因果关系。国内学者宋典（2009）尝试利用格兰杰检验来验证平衡计分卡的因果性，结果表明，因果逻辑关系在各个维度指标间的贯穿清晰地描绘了战略目标实现轨迹，是平衡计分卡发挥战略功能的关键因素。冉立平（2009）在对建筑施工企业调研数据的基础上，验证研究平衡计分卡战略地图的因果逻辑，研究结果表明，建筑施工企业5维度平衡计分卡中存在基于概率的因果关系。胡元林和黎航（2017）利用结构方程原理构建模型，以重污染企业为研究对象，选取了4大类20小类绩效指标来验证其内在因果关系链的存在，实证结果表明，学习与成长对内部流程有显著正向影响、内部流程对顾客有显著正向影响、顾客对财务有显著正向影响，证明了平衡计分卡4维度之间存在因果关系。

3. 开展卓越绩效计分卡（PESC）各维度指标相关性研究的必要性

如上所述，在理论研究方面，平衡计分卡各维度指标之间是否必然存在"因果关系"一直备受争议，在实证研究方面，存在如下问题。

1）针对个案的研究较多，针对整体的研究较少。在"学习与成长→内部流程→顾客→财务"这条"因果逻辑链"中，研究者更多地验证了某一维度内部各个指标的"因果"关系（如"培训及职业生涯规划"提升"员工满意度"）；较少地验证某两个维度指标之间的"因果"关系（如"员工满意度"促进"内部流程优化","内部流程优化"提升"顾客满意度");极少同时验证3个甚至4个维度指标之间的"因果"关系。

2)在对整条"因果逻辑链"进行验证的案例中,选择的绩效指标过少。平衡计分卡由4个层面,9个维度构成,每个维度又包括若干关键绩效指标。如果在构建研究模型时,选择的指标不能充分覆盖平衡计分卡的所有维度,并与拟研究对象(行业或企业)的成功关键因素保持一致,那么有可能导致研究结论不够客观。

因此,在企业的实际经营管理过程中,平衡计分卡(BSC)理论上的这种逻辑关系是否真实存在?是否能够有效指导企业的管理实践?这些疑问还有待验证。

卓越绩效计分卡(PESC)以平衡计分卡(BSC)的基本框架为基础构建,同样也继承了平衡计分卡的基于概率论的"因果逻辑论"。PESC共包括4个层面,12个维度,50类绩效指标,各个维度之间,各类指标之间,是否存在因果关系?又存在着哪些因果关系?我们必须通过实证研究来验证,以实现如下两个目标:

1)对卓越绩效计分卡12个维度(而非4个层面)之间的相关性进行研究,对概率论意义上的"因果逻辑论"进行验证;

2)找出那些对其他指标具有"正面直接影响"的指标(或驱动性指标),为企业关键绩效体系的设计提供指南。

(二)卓越绩效计分卡(PESC)模型构建方法及步骤

结构方程模型(Structural Equation Modeling,SEM)是一种建立、估计和检验因果关系模型的方法,基于变量的协方差矩阵来分析单项指标对总体的作用和单项指标间的相互关系,是多元数据分析的重要工具。

结构方程模型分析过程通常包括模型构建、模型运算、模型修正及模型解释4个步骤。本实证研究采用如图6-4所示步骤构建卓越绩效计分卡(PESC)结构方程模型,具体分为模型准备与模型验证两个环节11个步骤。

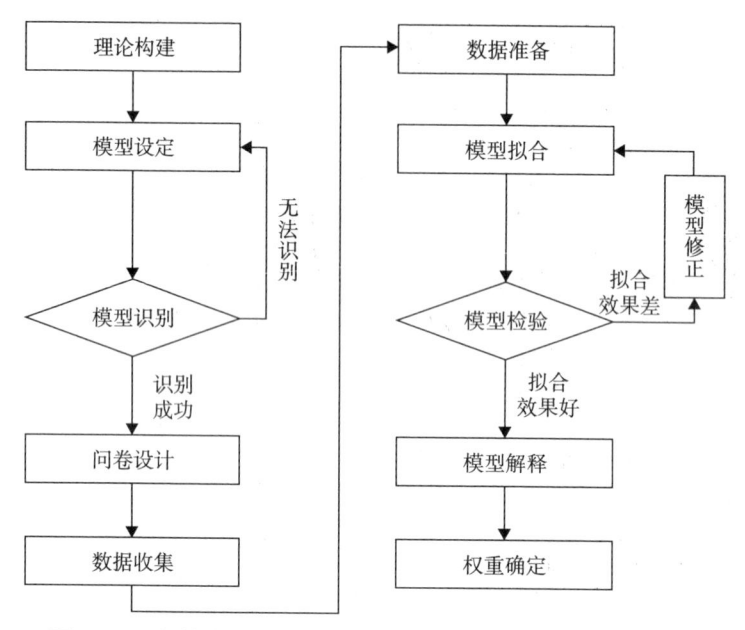

图6-4 卓越绩效计分卡（PESC）结构方程模型构建步骤

（三）模型构建：卓越绩效计分卡（PESC）各维度指标相互关系假设

1. 潜变量和测量变量的设定

我们在构建本结构方程模型之前，曾以卓越绩效计分卡（PESC）的4个层面（"学习与成长""内部流程""利益相关方""企业价值"）为潜变量，12个维度为测量变量进行模型构建（如图6-5所示），但模型验证结果并不理想（"学习与成长"维度与"企业价值"维度呈负相关关系，与"前者对后者具有直接正向影响"假设不符）。

考虑到各测量指标可能并不独立或者存在"滞后性"，根据第四章中建立的"卓越绩效计分卡（PESC）指标体系框架"，我们重新构建了结构方程模型。新构建的模型以卓越绩效计分卡（PESC）的12个维度为潜变量，50类绩效指标为测量变量（如图6-6所示）。

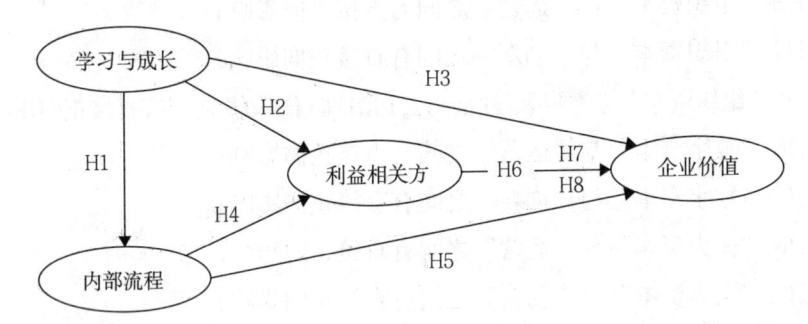

图6-5 卓越绩效计分卡（PESC）结构方程模型（1）：以4个层面为潜变量

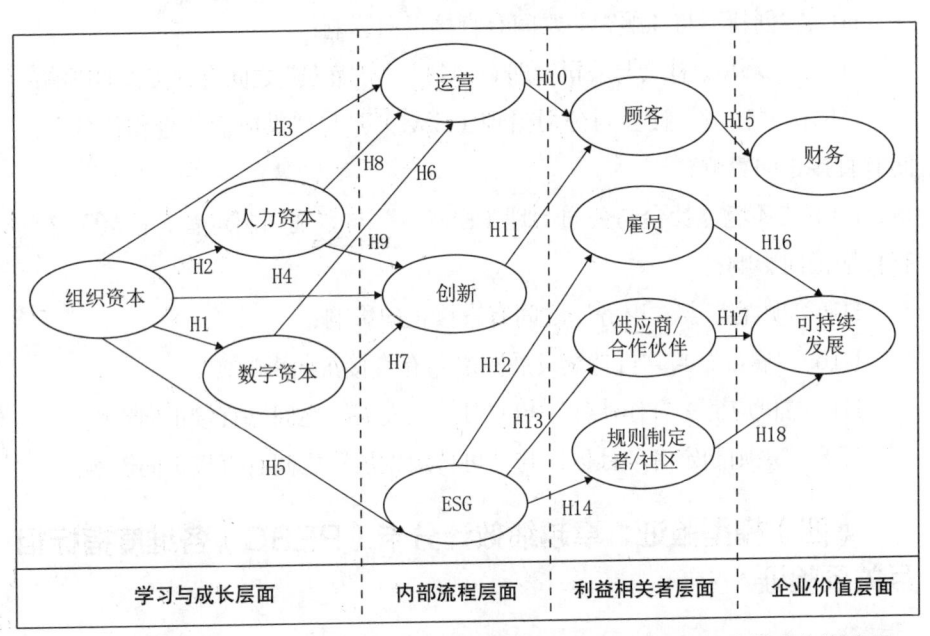

图6-6 卓越绩效计分卡（PESC）结构方程模型（2）：以12个维度为潜变量

2. 对潜变量之间的相互关系提出假设

理论上，卓越绩效计分卡（PESC）的12个维度"两两之间"都存在相关关系，但这样构建模型太过复杂，提出的假设太多。为了降低模型构建的复杂度，本书基于理论研究和实践经验，共提出了18条路径假设：

H1："组织资本"与"数字资本"之间有直接正向影响；

H2："组织资本"与"人力资本"之间有直接正向影响；

H3:"组织资本"与"运营"之间有直接正向影响;

H4:"组织资本"与"创新"之间有直接正向影响;

H5:"组织资本"与"环境、社会与公司治理（ESG）"之间有直接正向影响;

H6:"数字资本"与"运营"之间有直接正向影响;

H7:"数字资本"与"创新"之间有直接正向影响;

H8:"人力资本"与"运营"之间有直接正向影响;

H9:"人力资本"与"创新"之间有直接正向影响;

H10:"运营"与"顾客"之间有直接正向影响;

H11:"创新"与"顾客"之间有直接正向影响;

H12:"环境、社会与公司治理（ESG）"与"雇员"之间有直接正向影响;

H13:"环境、社会与公司治理（ESG）"与"供应商/合作伙伴"之间有直接正向影响;

H14:"环境、社会与公司治理（ESG）"与"规则制定者/社区"之间有直接正向影响;

H15:"顾客"与"财务"之间有直接正向影响;

H16:"雇员"与"可持续发展"之间有直接正向影响;

H17:"供应商/合作伙伴"与"可持续发展"之间有直接正向影响;

H18:"规则制定者/社区"与"可持续发展"之间有直接正向影响。

（四）模型验证：卓越绩效计分卡（PESC）各维度指标相互关系验证

1. 结构模型验证结果

经过问卷发放、数据收集、数据分析、三轮模型拟合及必要的MI模型修正，各项拟合指数均满足接受标准，第二次构建的结构方程模型通过模型验证。在18条假设中，12条假设被接受，6条假设未被接受（如图6-7所示）。

对6条假设"未被接受"的原因说明如下：

H6："数字资本"与"运营"之间有直接正向影响——未被接受，原因——存在负向影响;

H7："数字资本"与"创新"之间有直接正向影响——未被接受，原因——不显著；

H8："人力资本"与"运营"之间有直接正向影响——未被接受，原因——不显著；

H9："人力资本"与"创新"之间有直接正向影响——未被接受，原因——不显著；

H11："创新"与"顾客"之间有直接正向影响——未被接受，原因——不显著；

H17："供应商/合作伙伴"与"可持续发展"之间有直接正向影响——未被接受，原因——不显著。

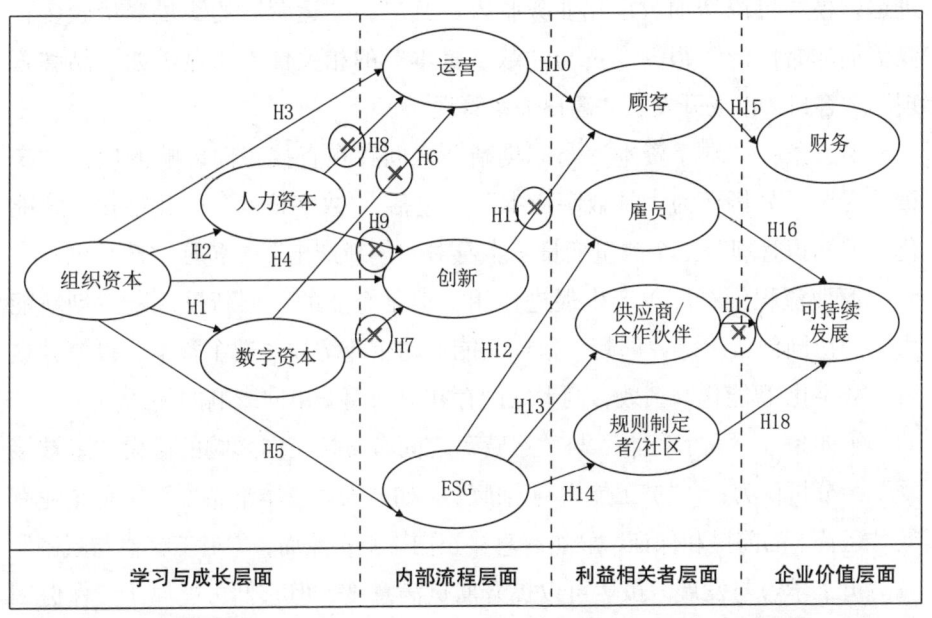

图6-7 卓越绩效计分卡（PESC）结构方程模型（3）：18项假设验证结果

2.验证结果解释

研究结果显示，12条假设被"接受"，6条假设"未获接受"，所得结论既有与理论和实践相符合的地方，也有不同之处，共形成十二条结论。

第一条："组织资本"与"人力资本""数字资本""运营""创新"

以及"环境、社会与公司治理（ESG）"之间存在直接正向影响关系的假设均成立，同时在12个潜变量当中，"组织资本"是唯一的"外生变量"，其余都是"内生变量"，这与理论和实践高度一致。"组织资本"包括"文化""领导力"和"战略协同"，类似于企业这台"机器"的"发动机"，推动了其余两个"学习和成长"维度和所有三个"内部流程"维度的运行，是企业生存和发展的第一驱动力。

第二条："数字资本"与"运营"之间存在直接正向影响的假设"未被接受"，并且检验显示具有一定程度的负向影响。分析这两个潜变量的测量变量，得出如下结论：其一，两个变量之间存在互为因果的关系，一方面，企业通过数字技术可以实现运营的"降本增效"，另一方面，企业通过改进运营模式可以增加数字化业务收入；其二，"运营"的测量变量较多，涵盖面非常广泛，很多变量与"数字资本"的相关性不明显（如"品牌管理""客户/市场开发""客户关系管理"）。

第三条："数字资本"与"创新"之间存在直接正向影响的假设"未被接受"。分析认为："数字资本"（包括"数字技术""数字化/智能化""知识管理"三个测量变量）本身对"创新产出"（包括"产品创新"和"商业流程创新"）产生促进作用，但是企业的"创新投入""创新能力""协同创新"等"创新"指标又能推动企业增加"数字资本"投资并提升"数字化/智能化"绩效，两者之间存在双向而非单向影响的关系。

第四条："人力资本"与"运营"之间有直接正向影响的假设"未被接受"。分析认为："员工能力与量能"（如"人力资本准备度"）是企业有效"运营"的前提和保证，显然有直接正向影响；然而，"员工权益与氛围"及"员工学习与发展"虽然可以提升雇员满意度，但它们可能属于"保健因素"而非"激励因素"，未必对"运营"绩效产生直接的影响。换言之，"保健"类人力资本绩效指标可能与运营效率存在"倒U形"关系。

第五条："运营"与"顾客"之间有直接正向影响的假设成立。"运营"维度的6类绩效指标中，除了"运营风险管理"外，其他5类指标均与"顾客"直接相关，因此改进"运营"指标能够显著改善"顾客满意"等指标。已有多项研究结果表明，内部业务流程的改进与顾客满意度提升直接相关，本研究再次验证了这一结论。

第六条："人力资本"与"创新"之间有直接正向影响的假设"未被接受"。分析认为：除"员工能力与量能"对"创新能力""创新活动"及"创新产出"有直接影响外，"创新投入""协同创新"及"创新产出"等"创新"类指标与"员工权益与氛围""员工学习和发展"等"人力资本"类指标的关联性并不明显。

第七条："创新"与"顾客"之间有直接正向影响的假设"未被接受"。考察"创新"的5个测量变量，除"创新产出"（主要是"产品创新"）会对"顾客"绩效产生直接影响外，其他变量均与"顾客"没有直接关系。因此，"创新"对"顾客"的直接正向影响不明显。

第八条："环境、社会与公司治理（ESG）"与"雇员""供应商/合作伙伴"及"规则制定者/社区"之间有直接正向影响的假设均成立。"环境、社会与公司治理（ESG）"是利益相关方理论在企业的投影，"雇员""供应商/合作伙伴""规则制定者/社区"是"股东"与"顾客"之外的企业最重要的利益相关方。改进ESG绩效能够有效提升关键利益相关方满意和贡献，这一观点在本次研究中得到了有效验证。

第九条："顾客"与"财务"之间有直接正向影响的假设成立。"顾客"向企业采购产品或服务从而给企业带来收入和利润，这是基本的商业逻辑。因为"顾客满意"并产生"财务"绩效，这是平衡计分卡的观点（但这个观点常常被质疑）；因为"顾客贡献"带来"财务"绩效，这是绩效三棱镜的观点。本假设在理论与实际方面保持了一致，但"顾客满意"与"财务绩效"之间的关系有待进一步研究。

第十条："雇员"与"可持续发展"之间有直接正向影响的假设成立。在卓越绩效计分卡（PESC）结构方程模型中，"ESG评级结果"是"可持续发展"的测量指标，其中包括"员工雇佣"指标（如职业健康与安全事件率、社会保障支出以及人权问题/劳动标准），这些指标与"雇员"维度的一些测量变量（如员工满意）密切相关。

第十一条："供应商/合作伙伴"与"可持续发展"之间有直接正向影响的假设"未被接受"。用于"可持续发展"潜变量的测量指标"ESG评价结果"，有"环境""社会"和"公司治理"3类指标，基本没有涉及"供应商/合作伙伴"的相关指标，因此，本假设被拒绝是合理的。

第十二条:"规则制定者/社区"与"可持续发展"之间有直接正向影响的假设成立。"规则制定者/社区"的相关指标如"社区投资""被处罚次数""被社区投诉/举报次数""获表彰次数""获荣誉次数""就业贡献率"和"政府补贴收入",直接影响ESG中的"社会"类指标绩效,具有直接正向影响。

(五)研究小结

尽管本次建模分析并没有得到一个非常"完美"的结果,但我们也获得了一些非常重要的发现,这些发现有助于我们在今后对卓越绩效计分卡(PESC)开展更好的应用与研究。

首先,与平衡计分卡(BSC)一样,卓越绩效计分卡(PESC)的4个层面之间的"因果关系链"是客观存在的,但这种存在不是停留在4个层面上,而是存在于4个层面下的12个维度,更准确地说,存在于12个维度下的50类绩效指标之间。我们曾经以4个层面为潜变量构建结构方程模型,结果失败了;然后我们以12个维度为潜变量构建结果方程模型,结果发现很多维度指标具有强相关性。我们相信,如果我们做进一步研究,以50类指标中的某一类指标为潜变量构建结构方程模型,会发现更多具有强相关性的绩效指标组合。

其次,卓越绩效计分卡(PESC)指标体系中,存在多个"因果关系链"的绩效指标组合,它们相当于若干个指标集,都具备"学习与成长→内部流程→利益相关方→企业价值"的因果逻辑,但是它们并非指向同一个方向(如利润),甚至有时会发生冲突(如短期目标与长期目标),更多的时候,它们的方向与整体方向存在偏差(如介于几何0度到正负90度之间),经过这些叠加,从而对整体一致性(如12个维度之间、4个层面之间的相关性)造成负面影响,并引发研究人员或使用者对其"因果关系链"产生怀疑。

最后,卓越绩效计分卡(PESC)是一个复杂的绩效管理系统,在具体应用时,使用者应"化繁为简",尽可能采取简单的方式。使用者应从这个大的指标体系中,设定组织在某一个特定时期内需要达成的战略目标,然后找出若干具有"因果关系链"的绩效指标组合——沛思环,从而构建4个层面的绩效指标体系。换言之,针对组织所构建的绩效指标体系,使用者需要了解各个指标之间的"因果逻辑"关系,这种关系,可以通过管理实践予以验证,也可以通过实证研究得出结论。

下 篇

卓越绩效计分卡管理实践

第七章
迈上卓越绩效之旅：从第一个沛思环（PESC Circle）开始

在掌握了企业经营逻辑——沛思环（PESC Circle），以及沛思计分卡（PESC）之后，企业就可以采用一种全新的方式开启卓越绩效之旅。按照沛思环的逻辑，企业经营管理活动是由若干个沛思环组成的，所以我们的旅程，从构建第一个沛思环开始，一共包括12个步骤。

Step 1：管理层决心

Step 2：成立沛思计分卡（PESC）推行工作组（或"造钟"工作组）

Step 3：学习沛思计分卡（PESC）相关理论及方法

Step 4：识别企业自身所处的发展阶段

Step 5：用沛思环（PESC Circle）审视组织的经营逻辑

Step 6：用沛思（PESC）企业经营管理成熟度模型做自我诊断

Step 7：拟定企业3~5年经营管理成熟度提升计划（或"造钟"计划）

Step 8：构建你的第一批沛思环（PESC Circle）——从原则到指标再到方法

Step 9：行动——先人后事，知行合一

Step 10：测量与分析

Step 11：绩效改进与方法改进

Step 12：校准——调整现有沛思环，引入新的沛思环

一、Step 1：管理层决心

是做一只"报时鸟"，还是做一名"造钟人"？是潜心生产并提供品质卓越的产品，还是专注于培育那些能够实现基业长青的公司特质？问题似乎很好回答，但现实是，管理层很难下定决心。

根据我们的调查，在300家规上企业中，按时间划分，经营年限在0~6年之间的企业占比13%；按规模划分，年营业收入在4000万元~4亿元人民币之间的企业占比37.33%，这两类企业的经营管理水平普遍偏低，亟待提升经营管理成熟度。

然而，这些企业都有一个共同特征，就是绝大多数企业由企业创始人负责日常的经营管理。在创办公司前，他们可能从事销售，也可能从事技术等工作，这些工作背景所形成的经营理念、习惯及手法在创业过程中得到了进一步强化，并被认为是他们成功的秘诀，从而使他们较难接受新的理念和方法。除非发生一些重大的变化，例如个人精力不济、企业经营出现困难，他们通常不会轻易选择"造钟"这条道路。

因此，只有经营理念或经营方式发生变化，企业才有可能启动"造钟"之旅。这种变化一般为如下三种。

1）企业创始人实现"自我进化"和"自我革命"。在认识到现有经营理念或方式无法支持企业长期成功时，创始人必须痛下决心，实施变革。例如华为在20世纪90年代末引进国外先进管理模式，并制定"先僵化、后优化、再固化"的政策，强力推动管理变革。

2）企业创始人将经营"权杖"移交给职业经理人。我国很多上市公司，董事长兼任总经理的情形普遍存在，也有一些董事长卸任总经理并将经营权移交给职业经理人团队。这些经理人或者来自企业外部，或者来自自家成长，为了实现更优异的经营目标，他们通常会引进一些新的管理理念和方法。

3）职业经理人的更迭。每隔3到5年，董事会需要换届，聘任新的职业经理人团队。遴选候选人，董事会不仅要进行工作背景调查，开展道德品

质、经营能力及过往经营绩效等考察，更重要的是，还要对拟实施的经营理念、原则、目标、模式及方法等进行系统评估，评估其是否满足公司的战略发展要求，是否能够进一步提升公司经营业绩及经营管理成熟度。

当董事会或经营管理层下定决心实施管理变革时，应抓住企业不同发展阶段前后衔接的窗口期，及时推出企业"造钟"计划。

1) 窗口期一：由"野蛮式生长"进入"高质量发展"阶段。在此窗口期，经营理念仍然是"股东至上"，但是经营管理模式将发生重大变化，"粗放式"的经营方式将被"集约式""精细化"的经营方式所取代。

2) 窗口期二：由"高质量发展"进入"可持续发展"阶段。在此窗口期，企业的经营理念将发生重大变化，由股东至上理论转变为利益相关方理论；管理层的绩效评价也从单纯的"财务"导向转变为"可持续发展"导向。

二、Step 2：成立沛思计分卡推行工作组

企业的战略管理工作通常分为4个阶段，即战略制定、战略部署、战略实施和战略评审。《财富》杂志研究表明，只有不到10%的战略得到了有效实施，大约70%的企业失败不是因为战略不行，而是由于战略实施不当。因此，对于志在"造钟"并追求卓越的企业而言，提升战略部署能力是关键一环。

我们建议企业成立一个沛思计分卡（PESC）推行工作组（简称PESC工作组或沛思工作组），也可称为"造钟"工作组来参与公司的战略制定，并具体负责公司的战略部署工作。

"造钟"工作组是一个跨部门的工作小组，它可以是一个董事会战略委员会下属的分支委员会，也可以是一个总经理领导的战略管理小组，它可以不负责公司战略的制定，但必须负责将公司战略转化为具体的行动方案。"造钟"工作组的工作职责通常包括如下内容：

1) 评估企业所处的发展阶段；
2) 利用沛思环（PESC Circle）审视组织的经营逻辑；
3) 利用沛思（PESC）企业经营管理成熟度评价模型进行自我诊断；
4) 拟定企业3~5年经营管理成熟度提升计划（或"造钟"计划）；
5) 重新梳理公司的经营逻辑（沛思环）——从原则到指标再到方法；

6）对组织绩效进行测量和分析；

7）定期开展经营管理成熟度自我评价，发掘改进机会；

8）调整、优化既有的经营逻辑（沛思环），适时引入新的沛思环。

"造钟"工作组可以由两个层次的机构组成，一是决策层，通常由首席执行官（或总经理）担任组长，成员为各关键部门的负责人；二是执行层，由负责战略管理或绩效管理的部门负责人担任秘书长，成员为各关键部门委派的代表。决策层负责定方向，执行层负责抓落实。

此外，当企业进入"可持续发展"阶段时，我们建议管理层邀请一些关键的利益相关方代表加入这个工作组，包括关键的股东、顾客、供应商／合作伙伴、员工、政府机构，以及社区等各类代表。认真聆听利益相关方的声音，有助于企业的经营活动更加健康、平衡和可持续。

三、Step 3：学习沛思计分卡相关理论及方法

在正式踏上卓越绩效之旅前，"造钟"工作组应优先成立一个学习小组，小组成员需要提前学习并掌握沛思计分卡（PESC）的相关理论、工具及方法，具体包括以下五个方面。

1. 沛思（PESC）企业成长四阶段模型

该模型将企业的卓越之旅分为四个阶段：野蛮式生长、高质量经营、可持续发展和卓越经营，每个阶段都有其显著的经营管理特征，下一阶段是上一阶段的升级或进化，各阶段之间不能实现跨越式发展。企业"造钟师"在"造钟"之前，需要了解企业所处的发展阶段，并获得企业经营管理关键特征的相关信息。沛思（PESC）企业成长四阶段模型的相关介绍见第二章。

2. 沛思环（PESC Circle或PIMA Circle）

企业如何为利益相关方创造价值？总经理如何精准高效地提升企业经营绩效？这里有一组经营的"密码"，被称为企业经营的逻辑。我们效仿戴明环（PDCA）构建了一个由原则（Principle）、指标（Indictor）、方法（Method）、行动（Action）、测量（Measurement）、改进（Improvement）

和校准（Alignment）共七个环节组成的螺旋式上升的环，即沛思环（首字母缩写为PIMAMIA Circle，所以也简称PIMA Circle或PIMA）。

沛思环是企业的"造钟"理论。将这套理论应用于实践、不断磨砺并养成一种习惯，我们每个人都能成为"造钟师"。关于沛思环的介绍参见第三章。

3. 沛思计分卡（PESC）

沛思计分卡（PESC）基于平衡计分卡（BSC）建立。前者借鉴了后者的框架，克服了后者的时代局限性，融入了20世纪最新的利益相关方理论、可持续发展理论和企业创新理论而建立。沛思计分卡（PESC）不仅是企业"造钟"的一个系统的工具，还可以替代平衡计分卡用于企业的战略部署，也可以作为一个独立的工具用于企业绩效管理系统的构建。

关于沛思计分卡（PESC）模型的介绍参见第五章，更多的理论和实证研究信息参见第四章和第六章。

4. 沛思计分卡（PESC）关联管理方法／工具系列

在定义了想要的结果（或指标）之后，企业需要引入或开发方法来实现这些结果（或指标）。方法用于实现目标，同时也用于解决问题，很多企业往往能够明确自己存在的问题，或者想要达成的目标，但是苦于找不到适宜的、性价比高的解决问题（或实现目标）的方法。

方法／工具是企业"造钟"的基石。本书附录一针对沛思计分卡（PESC）的一些核心指标（共32类），推荐了若干对应的工具或方法。本书第八章针对企业在不同发展阶段的关键管理议题，挑选了12类方法重点介绍。

5. 沛思（PESC）企业经营管理成熟度评价模型

以沛思计分卡（PESC）中的每类指标为评价对象，借鉴ISO 9004质量标准及欧洲质量奖RADAR评价模型（如表7-4所示），我们开发了一个简单易用的企业经营管理成熟度评价模型（见本章Step 6）。该模型可用于企业自我评价、委托方（或客户）评价以及第三方自愿性认证评价。

四、Step 4：识别企业自身所处的发展阶段

政府质量奖设置的目的之一是树立榜样或标杆，以鼓励其他公司学习借鉴。然而，简单照搬榜样或标杆并不足取，企业需要选择合适的发展主题，设置可行的绩效指标进行改进。参照第三章介绍的沛思（PESC）企业成长四阶段模型，企业需要正确识别自身所处的发展阶段，对标下一阶段的关键主题和指标，制定切实可行的发展计划。企业提升经营管理成熟度需要时间、需要稳步推进，不能够有任何"弯道超车"或"跨越式发展"的想法，例如从阶段Ⅰ跨越至阶段Ⅲ，或者从阶段Ⅱ跨越至阶段Ⅳ。

针对企业发展四阶段16类发展主题，围绕原则（Principle）、指标（Indicator）、方法（Method）和行动（Action），"造钟"工作组成员应根据分工安排，对每个主题依次回答如下问题。

1）原则（P）——制定了何种价值观或经营原则以指导相关行动？

2）指标（I）——最重要的、纳入绩效考核的指标是什么？最近三年的绩效结果如何？

3）方法（M）——采用了什么工具/方法以实现上述目标或指标？

4）行动（A）——上述工具/方法应用于哪些过程或项目？

接下来，针对自我诊断结果，对每个回答给出一个适合的评价：

1）有明确答案且基本符合要求的，给予"符合"（Meet）的评价；

2）没有答案或虽有答案但不符合基本要求的，给予"不符合"（Below）的评价；

3）有明确答案且充分符合要求的，给予"满意"（Above）的评价。

表7-1是一份可参考使用的企业经营管理状况自我诊断表。

表7-1 沛思（PESC）企业经营管理状况自我诊断表

序号	主题		自我诊断情况说明	诊断结果
Q1	产品			
		原则	制定了何种价值观或经营原则以指导相关行动？请说明：	
		指标	最重要的、纳入绩效考核的指标是什么？最近三年的绩效结果如何？	
		方法	采用了什么工具/方法以实现上述目标或指标？请说明：	
		行动	上述工具/方法应用于哪些过程或项目？请说明：	
		校准	经营原则是否与公司价值观保持一致？请说明：	
			关键绩效指标是否与经营原则保持一致？请说明：	
			工具/方法是否与经营原则及关键绩效指标保持一致？请说明：	
			与其他主题的逻辑链（沛思环）是否存在不一致、矛盾或冲突？	
Q2	客户（同上，略。下同）			
Q3	供方			
Q4	财务绩效			
Q5	运营			
Q6	创新			
Q7	战略协同			
Q8	员工			
Q9	与供方互利的关系			
Q10	规则制定者/社区			
Q11	环境保护			
Q12	可持续发展绩效			
Q13	高效的组织系统			
Q14	远见卓识的领导			
Q15	企业家精神			
Q16	品牌溢价			

根据诊断结果，"造钟"工作组可以就每个主题做一个大致的评估，判定其四个要素（原则、指标、方法及行动）是否符合要求（Below、Meet或Above），并综合Q1~Q16共16类主题的评估结果，判定企业所处的发展阶段。

事实上，"造钟"工作组可以通过识别企业不同发展阶段的关键特征（参见第二章）进行阶段判定，这是一种简单的方式。采用上述"自我诊断表"的方式虽然略显复杂，但有助于全面了解企业经营管理的薄弱环节，为后续（Step 7）成熟度提升计划（或"造钟"计划）的制定指明方向。

五、Step 5：用沛思环审视组织的经营逻辑

沛思环（PESC Circle）的最后一环是"校准"（Alignment），其作用是发挥聚焦与校正功能作用，确保原则、指标和方法在纵向保持一致性，在横向维持协调性，消除诸如指标背离原则、方法背离指标、原则与原则相冲突、指标与指标相矛盾，以及方法与方法不一致等经营管理逻辑的混乱。

在上一步骤PIMA（原则-指标-方法-行动）自我诊断的基础上，"造钟"工作组可以利用沛思环的"校准"功能对组织的经营逻辑进行审视。针对16个关键主题，需要回答如下四个问题。

1）经营管理原则是否与公司价值观保持一致？
2）关键绩效指标是否与经营原则保持一致？
3）工具/方法是否与经营管理原则及关键绩效指标保持一致？
4）不同沛思环是否存在不一致，是否相互矛盾或冲突？

（一）审视组织的经营管理原则

审视组织的经营管理原则是否与组织的价值观保持一致？

在我国企业的管理实践中，存在着一种较为普遍的现象，就是企业制定了公司价值观，但是没有制定经营管理原则，或者虽然制定了经营管理原则，但与价值观的关联性不强或者存在不一致、相互矛盾或冲突。

也许有人会问：公司已经制定价值观了，还有必要制定经营管理原则吗？这是一个好问题，事实上，经营管理原则与价值观是两个不同的概念，虽然两者存在诸多相同点。

对冲基金桥水创始人瑞·达利欧（2018）在其著作《原则》一书中指出，原则是根本性的真理，它构成了行动的基础，通过行动让你实现生命的愿望。原则可以不断地被应用于类似的情况，以帮助你实现目标。

达利欧认为，我们每个人都应该拥有自己的生活原则。有时候我们通过自己的经验或反思总结出原则；有时候我们从其他人，比如父母那里接受原则；有时候我们接受一整套的原则，例如宗教原则、法律框架等。

对于企业，同样如此。我们需要通过组织的经验和反思总结出原则，需要从其他企业的成败得失中收集原则，需要从企业经营管理的普遍规律中提

炼出原则，然后分享它们、检验它们、完善它们。

案例7-1：
达利欧将原则分为三个层次——高层次原则、中层次原则和分原则，并列举了涵盖"文化""人"及"系统"三方面共16条高层次原则，99条中层次原则及数百条分原则。例如：
——相信极度求真和极度透明；
——做有意义的工作，发展有意义的人际关系；
——比做什么事更重要的是找对做事的人；
——要用对人，因为用人不当的代价高昂；
——像操作一部机器那样进行管理以实现目标；
——发现问题，不容忍问题。

吉姆·柯林斯认为，企业核心价值观是企业的精神和持久坚持的原则——一套不需要外部调整的永恒指导原则，它对公司内部的人拥有固定的价值和意义。吉姆·柯林斯同时认为，一个持久伟大的公司是"出于自己的需要"决定什么价值才是核心的，而不是出于当时的环境、竞争需求或追求时尚管理；真正的企业核心价值观通常不会轻易改变，必须可以经受时间的考验，但经营做法、商业谋略、文化标准等可以因时而变。例如一家高科技公司认为，10年后，质量不再存在明显差异，客户更关注速度和动力，因此，质量不适合列入核心价值，但追求领先的创新则应列入公司价值观。

综上所述，企业价值观与经营管理原则相比，存在如下三点差异。

1）企业价值观对内表现为企业的一种组织信仰、对外彰显为企业的一种公司品质，较为抽象，例如"信任"；经营管理原则是一组指导工作如何开展的标准和规范，较为具体，例如"我们尊重每一位员工"。经营原则可以分解到企业运营的各个环节，包括研发、运营、供应链、财务、人才、服务、合作、绩效等。

2）价值观更为底层，是企业文化的根，经营管理原则是价值观的具象化和场景化。价值观指导经营管理原则的制定，反过来，经营管理原则可促进价值观的提炼和升华。例如，美国奈飞公司（Netflix）的"判断+勇气"

（价值观）对应"离开时好好说再见"（原则）。

3）价值观具有稳定性和持久性，经营管理原则可以随公司阶段性变化而大幅度调整或迭代。例如，某公司实施海外并购，新增海外雇员后，原有的"坦诚包容"的价值观维持不变，但可以增加"尊重多元文化差异"作为新的经营管理原则。

只有充分理解上述两个概念之间差异，"造钟"工作组才能够对两者之间的一致性进行评价。评价的准则可以分别参照吉姆·柯林斯关于"核心价值"和瑞·达利欧关于"工作原则"的定义和看法。例如，"精益"列入"核心价值"还是列入"工作原则"合适？"造钟"工作组的成员需要回答："精益"是公司10年后也要坚定的信仰吗？"精益"是我们准备向客户展示的一种公司品质吗？如果答案是否定的，则不宜列入"核心价值"，但可以列入公司运营管理的"工作原则"。

当然，审视的前提是，企业已经制定了书面的价值观和经营管理原则。如果两者仅有其一或者两者皆无，可以直接报告结果并在后续工作（Step 7）中重新建立。

（二）审视组织的关键绩效指标

审视组织的关键绩效指标是否与经营原则保持一致？

按照王阳明"知行合一"的哲学思想，个人的活动由"知"和"行"两部分组成，同理，企业的经营活动也由两部分组成，即"经营哲学"（知）和"经营机制"（行）。"经营哲学"沿着"经营理念→价值观→经营原则"的路径依次展开，"经营机制"沿着"使命→愿景→战略目标"的路径逐层分解，最终在"战略目标"和"经营原则"的共同指引下，一系列"指标"和"方法"得以确定，达成了企业经营管理系统的"知行合一"（如图7-1所示）。

然而，在管理实践中，很多企业并没有如此清晰的"知行"系统。在"经营机制"（行）方面，很多经营者知道当下企业最重要的目标，但不清楚未来的"愿景"是什么；在"经营哲学"（知）方面，同样有很多经营者完全不清楚"经营理念""价值观"及"经营原则"，墙上或网站上挂上的"价值观"未必是其真实的想法。

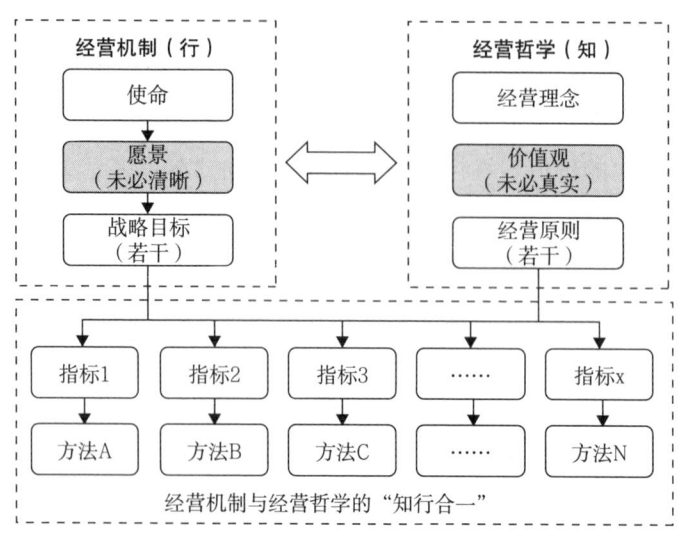

图7-1　企业经营机制与经营哲学的"知行合一"系统

此外，企业经营管理的"知行"系统并非平行推进，而是相互影响。一方面，公司价值观对公司愿景产生作用，进而影响战略的选择与制定，经营原则决定实现目标的手段或方法，进而影响目标的制定与分解；另一方面，在理想与现实发生冲突时，战略的选择与制定可能会让价值观空余一句口号，目标的制定和分解也可能迫使经营者修改经营原则。因此，构建企业经营机制与经营哲学的"知行合一"系统是一个长期的、动态的过程。

我国企业（尤其是民营企业）整体的经营管理成熟度偏低，很多企业并没有制定经营原则，或者以经营原则指导经营活动，企业的关键绩效指标大多根据战略及战略目标分解而得，因此，存在目标（Indicator）与原则（Principle）不一致的情形。

彼得·德鲁克曾经说过："你如果无法度量它，就无法管理它"。我们认为，在管理实践中，每一项经营原则不必然有一个或多个绩效指标与其关联，但每一个绩效指标都体现了管理者的经营管理思考，都必然有一项或多项原则与其对应。

本书第三章"企业经营逻辑的迷失"一段中列举了"指标与原则相背离"的若干情形。"造钟"工作组需要一一审视各类指标是否与企业经营原则保持一致。

（三）对工具／方法进行盘点

工具／方法是否与经营管理原则及关键绩效指标保持一致？

指标（或目标）通过过程来实现，过程指组织使用的各种方法。类似于目标与原则之间的关系（如图7-1所示），有目标（Indicator）必然有方法（Method），有方法不必然有目标，但是，每类方法都体现一定的经营管理原则。例如，一家企业通过精益生产降低成本、提升效率，尽管它未必设置了与"精益"有关的目标，但它一定将"精益"作为其运营管理的原则之一。

在管理实践中，方法背离指标、方法与指标弱相关、方法与指标不相关的情形时有发生，究其原因，是经理人员未能形成深刻认知。例如，员工满意就一定意味着顾客订单增加吗？员工满意就一定意味着生产效率的提升吗？在班组一级建立会计核算体系就能取得阿米巴经营的预期成效吗？

所以，需要对组织当前使用的一些重要工具或方法进行逐一盘点，重新审视它们对绩效目标实现的贡献度，充分理解这些工具或方法背后隐含的经营管理思想或原则，并对两者之间的一致性进行评估。

我们针对沛思计分卡（PESC）12维度中36类绩效指标可能涉及的工具／方法做了概述性介绍（附录一），同时选择12类重要的管理工具／方法进行详细介绍（参见第八章）。理解并掌握它们，是企业应用沛思计分卡（PESC）提升经营管理成熟度的关键环节，也是"造钟"工作组审视企业经营管理逻辑的能力准备。

（四）评估不同沛思环之间的整合度

不同沛思环是否存在经营原则、关键绩效指标、工具／方法的不一致，是否相互矛盾或冲突？

矛盾存在于一切事物之中，事事有矛盾，时时有矛盾。对于一家企业而言，短期与长期、局部与全局、个人与集体、风险与效率、质量与成本、流动与瓶颈、稳定与创新等，这些矛盾总是成对出现，企业的每一点点进步都伴随着一对对矛盾的解决。在企业的经营管理过程中，出现矛盾并不可怕，可怕的是没有及时发现矛盾、解决矛盾，让矛盾恶化到冲突，从而给公司的正常经营造成影响，对组织的机体健康造成伤害。

相比于矛盾或者冲突，各类不一致的经营活动因为其破坏性小，往往更不容易被发现，但其破坏性未必小于矛盾或者冲突。有一则"动物拉车"的寓言故事：天鹅、龙虾和黄花狗一起拉一辆车，大家都费了九牛二虎之力，但车子移动得非常缓慢，原因是天鹅往天上拉，龙虾向水下拉，只有黄花狗行进在正确的方向上。这种原则不一致、目标不一致、方法不一致的现象如同企业的各类"慢性病"（或者"亚健康"），如果不及时发现并加以治疗或矫正，将会慢慢侵蚀组织健康的机体并有可能导致重大疾病甚至"癌变"。

任何一家企业的运营，都由若干个经营逻辑链（沛思环）构成，大环套小环，左环接右环，环中有环，环环相扣。针对一些关键的管理议题，"造钟"工作组应逐一审视它们的经营逻辑与其他沛思环是否存在经营原则、关键绩效指标、工具/方法的不一致，是否相互矛盾或冲突。

在沛思（PESC）企业成长四阶段模型中，我们推荐了16个关键议题用于企业自我诊断，这里隐含着一个假设，即假设企业已经发展到"卓越经营"阶段。如果企业尚处于"可持续发展"或"高质量经营"甚至"野蛮式生长"阶段，可减少需要诊断的关键议题数量，着眼于发掘当下亟待解决的问题，以提高"造钟"工作组的工作效率和质量。

详细记录每一个关键议题的诊断发现，同时探索可行的解决方案。除了评估"价值观→经营管理原则→指标→方法"逻辑链的一致性（包括整体一致性或者两两一致性），还要对其完整性进行评估。在沛思环的前半段（PIMA）中，每个环节都存在"脱钩断链"的可能性（例如在原则、指标和方法中，三者缺其一、三者缺其二，甚至三者全无），"造钟"工作组需要予以全面记录，以便为后续经营逻辑（沛思环）的重构做好准备。

六、Step 6：用沛思企业经营管理成熟度模型进行自我诊断

（一）沛思（PESC）制造业企业经营管理成熟度模型介绍

成熟度思想来源于美国质量大师菲利普·克劳斯比（1979）在《质量免费》一书中提出的质量成熟度方格理论。借鉴病人康复的过程，克劳斯比首

次将企业的质量管理水平从低到高划分为五个阶段,描述了一个企业的质量管理从不成熟走向成熟的过程,即质量成熟度方格。在质量成熟度方格提出以后,又产生了麦肯锡质量等级评定方法和ISO 9004成熟度评价模型。

ISO 9004成熟度评价模型由两部分组成:一是评价准则,即怎么打分;二是评价基础,即打分的具体对象(或条款)。ISO 9004: 2000《质量管理体系业绩改进指南》以ISO 9001: 2000《质量管理体系要求》为评价基准,依据组织管理体系不同的运作水平,将成熟度分为1~5级(具体分级及定义如表7-2所示),建立了类似克劳斯比质量成熟度方格的成熟度评价模型。

表7-2 ISO 9004: 2000推荐的组织运作成熟水平评价准则

成熟水平	业绩水平	指南
1	没有正式的方法	没有采用系统方法的证据;没有结果,不好的结果或非预期的结果
2	反应式的方法	基于问题或纠正的系统方法;改进结果的数据很少
3	稳定的正式的系统方法	系统的基于过程的方法,处于系统改进的初期阶段;可获得符合目标的数据,存在改进的趋势
4	重视持续改进	采用了改进过程;结果良好且保持改进趋势
5	最好的运作级别	最强的综合改进过程;证实达到了水平对比的最好结果

以政府质量奖为代表的各类卓越绩效模式,其本质也是一种经营管理成熟度评价模型。评价模型同样由两部分组成:评价准则和评价基础。欧洲EFQM卓越奖(原欧洲质量奖)的评价准则是一个"RADAR"模型,该模型提供了一个动态的评价框架来评估组织的经营管理成熟度。RADAR包含4个要素:结果(Results)、方法(Approaches)、展开(Deploy)、评价(Assess)与改善(Refine),其定义如表7-3所示。

表7-3 EFQM: 2018 RADAR模型

步骤	内容	定义
1	结果(Results)	定义要想实现的结果
2	方法(Approach)	计划和开发方法来传递结果
3	展开(Deploy)	展开方法
4	评价与改善(A&R)	评估影响并加以改进,以确保达到预期效果

对比ISO 9004: 2000和EFQM: 2018两类成熟度评价模型（如表7-4所示），我们发现两者有很多相似之处，并且简单、易于理解，便于组织开展自我诊断与评价。为了确保两类模型有更好的对应关系，我们对ISO 9004: 2000的评价准则中的"评分"做了微调。

表7-4　ISO 9004: 2000和EFQM: 2018成熟度评价准则对比表

评分	水平（ISO 9004）	水平（EFQM RADAR）
0	没有正式的方法	
1	反应式的方法	
2		R：定义想要实现的结果（绩效指标）
3	稳定的正式的系统方法	A：计划和开发方法传递结果
		D：展开方法
4	重视持续改进	A&R：评估影响并加以改进
5	最好的运作级别	

根据ISO 9004: 2000和EFQM: 2018两类成熟度评价模型的比较研究，我们以沛思计分卡（PESC）为基础（或打分对象），建立了一个制造业企业经营管理成熟度模型，这个模型包括两个部分。

1. PartⅠ：沛思（PESC）制造业企业经营管理成熟度评价准则

这是一个相对静态的评价准则，借鉴了EFQM:2018的RADAR模型以及ISO 9004: 2000的成熟度评价模型，其评价准则如表7-5所示。

表7-5　沛思（PESC）制造业企业经营管理成熟度评价准则

评分	业绩水平	评分指南
0	没有正式的方法	没有采用系统方法的证据；没有结果，不好的结果或非预期结果
1	反应式的方法	基于问题或纠正的系统方法；改进结果的数据很少
2	定义了绩效指标	定义了想要实现的结果（绩效指标）
3	建立了系统方法	计划和开发了方法以传递结果，并展开了方法
4	重视持续改进	评估影响并加以改进，以确保达到预期效果
5	最好的运作级别	最强的综合改进过程；证实达到了水平对比的最好结果

2. PartⅡ：沛思计分卡（PESC）指标体系

这是一个相对动态的指标体系，可以随行业、地区、规模、企业价值观等的不同进行动态的调整。我们将其分为"学术版"和"应用版"两个版本。

"学术版"倾向于理论研究，指标体系的构成属于理论研究的结果，包括4个层面、12个维度、50类指标（如表4-5所示）；"应用版"侧重于管理实践，在"学术版"的基础上删减、合并了一些对实践指导性不强的指标，同样包括4个层面、12个维度，但指标类型减少到32类。两个版本指标体系的构成及差异如表7-6所示。

表7-6　沛思计分卡（PESC）指标体系：学术版 VS 应用版

一级指标	二级指标	三级指标（学术版）	三级指标（应用版）
B1 企业价值 层面	C1 财务	D1 营利能力	01 营利能力
		D2 营运能力	02 营运能力
		D3 偿债能力	
		D4 发展能力	
	C2 可持续发展	D5 ESG评级结果	03 ESG评级结果
B2 利益相关 方层面	C3 顾客	D6 顾客满意	04 顾客满意
		D7 顾客契合	
		D8 顾客贡献	05 顾客贡献
	C4 雇员	D9 员工满意	06 员工满意
		D10 员工契合	
		D11 员工贡献	07 员工贡献
	C5 供应商/合作伙伴	D12 供应商/合作伙伴满意	08 供应商/合作伙伴满意
		D13 供应商贡献	09 供应商贡献
	C6 规则制定者/社区	D14 规则制定者/社区满意	10 规则制定者/社区满意
		D15 规则制定者/社区贡献	11 规则制定者/社区贡献
B3 内部流程 层面	C7 运营	D16 品牌管理	12 品牌管理
		D17 客户/市场开发	13 客户/市场开发
		D18 客户关系管理	
		D19 产品/服务生产	14 产品/服务生产
		D20 产品销售/服务提供	15 供应链管理
		D21 运营风险管理	16 运营风险管理

续表

一级指标	二级指标	三级指标（学术版）	三级指标（应用版）
B3 内部流程层面	C8 创新	D22 创新投入	
		D23（1）劳动力技能	
		D23（2）知识产权能力	
		D24 创新活动	17 创新活动
		D25 协同创新	
		D26（1）产品创新	
		D26（2）商业流程创新	
B3 内部流程层面	C9 环境、社会与公司治理	D27（1）气候变化	18 气候变化
		D27（2）能源与资源	19 能源与资源
		D27（3）污染物排放	20 环境管理
		D27（4）环境负面事件	
		D27（5）环境治理机遇	
		D28（1）员工雇佣	21 员工雇佣
		D28（2）社区支持	
		D28（3）产品责任	22 产品责任
		D28（4）利益相关方争议	
		D28（5）社会责任机遇	
		D29（1）治理责任	23 治理责任
		D29（2）法律责任	24 法律责任
		D29（3）商业道德	25 商业道德
B4 学习和成长层面	C10 人力资本	D30 员工能力与量能	26 员工能力与量能
		D31 员工权益与氛围	
		D32 员工学习与发展	27 员工学习与发展
	C11 数字资本	D33 数字技术	
		D34 数字化/智能化	28 数字化/智能化
		D35 知识管理	29 知识管理
	C12 组织资本	D36 文化	30 文化
		D37 领导力	31 领导力
		D38 战略协同	32 战略协同

（二）大湾区先进制造业沛思（PSEC）企业经营管理成熟度调查结果

1. 样本企业经营管理成熟度评分结果

根据粤港澳大湾区先进制造业企业经营管理成熟度的调查结果，采用沛思（PESC）企业经营管理成熟度评价模型对300个样本企业逐一打分并计算出平均分为57.77%。按照"经营时间""企业规模""是否上市"以及"是否获奖"共4个维度，分别计算各类型企业的平均分，得出如下结论。

1）企业成熟度水平与企业经营时间正相关，企业经营时间越长，成熟度越高。从A区间（0~6年）到B区间（7~12年）有一个大的提升，从D区间（18~24年）到E区间（24年以上）又有一个大的提升（如图7-2所示）。

2）企业成熟度与企业规模正相关，企业规模从中型发展到大型，成熟度会有较大提升，从大型发展到特大型又会有较大的提升（如图7-3所示）。

3）上市公司具有较高成熟度，非上市公司的成熟度较低，两者差异明显（如图7-4所示）。

4）获得政府质量奖的企业具有较高的成熟度，未获奖企业的成熟度较低，两者差异明显（如图7-5所示）。

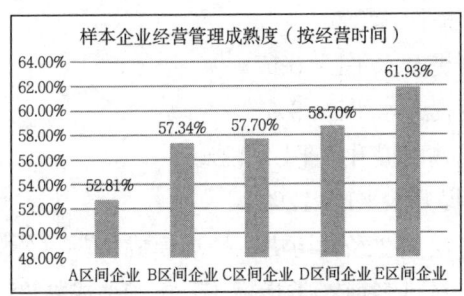

图7-2　企业经营管理成熟度——基于经营时间

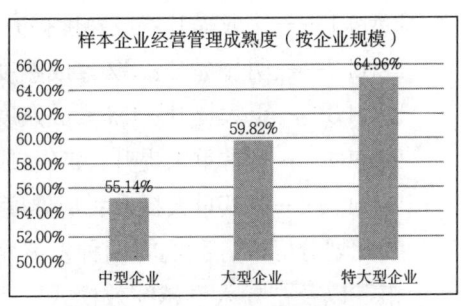

图7-3　企业经营管理成熟度——基于企业规模

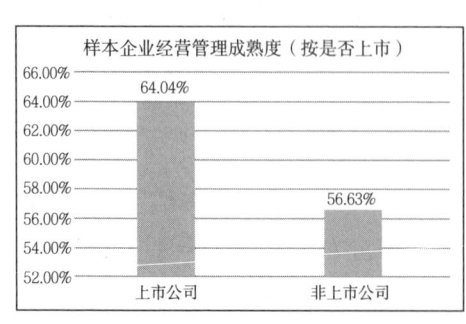

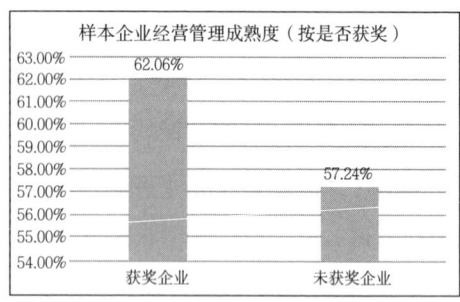

图7-4　企业经营管理成熟度
　　　——基于是否上市

图7-5　企业经营管理成熟度
　　　——基于是否获奖

2. 企业经营管理成熟度影响因素分析

在图7-2中，位于A区间企业的经营管理成熟度为52.81分（百分制），B、C、D区间企业的成熟度均逐步提升，最后E区间企业的成熟度达到61.93分，换言之，初创企业经过至少24年的发展，其成熟度提升了9.12分（或9.12%）。在图7-3中，一个中等规模的企业发展成一个特大型企业，其成熟度从55.14分提升至64.96分，共提升了9.82分（或9.82%）。

综合考虑上述评分数据，我们将各类指标成熟度提升程度分为如下五个等级。

Level 1——一般提升：成熟度提升水平L＜3%

Level 2——明显提升：3%≤成熟度提升水平L＜6%

Level 3——重大提升：6%≤成熟度提升水平L＜9%

Level 4——非常重大提升：9%≤成熟度提升水平L＜12%

Level 5——极其重大提升：成熟度提升水平L＞12%

按此划分标准，我们将四种发展路径（"经营历史""规模成长""公开上市"以及"导入卓越绩效模式"）对排名前20类指标（Top 20）成熟度的提升程度进行了整理（如表7-7所示），发现不同路径对Top 20的影响程度存在较大差异。

从表7-7可以看出，在四类企业发展路径中，企业"经营历史"对企业成熟度提升的作用最为明显（100%的Top 20指标得到了"重大提升"），"规模成长"次之（90%的Top 20指标得到了"重大提升"），"公开上市"再次之（75%的Top 20指标得到了"重大提升"），"导入卓越绩效模式"作用最低（只有45%的Top 20指标得到了"重大提升"）。但是，四种路径所花费的时间正好相反，"导入卓越绩效模式"投入时间最短，"公开上市"次之，从A区间到E区间花费的时间最长。

表7-7　不同发展路径对关键绩效指标（Top 20）成熟度影响程度一览表

影响维度		影响程度																		
		经营历史					规模成长					公开上市					导入卓越绩效模式				
Top 20指标类型		Level 1	Level 2	Level 3	Level 4	Level 5	Level 1	Level 2	Level 3	Level 4	Level 5	Level 1	Level 2	Level 3	Level 4	Level 5	Level 1	Level 2	Level 3	Level 4	Level 5
D5	ESG评级结果					★					★			★							★
D1	营利能力					★					★			★				★			
D2	营运能力				★						★				★				★		
D7	顾客契合				★					★				★				★			
D4	发展能力				★					★				★					★		
D6	顾客满意				★					★				★							
D3	偿债能力					★												★			
D8	顾客贡献				★					★		★						★			
D14	规则制定者/社区满意					★					★			★							
D30	员工能力与量能			★					★					★					★		
D32	员工学习与发展				★				★										★		
D15	规则制定者/社区贡献				★						★				★					★	
D33	数字技术			★						★					★				★		
D21	运营风险管理				★						★					★					
D9	员工满意		★						★												
D19	产品/服务生产				★				★												
D34	数字化/智能化			★						★				★						★	
D36	文化			★						★				★					★		
D20	产品销售/服务提供			★					★				★								
D37	领导力			★						★				★				★			

（三）定制你的沛思（PSEC）企业经营管理成熟度模型

建立一个经营管理成熟度水平的"基线"，并在此基础上每年定期评估企业在追求卓越的道路上所取得的进步，可帮助企业及时明确自身所处的发展阶段以及与目标之间的差距，从而为改进决策提供更多有价值的信息。因此，如果你的组织计划采用沛思（PESC）系列工具迈向"卓越经营"，我们建议你开发一个专属于自己的沛思（PESC）经营管理成熟度评价模型。

我们已经对沛思计分卡（PESC）的指标构成及各自权重进行了研究，研究采用了主客观相结合的方式，保证了研究成果的普遍性和通用性。然而，针对某一具体企业，可能存在行业、地域、发展阶段、内外部经营环境以及经营理念等方面的差异，管理层在构建自身的绩效测量系统时，需要在沛思计分卡（PSEC）的基础上，进行必要的指标适用性评估、删减、权重分配，量身定制适合本公司的经营管理成熟度模型。具体步骤如下。

1. 确定指标体系

以表7-6沛思计分卡（PESC）指标体系（应用版）的32类指标为基础，"造钟"工作组可以通过"头脑风暴法"或李克特五级量表法，结合企业的具体经营状况进行指标增减，从而形成本企业的绩效测量指标体系。

"造钟"工作组在遴选指标时，应聚焦于公司愿景，围绕公司中期战略目标（或3~5年发展规划），使之具有一定的前瞻性和牵引性。过于超前（如3年或5年以上），容易让企业背负过重的包袱，对当下紧缺的资源造成不必要的消耗；只关注当下（如一年以内），则过于安于现状，难以实现管理突破，无法有效支持企业未来业务的发展。

企业沛思计分卡（PESC）指标体系的构建，其本质是战略目标的制定与分解，是公司战略部署的一个过程。对于已经建立了战略规划流程的企业而言，需要将这个指标体系构建过程融入其中；对于尚未建立战略规划流程的企业而言，可以通过该过程推动公司战略管理流程的建立。

2. 确定指标权重

针对企业新构建的指标体系，"造钟"工作组可以采用层次分析法（AHP）或判断矩阵法，对所有指标进行重要程度的"两两比较"，然后按照相应程序计算出所有指标的权重并排序，列出本公司各类指标的重要度排行榜（如Top 20、Top 10或Top 5）。

层次分析法相对比较复杂，更多应用于学术研究。判断矩阵法简单易学，在产业界得到广泛应用，现以某公司为例说明如下。

第一步：以沛思计分卡（PESC）的12个维度（二级指标）为比较对象，构建判断矩阵，采用"两两比较"方式进行比较，由"造钟"工作组综合评估，形成结果如表7-8所示。

表7-8 某公司沛思计分卡（PESC）指标体系权重：12维度指标综合评估结果（示例）

		C1 财务	C2 可持续发展	C3 顾客	C4 雇员	C5 供应商/合作伙伴	C6 规则制定者/社区	C7 运营	C8 创新	C9 环境、社会与公司治理	C10 人力资本	C11 数字资本	C12 组织资本	横向得分	权重/%	排名
财务	C1 财务	1	2	1	2	2	2	1	1	2	2	2	1	19	13.2	2
	C2 可持续发展	0	1	0	1	0	1	0	0	1	0	0	0	4	2.8	10
	C3 顾客	1	2	1	2	2	2	1	1	2	2	2	2	20	13.9	1
	C4 雇员	0	1	0	1	1	2	1	1	2	1	2	1	13	9.0	8
	C5 供应商/合作伙伴	0	2	0	1	1	2	1	0	2	1	2	0	14	9.7	6
	C6 规则制定者/社区	0	1	0	0	0	1	0	0	1	0	0	0	3	2.1	11
	C7 运营	1	2	1	1	1	2	1	1	2	1	1	1	15	10.4	3
	C8 创新	1	2	1	1	1	2	1	1	2	1	1	1	15	10.4	3
	C9 环境、社会与公司治理	0	1	0	0	0	1	0	0	1	0	0	0	3	2.1	11
	C10 人力资本	0	2	0	1	1	2	1	1	2	1	2	1	14	9.7	6
	C11 数字资本	0	2	0	0	0	2	1	1	2	0	1	0	9	6.3	9
	C12 组织资本	1	2	0	1	1	2	1	1	2	1	2	1	15	10.4	3
合计														144	100.0	

评估方式为，采用"两两比较"方式，表中A因素（横列）比B因素（纵列）重要打2分，同样重要打1分，不重要打0分。在对矩阵中所有空格打分后，进行横向加总，并以此计算出表中各因素的权重及排名。从表7-8可以看出，各维度（或管理主题）的权重排序为"顾客→财务→组织资本、运营、创新→人力资本、供应商/合作伙伴→雇员"，这8个维度的权重高达86.7%，其他4个维度的权重合计仅为13.3%。很显然，可持续发展和利益相关方的相关议题，并没有纳入这家企业3~5年的发展规划，意味着该公司可能处于"野蛮式生长"期或"高质量发展"的初级阶段。

第二步：针对12个维度的下一层指标（三级指标），重复上一个步骤，依次构建若干个判断矩阵，两两比较得出各维度下三级指标的权重，并进一步计算出其在整个指标体系中的权重和排序。

第三步：评审与优化。无论是管理层，还是其授权的"造钟"工作组，需结合公司愿景、短中长期战略目标，对初步建立的指标体系进行评估和优化，以确保其既能有效诠释并分解公司战略目标，又能促进公司高质量的发展。

通过以上三个步骤，最终形成企业定制的沛思（PESC）企业经营管理成熟度评价模型，由如下三个部分组成：

PartⅠ——成熟度评价准则（如图7-5所示）；

PartⅡ——指标体系；

PartⅢ——指标权重。

（四）开展企业经营管理成熟度自我评价

采用企业定制的沛思（PESC）企业经营管理成熟度评价模型中的成熟度评价准则（PartⅠ）和指标体系（PartⅡ）设计问卷，开展问卷调查或访谈，回收问卷，并将各指标得分乘以对应权重（PartⅢ），汇总后即可获得企业成熟度自评分数。在自我评价过程中，"造钟"工作组应重点做好以下三项工作。

1）设计问卷。问卷可采用纸质版也可采用电子版。附录二"沛思（PESC）企业经营管理成熟度调查问卷"可供企业设计问卷时参考。

2）选择调查对象。调查对象为以首席执行官（或总经理）为代表的公司高管层、各关键部门的负责人和核心骨干（建议每部门安排2~3人）。必要时，可邀请重要投资者（或股东）、顾客、供应商/合作伙伴、员工、政府机构，以及社区等关键利益相关方的代表参加。

3）开展培训。针对企业定制的沛思（PESC）经营管理成熟度模型，为调查对象提供一场培训是非常必要的，这样可以确保调查结果更为客观和准确，同时这也是一次关于沛思计分卡（PESC）的启蒙教育。

通过成熟度自我评价，企业可以获得一个评分值。以此评分值为基线（或起点），以1个自然年（或12个月）为周期进行定期评价，管理层可以掌握企业追求卓越的成果及未来努力的方向。

七、Step 7: 拟定企业3~5年经营管理成熟度提升计划

在企业的各类战略规划活动中，通常会应用一些战略规划工具或方法，例如，针对业务发展，有业务战略规划；针对技术发展，有技术路线图等。然而，针对管理系统提升，只有一些局部性的、零星性的工具或方法，缺少系统性的研究和整体性的规划工具。

业务战略规划是企业内部各个业务单位（Business Unit）依据公司整体战略目标制定的本单位的业务发展计划。这些计划旨在明确告知各个业务单位如何具体执行公司的战略意图，以达成既定的商业目标和市场定位。

技术路线图是企业自主创新的战略工具，哈佛大学教授Branscomb（1993）将其定义为"以科学知识和洞见为基础的、关于技术前景的共识"。技术路线图不只对企业、对产业乃至政府的规划方面都发挥着重要的作用。

借鉴企业业务战略规划和技术路线图的成功实践，我们提出一种针对管理系统提升的战略工具——管理成熟度提升计划（也可称为"造钟"计划，或"管理提升路线图"）。计划包括七个方面。

（一）客观定位当前的发展阶段

根据在Step 4企业所处发展阶段的识别结果，管理层可以找到企业在沛思（PESC）企业成长四阶段模型中所处的位置，从而为"管理提升路线图"——企业管理成熟度提升计划的制定提供基准。

（二）制定阶段性的管理成熟度目标

一个新的理念或想法、一项新的指标或要求，或者一套新的工具或方法，从构思到小范围播种，到培育，再到开花并结果，可能需要一年时间；从小范围试点到全面推广并产生预期效益或效果，可能需要少则3年、多则5年甚至更长时间。具体时长视组织规模而定，规模越小，推行越易，所花费时间也更短。

对于一家志在追求卓越的企业，管理成熟度目标应是其整体战略目标的一个重要组成部分，并与企业的战略管理周期保持一致。企业在发布中长期战略发展目标时应同步发布阶段性的管理成熟度目标，例如：

第一个3年 / 5年目标：告别"野蛮式增长"，实现"高质量经营"；

第二个3年 / 5年目标：进入"可持续发展"阶段；

第三个3年 / 5年目标：进入"卓越经营"阶段。

企业应对每一个阶段性目标进行诠释，围绕价值观、经营原则、关键管理主题、目标及目标值等要素进行系统阐述，形成管理成熟度提升的纲领性文件，并正式发布、沟通和宣贯。

（三）确定每个年度的管理主题

一些企业常常将某个财务年度确定为公司的"管理提升年"，甚至每年都是"管理提升年"，但是关于具体提升什么主题，却没有明确的重点，或者缺乏中长期的规划。这种缺乏系统规划的管理提升，要么是"头痛医头，脚痛医脚"，要么是"只见树木，不见森林"，不能从整体上提升管理成熟度。

在企业经营管理成熟度的四阶段成长模型中，我们给出了企业不同阶段的关键发展主题（如图2-1所示），并对每个主题进行了必要的阐释。"造钟"工作组可以参照该模型，结合企业的使命、愿景及中长期战略目标，制定适合自身发展的"管理提升路线图"，并依据该"路线图"确定每个年度的管理主题。

（四）针对管理主题选择关键指标

没有衡量就没有管理。为每类管理主题设置一个或多个绩效指标，用于对管理提升的成果进行测量和评价。绩效指标的选择有很多种方式，同一类型的管理主题有多种指标可供选择，但如何找到"最重要指标"并不太容易，需要"造钟"工作组进行充分的讨论和研究，不仅要找到最有助于衡量成就的"结果型"指标，还要找出对绩效结果贡献最大的"驱动型"指标。

例如，以"顾客"为主题的指标包括顾客满意、顾客忠诚、顾客契合、顾客贡献等；以"员工"为主题的指标包括员工满意、员工忠诚、员工敬业、员工贡献等，企业不可能也没有必要面面俱到，每类管理主题仅需选择1~2个关键指标即可。此外，任何一个指标的选取，既要确保其体现上一层次的"经营原则"，也要为下一层次管理工具/方法的引入指明方向。

（五）规划/描述3年的期望值

每一项绩效指标的建立，通常要经历三个步骤：首先，要进行准确的定义，例如确定计算公式，并评估其是否满足相关方（包括投资者、顾客、员工、供应商、政府或社区等）的需求和期望；其次，需要确定测量的方法，包括数据来源、收集方式（如是否利用信息管理系统）、测量部门等；最后，需要确定评估的频次（如年度、半年度、季度或月度）、评估结果的应用，包括是否优化等。

此外，通过标杆对比，明确标杆企业是谁，以及未来3年期望达成的绩效，能够帮助企业摆脱固有的思维和模式，实现突破性的创新和变革。有些企业在引入一些新流程、导入一些新模式，甚至实施组织变革时，有时会忽视对预期目标的思考，或者偏离了最初的目标，导致行动失败的案例不胜枚举。

（六）选择拟导入的工具/方法

每一项关键绩效指标的达成，都依赖于一种或多种管理工具/方法；同样，每一类管理工具/方法的应用，都有助于一个或多个关键绩效指标的达成。例如，顾客满意度的提升依赖于企业优质的产品质量和客户服务体验；实施精益管理有助于周期缩短、效率提升和成本降低。

然而，每类工具/方法都有其自身的局限性，需要与对应的绩效指标相匹配才能获得更高的"性价比"。每引进一种新的工具/方法都意味着成本的增加，管理者需要关注相应的回报，这种回报可能是经济效益，也可能是品牌效益或社会效益。在企业发展的不同阶段，同样的目标可以采用不同的方法来实现，例如，针对产品合格率，可以通过QC小组、零缺陷或者六西格玛等方法来提升；针对生产周期，可以通过QC小组、瓶颈管理或者精益生产来改进。

（七）制定关键人力资源开发计划

卡普兰在《战略地图》一书中提出了"人力资源准备度"的概念，并提出可通过四个步骤完成人力资源的开发，包括确定战略工作群组、构建能力图解、评估人力资源准备度和人力资本开发计划。虽然卡普兰的初衷是通过这四个步骤实现"内部层面"的绩效目标，我们认为这个指标及其流程同样能够在企业的"管理提升路线图"中发挥重要的作用。

雇用专业人士或者聘请外部顾问，能够大幅缩短人力资源开发的进程。在迈向卓越的旅程中，企业要不断引入新的理念、模式、方法及流程，因此需要有专业的人士来提供咨询和指导。企业需要配置一批与"造钟"计划相匹配的六西格玛黑带大师、精益管理大师、企业架构师及首席质量官等导师型人才，并在组织中给予其更高的职位、赋予其更高的权限，无论他们来自企业内部还是外部。

八、Step 8：构建你的第一批沛思环——从原则到指标再到方法

企业迈上卓越绩效的旅程，从构建一个又一个沛思环开始。利用沛思环，可以系统地梳理企业的经营逻辑，让那些混沌的想法、杂乱的流程、前后不一的做法变得清晰、有序并合乎逻辑。企业经营逻辑的梳理有三条路径，分别是从"原则"出发、从"指标"出发和从"方法"出发。

（一）从"原则"出发

在理论研究与管理实践方面，前辈已经整理出若干卓有成效的经营管理原则，包括法约尔的14条管理原则、德鲁克的管理10原则、戴明质量管理14要点等，但这些原则未必适合所有企业。管理者应结合内外部环境，立足于企业文化的土壤，通过诠释"价值观"的方式，提炼企业经营的若干管理

"原则",并进一步策划相应的"指标"和"方法"。

例如,"以人为本"通常强调的是对人的尊重,对人的潜能的发掘。如何将这条价值观有效落地呢?是关注员工生活,提高员工福利,建立长期雇佣关系呢?还是促使员工不断提升自我、超越自我,对没有贡献的员工实施末位淘汰呢?因此,企业必须将相对宏观(或者抽象)的价值观转化成明明白白的经营原则并坚守。华为崇尚"以奋斗者为本",它是"以人为本"价值观的进一步阐释,倡导员工敬业勤业、锐意进取、不懈怠,反对员工居功自傲、不思进取、偷奸耍滑,它是华为对员工价值评判的基本原则和标准。以此为原则,华为建立了一套完整的"以奋斗者为本"的绩效激励体系。

(二)从"指标"出发

从已设定的"指标"逆向推演企业的经营原则是一个简单易行的方法,前提是管理者对各类经营理念有比较全面的了解。例如,"提高劳动生产率"指标是将员工作为一种人力资源,体现的是"股东至上"的观点;"提升员工满意度"或"敬业度"则是将员工视为一种重要的相关方,体现的是"利益相关方"的观点。再如,"采购成本逐年下降10%"和"战略供应商供货比例提高至80%"这两类指标也映射出不同的经营原则。

相比于"价值观"或"经营原则"可能存在一定程度的"欺骗性","指标"显得更为"诚实"。例如,一家上市公司披露的财报显示"减少碳排放,实现可持续发展",但该公司并未设置具体的减碳指标,或者虽有指标但并未纳入高管团队的绩效考核;又如,某企业一贯宣称重视研发和创新,但无论是产品创新,还是商业流程创新,公司都没有设置具体的创新指标或者呈现较好的创新绩效,所谓"创新"可能只是这家公司的一个"噱头"。

从"指标"出发,能够帮助"造钟"工作组准确、客观地了解企业的经营理念或原则,并协助管理层采取必要的措施予以修复或完善——通过对指标的调整、增删,以及新的工具/方法的引入,对企业的经营逻辑进行重塑。

(三)从"方法"出发

任何一家企业,都存在各式各样的流程或规定,有些是不成文的"惯例"或"做法",有些则是时髦的、被"领头羊"企业广泛采用的工具/方法。这些"惯例"或"做法"之所以长期存在，一方面因为它们能够有效地解决具体的问题，能够取得预期的成效；另一方面，还因为它们"暗合"了某条或多条正确的经营原则，符合企业经营的逻辑。因此，管理者应将这些隐含的原则找出来，通过"方法"，提炼"原则"，并制定相关绩效"指标"，让组织内的每位成员都能理解它们、掌握它们，进而成为一种组织共有的知识和一致的行动。

那些时髦的工具或方法，往往自带"光环"——它们自身遵循若干"管理原则"，企业在应用它们实现组织目标时，要时刻提醒不要偏离"轨道"。例如，彼得 S. 潘迪等人将六西格玛管理体系的关键元素总结为"六个理念"，分别是：真诚地关注顾客、基于事实和数据的管理、管理流程、管理和改善、积极主动的管理方式、变革管理、追求完美和容忍失误。James P. Womack等基于丰田开创的精益生产方式总结出五项基本原则，分别是顾客创造价值、识别价值流、价值流程、需求拉动、尽善尽美。

在本阶段工作的最后，"造钟"工作组需要将若干个"沛思环"描绘在一张完整的战略"导航图"上。这张"导航图"名为"企业经营机制与经营哲学的'知行合一'系统"（如图7-1所示），包括内容：使命、愿景、价值观、经营原则（若干）、战略目标（若干）、指标（若干）、方法（若干）。

这张"导航图"既是"沛思环"第一阶段（PIM）的工作输出，也是企业战略制定与部署的成果，以此为纲领，公司各部门执行相应的行动（A）、测量（M）和改进（I），并定期校准（A）。

这张"导航图"应依据企业的中长期"造钟"计划（3~5年）编制，并报公司管理层（或战略管理委员会）批准。为了避免不必要的重复或冲突，"造钟"工作组与战略规划团队最好是同一个团队，或者公司管理层委派核心高管兼任这两个团队的负责人。

需要注意，"导航图"的制作不能代替企业战略分析和战略制定需要开展的工作，而是其中的一部分。对于很多管理成熟度不高、战略管理流程缺失的中小民营企业，"导航图"的制作有助于其建立一个简明的、高效的战略管理流程。

九、Step 9：行动——先人后事，知行合一

想象一款新的产品，在正式投放市场前，一定会做大量的准备工作，因为一旦销售不如预期，会给公司的正常经营带来负面的、有时甚至是致命的影响。然而，很多企业的经营管理活动，并不是深思熟虑的结果，而是临时性的、冲动的决定。这种浪费（或损失）通常是无形的，我们不易觉察到它们的存在，但它们确实会不断侵蚀企业健康的肌体。

在引入一个新的流程、模式、工具、方法或启动一项变革前，企业需要做足够的准备，其中最重要的是人力资源储备。管理者需要物色到合适的、导师型的项目负责人，对项目团队成员进行培训，然后再实施小范围的试点，并逐步全面展开，这就是"先人后事"。以六西格玛为例，常见的做法是，聘请外部黑带大师，培养一批六西格玛绿带，并通过做项目引导绿带成长为黑带，最终实现企业内部黑带大师与外部专家的更替。

沛思计分卡（PESC）推荐的一些关键工具/方法（参见附录一）被企业引入，从萌芽、开花到结果（即保持一个相对稳定的状态），通常需要3年左右的时间，组织成员慢慢接受（或习惯）这种变化，一种新的企业文化也逐渐形成。如果期望过程拥有更高的成熟度，期望组织成员都能做到"知行合一"，那么这个过程就需要历经多次改进和校准，花费的时间也会更长一些。

十、Step 10：测量与分析

（一）测量

测量本身是一个过程。诸多管理绩效的测量需要依赖专业的工具/方法，包括顾客满意度的测量、员工敬业度的测量、财务绩效的测量，以及可持续发展绩效的测量等。一方面，企业应采用Step 9（行动）的步骤建立一个或多个测量系统（包括人力资源准备、项目推动和企业文化形成）；另一方面，利用这些新的系统对各类管理绩效进行测量。

绩效测量要关注比较性数据的应用。标杆管理法（Benchmarking）是一个重要的绩效管理工具，企业可以通过内部标杆、竞争标杆、职能标杆以及

流程标杆等各类标杆管理工具的应用，站在全行业甚至更广阔的视野寻找基准，依次优化管理实践，提高企业经营管理水平和市场竞争力。

很多中小民营企业尚未建立企业的财务绩效测量系统（如预算管理）、顾客声音收集系统（如顾客满意度调查、顾客投诉处理），这些测量系统的缺失将导致企业无法摆脱粗放式、野蛮式的经营，难以进阶到高质量发展阶段。

（二）分析

当下是用数据说话的时代，也是依靠数据竞争的时代。据统计，90%以上的世界500强企业建立了数据分析部门。IBM、微软、Google等知名公司都积极投资数据业务，建立数据部门，培养数据分析团队，数据的分析和处理能力正在成为一种新的核心竞争力。

然而，对很多企业来说，问题不在于缺乏数据或信息，而是缺乏对数据的分析和应用。通常，在一家大公司，有90%的员工负责数据的输入、传递和储存，只有10%的员工负责数据的挖掘、分析和应用。在传统制造业，擅长数据分析和应用的人员通常只有两类：财务经理和质量经理，其他人员则习惯于应用这两类人员提供的数据进行决策。如果财务经理和质量经理都不能胜任数据（或绩效）分析工作，对企业而言无疑是一场"灾难"。

除了专业的数据分析师，企业中每个业务部门的经理都应该成为财务绩效分析专家，每个职能部门的经理都应该成为质量绩效分析专家——当然，这里所说的"质量"指"大质量"的概念，泛指经营质量和工作质量。我曾见证过一批经理人从外企"空降"到一家民营企业，这些经理人都拥有专业的财务知识，能够熟练应用"杜邦分析法"进行财务绩效分析，由于他们的加入，这家民营企业在短短3年内利润和利润率都得到了极大的提升和改善。

十一、Step 11：绩效改进与方法改进

（一）绩效改进

与测量一样，改进本身也是一个过程。有很多可以用于绩效改进的工具/方法，包括QC小组（或品管圈）、标杆管理法、六西格玛管理法、零缺陷管

理等，无论企业规模大小，处于何种行业，属于哪种类型，总有一种方法适合其绩效改进。

改进分为两种类型，一种是渐进式的改进，一种是突破性的改进，后者通常意味着企业的商业流程创新（包括流程创新、组织创新和营销创新）。价值链分析、业务流程重组、业务组件模型、战略布局图（蓝海战略中的价值曲线）等常常用于商业流程的突破性改进或创新。

绩效改进不能仅停留在企业内部，还应向外延伸至整个供应链（或生态圈）。对供应链的绩效改进通常可以采取三种方式（杨克军，2019）：限制性绩效改进（包括供应商准入管理和供应商评价管理）、激励性绩效改进（包括杰出供应商评选和供应链知识分享）和渗透性绩效改进（包括供应链管理工具渗透、供应链业务流程渗透和供应链企业文化渗透）。

（二）方法改进

《卓越绩效评价准则》在对过程进行成熟度评价时，围绕四个要素进行，分别是方法（Approach）、展开（Deployment）、学习（Learning）和整合（Integration），其中"学习"指的就是方法改进，就像产品一样不断迭代升级。改进的途径包括：通过循环评价与改进来改进组织方法；采用最佳实践或创新来改进组织方法；与组织的其他相关单位和组织过程共享改善与创新。

《卓越绩效评价准则》还根据成熟度将方法分为六个层级，但这种分类过于专业化，不容易理解，我们对其进行了简化，共分为四个层次，企业需要不断对方法进行改进，以提升其成熟度：

1）方法或工具处于局部运行状态；

2）方法或工具已在所有相关过程得到了稳定应用；

3）方法或工具提升了所属过程的效率和有效性；

4）方法或工具不仅提升了所属过程的效率和有效性，同时提升了整个组织的效率和有效性。

十二、Step 12：校准——调整现有沛思环，引入新的沛思环

《卓越绩效评价准则》要求对"方法"进行"校准"，以确保其与组织的内外部环境及战略目标保持一致。从沛思环的视角，"校准"不局限于工具/方法之间，而是要延伸至整个沛思环，既要在单个沛思环内进行"一致性"校准，也要在多个沛思环之间进行"协调性"校准。

一致性校准贯穿整个沛思环，从经营原则（必要时从企业核心价值观）出发，沿着指标、方法、行动、测量和改进，对每一条经营逻辑进行系统梳理，从而找出可能的背离或者不一致。

企业此类经营逻辑迷失的情形包括：

1）指标与原则相背离；

2）方法与指标相背离；

3）前序方法与后序方法不一致……

"造钟"工作组还需要评估的内容包括：

1）方法的实施是否促进了过程指标的达成；

2）方法的实施是否促进了组织战略目标的达成；

3）测量系统是否能够准确、可靠地获得预期的信息，以利于绩效分析和改进；

4）绩效改进系统是否运作正常，相关绩效数据是否呈现持续向好的态势……

协调性校准是对各个相互关联的沛思环进行比较，包括原则与原则之间，指标与指标之间，方法与方法之间的比较，从而找出潜在的不一致、相互矛盾或冲突。

企业此类经营逻辑迷失的情形包括：

1）原则与原则相冲突；

2）指标与指标相矛盾；

3）局部效率和全局效率相冲突；

4）业务架构和IT架构未对齐……

"造钟"工作组还需要评估的内容包括：

1）企业价值观是否诚实地体现了管理层的经营理念，并转化为可以付诸实施的、被全体员工正确理解的经营原则；

2）原则是否过多，可否合并或简化；

3）哪些是最重要的指标，哪些是驱动型的指标，各类指标可否进一步优化或调整；

4）方法的性价比（投入产出比）如何，怎样做到"花小钱办大事"；

5）各类方法可否合并或整合，尤其是用于绩效测量和绩效改进的方法……

所谓"吾日三省吾身"，管理者对企业经营逻辑的反思应发生在每时每刻，然而，对于一个庞大的组织而言，这种要求未必合理。因此，公司应策划按照适当的频率或周期定期对经营逻辑进行校准，我们建议将此项议题列入公司的战略管理会议，每年至少进行一次。秉承长期主义，坚持年复一年地对经营逻辑展开讨论，能够不断强化企业的经营管理体魄，升华管理团队的经营理念，帮助企业从普通迈向优秀直至卓越。

每家企业都希望基业长青，每位职业经理人都渴望成就事业，然而，企业经营有其内在的逻辑和规律，如果不能深刻理解它们、熟练掌握它们，管理者将付出事倍功半的代价。沛思环揭示了企业经营管理的逻辑，对中国绝大多数企业（尤其是中小民营企业）而言，迈上卓越绩效的旅程，可以从构建第一个沛思环开始。

一名称职的首席执行官（或总经理）不能仅以完成经营业绩（或财务绩效）为目标，他或她还应该兼顾企业管理成熟度的提升，实现企业的高质量经营、可持续发展以至卓越经营。与此同时，董事会（或委托方代表）应设定指标，对管理层的"造钟"绩效进行评价。

第八章
沛思计分卡（PESC）关联方法：企业攀登卓越的阶梯

在本书第三章，我们讨论了企业经营管理的逻辑，以及如何构建一个由"原则→指标→方法→行动→测量→改进→校准"7个环节构成的沛思环。在这个"环"中，指标的实现依赖于行动，而在行动之前，需要选择一个或多个合适的方法。在企业的不同发展阶段，为了实现不同的经营目标，需要引入不同的方法。本书"附录一"为我们推荐了用于构建企业绩效测量系统的备选指标及与之匹配的工具或方法，供企业选择使用。本章围绕沛思计分卡（PESC）4个层面、12个维度的若干关键指标，我们选择了12类功能强大、具有代表性的管理方法进行系统介绍，企业可以通过引入这些管理方法，建立健全相应的经营管理机制：

1）杜邦分析法；

2）企业风险管理框架（ERM）；

3）卡诺（Kano）模型；

4）高绩效工作系统AMO模型；

5）供应链合作模式；

6）创造共享价值；

7）约束理论（TOC）和精益生产（Lean）；

8）持续改进机制；

9）业务组件模型（CBM）；

10）基于顾客的品牌资产金字塔模型（CBBE）；

11）集成产品开发（IPD）；

12）气候风险应对八步法。

一、杜邦分析法——实施价值管理

杜邦分析法（DuPont Analysis）由美国杜邦公司于20世纪初提出，也称杜邦财务分析体系。在这一时期，产业界和理论界基本上都信奉股东至上理论，净资产收益率最大化是企业普遍追求的目标。进入21世纪，尽管利益相关方理论和可持续发展理论已广为流行，但经济责任仍然是企业多重责任中的最基本责任，因此，不断改良的杜邦分析法在当下仍然具有强大的生命力。

然而，在管理实践中，很多经理人认为杜邦分析法仅是一个财务分析工具，对它的熟练掌握和应用属于财务经理的工作范畴，未必是总经理或业务部门负责人的工作职责。这显然是一种误读，一方面，杜邦分析法不仅局限于财务分析，还可以应用于战略制定与部署；另一方面，公司总经理及业务部门负责人如果善于利用该工具进行分析和管理，企业将告别"野蛮式生长"，实现真正的"高质量经营"。

（一）传统杜邦分析法介绍

杜邦分析法以净资产收益率为核心指标，自上而下层层分解，在分解过程中寻找影响净资产收益率变动的因素，有助于企业发现问题并有针对性地解决问题，其计算公式为：

净资产收益率（ROE）＝净利润÷净资产

＝［净利润÷平均资产总额］×［平均资产总额÷净资产］

＝［净利润÷营业收入净额］×［营业收入净额÷平均资产总额］×

［平均资产总额÷净资产］

＝净利润率×总资产周转率×权益乘数，其中：

1）净资产收益率，又称为权益收益率（Rate of Return on Common Stockholders' Equity，ROE），它是企业净利润与平均净资产的比率，反映所有者权益所获报酬的水平；

2）净利润率反映销售收入的收益水平。扩大销售收入，降低成本费用是提高企业净利润率的根本途径，扩大销售同时也是提高资产周转率的必要条件和途径；

3）总资产周转率反映企业总资产实现销售收入的综合能力。企业资产包括流动资产和固定资产等不同类型，因此该指标可以进一步细分为流动资产周转率、存货周转率、应收账款周转率等有关资产使用效率的指标；

4）权益乘数表示企业的负债程度，反映公司利用财务杠杆进行经营活动的程度。资产负债率高，权益乘数就大，说明公司负债程度高，公司会有较多的杠杆利益，但风险也高；反之，资产负债率低，权益乘数就小，说明公司负债程度低，公司会有较少的杠杆利益，但相应承担的风险也低。

杜邦分析法基本模型如图8-1所示。

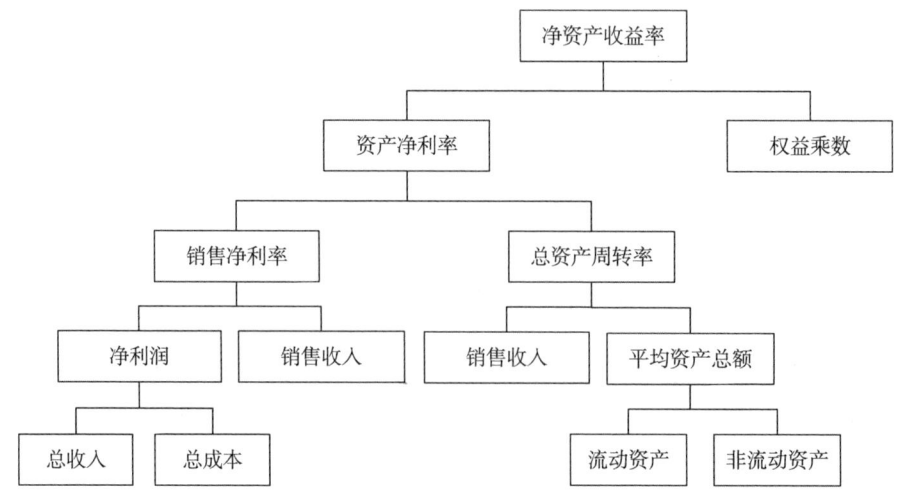

图8-1 杜邦分析法基本模型

（二）传统杜邦分析法的缺陷

杜邦分析法已有100多年的应用历史，是一种经典的财务分析工具。但是，随着经济的快速发展，企业经营活动的不断丰富，企业会计制度的持续完善，杜邦分析法日益暴露出其缺陷。综合学术界的理论研究及产业界的管理实践，传统杜邦分析法存在如下缺陷。

1. 无法评估企业的可持续发展能力

企业财务能力通常包括营利能力、运营能力、偿债能力和发展能力，但传统的杜邦分析体系只涵盖了前三者，关注了短期财务目标，没有关注企业的长期发展能力。学者认为，需要综合考虑分红、利息以及税收等因素对企业长期发展能力的影响。

2. 销售收入与净利润不匹配

销售收入创造销售利润，但销售利润不等于净利润，而是净利润的一部分。净利润除了通过企业经营活动所取得的收益（销售利润），还包括通过财务决策所取得的收益，包括银行存款利息收入、短期有价证券投资取得的收益等。因此，销售收入应与销售净利润而不是净利润相匹配。

3. 总资产与净利润不匹配

总资产是全部资产提供者享有的权利，包括股东、有息负债的债权人和无息负债的债权人，而净利润专属于股东。此外，总资产包括一些使用的资产（如在建工程），这些资产在短期内不能为企业创造经济效益。因此，净利润应与经营性资产而不是总资产相匹配。

4. 未体现企业现金流

在企业的实际经营中，现金流的重要性不言而喻，即便财务报告中的净利润再多，一旦现金流短缺便可能导致企业短期停工、债务违约，甚至破产。然而，传统的杜邦分析法主要对净利润加以分析并进行拓展，所有指标均未涉及企业的现金流状况，未将现金流的重要性体现出来。

（三）杜邦分析法的改进

为了解决传统杜邦分析法的缺陷问题，出现了多种杜邦分析法的变型，主要有两类，一类侧重于理论研究，在原有体系的基础上增加可持续发展能力的分析；另一类侧重于管理应用，在原有体系的基础上进行结构调整，增加销售净利润、经营性资产及现金流等类目及相关分析指标。

1. 增加可持续发展能力评价的财务分析体系

美国哈佛大学学者Palepu（1998）在其《经营透视：企业分析与评价》一书中将财务分析体系中常用的财务比率分为偿债能力比率、营利比率、资产管理效率比率和现金流量比率。以此为基础，Palepu对传统的杜邦分析法进行了变型和补充，增加了一个"股利支付率"因子，并形成了新的"帕利普财务分析体系"，其计算公式为：

可持续增长率＝销售净利率×资产周转率×权益乘数×（1－股利支付率）

美国波士顿大学滋维·博迪教授等人提出将税收、利息费用因素引入杜邦模型的五因素杜邦模型体系：

权益净利率＝（1－税收负担率）×（1－利息负担率）×销售报酬率×资产周转率×权益乘数

该模型通过税收负担率这个指标来反映企业所得税变化对权益净利率的影响程度并将分析的重点集中在财务费用指标上。财务费用指标与资本结构的合理性有着直接的联系，利息费用的高低及其对企业利润的影响作为反映企业资本结构是否合理的"预报器"，告诫理财者对资本结构进行优化研究，最终实现降低财务费用和风险，增加企业利润的目的。

2. 内部结构优化的财务分析体系

对销售收入与净利润不匹配、总资产与净利润不匹配以及未体现企业现金流等问题的改进方法是将"销售收入"与"销售净利润"相匹配、将"经营性资产"与"净利润"相匹配，用"净现金流"替代"净利润"，并增加相关财务指标。

不同企业所处行业不同、经营特点不同、资产结构不同，可以结合具体情况具体分析，参照杜邦分析法的结构，制定适合自身经营管理需要的财务分析体系。图8-2是某企业优化和改良的杜邦分析体系（周蒙，2023），供读者参考。

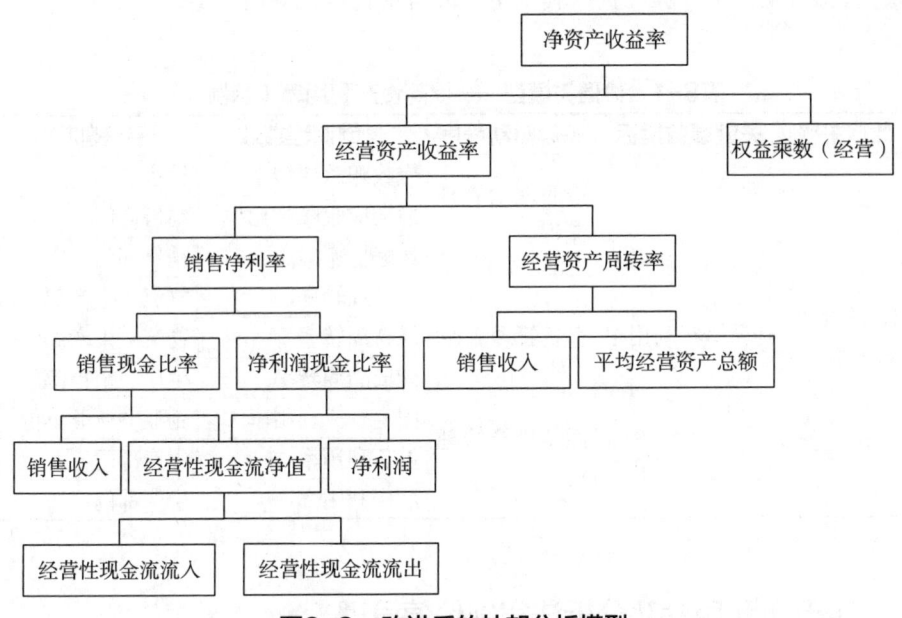

图8-2　改进后的杜邦分析模型

改进后的杜邦分析法计算公式为：

净资产收益率（ROE）=销售净利率×经营资产周转率×权益乘数（经营）

＝［净利润/净现金流］×［净现金流/销售收入］×经营资产周转率*权益乘数（经营）

＝净利润现金比率×销售现金比率×经营资产周转率×权益乘数（经营）

（四）价值树分析

价值树（Value Tree），又称价值驱动树（Value Driver Tree），是一种常见的企业价值管理工作，既可用于企业战略目标的制定和展开，也可以用于企业及部门关键绩效指标的制定。在很多场合，价值树模型可以与平衡计分卡（BSC）及杜邦分析法等工具结合使用。

价值树模式是通过树形结构将组织战略目标或关键绩效指标依据对应的逻辑关系逐级分解到相关流程及部门，即"战略主题→关键绩效指标→关键驱动流程→关键流程绩效→责任/相关部门"。关键绩效指标可以分解为多个维度和层次,并逐级分解到三级或四级,并与各个子过程、部门或班组相关联。表8-1是一个"提高资产利用率"的价值树范例。

表8-1 价值树模型——提高资产利用率(示例)

战略主题	关键绩效指标	关键驱动程序	关键流程绩效	责任部门
提高资产利用率	经营资产利用率	应收账款管理流程	应收账款周转率	销售部门
			逾期应收账款比率	销售部门
			坏账比率	销售部门
		存货管理流程	存货周转率	物流/生产部门
			材料周转率	物流/生产部门
			产成品周转率	生产/销售部门
		固定资产管理流程	固定资产利用率	企业/业务单位
			设备利用率	生产部门
			厂房利用率	生产部门

(五)利用杜邦分析法实施价值管理

前文已述,杜邦分析法不应仅停留于事后的财务分析,更应该用于企业的经营管理决策。杜邦分析法可以与价值树分析相结合,用于企业的价值管理,具体包括如下三个步骤。

1. 确定企业经营目标

针对公司制定的中长期企业发展战略,需要形成具体的经营目标,尤其是短中期的财务目标,包括营业收入、利润、现金流、公司市值、每股盈利等。无论企业的使命和愿景如何,无论企业处于经营管理成熟度的何种阶段,经济责任始终是企业的最大责任,财务绩效永远排在其他绩效的前面。

2. 业务价值树分析

业务重点是实现企业的战略目标必须完成的重点,也就是企业的关键绩效领域。战略目标(尤其是财务目标)确定以后,企业需要通过业务价值树分析,对战略方案和计划进行评估,并基于它们对企业价值创造的贡献大小排序，建立企业的价值体系，找出企业中数目有限的关键战略价值驱动因素，进而确定关键的过程和部门（可参见表8-1）。

3. 关键驱动因素分析

这一步骤需要开展两方面的动作：一是进行关键驱动因素的敏感性分析，找出对企业整体价值最有影响的若干关键财务指标；二是将后置的财务价值驱动因素与前置的非财务价值驱动因素连接起来，从而将关键绩效指标与关键驱动因素相关联。重复上述两个动作，公司及各部门将指标进行逐级分解，并在驱动与结果之间建立密切关联。

利用杜邦分析法实施价值管理的整个流程如图8-3所示。

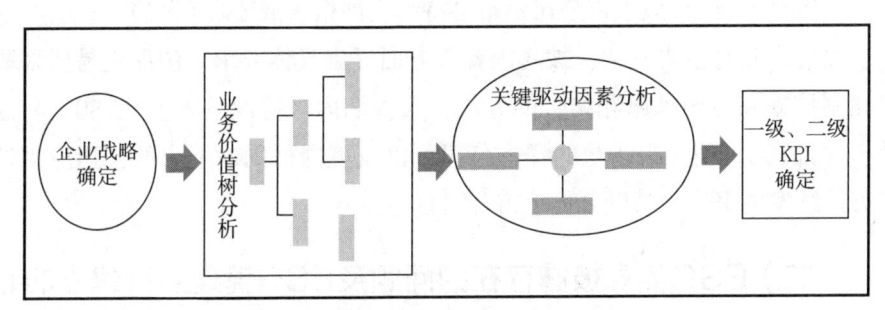

图8-3　基于杜邦分析法的价值管理流程

二、企业风险管理框架（ERM）——构建ESG管理体系

（一）ESG报告披露要求

2023年6月26日，国际可持续准则理事会（ISSB）正式发布《国际财务报告可持续披露准则第1号——可持续相关财务信息披露一般要求》（IFRS S1）和《国际财务报告可持续披露准则第2号——气候相关披露》（IFRS S2）。两项信息披露标准定于2024年1月1日之后的年度报告期生效，这意味着第一批采用该标准的报告将在2025年发布。

受此影响，中国企业尤其是境外上市企业在编制可持续报告时，可能会主动或被强制要求采用ISSB准则或类似准则。例如，港交所于2023年4月发布的《优化环境、社会及管治框架下的气候相关信息披露（咨询文件）》以ISSB的气候相关披露准则为基础，引入新气候相关披露要求，并建议将气候相关披露由"不遵守就解释"提升为强制性披露。企业应积极制定行动计划，考虑为符合ISSB准则披露要求而建立相应的控制体系、信息系统等基础设施。由于港交所积极对齐ISSB标准，在香港上市的内地企业以及与之对标的中国境内上市公司均会受到ISSB标准发布的影响。

2024年2月8日，在中国证监会的统一指导下，上证所、深交所和北交所分别发布《上市公司自律监管指引——可持续发展报告（试行）（征求意见稿）》（下称《指引》），面向社会公开征求意见。

《指引》鼓励A股上市公司发布可持续发展报告或ESG（环境、社会与治理）报告，并对报告框架、披露内容等方面提出具体要求。沪深交易所采取了强制披露和自愿披露相结合的方式，报告期内被持续纳入上证180、科创50、深证100、创业板指数的样本公司，以及境内外同时上市的公司应当披露可持续发展报告，鼓励其他上市公司自愿披露。

（二）ESG信息披露存在的问题及ESG管理系统建立的必要性

1. 我国ESG信息披露存在的问题

（1）ESG报告披露率较低

毕马威统计显示，2011年以来，G250企业（位于全球财富500强企业前250名的企业）ESG报告披露率为93%~96%，尚未发布ESG报告的企业均为中国企业。统计数据表明，2022年我国A股上市公司发布ESG报告的比例占全体A股上市公司的33.76%，虽然较2021年有所提升，但仍落后于港股的51.2%和N100（各样本国家中最大的100家企业）的79%，上升空间依然很大。

（2）ESG信息披露质量有待提高

从信息披露的质量上来看，大多数选择披露的上市公司对ESG信息的披露以定性为主、定量为辅，对不利指标的披露相对不足。青悦ESG信息透明度指数指出，截至2021年上半年，471家上市公司被曝光存在排放超标的问题，仅有4家上市公司在其年报中无保留地披露了相关信息。这种情况普遍存在于ESG信息披露领域，导致披露信息客观性不足，真实性存在争议，难以取信于人。

（3）缺乏规范的ESG信息披露标准

尽管我国陆续颁布了一系列与ESG信息披露相关的政策文件，包括《上市公司治理》《环境信息公开办法（试行）》等，但大多缺少相关的内容规范和披露指引，未从全局层面对企业ESG信息披露进行统筹，缺乏相应的指标体系和限制条件，导致企业在进行ESG信息披露时往往倾向于采用对自身企业有利的评价体系，且严重缺乏关键议题的定量数据，相关投资者和公众难以根据企业披露的信息做出客观、公正的判断（闵志慧等，2024）。

2. 企业ESG管理体系建立的必要性

我国ESG信息披露以自愿披露为主，大多数企业披露ESG信息的主观意愿不强，甚至不少企业认为ESG信息披露只会增加企业成本。许多上市公司对ESG层面的顶层设计、董事会参与度、ESG能力建设、ESG数据管理能力等方面都不够重视。企业ESG信息披露的主动性不强是"ESG报告披露率较低""ESG信息披露质量有待提高"的主要原因。

企业ESG信息披露主动性不强的另一个重要原因在于没有系统化的工具或方法帮助企业识别与ESG相关的风险和机遇，并对企业的关键ESG议题进行有效管理。虽然很多国际化的管理体系标准（例如ISO 9001、ISO 14001、ISO 45001、ISO 51001、ISO 26000、ISO 37001、ISO 31001等）可应用于企业的ESG管理，但它们存在共同问题：一是每类标准自成一套体系，对应不同的管理主题；二是有多种不同的风险识别、分析与评价的流程和方法；三是企业即使满足了上述所有管理体系标准的要求，也无法充分满足ESG信息披露的要求。

因此，对上市公司而言，采用一个适宜的标准或者框架对与ESG相关的风险进行管理，能够极大增强企业ESG信息披露的主动性，进而提升ESG信息披露的质量以及我国企业ESG信息披露的比例。幸运的是，《企业风险管理－将环境、社会和治理相关风险纳入企业风险管理》这一指南文件的发布，可以帮助企业实现这一目标。

（三）《企业风险管理——结合战略与绩效》（新ERM框架）介绍

1992年，COSO（The Committee of Sponsoring Organizations of the Treadway Commission，美国反虚假财务报告委员会下属的发起委员会）发布了指导内部控制的纲领性文件《内部控制——整合框架》，简称"COSO报告"。该框架面世后，在全球范围内被许多国家的上市公司和企业采用。进入21世纪，COSO委员会发现企业即使建立了完善的内控体系，仍会经营失败甚至破产倒闭，从而考虑从更高层面规范企业的经营管理活动以摆脱内部控制体系的局限性，于2004年发布了《企业风险管理——整合框架》（Enterprise Risk Management – Integrated Framework），简称"旧ERM框架"。

为进一步突破局限，从整合绩效的角度考虑风险管理和经营管理之间的关系，实现企业战略目标，COSO于2017年发布了新版《企业风险管理——与战略和绩效的整合》（Enterprise Risk Management – Integrating with Strategy and Performance），简称"新ERM框架"，重新定义了企业风险管理的概念和理念，重构了风险、战略、绩效和企业价值之间的关系，尤其是提出了全新的五项风险管理要素以及20项原则。（如图8-4所示）

图8-4　《企业风险管理——与战略和绩效的整合》框架（2017）

新ERM框架不同于内部控制领域的相关理论框架和规范，内部控制框架（COSO，2013）、COCO控制指南（CICA，1999）及我国《企业内部控制基本规范》（2008）等内部控制理论和规范主要聚焦狭义风险及其控制，尤其侧重财务报告风险与相关控制，缺少与企业战略、绩效和价值的紧密联系（杨有红，2022）。

新ERM框架以企业价值为主线，交织在一起的五条丝带分别代表：治理与文化、战略与目标设定、运行、评审与修正、信息沟通与报告，也可以说是新风险管理框架的五要素。新ERM框架表明：风险管理工作应贯穿企业治理、战略、目标设定和日常运营决策的始终；风险管理能够协助企业更加关注战略和商业目标的风险，然后及时应对风险、及时评审、及时整改，从而使企业获得更好的绩效。

（四）利用企业风险管理框架（ERM）构建ESG管理体系

2018年10月，国际内部审计师协会（IIA）发布了由美国反虚假财务报告委员会下属的发起人委员会（COSO）和世界可持续发展工商理事会（WBCSD）合作制定的《企业风险管理——将环境、社会和治理相关风险纳入企业风险管理》，旨在帮助企业在ESG相关风险管理范畴应用企业风险管理（ERM）的原则和实践，为企业将ESG相关风险纳入企业全面风险管理体系提供整体框架和操作指南，包括5个模块：

1) 针对ESG相关风险的治理与文化；
2) 针对ESG相关风险的战略与目标设定；
3) 针对ESG相关风险的运行；
4) 针对ESG相关风险的审阅与修正；
5) ESG相关风险的信息沟通与报告。

1. 治理与文化

本模块遵循新ERM框架的原则1到原则5（参考图8-4），并采取以下6项行动帮助管理层将ESG相关风险整合至公司治理与文化。

1) 选择组织的ESG监督和治理方式，例如：在董事委员会层级建立明确的社会和道德委员会；强调利益相关方在治理过程中的关键作用；由风险委员会负责识别与特定风险相关的机遇；要求董事会在战略规划过程中明确关注这些机遇。

2) 明确管理ESG相关风险的责任，包括：监管责任——在许多国家，金融、健康、安全和环境监管机构可能对ESG风险管理不善的公司高管或员工处以民事或刑事处罚，这些监管责任必须得到优先遵守；自愿责任——包括任何可持续性、人权、自然资源、供应链与商品、隐私、环境政策或公司批准的声明等，其中一些承诺是首席执行官级别做出的。

3）将ESG意识纳入组织的文化，例如：纳入使命、愿景和价值观。

4）董事会层面的ESG，例如：在董事会章程中提及与ESG相关的风险或问题；建立专注于ESG相关风险和问题的董事会委员会；向董事会或相关委员会派出具有ESG相关知识和专长的董事。

5）管理层层面的ESG，例如：建立ERM架构和流程，将ESG纳入组织的战略规划、预算编制及日常运营管理；明确ESG相关风险的负责人及汇报路线；组织开展ESG相关风险的持续改进。

6）迈向协作与整合，例如：流程整合——将各类风险（财务、环境、安全、治理、技术、社会等）视为一个单一流程的一部分进行管理；职能整合——在一些大公司中，一个新趋势是将风险和合规职能与管理ESG议题的职能相结合，如跨职能的风险管理委员会。

2. 战略与目标设定

本模块遵循新ERM框架的原则6到原则9（参考图8-4），采取以下三项行动帮助管理层评估商业背景，并从更宏观的角度考虑组织如何创造、保存和实现价值。

1）考察价值创造过程和商业模式，以了解组织短期、中期和长期对所有资本的影响和依赖。为此，需要采取如下做法：将未来趋势包含在大趋势分析中；SWOT分析；影响和依赖要素映射；ESG重要性评估；利益相关方参与；其他特定的ESG资源。

2）与战略和商业目标保持一致。

3）评估备选策略并制定商业目标。

3. 运行

本模块遵循新ERM框架的原则10到原则14（参考图8-4），采取以下3项行动帮助ESG管理者和从业者以共同语言有效地量化ESG相关风险，面对不断变化的风险环境的挑战采取创新应对措施。

1）识别风险。通过行动帮助ESG管理者和从业者识别和定义新的和已有的ESG相关风险，相关行动包括：使用风险清单（风险清单提供可用于描述和讨论风险的通用类别和标准定义，还可能说明每项风险的影响、缓解措施和风险责任人，典型的风险有战略、运营、财务和合规风险）；掌握风险识别方法；进行风险描述，包括准确地描述每种风险、这些风险对业务策略的影响；对风险产生的根本原因进行分析。

2）风险评估并进行风险排序。ESG管理者和从业者可采取行动评估ESG相关风险对战略、商业模式和目标的影响程度，相关行动包括：了解风险评估的必要产出（如，战略和商业目标方面的影响）；制定组织对风险排序的标准；明确组织用于描述风险的指标（定量或定性）；选择适当的评估方法衡量风险的严重性；选择并记录数据、参数和假设；对ESG相关风险进行排序；识别并挑战组织对ESG议题的偏误。

3）实施风险应对。通过行动帮助管理层制定和部署ESG相关风险对策，相关行动包括：根据实体的特定因素（如成本、效益、风险偏好）选择适当的风险应对措施（包括接受、避免、追求、减少、分担）；对应对措施进行项目论证，并获得支持；实施风险应对以管理实体的风险；评估组织层面的风险应对，以了解对组织风险状况的整体影响。

4. 审阅与修正

本模块遵循新ERM框架的原则15到原则17（参考图8-4），采取以下三项行动帮助ESG管理者和从业者审阅和修正对ESG相关风险的应对措施。

1）识别和评估可能对战略或商业目标产生实质性影响的内部和外部变化。

2）审阅ERM活动以识别对ERM流程和能力的修正。

3）寻求改进ERM对ESG相关风险的管理方式。

5. 信息沟通与报告

本模块遵循新ERM框架的原则18到原则20（参考图8-4），采取以下四项行动帮助ESG管理者和从业者在内外部沟通ESG相关风险信息和报告。

1）确定沟通和报告信息的内容和渠道。

2）与内部利益相关方的沟通和报告。

3）与外部利益相关方的沟通和报告。

4）持续提升沟通和报告质量。

强制性和自愿性ESG报告的不断增加，提升了报告质量和外部利益相关方信心。越来越多的组织根据AICPA鉴证准则或《国际鉴证业务准则》（ISAE 3000）获得关于ESG信息的独立第三方鉴证声明。组织可选择两个级别的鉴证：合理鉴证——包括严格检查，指出信息是否不存在实质性误报（被认为是投资者级别的信息）；有限鉴证——包括有限程序，产生有意义但低于合理鉴证的鉴证水平。

三、卡诺（Kano）模型——顾客满意关键因素分析

企业在开展顾客满意度测量之前，首先需要建立适合自身特点的顾客满意度测量指标体系。测量指标选择适当与否，直接决定着顾客满意度调查结果的质量，并直接影响企业后续的满意度改进方向。

构建顾客满意度测量指标体系的方法很多，包括专家意见调查法、层次分析法、模糊综合评判法、主成分分析法等，但大多以美国密歇根大学费耐尔的顾客满意度测评模型为基础（如图5-4所示）。该模型同时对顾客满意和顾客忠诚进行测量，并认为：顾客的忠诚取决于顾客的满意程度和事后抱怨的处理。

然而，顾客忠诚和顾客满意的关系并非如此简单。有研究认为，仅有顾客满意是不够的，需要"创造"顾客惊喜。"一般满意"顾客的忠诚比例为23%，"比较满意"顾客的忠诚比率为31%，当顾客感到"完全满意"时，忠诚比例达到75%。《哈佛商业评论》报告指出，有65%~85%表示满意的顾客会毫不犹豫地购买替代品或竞争对手的产品。这是因为，企业提供可使顾客满意的产品（或服务）的质量标准是在顾客期望范围之内的，是顾客认为企业应该或者可以提供的；使顾客忠诚的产品（或服务）的质量标准是超出顾客想象范围的，令其吃惊、兴奋的。

以下推荐一个新的、用于确定顾客满意关键因素的方法——卡诺

（Kano）模型。

卡诺（Kano）模型以分析顾客需求对顾客满意度的影响为基础，对产品和服务的属性及影响指标进行分类，帮助企业了解不同层次的客户需求，识别使客户满意的关键因素，为产品或服务质量的改进提供方向。

（一）卡诺（Kano）模型的基本理论

受到行为科学家赫茨伯格双因素理论的启发，东京理工大学教授狩野纪昭（Noriaki Kano）和他的同事于1979年10月发表了《质量的保健因素和激励因素》一文，第一次将"满意"与"不满意"标准引入质量管理领域，并在1982年日本质量管理大会第12届年会上宣读了《魅力质量与必备质量》研究报告，标志着狩野模式（卡诺模型）的确立和魅力质量理论的成熟。

卡诺（Kano）模型用来分类用户需求，确定需求优先级，定义了三个层次的顾客需求：基本型需求、期望型需求和兴奋型需求。

1）基本型需求。基本型需求是用户对企业提供的产品／服务因素的基本要求，是用户认为产品／服务"必须有"的属性或功能。当这类特性不充足（不满足顾客需求）时，顾客很不满意；当这类特性充足（满足顾客需求）时，顾客也可能不会因而表现出满意。基本型需求与赫茨伯格双因素理论中的保健因素类似。

2）期望型需求。期望型需求是用户满意度与需求的满足程度成比例关系的需求。期望型需求不像基本型需求那样苛刻，要求提供的产品／服务比较优秀，但并不是"必需"的产品属性或服务行为。企业提供的产品／服务水平超出顾客期望越多，顾客的满意状况越好，反之亦然。

3）兴奋型需求。兴奋型需求要求提供给用户一些完全出乎意料的产品属性或服务行为，使用户产生惊喜。产品／服务的这类特性不充足时，用户无所谓，但当产品／服务提供了这类需求时，用户就会对产品非常满意，从而提高忠诚度。

通过需求实现程度和用户满意度两个维度，可以构建更详细的卡诺（Kano）模型，如图8-5所示：横坐标表示某项要素的需求实现及优化程度，越向右表示该需求要素的具备程度越高，越向左边表示该要素的具备程度越低；纵坐标表示用户的满意程度，越向上表示用户越满意，越向下表示用户越不满意。通过需求实现程度和用户满意度这两个维度，可以将用户需求分为五类属性。

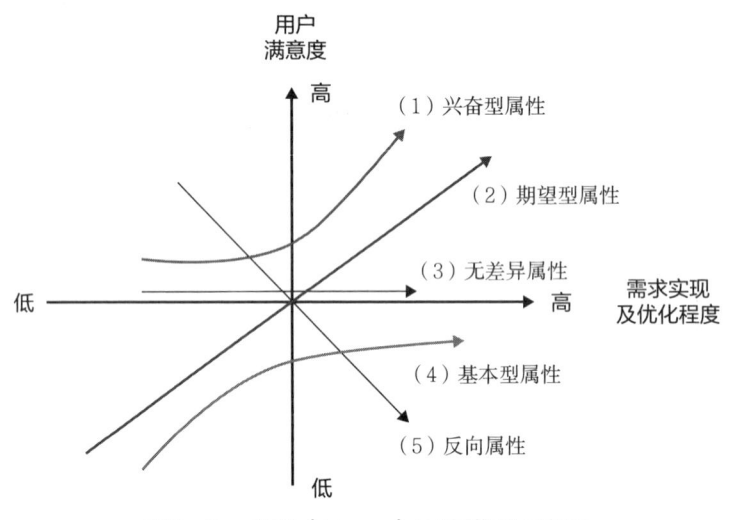

图8-5　卡诺（Kano）二维模型示意图

1）兴奋型属性——是用户意想不到的需求，表现为用户满意度和需求实现及优化程度呈指数函数关系，即不提供此需求，用户满意度不会降低；提供此需求，用户满意度会随着需求实现及优化程度的增加有很大提升。

2）期望型属性——用户满意度和需求实现及优化程度呈线性相关，即随着提供及优化此需求，用户满意度会提升；不提供此需求，用户满意度会降低。

3）无差异属性——用户满意度和需求实现及优化程度不相关，即无论提供或不提供此需求，用户满意度都不会改变，用户根本不在意。

4）基本型属性——不提供此需求，用户满意度会大幅降低；提供此需求，用户满意度不会随着优化而提升。

5）反向属性——用户完全没有此需求，若提供此需求，用户满意度反而会下降。

在产品功能的优先级上，研发人员要优先满足基本型属性的需求，第二是期望型属性的需求，第三是兴奋型属性的需求。

产品／服务的以上五类属性会随着时间的推移而改变。比如手机的触摸屏，该功能刚推出的时候属于兴奋型需求，不提供用户不会不满意，提供了用户会很满意；随着时间的推移，该功能对很多用户来说变成了期望型需求，甚至成为基本型需求，即不提供会出现不满意的情况。

在实际操作中，企业首先要全力以赴地满足顾客的基本型需求，保证顾客提出的问题得到认真解决，重视顾客认为企业有义务做到的事情，尽量为顾客提供方便，满足顾客最基本的需求。然后，企业应尽力满足顾客的期望型需求，这是质量的竞争性因素，提供顾客喜爱的额外服务或产品功能，使产品和服务优于竞争对手并有所不同，引导顾客强化对本企业的良好印象，使顾客达到满意。最后争取实现顾客的兴奋型需求，为企业建立最忠实的客户群。

（二）卡诺（Kano）模型的应用

卡诺（Kano）模型分析方法并不直接用来测量顾客的满意程度，主要用于识别顾客需求，帮助企业了解不同层次的顾客需求，确定顾客满意的关键要素。卡诺（Kano）模型分析方法需要根据狩野纪昭设计的结构型问卷收集调查信息，共包括五个步骤：

步骤一——从顾客角度认识产品／服务需要；
步骤二——设计问卷调查表；
步骤三——实施有效的问卷调查；
步骤四——将调查结果分类汇总，建立质量原型；
步骤五——分析质量原型，识别具体测量指标的敏感性。
以下简要介绍步骤二和步骤五。

1. 如何设计问卷调查表

为了能够将质量特性区分为基本型需求、期望型需求和兴奋型需求，卡诺（Kano）问卷对每个质量特性都有正向和负向两个问题，分别测量顾客面对"具有"或"不具有"某项质量特性时的反应。问卷中的问题答案一般为五级选项，分别是"我喜欢这样""它必须这样""我无所谓""我能够忍受""我讨厌这样"。设置的问题形式如表8-2所示。

表8-2　卡诺（Kano）模型质量特性评价表

正向问题	具有×××质量特性，您如何评价？ □ 我喜欢这样　□ 它必须是这样　□ 我无所谓 □ 我能够忍受　□ 我讨厌这样
负向问题	不具有×××质量特性，您如何评价？ □ 我喜欢这样　□ 它必须是这样　□ 我无所谓 □ 我能够忍受　□ 我讨厌这样

根据以上形式的问卷实施调查，结合正向问题和负向问题的回答对质量特性进行分类，具体分类如表8-3所示。

表8-3　卡诺（Kano）模型评分结果对照表

产品/服务需求		负向问题（没有×××质量特性）				
	量表	喜欢	理应如此	无所谓	能忍受	不喜欢
正向问题 （有××× 质量特 性）	喜欢	Q	A	A	A	O
	理应如此	R	I	I	I	M
	无所谓	R	I	I	I	M
	能忍受	R	I	I	I	M
	不喜欢	R	R	R	R	Q

注：A——兴奋型需求；O——期望型需求（正向问题回答为"我喜欢"且负向问题回答为"我不喜欢"）；M——基本型需求；I——无差异需求；R——反向属性；Q——可疑结果（通常不会出现，除非问题本身有问题或用户理解错误）。

2. 如何进行质量原型分析

卡诺（Kano）模型主要是根据标准化问卷调研结果对各因素属性归类，然后计算Better-Worse系数，以显示达成此项因素属性对增加满意或消除不满意的影响程度。其中：

① 增加后的满意系数 Better/SI = （A+O）/（A+O+M+I）；

② 消除后的不满意系数 Worse/DSI = $-1 \times$（O+M）/（A+O+M+I）。

Betterr-Worse的数值通常为正，表示如果产品提供某功能或服务，用户的满意度会提升，正值越大，代表用户满意度提升的效果越强，满意度上升越快；Worse的数值通常为负，表示如果产品不提供某功能或服务，用户的满意度会降低，负值越大，代表用户满意度降低的效果越强，满意度下降越快。因此，根据Better-Worse系数，对系数绝对分值较高的项目应当优先实施。

下面以一个案例来说明如何应用卡诺（Kano）模型。某产品希望优化5项功能，但是不知道哪些是用户需要的。通过卡诺（Kano）模式调研分析，分别计算5项功能的Better-Worse系数，构建四分位图（如图8-6所示）。

Better-worse系统分析

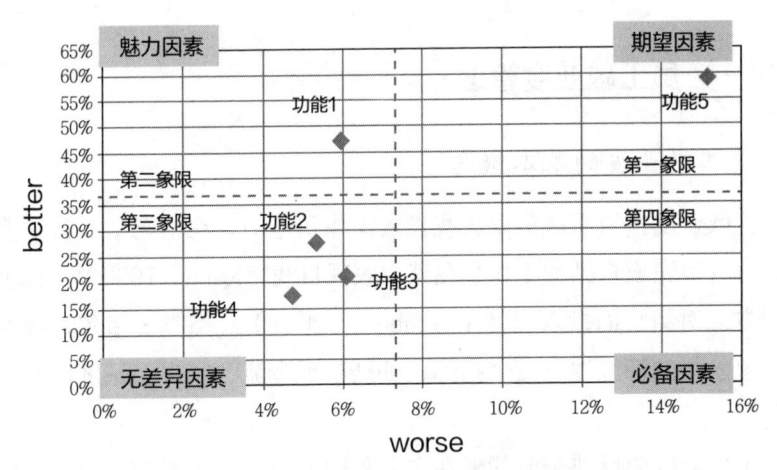

图8-6　四分位图：Better-Worse系数分析

根据5项功能的Better-Worse系数值，将散点图划分为四个象限。

第一象限：Better系数值高，Worse系数绝对值也很高。落入这一象限的因素为期望因素（一维因素），功能5落入此象限，即表示产品提供此功能，用户满意度会提升；不提供此功能，用户满意度就会降低。

第二象限：Better系数值高，Worse系数绝对值低。落入这一象限的因素为魅力因素，功能1落入此象限，即表示不提供此功能，用户满意度不会降低；提供此功能，用户满意度会有很大提升。

第三象限：Better系数值低，Worse系数绝对值也低。落入这一象限的因素为无差异因素，功能2、3、4落入此象限，即无论提供或不提供这些功能，用户满意度都不会有改变，这些功能是用户并不在意的功能。

第四象限：Better系数值低，Worse系数绝对值高。落入这一象限的因素为必备因素，即表示当产品提供此功能，用户满意度不会提升；不提供此功能，用户满意度会大幅降低，落入此象限的功能是最基本的功能。

根据卡诺（Kano）模型计算出的Better-Worse系数值，说明该产品首先需要优化功能5，然后满足功能1。对用户来说，有或没有功能2、3、4都是无差异的，因此企业没有必要花大力气去实现。

四、高绩效工作系统AMO模型——提升员工敬业度

（一）员工敬业度管理

1. 员工敬业度的基本概念

员工敬业度指组织成员以自我投入工作角色中，在情感上、认知上认同并身体力行地完成自己的工作且在其中表现自我（Kahn，1990），代表员工在心理方面对组织的投入程度（Rothbard，2001）。杰克·韦尔奇曾说过：衡量一家公司的稳健性有三个指标，分别是现金流、客户忠诚度以及员工敬业度。

员工敬业度能反映企业能够在多大程度上激发员工对企业投入的感情、智慧和承诺，可以从以下三个层面衡量员工的敬业度。

1）乐于宣传（say）——员工会主动与其周围的求职者、亲人、朋友谈论自己的企业，甚而热情地赞扬企业。它反映了员工对企业的喜爱程度。

2）乐于留下（stay）——员工会留在企业工作，或强烈希望自己是企业的一员。它反映了员工在企业的留任意愿程度。

3）乐于全力（strive）——员工会全身心地投入工作，甚至为企业的成功付出额外努力。它反映了员工为提升企业的经营业绩所希望采取的实际行动。

前两者构成员工满意度，三者综合构成敬业度。满意度可以帮助企业吸引与留住员工，敬业度不仅可以留住员工，更重要的是能够推动业绩的增长。盖洛普对5万个工作单位的近140万名员工进行了调查和研究，比较了员工敬业度位于前25%的工作单位与位于后25%的工作单位的绩效表现：在客户评级、营利能力、生产率方面，前者比后者分别高10%、22%和21%；在人力流动率、旷工率、安全事故以及质量缺陷方面，前者比后者也更低。盖

洛普还发现，员工敬业度和工作表现之间的相关性，在不同地区、不同行业和不同企业中保持高度一致。

盖洛普对健康企业成功要素的相互关系进行了近40年的研究，建立了"盖洛普路径"的模型，描述员工个人表现与公司最终经营业绩以及市场价值之间的驱动路径。"盖洛普路径"可以表示为：企业根据员工优势因才施用→在优秀经理领导下发挥员工所长、驱动员工敬业度→敬业的员工发展了忠实的客户→忠实的客户驱动企业可持续发展→可持续发展驱动实际利润增长→企业实际利润增长推动股票的增值。（如图8-7所示）

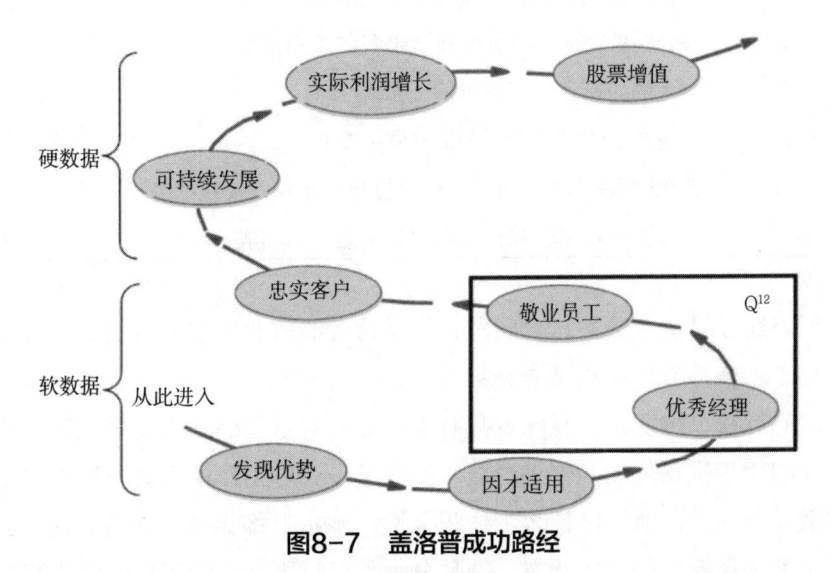

图8-7　盖洛普成功路经

图片来源：周施恩（2013），盖洛普的"S路径"模型。

2. 员工敬业度测评

国外关于员工敬业度的测量较多，国内的研究基本是对国外研究成果的修正或改良。具有代表性的测评方法有盖洛普Q12测评法、Utrecht工作敬业度量表（UWES）测评法以及翰威特的敬业度问卷测评等。盖洛普确定了测量一个企业员工敬业度的Q12模型，它包括12个问题（如表8-4所示）。

表8-4 盖洛普Q12量表

序号	内容
1	我知道对我的工作要求。
2	我有做好我的工作所需要的材料与设备。
3	在工作中,我每天都有机会做我最擅长做的事。
4	在过去的7天里,我因工作出色受到表扬。
5	我觉得我的主管或同事关心我的个人情况。
6	工作单位有人鼓励我的发展。
7	在工作中,我觉得我的意见受到重视。
8	公司的使命/目标使我觉得我的工作重要。
9	我的同事致力于高质量工作。
10	我在工作单位有一个最要好朋友。
11	在过去的6个月内,工作单位有人和我谈及我的进步。
12	过去一年里,我在工作中有机会学习和成长。

调查通过受访者回答12个问题,将受访者的敬业程度分为敬业、漠不关心和怠工。盖洛普的一项调查结果显示,在全球范围内,只有13%的雇员的工作状态算得上敬业,这意味着只有极少数人对自己的工作充满热情,并把工作时间用于推动创新和促进受雇组织的进步;对工作漠不关心的人占了绝大多数(63%),他们没什么工作积极性,基本上每天梦游度日;还有24%的员工处于最糟糕的怠工状态,这部分人不仅讨厌自己的工作,还会暗中破坏同事们的工作成果以发泄心中不快。

翰威特公司通过对1500家企业的研究(包括翰威特全球"敬业度"咨询项目的客户和最佳雇主的调研数据),披露了敬业度和绩效之间的密切关系,并开发了一个"敬业度仪表盘"(如图8-8所示)。仪表盘显示了敬业度的分布范围,以及公司的经营业绩是如何与敬业度关联的。

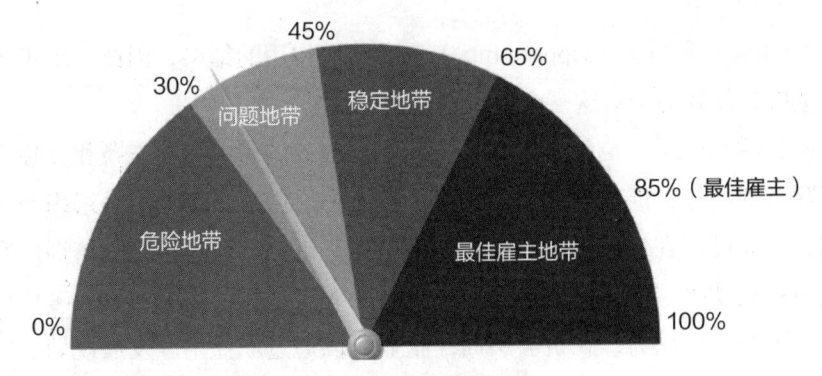

图8-8 敬业度仪表盘

1）最佳雇主地带——代表了35%的公司，在这些公司中，大部分员工很敬业，并努力为公司的成功做出贡献。

2）稳定地带——代表了20%的公司，这些公司员工的敬业度达到了平均水平，公司员工的35%~55%不完全敬业，也没有尽全力为公司的成功努力。

3）问题地带——代表了15%的公司，这些公司员工的敬业度较低，公司通常正处于变动中，如并购、裁员。

4）危险地带——代表了30%的公司，这些公司三分之二以上的员工不敬业并会损害公司价值。

（二）高绩效工作系统AMO模型

研究表明，员工越敬业，公司就越具有创新力，生产效率就越高，营利能力也更好。然而，很多企业在加强员工敬业度上表现不佳。如何有效提升员工敬业度？学术界和产业界进行了广泛的研究，形成了诸多理论和应用，其中比较有代表性的理论是Appelbaum（2000）提出的AMO模型——一个高绩效工作系统模型。

关于高绩效工作系统（High Performance Work Systems，HPWS）尚未形成统一的定义，也有许多不同的提法，如高绩效工作系统、高参与工作系统、高承诺工作系统、最佳人力资源管理活动、弹性工作系统，其目的在于寻找普适性的"最佳实践"来提升组织绩效，最终获得商业成功。

2000年，Appelbaum通过对医疗电子、服装和钢铁行业高绩效工作实践的有效性研究，提出了著名的AMO理论：组织绩效是能力（Ability）、动机

（Motivation）和机会（Opportunity）三者共同作用的结果，因此，组织要想提升绩效必须致力于对这三个要素的改善。

AMO模型认为，高绩效工作系统对组织绩效的影响存在三条相互独立又相互联系的路径：能力、动机和机会。在能力层面，员工能力是组织绩效的基础，企业可以在任职资格和胜任力模型的基础上，通过招聘、培训提升员工能力；在动机层面，企业可以通过设计具有竞争力的薪酬与绩效考评机制激发员工的内在动力；在机会层面，企业可以通过职业生涯发展规划、员工授权、工作轮换等方式，让优秀的员工充分参与到企业管理中，在更关键的岗位发挥能动性。

（三）构建高绩效工作系统AMO模型提升员工敬业度：华为案例

高绩效工作系统AMO模型不仅能够提升员工工作绩效，更重要的是能够提升员工敬业度。高绩效工作系统涵盖三个方面：员工能力提升实践；员工激励实践；员工参与决策实践，通过满足"胜任""关系"和"自主"的需求，激发员工的内在动机。首先，员工能力提升实践可以提升员工的知识、技能水平，满足个体的胜任需求；其次，员工激励实践可营造一种组织支持和激励的融洽的组织氛围，满足员工的关系需求；最后，员工参与决策实践可以增强员工工作中自主控制和心理自由的体验，满足员工自主需求。当员工受到内在动机的激发时，会视工作为有趣的、对自我重要的，并努力融入工作角色，从而展现敬业的工作状态（王君，2017）。

王玉珏（2019）通过华为的高绩效工作系统的研究，总结出华为在战略人力资源管理方面的若干"最佳实践"，本书适当整理，以飨读者。

案例8-1：华为AMO理论实践

一、员工能力层面

任职资格体系是华为人力资源管理体系的基础，全员导师制可以让新员工尽快融入企业，训战结合的企业培训让员工学以致用，提升实际作战能力。

（一）任职资格管理体系

华为的任职资格管理来源于英国国家职业资格制度（NVQ），包括"划分任职资格等级体系""构建职业发展通道""建立任职资格标准""任职资格认证"和"任职资格结果的应用"五部分。其中"任职资格标准"包括"基本条件""核心标准"和"参考项（绩效、品德和素质）"三部分，不同级别的标准有明显的区分度。华为依据任职资格聘用合适的员工，不仅帮助员工实现人岗匹配，同时牵引员工不断改进工作，促进专业工作标准化、规范化，提升人员的职业化水平。

（二）全员导师制

华为全员导师制的特点是"全员的"和"全方位的"，每位员工都有导师，所有部门都实行导师制。一方面，各类导师帮助新员工实现校园人到职业人的跨越，让新员工尽快融入公司文化、掌握基本技能。另一方面，"要想当将军，必须从一兵一卒带起"，每位导师通过带新人，提高自己的管理能力，为今后管理项目承担更大的责任做演练和准备。

（三）训战结合的培训

华为强调"培训要从实战出发，要学以致用，急用先学"。"华为大学"的培训模式具有以下特点。

1）停产、停薪、交学费。华为的干部员工参加"华为大学"的培训不仅停产、停薪，还要交不菲的教材费。

2）案例式教学。华为的培训采用故事化和表格化等一线案例，重在提升员工实际工作能力。

3）"721"法则。规定员工技能的提高，七成来自实际的操作，两成来自老师的指导，一成取决于员工自己的不断学习。

二、员工动机层面

华为坚持"以奋斗者为本"，全员持股的激励政策让员工能够获得丰厚的物质回报，非物质激励解决物质激励边际效用递减的问题，敢于惩罚的负向激励抑制员工的负能量，激发员工的活力。

（一）全员持股

截至2017年，华为有超过8万名员工持股，全员股权激励制度是华为凝聚18万知识分子的核心动力。华为的股权激励经历三个阶段：1990年华为第一次提出员工持股的概念，每股1元，以税后利润的15%作为股权分红；2001年年底，华为推行"虚拟受限股"，员工享受股票分红和股价升值；为了解决老员工持股过多、过于强化历史贡献的问题，2013年，华为推出TUP计划，激励对象为入职不满五年的员工。

（二）非物质激励

面对物质激励边际效用递减的问题，华为推行"明日之星""蓝血十杰"等非物质激励举措，具有以下特点。一是明确导向。"蓝血十杰"是希望传达公司重视管理工作的导向，表彰在华为历史上对管理体系建设和完善做出突出贡献的、创造重大价值的优秀管理人才。二是受众广泛。华为按部门员工的20%选拔"明日之星"，强调"六亿神州尽舜尧"，通过大范围的非物质激励肯定大多数员工，督促极少数落后员工。三是精心筹备。"明日之星"奖牌由顶级的奖牌制造商——巴黎造币厂制作，是可以珍藏的奖牌。

（三）负向激励

管理的实质在于对人性善恶的激发与抑制。华为员工如果出现严重的违章违纪现象，依据制度将受到惩罚，包括但不限于警告、通告、罚款、降薪、降奖金等级、职位降级、考核等级下调、劳动态度考核等级下调、扣发奖金、赔偿损失、无权获得当年度虚拟受限股分红、收回以往年度虚拟受限股分红、记入员工纪律处分数据库或记入员工个人诚信档案，同时管理者需要承担连带责任。

三、员工机会层面

"宰相必起于州郡，猛将必发于卒伍"，华为强调从基层挖掘人才，在实战中培养干部。华为五级双通道的晋升模式让员工在自己擅长的领域不断追求卓越，战略预备队通过实战化赋能培养优秀的人才，内部人才市场实现让员工与岗位双向选择，充分调动员工的工作积极性。

（一）人才金字塔

华为的职业发展通道是五级双通道（管理和专业技术）的金字塔结构，促进优秀员工在擅长的领域追求卓越，干一行、爱一行、专一行，避免了职业发展通道单一导致的"官导向"的现象。由于金字塔结构是封闭系统，华为进行了改良，拉开金字塔顶端，形成蜂窝状，吸收全球顶尖人才；同时改进金字塔内部的结构，在关键岗位上拉开差距，向外市场化对标，引进更优秀的人才。

（二）战略预备队

2013年，华为成立战略预备队，目的是选拔高潜质人才赋能，培养优秀的干部、专家和职员，实现战略能力的探索和突破。战略预备队运作聚焦于三个方面："优秀的人进得来"，通过选拔制，让责任结果好、有使命感的人才进入战略预备队；"进来以后长得大"，战略预备队通过案例、方法和讨论赋能，提升实战能力；"长大以后出得去"，战略预备队成员有承接组织，实现从实践中来到实践中去，让培养出来的人才真正发挥作用。

（三）内部人才市场

内部人才市场是华为内部人才资源有序流动的机制和平台，华为员工可以不经本部门审批直接进入企业内部人才市场，以任职资格为上岗条件，在内部人才市场找到适合自己的岗位，实现岗位需求与员工意愿之间的双向选择和合理匹配，充分调动员工积极性和主动性。但是绩效为D或者连续为C的员工没有自由流动的机会，并且每名员工两年内只能进入一次内部人才市场。

五、供应链合作模式——打造双赢

（一）基于卡拉杰克矩阵的供应商分类策略

按照一定的规则对供应商进行分类，有利于供应链核心企业制定有效的采购策略。卡拉杰克矩阵（Kraljic Matrix）最早由彼得·卡拉杰克（1983）提出并发表于《哈佛商业评论》，尽管还有ABC分类法等供应商分类方式，但卡拉杰克矩阵在全球范围内仍是经典主流的供应商分析矩阵模型。

以采购物料分类为分析基础，卡拉杰克采用"利润影响"和"供应风险"两个维度建立了采购品类与供应关系的矩阵模型（如图8-9所示）。

```
高
 ┌─────────────────────────┬─────────────────────────┐
 │ 杠杆项目(Leverage Items) │ 战略项目(Strategic Items)│
收│                         │                         │
益│ 总价高,且市场供应稳定   │ 总价高,但市场供应风险大 │
影├─────────────────────────┼─────────────────────────┤
响│非关键性项目(Non-Critical│ 瓶颈项目(Bottleneck     │
 │             Items)      │          Items)         │
 │总价低、技术门槛低,供应稳定│总价不高,但供应保障风险大│
 └─────────────────────────┴─────────────────────────┘
低
    低          供应风险(Supply Risk)          高
```

图8-9　卡拉杰克的供应关系矩阵模型

卡拉杰克矩阵包括两个维度。

1）收益影响（Profit Impact）——采购项目在产品增值、原材料总成本及产品收益等方面的战略影响。

2）供应风险（Supply Risk）——包括供应市场的复杂性、技术创新及原材料更替的步伐、市场进入的门槛、物流成本及复杂性、供给垄断或短缺等市场条件。

据此，卡拉杰克模型将采购项目分为四个类别。

1）杠杆项目（Leverage Items），特征：可选供应商较多，能够为买家带来较高利润，替换供应商较为容易，具有标准化的产品质量标准；买卖双方地位：买方主动，相互依赖性一般。

2）战略项目（Strategic Items），特征：对买方的产品或生产流程至关重要，由于供给稀缺或运输困难而具有较高的供应风险；买卖双方地位：力量均衡，相互依赖性较高。

3）非关键性项目（Non-Critical Items），特征：供给丰富、采购容易，财务影响较低，具有标准化的产品质量标准；买卖双方地位：力量均衡，相互依赖性较低。

4）瓶颈项目（Bottleneck Items），特征：只能由某一特定供应商提供、运输不便、财务影响较低；买卖双方地位：卖方主动，相互依赖性一般。

（二）供应商需求与期望

"企业主要想从供应商那儿得到什么？"答案是不言自明的，例如快速、正确、便宜、容易。"供应商希望从企业获得什么？"这个问题经常被忽视。按照"与供方互利的原则"，秉持与供方"双赢"思维，企业需要对供应商的需求和期望进行全面识别，并采取相应措施予以满足。尼利等（2002）指出，供应商或合作联盟主要希望从企业获得的是：

1）利润——合理的利润（以改善产品和服务）；
2）增长——长期销售量的增加；
3）建议——改善产品和服务的方法建议，以及成果的反馈；
4）信任——获得有助于提高供应链的效率和建立长期合资企业的关键信息的方法。

涉及具体指标，包括（但不限于）：

1）每个供应商的平均花费趋势（根据消费种类）；
2）保留供应商的平均时间（服务时间）；
3）通过单一货源购买的价值比例；
4）需要提供能见度的供应商的比例；
5）要求的预测精确水平；
6）规范的变化水平；
7）过期支付供应商报酬的次数；
8）供应商账单的出错次数；
9）不在控制中的货币交换比率变动和其他成本基数变化的影响。

（三）构建合适的供应链合作模式

进入21世纪以来，企业间的竞争已由此前的单个企业之间的竞争，转变为供应链，甚至生态链之间的竞争。供应链核心企业需要转变传统的"单赢"思维，采用"双赢"的思维与处于整个供应链，甚至生态圈的企业保持良好的合作关系。

与供应链/合作伙伴的合作应为双方带来预期的战略和经济利益。为获得这些利益，管理层必须全方位了解潜在的合作模式，并且采取最能满足公司需要的模式，避免潜在合作关系中的风险。肖尚纳·科恩等（2015）将供应链合作模式分为四种类型，按照合作紧密程度由低到高依次为交易性合作、协作合作、协调合作和同步合作。

1. 交易性合作

合作伙伴同意在规定期限内以固定价格供货，或对特定订货量或订货金额以固定价格供货。具有如下特征：

1）缩短交易时间，减少交易工作量，与供应商有关的决策更多地基于价格；

2）需要很少的努力、投资和信息共享。

卡拉杰克模型中的"非关键性项目"可采用交易性合作方式，推荐的采购策略为：通过提高产品标准和改进生产流程，减少对此类项目的采购投入。

2. 协作合作

合作伙伴共享有关协议、预测、库存能力、采购订单或订单与交付状态的信息。具有如下特征：

1）需要更高层次的信息共享；

2）数据以手动或电子方式从一个合作伙伴发给另一个（"推"），或由接受数据的合作伙伴获取（"拉"）；

3）标准化的数据类型和格式。

卡拉杰克模型中的"瓶颈项目"可采用协作合作方式，推荐的采购策略为：数量保险合同、供应商管理库存、确保额外库存。

3. 协调合作

合作伙伴依赖彼此的能力，并承诺长期合作。具有如下特征：

1）依赖合作双方的双向信息流、紧密协调的计划和实施流程；

2）需要高水平的协商谈判和妥协；

3）需要进行信息交流的专用系统，例如供应商库存管理系统（Vendor Managed Inventory，WMI）。

卡拉杰克模型中的"杠杆项目"可采用协调合作方式，推荐的采购策略为：采购招标、供应商选择、目标定价、与首选供应商达成一揽子协议，最后按正常供应程序执行、处理分订单。

4. 同步合作

关系超越了供应链运营，包括其他重要的业务流程。具有如下特征：

1) 合作伙伴可投资联合研发项目、供应商开发和知识产权开发，从而产生共同的战略价值；

2) 合作伙伴共享实物、智力资产和人员；

3) 合作双方共同开发信息。

卡拉杰克模型中的"战略项目"可采用同步合作方式，推荐的采购策略为：战略联盟、紧密联系、供应商尽早介入、共同创造、并充分考虑垂直整合，关注长期价值。

与供应链合作伙伴的每种关系都能够在卡拉杰克矩阵中找到合适的位置，设计合作战略时，需要识别何种合作伙伴最适合何种关系。此外，受内外部环境的影响，采购项目的特征也在不断发生变化，企业应适时调整其在卡拉杰克矩阵中的位置，同时调整相关供应商的合作方式。

（四）供应商质量改进辅导案例：丰田汽车

案例8-2：丰田汽车的供应商质量改进辅导

早在20世纪60年代中期，丰田就开始派遣专家顾问协助其在日本的供应商。为此，公司成立了运作管理咨询部门（OMCD）以获取、存储和传播丰田集团内部有价值的生产知识。OMCD由6名具有丰富经验的资深经理人（其中每人都曾负责2个丰田工厂及10个左右的供应商）和约50名顾问组成。顾问中的15至20人为OMCD的永久成员，其余皆为崭露头角的青年才俊，他们通过在OMCD的3至5年的岗位轮换，进一步巩固自己关于丰田生产系统（TPS）方面的知识。丰田将派遣这些公司内部的专家到供应商的公司，协助供应商解决在实施TPS的过程中遇到的难题，有时这一派驻就是好几个月。

丰田还在美国组建了相应的运作管理咨询部门。该部门成立之初名为丰田供应商支持中心，后成长为TSSC公司。与OMCD类似，TSSC要求入会的供应商与他人分享项目成果。这有助于丰田将成功实施TPS各项要素的供应商的"最佳实践"示范，也鼓励供应商向同行敞开大门。

某金属冲压件（如车身托架）的供应商——大陆特种金属制品公司（CMS）就是一例。咨询流程起始于丰田派人向大陆公司的员工传授TPS，之后两家公司携手对大陆公司的生产流程检查，将每一生产步骤识别为增值步骤或非增值步骤。识别结果为：在30个步骤中，仅有4步为增值步骤。于是，丰田和大陆公司对生产体系进行了重组，以去除尽可能多的非增值步骤。一段时间后，大陆公司一共排除了19个非增值步骤，将生产流程启动时间从原来的2个小时缩减至12分钟。此外，多数零部件的库存水平也减少至原来的1/10左右。当时的大陆公司总裁霍梅尔（George Hommel）是这样评价公司得到的好处的："如果我们没有和丰田合作，我们不会取得今天的成就。我们从客户那里学到的，有80%都来自丰田。"

丰田从美国公司那里采购的零部件数超过了其采购总数的70%，丰田也相应地越来越多地和其美国竞争对手的供应商开展合作，这便提出了一个值得探讨的问题：丰田如何在这些供应商处获得竞争优势？传统的经济学理论告诉我们，仅有的方法可能是通过提高相对议价能力从而获取较低的单价水平。然而在美国，丰田的产量低于美国的竞争对手，从而处于不利的地位。但是丰田通过向美国供应商提供知识和技术、提高专门为丰田供货的生产部门的生产效率的方式，克服了上述缺陷并且获得了竞争优势。

与"三巨头"（通用、福特、戴姆勒-克莱斯勒）相比，丰田明显更多地致力于与美国供应商分享知识。丰田派遣人员造访供应商的工厂交流技术信息的频率是平均每年13天，而"三巨头"的这个数字仅为6天。某工厂经理说："我们从丰田那里学到了不少知识。我们学会了按序装运（In-Sequence Shipping）、降低库存的看板体系（Kanban）、单件式生产（One-Piece Production）以及标准化作业等。我们甚至还学到了有关丰田人力资源的培训理念和方法。"

更为广泛的知识分享产生了巨大的影响。供应商为丰田供货的生产部门的残次品率平均下降了84%，而为其最大客户"三巨头"供货的生产部门的残次品率仅下降了46%。为丰田供货的生产部门的库存平均下降了

35%，而为"三巨头"供货的生产部门的库存仅下降了6%。同时，为丰田供货的生产部门的生产效率提高了36%，而为"三巨头"供货的生产部门的生产效率仅提高了1%。

知识分享的后续效应也非常显著。丰田通过将技术转移给供应商，从而协助其极大地提高了绩效水平，这也反过来为丰田带来了巨大的竞争优势。与同级别美国汽车相比，丰田享受了显著的溢价水平：新车平均溢价为9.7%，二手车为17.6%。

丰田的经验有力地证明了，在供应商网络内构筑较高水平的知识分享流程，能为企业创造和维持竞争优势。这个原则有着更为广泛的适用空间，例如还适用于包括合资企业等在内的其他合作伙伴关系网络类型。实际上，与供应商和合作伙伴建立有效的组织间知识分享流程，对每一个致力超越竞争对手的公司来说都是至关重要的。正如某资深丰田经理人发现的那样："我们并不过分担心知识可能泄露给竞争对手，总有些知识会泄露出去。当这种情况发生时，我们已经掌握了新的知识。我们是个移动标靶。"（Jeffrey, H, Dyer等，2004）

六、创造共享价值——履行战略型企业社会责任

（一）基于价值共享的战略型企业社会责任的内涵

自从谢尔顿（1924）首次提出企业社会责任（Corporate Social Responsibility, CSR）概念，经过百年发展，产生了企业社会责任的"三重底线"及"金字塔"模型等理论。伴随菲利普·科特勒市场营销理论的提出，又催生了各种社会责任营销理论，包括善因营销理论、战略型社会责任模式、共享价值理论等。

善因营销也称社会营销、慈善营销、公益事业相关联营销，包括社会责任中的伦理和慈善两个层次。狭义的善因营销指企业承诺将产品销售额与某项特定公益事业捐款相联系；广义的善因营销包括一切与公益事业相关的促销、公共关系和赞助活动，是营利与非营利领域的合作，以达成企业、慈善团体和消费者三赢的局面。

随着战略管理理论的发展,学术界和产业界开始将战略管理的思想融入社会责任,迈克尔·波特(2002)率先提出了战略型企业社会责任(Strategic corporate social responsibility,SCSR)的概念,之后又提出了共享价值(Shared Value)的概念。波特认为,没有一个企业有能力解决所有问题,企业必须选取和自己的业务有交叉的社会问题来解决。选取的关键不是看某项事业是否崇高,而是看是否能创造共享价值——既有益于社会,也有益于企业。企业和社会相互依存,这就意味着商业决策和社会政策都必须遵循"共享价值"原则。

波特将企业社会责任分为两类:反应型和战略型。反应型的企业社会责任是企业致力于做一个良好的企业公民,参与解决普通社会问题;战略型企业社会责任则是在重新审视社会与企业关系的基础上,创造企业和社会的共享价值,并形成良性循环。基于"共享价值"理论的战略型企业社会责任(SCSR)与传统的基于伦理和慈善(或"行善")的企业社会责任(CSR)有着重大的区别(如表8-5所示)。

表8-5 传统企业社会责任(CSR)与战略型企业社会责任(SCSR)的区别

基于"行善"的传统型企业社会责任（CSR）	基于"价值共享"的战略型企业社会责任（SCSR）
价值：行善	价值：付出一定成本,同时取得经济效益和社会效益
公民义务、慈善活动、可持续进行	同时为企业和社会产生价值
自行决定该怎么做,或者回应外部压力	整合为竞争优势
与利润最大化无关	利润最大化的组成部分
活动日程取决于对外报告的要求和个人喜好	活动日程取决于公司具体情况,于公司内部产生
社会影响受限于企业规模和相关预算	要重新编制公司的整体预算

资料来源：Michael E Porter和Mark R Kramer(2011)。

基于"共享价值"理论的战略性企业社会责任(SCSR)的内涵包括三个方面。

1)SCSR理论强调企业与社会共生。传统的CSR理论往往把企业和社会视为两个相互对立的方面，认为两者之间是零和博弈关系；SCSR理论把企业和社会的关系看作一种相互依存的共生关系，二者相互依存、相互促进。

2）SCSR理论的核心是扩大经济与社会总价值。共享价值并非社会责任、慈善事业，而是取得经济成就的新方式，追求的是提升经济与社会总价值。

3）SCSR理论的实现途径是创新。既然SCSR是要创造经济与社会价值，那么履行这种社会责任的方式只能是创造价值的方式，而创新无疑是创造价值、提升生产力的最佳方式（姚雯等，2015）。

（二）创造共享价值的方式

波特认为，创造共享价值是对传统资本主义精神与企业模式的革新，可采取以下三种方式。

1. 重新定义需求、产品和市场

创造共享价值的核心要求，就是回应与满足社会需求。社会需求与传统的消费者需求是两个不同的概念，其范畴非常宽泛，涉及贫穷、饥饿、健康、教育、性别平等、清洁饮水等。放眼全球，站在可持续发展的角度，这些是最难满足的需求，也是最大的未满足需求。

普拉哈拉德（2004）在《金字塔底层的财富》一书中指出："未来的竞争市场是金字塔底层（Bottom of Pyramid，BOP）的市场。BOP市场的主体是占据世界80%的人口数量，却只掌握世界20%财富的人，谁占领了这个市场，谁就赢得了未来的竞争。"波特等（2011）认为："服务弱势社区与发展中国家，可给企业带来更好的机会。它们有机会让企业接触金字塔底层数十亿新顾客"。可见，处于金字塔底端的未满足市场是一个庞大的市场，是新的商业机会。

在孟加拉国，格莱珉银行聚焦于BOP人群的信贷需求，帮助这些人谋生与成长，银行也实现了事业增长；在肯尼亚，沃达丰公司通过手机银行为1000万消费者服务；在印度，路透社以廉价手机为渠道，为农户提供天气与农作物价格信息。开拓BOP人群的创新创业手段与技术是一种重要的共享价值创造方式。

2. 从价值链角度重新界定生产力的内涵

社会进步与价值链中的生产力息息相关。按照过去的看法，处理与解决社会成本通常被视为增加企业成本或负担，但"共享价值"理念提出之后，这种观点被证明是错误的。波特指出，企业可以通过重新设计物流体系，降低价值链体系中的能源消耗，与有能力的本地供应商合作，缩短采购周期，提升学习速度，提升员工的生产力，改造全球价值链等方式创造共享价值，履行社会责任。

例如，过度包装消耗资源、增加物流成本、增加使用后处理难度，对整个产业链造成负面环境影响并增加社会成本。为解决该问题，沃尔玛与经销商合作，对进入沃尔玛商超的所有品牌提出包装修正方案，曾经实现一年节约物流成本超过2亿美元，资源消耗等社会成本也得到降低。又如，玛莎百货发现价值链的能耗在生产、运输、供应链、分销和支持服务等环节都会发生，他们只采取了一个微小的行动：停止东西半球之间的相互购买，即本地的消费需求尽量通过本地采购来满足，2016年当年就节省零售费用1.75亿英镑，同时还降低了大量的碳排放。再比如，传统的商业采购通常都是向劳动力成本更低的经济区域外包，但人们很快发现，这样的策略几乎是不可持续的。从成本最低的地方采购可以实现采购成本的最低要求，但是物流过程中能源消耗和排放成本却大幅上升了。

3. 促成产业集群的发展

集群与区域经济存在密切的共生关系。构成产业集群的企业和机构在特定区域共同发展，一方面，可以改善当地的基础设施、创造就业机会、增加地方税收、推动绿色发展；另一方面，可以降低企业和机构自身的运营成本、获得高利润率、获得更多的市场份额。

例如，阿里集团从产业集群建设的角度创造了一个庞大的产业体系，创建阿里巴巴、淘宝网、天猫网、支付宝、菜鸟物流公司等，由此整合不同的品牌、企业、商户以及资源等，与各方协调打造了一个网络产业集群（龙成志，2021）。

（三）战略型企业社会责任案例

以下以京东（JD）、雀巢（Nestlé）和罗氏（Laws Group）三家公司为例，介绍它们如何在企业发展过程中实现社会价值和商业价值的统一。

案例8-3：京东（JD）基于扶贫战略发展下沉市场

企业将社会需求纳入自身的发展战略，可以创造共享价值。京东积极响应国家号召，将振兴乡村和农村发展列为企业重要战略议题，发展农村电商和下沉市场。京东创造共享价值的思路是提升贫困地区生产能力和生活水平，为贫困地区提供优质服务和高性价比产品，实现社会价值创造与商业价值创造。

国家统计局的数据显示，我国农村居民的人均可支配收入不断增加，从2015年的11421.7元增长至2021年的18931元。这些乡村居民作为消费者，收入日渐增加但消费需求尚未得到充分满足，有潜在购买力待释放。

京东为开发农村业务从2014年就深入基层调研，了解需求、探寻农村市场的商机。经过调研，京东发现不能单纯帮助农产品上行，更重要的是根据农村经济发展特点进行商业模式创新，帮助农村经济实现可持续发展。针对农村市场痛点（如基建和物流不完备、农产品销售链条冗长、缺乏资金、商品价格高但质量低），京东推出了一系列解决方案（如下沉物流和服务、特产馆平台、京东农村金融、京东便利店、京喜APP等）创造共享价值。

在社会价值创造方面，京东拓展了农产品的销售渠道，提高了农民的收入水平，带动了贫困地区的经济发展。截至2021年，京东帮助数百万农户大幅增收。在商业价值创造方面，京东在扶贫的过程中专注发展下沉市场，其物美价廉的商品及优质的服务获得了用户的信赖，平台收获了一大批新活跃用户。截至2021年年底，京东的活跃购买用户数达到5.7亿个，比上年同期增加1亿个，其中新增用户中有70%来自下沉市场（单茜等，2023）。

案例8-4：雀巢（Nestlé）的可可计划

雀巢公司是一个有着150多年历史的大型跨国食品饮料公司，其业务遍布全球一百多个国家和地区。2006年，公司正式采用价值共享战略，2010年，Nestlé可可计划和Nescafé计划启动，旨在发展可持续的可可和咖啡供应链，改善农业社区的社会条件，并确保盈利。

雀巢主要在其来自科特迪瓦和加纳的供应链中实施可可计划。在与供应商的合同中，公司同意为认证和可追溯的可可支付高价，并同意在实施可可计划的社区实施一系列额外帮助。包括为农民提供高产、抗病的可可树苗以替代老化、生产力低的树木；为农民额外提供投入物（如农药和肥料）、工具以及农民在施用农药时使用的防护服的费用。作为认证过程的一部分，雀巢选定的可可贸易公司还支持合作社和农民团体的建立，并开发供应链可追溯系统，使公司能够追溯可可来源的农场，并向农民支付认证费。

此外，雀巢是第一家与公平劳动协会合作解决可可供应链中童工风险的食品公司，为了解决当地可可种植产业中严重的童工问题，雀巢公司每年在当地平均支出达到约500万瑞士法郎，这些支出用于新建学校和实施教育项目。

2020年，可可计划覆盖了雀巢可可总采购量的46%（18.3万吨），雀巢公司承诺到2025年通过雀巢可可计划采购的可可占比达到100%。雀巢的可可计划已经涵盖了贫困、森林砍伐和童工等需解决的关键社会问题，并且希望通过与当地团体供应商和政府的合作，实现以下的可持续发展目标：一是更好的种植——提供培训和资源帮助农民提高产量和质量、增加收入并改善生计；二是更好的生活——解决童工问题，赋予妇女权力和改善教育水平，帮助社区蓬勃发展；三是更好的可可——提高供应链的可追溯性并应对森林砍伐问题（李彦勇等，2021）。

案例8-5：罗氏（Laws Group）D2 Place共享空间项目

罗氏集团成立于1975年，是一家全球领先的服装制造商，总部位于中国香港，是一家小型的跨国公司。公司拥有多元化的业务组合，包括零售和品牌，房地产开发和购物中心。

2017年，罗氏集团编制了一项计划，计划用15年时间在其整个价值链中全面实施价值共享（Creating Shared Value，CSV）计划。实际上，罗氏集团对CSV从2013年就已经开始尝试了，罗氏集团的第一个CSV项目是将其不再使用的两座旧工业建筑改造成购物中心（D2 Place-1和D2 Place-2）。D2 Place是中国香港特区首个由工业大厦改建而成的商场和办公室。有别于其他商场，D2 Place以首创及独特的"初创商业模式"营运。

D2 Place为零售商店提供低租金的空间，为罗氏集团创造了可观的收入，同时为年轻企业家提供了创业平台。D2 Place致力于促进中国香港特区文化创意产业的发展，积极与年轻设计师合作、孕育初创企业及本地品牌、推动创新创意、支持创意文化界参与者。D2 Place成为一个集结年轻创新动力的文化创意地标。该项目于2017年荣获首届"商社共生大奖"杰出大奖（李彦勇等，2021）。

七、约束理论（TOC）和精益生产（Lean）——中小民营企业的选择

（一）概述

高德拉特博士创建的约束理论/瓶颈管理（Theory of Constraints，TOC）取得了卓越的成果，但在很多人看来，与精益生产/丰田生产方式（Toyota Production System，TPS）相比，它存在许多明显的缺陷：太过粗略、不够精准，远未达到丰田准时生产模式的高度。也有学者认为，实施瓶颈管理是中国企业的最好选择（李兵，2014）。

在精益生产、六西格玛管理和约束理论这三大生产力管理系统中，精益生产是"放大镜"、六西格玛是"显微镜"，而约束理论是"望远镜"。

精益生产的核心理念是消除一切浪费，在改善的早期阶段，由于各种浪费明显，改善能够取得立竿见影的效果。然而，当你用有限的资源、精力和时间去做无限的改善的时候，改善效果就会逐渐变差，改善就会迷失方向，甚至是为了改善而改善。

六西格玛为我们描述了一个缺陷率仅为百万分之三点四的美好愿景，但

是它的实施难度太高，需要掌握高深的数理统计知识和高超的应用技术，大多数民营企业、成长型企业暂时还达不到这个水平。六西格玛方法更适用于企业的制程能力已达到较高水准时。当企业还存在重大改善点的时候需要显微镜吗？我们更需要的是望远镜。

对于制造业而言，丰田汽车是一个标杆，很多中小企业向它学习TPS生产管理方式，然而丰田所实现的绝对掌控和极致流动却不是每一个企业都能学会的，很少有中小企业真正学会了丰田，TPS更适合大型甚至特大型企业。高德拉特博士曾经精辟地分析精益生产与约束理论的区别与应用，指出"丰田并非不好，而是你暂时学不会"。

相对于精益生产，约束理论并不追求极致的流动与绝对的管控，而是追求恰好的流动、有序的流动以及相对的管控，它像望远镜一样告诉我们生产的瓶颈在哪里，改进的方向在哪里，正如高德拉特所言，"粗略的'对'胜过精准的'错'"。

约束理论在指导企业的实践应用过程中，日益发挥重要的作用。Watson等（2007）对研究约束理论改善效果的文献进行了统计，结果显示，成功实施TOC后，企业的各项指标都有了明显的改善。

（二）约束理论（TOC）的基本概念

约束理论由高德拉特博士于20世纪80年代中期基于最优生产技术（Optimal Production Technique，OPT）提出，他在《目标》（1984）一书中指出，约束理论是用来指导企业如何集中有限的资源，并将其用于整个系统中最关键的位置，以获得最大收益的一种管理理论。1999年，高德拉特博士在"卫星计划"中概述了约束理论的知识体系，并将其应用领域划分为生产与运作管理、财务与绩效评估、分销与供应链、项目管理、人力资源管理、营销、销售和企业战略与策略八个方面。

约束理论认为，任何系统至少存在着一个约束（或瓶颈），因此要提高一个系统的产出，必须打破系统的约束。可以想象系统由一连串的环构成，环与环相扣，这个系统的强度取决于其中最弱的一环，而不是最强的一环。如果某个约束决定一个企业或组织达成目标的速率，我们必须从克服该约束着手，才能够在短时间内显著提高系统的产出。

（三）约束理论（TOC）面向有效产出的财务指标

1. 企业目标和衡量标准

约束理论首先有一个假定，即一个企业的最终目标是在现在，也在将来赚取更多的利润。那么如何来实现这个目标呢？可以通过以下三个途径。

1）增加产销率（Throughput，T）。

2）减少库存（Inventory，I）。

3）减少运营费用（Operating Expense，OE）。

然而，按照通用的会计准则，所有的企业都按照如下三个指标来衡量企业是否营利。

1）净利润（Net Profit，NP）：一个企业赚钱的绝对量。一般来说，净利润越高的企业效益越好。

2）投资收益率（Return on Investment，ROI）：一定时期收益与投资之比。当两个企业投资额不同时，单靠净利润无法比较它们效益的好坏。

3）现金流量（Cash Flow，CF）：短期内收入和支出的钱。没有一定的现金流量，企业就无法生存下去。

对制作财务报表来说，这些指标往往是必要的，但是，用它们来进行日常决策还存在某些弊端。

1）决策预期的滞延性。管理人员做出一项决策时，并不清楚决策的即时效果是怎样的，只有在年末或季度末财务数字出来时才能看到结果。事实上，管理人员往往会问：我怎么知道这项决策会如何影响年底的净利润？

2）局部标准与全局标准的不一致性。人们往往采用一些局部标准，这些标准在他们看来是与净利润或投资回报率相关的，但实际上这些标准衡量的只是生产某一种产品的成本或成本偏差，并不直接与总体目标相关联或保持一致。

3）不能直接指导生产。以上三个传统会计指标主要考虑的是对已有资源的有效利用和安排，但不能直接用于指导生产。例如，"采用多大批量为好"是无法直接依据这三个指标判断的。

2. 约束理论（TOC）作业指标体系

（1）产销率（Throughput，T）

产销率也称有效产出，指单位时间内生产出来并销售出去产品所获得的销售收入（S）扣除原材料、在制品、库存品等存货之后的利润额，即：T=S-I。生产出来但未销售出去的产品只能是库存，只有生产出来并获得了销售收入才能真正给企业带来利润。

（2）库存（Inventory，I）

库存是一切暂时不用的资源，包括（但不限于）：原材料、在制品、库存品、扣除折旧的固定资产（厂房、设备、土地等）。库存占用了资金，产生机会成本及一系列维持库存所需的费用。

（3）运营费用（Operating Expense，OE）

运营费用是生产系统将库存转化为有效产出的过程中的一切花费，通常包括直接/间接人力费用、销售费用和管理费用。

图8-10显示了TOC的作业指标体系与通用的财务指标体系之间的关系，其中净利润（NP）=产销率（T）-运营费用（OE）=销售收入（S）-库存（I）-运营费用（OE）。通过制造周期的缩短，可以提升产销率（T）、降低库存（I）和运营费用（OE），从而有效改进各项财务指标，最终实现企业目标——现在和将来都能赚钱。

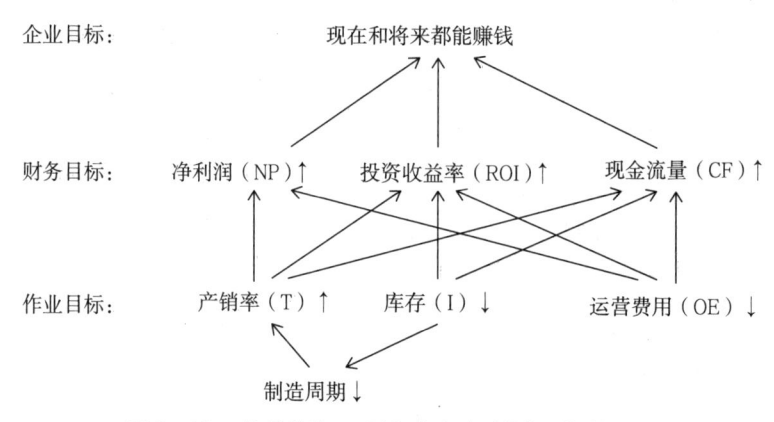

图8-10 作业指标、财务指标与制造周期的关系

(四)约束理论(TOC)的基本方法和工具

为了快速识别并消除生产系统中存在的瓶颈因素,约束理论在实践的基础上逐步派生出多种方法和工具,包括聚焦五步法、鼓-冲-绳子(Drum-Buffer-Rope,DBR)法等。这些方法和工具提升了约束理论的应用价值,架起了理论研究与实践应用之间的桥梁。

1. 聚焦五步法

聚焦五步法五个具体步骤如下。

1)发现瓶颈。瓶颈即明显阻碍生产系统有效产出的薄弱环节,瓶颈因素的存在导致制造型企业的生产速度和需求速度之间失去平衡,因而,发现生产系统内外部存在或潜在的约束限制对增加系统的输出至关重要。

2)挖尽瓶颈。为了保证瓶颈工序的有效产能与非瓶颈工序基本持平,就要最大限度地提高瓶颈工序的利用效率,尽可能地减少瓶颈工序的时间损耗,以最大化系统的有效输出量。

3)迁就瓶颈。生产系统中非瓶颈工序的生产活动要服务于瓶颈工序的生产活动,可以采用设置缓冲区、拟定科学合理的生产计划、调整工人的工作时间等方式来保证瓶颈工序不间歇、不中辍地运行。

4)打破瓶颈。通过增加包括人力、机器等生产资源的投入;再造生产业务流程;重新规划设备、物料、人员空间布局形式,以及其他措施提高系统的生产能力,使瓶颈工序转变为非瓶颈工序,不再制约企业的生产经营活动。

5)发现新的瓶颈。生产系统中始终存在着限制输出无限化的约束因素,因而要秉持持续改进的思想,重新寻找系统中存在的其他瓶颈因素,再次步入五步循环,在不断改善过程中提高系统的续航能力和产出速度。

2. 鼓-冲-绳子(Drum-Buffer-Rope,DBR)法

鼓-冲-绳子法是基于约束理论的管理思想而产生的一种生产调度方法(如图8-11所示),它主要用来解决生产计划与控制问题。其中,鼓(Drum)指整个系统中的约束(瓶颈资源),整个系统应该按照瓶颈资源的节奏进行生产。缓冲(Buffer)的设置是为了保证瓶颈环节在转移半成品或产成品时能够持续、不间断地工作,从而保证整个系统有效产出的最大化。一

一般来说，在DBR项目中存在三种缓冲类型，即时间缓冲、装配缓冲和市场缓冲。在改善过程中，绳子（Rope）指一种控制原材料投放的机制，它确保整个系统各道工序能够按照鼓（瓶颈资源）所决定的节奏进行生产。

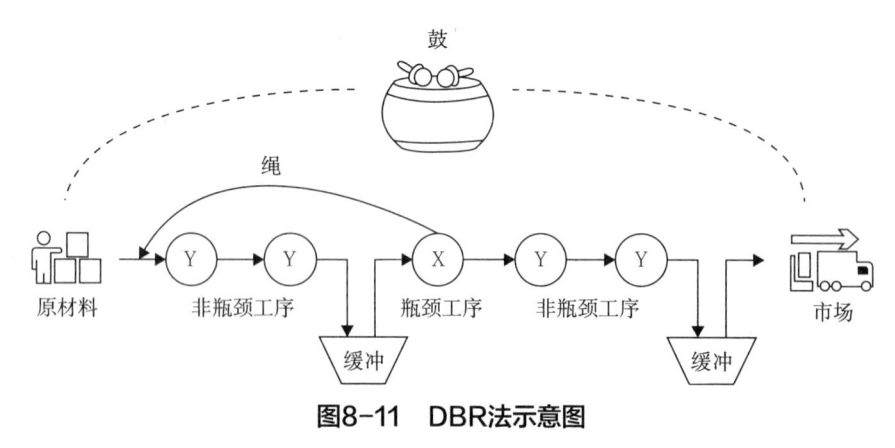

图8-11　DBR法示意图

图片来源：靳松，2022，基于TOC的NH公司经营管理研究。

（五）约束理论（TOC）的九项实施原则

TOC的基本思想体现在九条实施原则上，这九条实施原则是TOC的基石。

原则一：追求物流的平衡而不是生产能力的平衡。物流平衡就是使各个工序都与瓶颈同步，以求生产周期最短、在制品最少。TOC认为，如果一味追求生产能力的平衡，即使这些产能被利用了，但如果产品不能符合市场的需求，必然会造成积压。

原则二：非瓶颈资源的利用程度不是由其本身决定的，而是由系统的约束决定的。约束资源制约着系统的产出能力，而非约束资源的充分利用不仅不能提高有效产出，还会使库存和运营费用增加。

原则三：资源应该利用的程度和能够利用的程度并不相同。让一项资源充分运转起来与使该项资源带来效益不是同一概念，从平衡物流的角度出发，应允许在非关键资源上安排适当的闲置时间。

原则四：约束资源损失一小时相当于整个系统损失一小时。如果在约束资源上节省一个小时的调整准备时间，则将增加一个小时的加工时间，整个系统增加了一个小时的产出。所以，约束资源必须保持100%的"利用"。

原则五：非约束资源节省的一个小时无益于增加系统有效产出。非约束资源除了生产时间之外，还有闲置时间。节约生产时间，将增加闲置时间而并不能增加系统有效产出。

原则六：约束控制库存和有效产出。企业存在两类约束，如果约束存在于企业内部，表明企业的生产能力不足，有效产出受到资源约束；如果约束存在于企业外部，表明市场需求不足，有效产出受到市场约束。

原则七：传输批量可以不等于加工批量。TOC把在产品库存分为传输批量和加工批量，为了使有效产出达到最大，约束资源上的加工批量必须大，但在产品库存不应因此增加；非约束资源上的加工批量要小，以减少库存费用和加工费用。

原则八：加工批量应是可变的，而不是固定的。在TOC中，同一种工件在约束资源和非约束资源上加工时可以采用不同的加工批量，在不同的工序间传送时可以采用不同的运输批量，其大小根据实际需要动态决定。

原则九：只有同时考虑系统所有的约束条件后才能决定加工计划进度的优先级。TOC采用有限能力计划法，先安排约束资源上加工的关键件的生产进度计划，然后编制非关键件的作业计划。

（六）约束理论（TOC）与精益生产（Lean）的结合应用

1. 约束理论（TOC）与精益生产（Lean）结合的必要性

约束理论和精益生产都是帮助企业提升管理水平的重要方法，两类方法有各自的理论和技术体系，可以用来解决不同问题，但也有各自的局限性。

精益生产局限性包括以下几点。

1）精益生产不善于应对不确定性。精益生产模式更适合大批量、节拍稳定的生产，对于批量小、订单不稳定的生产的适应性较差，改进成效不显著。

2）精益生产一味追求零库存会导致企业严重依赖供应商，一旦供应商出现产品质量、交付延误等问题，将对企业的生产过程产生致命的影响。

3）精益生产的实施需要有大量训练合格的现场管理和作业人员，对于相关理念、工具和手法需要开展持续的教育训练工作。

4）精益生产是一场生产方式的变革，从旧的生产方式转换到新的生产方式需要管理层有坚定的决心并提供足够的资源。

约束理论与精益生产的互补性体现在以下几个方面。

1）约束理论擅长应对各种不确定性。企业面对的内外部环境始终处于变化之中，面对生产约束和市场约束，TOC始终致力于制约因素的识别及消除，可以为精益生产的改进指明方向。

2）约束理论致力于追求物流的平衡，接受一定程度的库存，能够克服精益生产模式盲目追求"零库存"的各种弊端。

3）约束理论聚焦于提升瓶颈的能力，但缺少有效的工具来执行对细节的改善，精益生产提供的各种"消除浪费"的工具可以弥补其不足，并大幅提升改善绩效。

随着信息技术的发展，生产系统日趋复杂，企业面临的问题也越来越多，可能既要降低成本又要减少波动，既要提升质量又要提高产量，单一的方法已难以应对，通过多种方法的集成应用，可以产生"1+1>2"的效果。

2. 约束理论（TOC）与精益生产（Lean）结合的应用实践

约束理论与精益生产以及六西格玛管理等有不少结合使用的成功案例。利用TOC"聚焦五步法"首先识别出系统的制约因素，然后采用精益生产或六西格玛管理对制约因素进行改善，这样可以确保精益生产或六西格玛"好钢用在刀刃上"，也许能获得事半功倍的效果。

美国西卡罗来纳大学Todd Creasy博士（2015）将约束理论、精益生产和六西格玛相结合，开发出6 TOC的方法，致力于突破流程瓶颈、消除浪费和规范偏离，取得了非常瞩目的成效，其执行步骤如表8-6所示。

表8-6　6 TOC的执行步骤

步骤	执行内容
第一步	辨识并确认经营目标
第二步	通过关联分析辨识期望目标
第三步	确认能创造价值的主要流程
第四步	将这些流程分为三或四个合理可测量的部分
第五步	发现各阶段的瓶颈或制约因素
第六步	找出最具制约性的瓶颈或制约因素

续表

步骤	执行内容
第七步	以精益六西格玛方法充分利用或改进制约因素
第八步	针对次要瓶颈或制约因素执行第七步
第九步	为企业创建指标金字塔模型，辨识各层（高层、部门和基层）的相关指标
第十步	根据金字塔模型建立沟通体系，可考虑使用计分卡或记分牌

八、持续改进机制——选择与建立

（一）概述

任何一个组织，在攀登卓越绩效的高山时，除了引入各类先进的管理理念、模式及方法，选择并建立一个适宜的持续改进机制也非常重要，缺了这个环节，整个组织的PDCA循环就无法有效运转。

很多管理方法或工具自带"改进"功能，例如战略管理的"战略分析""战略制定""战略实施"与"战略控制与评价"，绩效管理的"绩效计划""绩效监控""绩效评价"和"绩效反馈"。当我们将整个组织视为一个更大的、完整的系统时，哪种方法更适合作为持续改进的基础以实现整个组织系统的改进呢？

在管理实践中，工具、方法和机制是三个比较容易被混淆的概念，人们常常将"工具"和"方法"混淆，或者将"方法"与"机制"混淆，例如，将品管七大手法中的控制图视为一种"方法"，将六西格玛管理中的DMAIC过程视为一种"机制"。

"工具"通常可以理解为"手段"，"方法"一般指"为达到某种目的而采取的途径、步骤和手段等"，"方法"的内涵更广，可以包含一个或多个工具，例如六西格玛管理就是一个方法，它包括多种统计分析工具。

"机制"原指机器的构造和工作原理，现指各要素之间的结构关系和运行方式。具体可从两方面来理解：一是机器由哪些部分组成和为什么由这些部分组成；二是机器怎样工作和为什么要这样工作。

基于以上理解，品管新旧手法和六西格玛管理涉及的各类统计分析手法都属于"工具"的范畴,而"PDCA循环"、质量改进小组(QIT)、解决问题的八个步骤(8D)则应归于"方法"一类。有四类管理模式可以用于企业整个系统持续改进"机制"的构建:

1)基于"PDCA循环法"的QC小组;

2)标杆管理法;

3)六西格玛管理;

4)零缺陷管理。

(二)基于PDCA循环法的QC小组

1. PDCA循环法的基本概念

PDCA循环是美国质量管理专家休哈特(Shewhart)率先提出的,后经戴明(William Edwards Deming)博士采纳、宣传,获得普及,所以又称戴明环(Deming Cycle)。全面质量管理的思想基础和方法依据就是PDCA循环,它包括持续改进与不断学习的四个阶段八个步骤(如表8-7所示)。

基于PDCA循环的管理思想和工作步骤,产生了一些新的改进方法,包括质量改进小组(QIT)、解决问题的八个步骤(8D)等。但是,这些方法(包括"PDCA循环法")通常应用于某一具体的场景,针对某一具体问题进行改善,尚停留在"方法"层面,还不足以成为一种持续改进的"机制"。

表8-7 PDCA四个阶段八个步骤的工作内容

阶段	步骤	工作内容
阶段一:计划(Plan)	步骤一:分析现状,找出存在的问题	①确认问题
		②收集和整理组织数据
		③设定目标和测量方法
	步骤二:分析产生问题的各种原因或影响因素	
	步骤三:找出影响的主要因素	
	步骤四:制定措施,提出行动计划	①寻找可能的解决方法
		②测试并选择
		③提出行动计划和相应的资源

续表

阶段	步骤	工作内容
阶段二： 执行 （Do）	步骤五：实施行动计划	
阶段三： 检查 （Check）	步骤六：评估结果（分析数据）	
阶段四： 处理 （Action）	步骤七：标准化和进一步推广 步骤八：在下一个改进机会中重新使用PDCA循环	

2. QC小组——基于PDCA循环法的持续改进机制

质量管理小组（Quality Control Circle，QCC）由日本石川馨博士创立于1962年，在日本称为"品管圈"，20世纪70年代末引入中国并被称为"QC小组"。根据《质量管理小组活动准则》（T/CAQ 10201—2020）的定义，QC小组指"由生产、服务及管理等工作岗位的员工自愿结合，围绕组织的经营战略、方针目标和现场存在的问题，以改进质量、降低消耗、改善环境、提高人的素质和经济效益为目的，运用质量管理理论和方法开展活动的团队"。

QC小组活动遵循五项基本原则（如图8-12所示），包括全员参与、持续改进、遵循PDCA循环、基于客观事实以及应用统计方法。

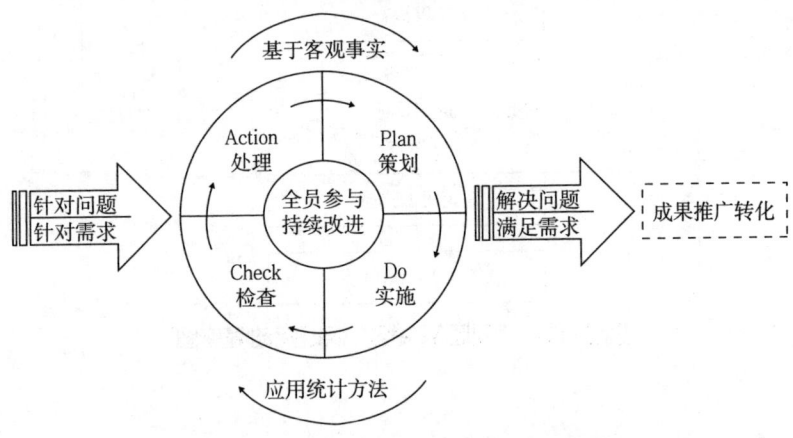

图8-12　QC小组活动基本原则示意图

依据问题是否发生可将课题分为"问题解决型"课题和"创新型"课题。对"问题解决型"课题可以根据课题的特性及内容分为现场型、服务型、攻关型和管理型四种类型。"问题解决型"课题按照"四阶段十步骤"实施（如图8-13所示），"创新型"课题按照"四阶段八步骤"（如图8-14所示）实施。

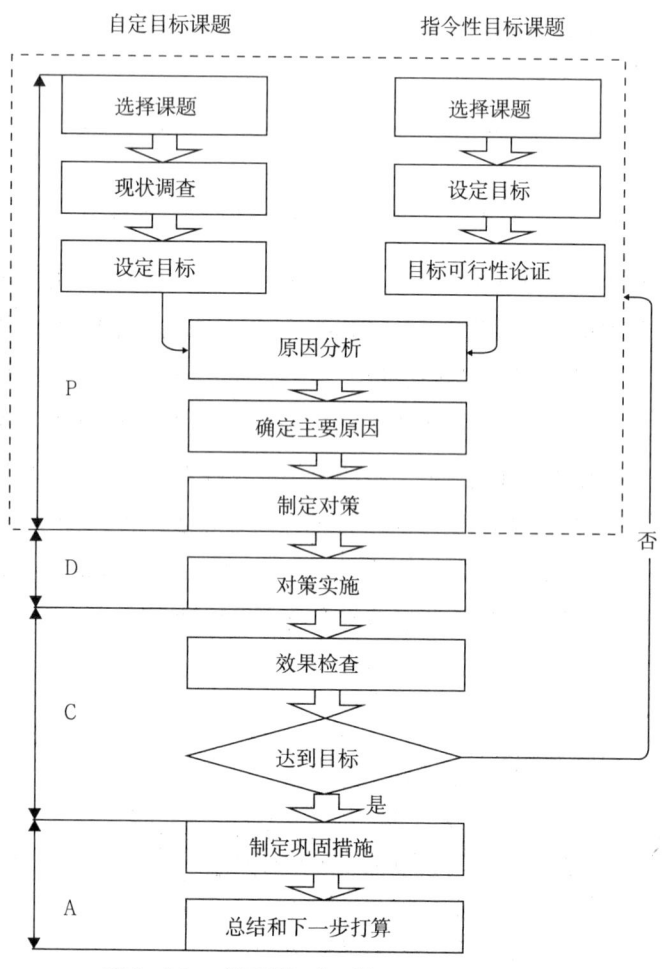

图8-13 "问题解决型"课题活动程序图

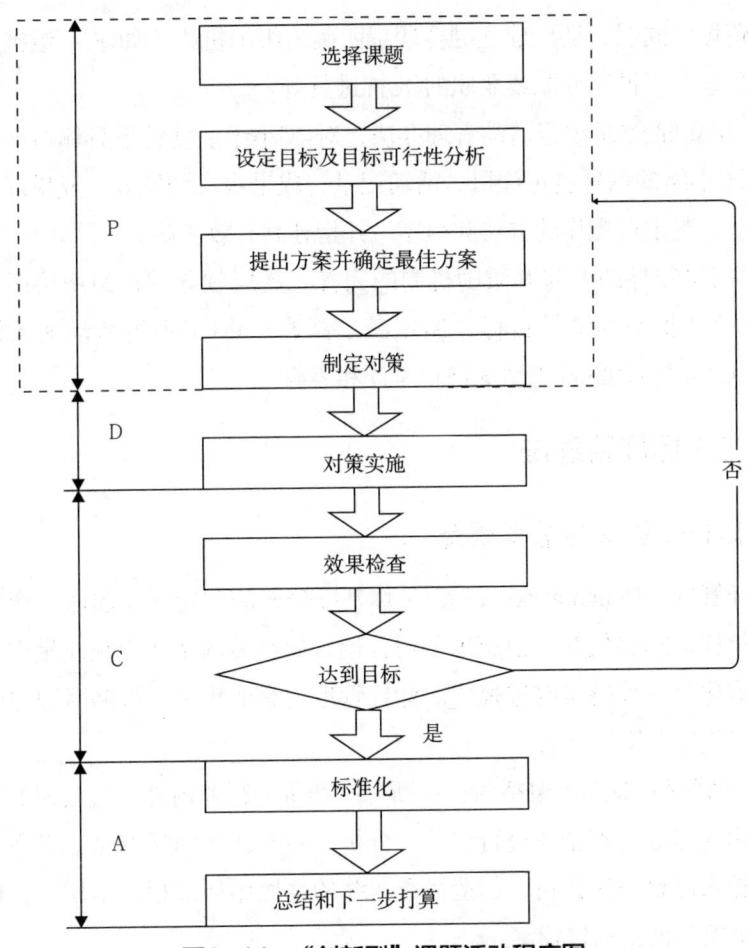

```
        ┌──────────────────┐
        │    选择课题        │
        └──────────────────┘
                ↓
        ┌──────────────────┐
   P    │ 设定目标及目标可行性分析 │
        └──────────────────┘
                ↓
        ┌──────────────────┐
        │  提出方案并确定最佳方案  │
        └──────────────────┘
                ↓
        ┌──────────────────┐
        │    制定对策        │
        └──────────────────┘
                ↓
        ┌──────────────────┐
   D    │    对策实施        │
        └──────────────────┘
                ↓
        ┌──────────────────┐
        │    效果检查        │
        └──────────────────┘
                ↓
   C       ◇达到目标◇ ——否——→(返回)
                ↓ 是
        ┌──────────────────┐
        │    标准化          │
        └──────────────────┘
                ↓
   A    ┌──────────────────┐
        │  总结和下一步打算    │
        └──────────────────┘
```

图8-14 "创新型"课题活动程序图

作为一种成熟的持续改进机制,在组织内推行QC小组活动时,管理层应从以下五个方面做好推进工作。

1)自始至终抓好教育培训。企业可在已有的培训体系基础上,针对项目负责人、小组长、小组骨干等不同层次的人员进行有针对性的培训指导,针对QC小组成员,培训重点应聚焦于QC小组活动常用的各种统计方法。

2)编制年度QC小组活动推进计划。QC小组年度计划应明确QC小组活动的推进力度、重点,普及展开的方式,教育培训的内容,QC小组成果发表与经营交流会的举办时间和场地,外出交流活动的安排以及经费预算等。

3)提供开展活动的环境条件。为QC小组提供开展活动的时间、场地和相应的资源。同时，还应建立健全职责明确的组织机构（如QC小组推进委员会或办公室），推选专职或兼职的QC推进员等。

4）建立健全QC小组活动管理办法，对QC小组活动给予具体指导。企业应针对QC小组的课题登记注册、活动记录、成果报告和发表、成果评价与奖励等活动，制定可操作的方法和程序，并指导其有效实施。

5）高层领导的参与和激励机制的完善。高层领导应在组织层面设置与QC小组活动相关的绩效目标，制定激励制度，将QC小组活动纳入议事日程，对QC小组活动的推进情况进行考评和表彰。

（三）标杆管理法

1. 标杆管理法的基本概念

标杆管理（Benchmarking），又称基准分析法、定标比超法，产生于20世纪70年代末80年代初，由施乐公司首创，后经美国生产力与质量中心系统化和规范化为一种持续改进模式。标杆管理与企业再造、战略联盟并称为20世纪90年代三大管理方法。

标杆管理的概念可概括为：不断寻找和研究行业内外一流公司的最佳实践，以此为基准与本企业进行比较、分析、判断，从而使本企业得到不断改进，并进入赶超一流公司、创造优秀业绩的良性循环过程。本质上，标杆管理是一个模仿创新的过程。

标杆管理以全行业甚至更广阔的视野寻找基准，突破了企业的职能分工界限和企业性质与行业局限，重视实际经验，强调具体的环节、界面和流程。大量实践表明，标杆管理法运用的跨行业内外部标杆比较效果优势明显。标杆管理从适用企业类型的范围和内在的结构方式分为如下四种类型。

1）内部标杆管理：将内部最佳职能或流程及实践推广到组织的其他部门。

2）竞争标杆管理：以竞争对象为基准，在产品、服务、流程等方面进行绩效比较，直接竞争。

3）功能标杆管理：以行业领先者或某些企业的优秀职能为基准进行比较。

4）流程标杆管理：以最佳工作流程为基准，对标的是类似的工作流程。

2. 标杆管理法的实施案例：施乐公司

案例8-6：施乐公司（Xerox）的标杆管理

施乐公司在长期的标杆管理实践中探索出很多经验，它的"五阶段十步骤"标杆管理方法被其他公司认可和使用。下面以复印机品类为例，简要介绍施乐公司的标杆管理流程。

一、规划阶段

第一步：确定标杆管理的内容。施乐发现其日本竞争对手竟然以施乐的成本价出售高质量的复印机，因此将复印机制造成本的降低作为研究对象。

第二步：确定标杆管理的对象。施乐首先将其设在日本的子公司富士施乐作为研究对象，然后进一步扩展至日本佳能公司。

第三步：搜集标杆管理的数据。公司主要领域的管理人员陆续前往施乐的日本子公司考察、搜集各种信息。

二、分析阶段

第四步：确定存在的绩效差距。为什么日本竞争对手的复印机能够以施乐公司的成本价销售？施乐公司将搜集到的信息用于发现差距。

第五步：确定将来的绩效水平。根据差距分析，计划未来的执行水平，并确定这些目标应该如何获得及保持。

三、综合阶段

第六步：交流标杆管理的成果。所有施乐员工都至少获得过28小时的质量培训，从而能够理解并掌握标杆企业在运营管理方面的优秀实践。

第七步：确立要实现的目标。施乐公司发现，购得的原料占其制造成本的70%，微小的下降都可以带来大量的利益；通过降低不合格零件的比例，可减少大量的质量成本。参照竞争对手的关键绩效指标，施乐公司制定了分阶段、分步骤实现的各类目标。

四、行动阶段

第八步：形成行动计划。施乐公司制定了一系列计划以实现各类目标。

第九步：实施和监控行动计划。标杆管理必须是一个调整的过程，必须编制特定的行动计划、进行结果监控以保证达到预定绩效目标。

第十步：重新进行标杆管理。如果标杆管理未能取得理想的效果，就应该检查以上步骤，找出具体原因，重新进行标杆管理工作。

五、见效阶段

公司将其供应商基数从20世纪80年代初的5000多个削减到420个；不合格零件的比例从20世纪80年代初的1%下降到80年代末的0.0225%，80%的质量检查人员重新安排了工作，95%的供应零件根本不需要检查，购买零件的成本下降了45%。

在针对日本企业进行了标杆管理之后，施乐并没有停步不前，它开始了针对其他竞争对手、一流企业的标杆管理。1996年，施乐公司成为世界上唯一一家获得三大质量奖（日本戴明质量奖、美国波多里奇国家质量奖和欧洲质量奖）的企业，标杆管理让施乐公司受益匪浅（田芳，2004）。

（四）六西格玛管理

1. 六西格玛的基本概念

六西格玛（Six Sigma）本身是统计学领域的一个术语，在20世纪90年代成为摩托罗拉公司一个质量改进工具的代名词，再进一步被通用电气（GE）演变为一种企业持续改进的机制，甚至上升到企业管理哲学的高度。

σ是一个希腊字母（读作"西格玛"），在数理统计中表示"标准差"，用来表征任意一组数据或过程输出结果的离散程度，是一种评估产品和生产过程特性波动大小的参数。

西格玛质量评估是通过对过程输出的参数（平均值、标准差）与质量指标（目标值、规格限）的比较，实现对过程满足质量要求能力程度的度量。西格玛水平越高，过程满足质量要求能力就越强，反之则反是。六西格玛质量水平意味着DPMO（Defects Per Million Opportunities，每百万机会中的缺陷数）中不超过3.4个缺陷。

六西格玛的统计学概念反映到企业的质量绩效上，一个在质量上取得卓越绩效（如6σ）的企业，与一个我们通常认为质量表现优秀（如3.8σ）的企业相比，两者的服务表现到底有多大差异呢？表8-8以9类服务业为例进行了对比说明。

表8-8 优秀企业（3.8σ）与卓越企业（6σ）的差距

行业	优秀（99%良品率，3.8σ水平）	卓越（99.99966%良品率，6σ水平）
快递	单位时间有20000封信件分错	单位时间有7封信件分错
供水	大约每天有15分钟脏水	7个月有1分钟脏水
医院	每周有5000件手术事故	每周有17件手术事故
航空	每天有2~3起航空事故	5年有1起航空事故
医药	每年有20000件药方错误	1年有6.8件药方错误
供电	每月有7小时停电发生	34年有2个小时停电发生
银行	银行电子结算100万次有6.7万次错误	银行电子结算100万次有3.4次错误
出版	30万字的书有2万多个错别字	30万字的书有1个多错别字
电信	移动通话30万次有2万多次故障	移动通话30万次有1次故障

2. 六西格玛方法的实施步骤

六西格玛方法分为六西格玛改进（DMAIC）和六西格玛设计（DFSS）两种模式。六西格玛改进分为定义（Define）、测量（Measure）、分析（Analyze）、改进（Improve）和控制（Control）五个阶段若干步骤。在不同阶段，需要使用不同的工具，有些涉及一些较为复杂的数理统计技术和知识，这些构成了很多企业对六西格玛管理"望而却步"的原因（如图8-15所示）。

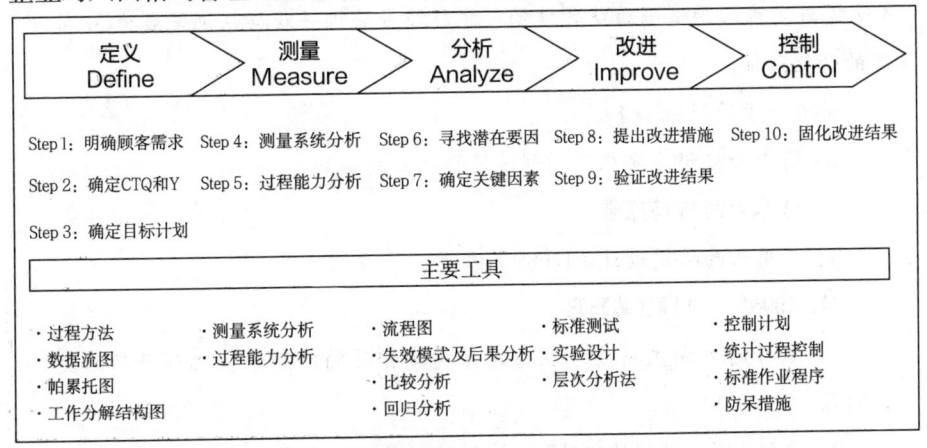

定义 Define	测量 Measure	分析 Analyze	改进 Improve	控制 Control
Step 1：明确顾客需求	Step 4：测量系统分析	Step 6：寻找潜在要因	Step 8：提出改进措施	Step 10：固化改进结果
Step 2：确定CTQ和Y	Step 5：过程能力分析	Step 7：确定关键因素	Step 9：验证改进结果	
Step 3：确定目标计划				

主要工具

- 过程方法
- 数据流图
- 帕累托图
- 工作分解结构图
- 测量系统分析
- 过程能力分析
- 流程图
- 失效模式及后果分析
- 比较分析
- 回归分析
- 标准测试
- 实验设计
- 层次分析法
- 控制计划
- 统计过程控制
- 标准作业程序
- 防呆措施

图8-15 六西格玛改进（DMAIC）的模式

3. 六西格玛管理法的实践案例：通用电气

案例8-7：通用电气（GE）的六西格玛实践

众所周知，美国通用电气（GE）在六西格玛管理上取得了巨大成功，从1996年1月开始实施六西格玛管理，利润额长期保持年均两位数的高速增长，例如1999年GE利润为107亿美元，比1998年增长了15%，其中，实施六西格玛获得的收益达到了30亿美元。

企业如何建立以六西格玛为基础的持续改进机制，并取得卓越绩效？回顾GE在导入六西格玛后五年内开展的工作，应该可以找到相应的答案。

一、1995年，决定

1）韦尔奇邀请联信总裁博西迪参加高层管理委员会会议，介绍六西格玛在联信取得的成功。随后，最高管理团队决定全力推行六西格玛管理。

2）GE开始了对管理层和核心骨干的培训工作。

二、1996年，学习

这是非常关键的一年，目标是使人们接受六西格玛。

1）大量的黑带和黑带大师的培训。

2）最高管理层要求财务部门介入六西格玛项目收益的核算中。

三、1997年，加速

这是加速实施六西格玛的一年，韦尔奇在这一年宣布：经理奖金的40%将与实施六西格玛的结果挂钩；完成绿带培训并获得认证是成为GE员工的必要条件。

更进一步的措施如下。

1）将六西格玛方法应用到制造过程以外的领域。

2）培养六西格玛绿带。

3）应用六西格玛设计（DFSS）方法。

四、1998年，让顾客感到它

1）项目的方向主要集中在与顾客直接相关的问题上，比如产品的交付问题。

2）重视"减小过程的波动"，并在GE的年度报告中对此进行阐述。

五、1999年，电子商务

将黑带和黑带大师投入电子商务工作，用六西格玛方法推进电子商务的开展。

六、2000年，深化

GE宣布，对业绩好的员工提供成为黑带的机会，而具有黑带经历是得到管理岗位提升的一个先决条件。

六西格玛推进工作在两个方向上延伸。

1）促进六西格玛成为GE的文化。

2）开展"源于顾客、为了顾客（ACFC）"项目，让六西格玛直接为客户服务（杨跃进，2003）。

（五）零缺陷管理

1. 零缺陷的基本理念

美国质量大师菲利普·克劳斯比在20世纪60年代初提出零缺陷概念，并在美国率先推行零缺陷运动。零缺陷管理传至日本后，使日本制造业的产品质量得到迅速提高。经过60多年的发展，零缺陷管理已成为一种成熟的管理模式和持续改进机制，在全球范围内得到广泛应用。

在《质量免费》一书中，克劳斯比针对传统的错误观念，系统阐述了零缺陷管理的四大定理。

定理一：质量的定义就是符合要求。

质量的定义必须是"符合要求"而不是"好"（"好、卓越、美丽、独特"等都是主观和含糊的），这样的定义可以使组织的运作不再只是依据意见或经验，公司中所有的脑力、精力、知识都将集中于制定这些要求标准，而不再浪费于解决争议之上。

定理二：以防患于未然为质量管理制度。

传统的质量活动主要表现为对产品的检验，是事后才去做的，错误已经发生，检验工作只是分辨优劣，而不能减少失误。相反，预防是事先了解工作程序而知道如何去做，从而避免错误的发生。做好预防工作的秘诀在于检查工作程序，找出每个可能发生错误的可能。

定理三：工作标准必须是"零缺点"

员工在执行工作任务时，通常有双重标准：在某些事情上，人们视缺陷为理所当然，而在另一些事情上，人们却要求绝对的完美无缺。如果标准显得暧昧不明，如"优秀""允收质量水准""足以为傲"，员工的表现就会摇摆不定。但如果标准斩钉截铁，就是"零缺点""零故障""第一次就完全做对"，人们便能学会防患于未然。

定理四：以"产品不合标准的代价"衡量质量

质量成本可以分为两个部分：不符合要求的代价和符合要求的代价。不符合要求的代价指质量问题造成人财物的浪费，如重新加工、赶工、临时服务、电脑重复制作、存货过多、处理顾客投诉、停机时间、返工、退货、担保费用。只有用金钱作为工具来衡量质量，才能真正引起管理层的关注。

2. 零缺陷持续改进机制的建立

为了帮助企业更好地应用零缺陷理念进行质量改进，克劳斯比（2011）提出了"质量改进的14个步骤"（如表8-9所示），这些步骤既包括对高层管理者的要求（承诺与教育），也包括对中层管理者的指导（团队和制度），同时向基层管理者明确了具体的工作和方法。

表8-9　克劳斯比"质量改进的14个步骤"

步骤	工作内容	说明
1	管理层的承诺与决心	让大家明白管理层对质量的态度
2	质量改进小组	主持推动质量改进方案
3	衡量质量	对现有"不符合要求"的问题进行客观评估
4	质量成本评估	把质量成本的要素定义出来并加以解释，以之作为管理工具
5	质量意识	采取行动，提高人员对"符合要求"及质量信誉的关注
6	改正行动	提供一种系统方法支持解决前述行动发现的问题
7	零缺陷计划	探讨正式发起零缺陷活动所必须进行的各种活动
8	主管教育	提供必要的培训，使主管能够积极地执行质量改进方案
9	零缺陷日	举办一次盛会，让所有员工亲自体验公司的改变

续表

步骤	工作内容	说明
10	目标设定	鼓励员工建立改进目标，将保证和承诺转换成实际行动
11	错误成因消除	提供沟通方法，让员工将妨碍改进的情况汇报给管理层
12	鼓励、赞赏	对参与者表示感谢和赞赏
13	质量委员会	定期将专业质量人员聚在一起开展有计划的沟通
14	从头再来（持续改进）	强调质量改进方案是永无止境的

九、业务组件模型（CBM）——治疗"大企业病"的良方

（一）企业架构与业务组件模型（CBM）

一些中小企业的管理者在进行SWOT分析时常常称自己的公司"船小好调头"，并认为竞争对手为"大象不能跳舞"。持这种观点的人容易犯"以偏概全""只见树木"的错误，在21世纪数字化时代，像IBM、华为这样的巨型企业，其实都是"大象能够跳舞"的典范。

大企业"不能跳舞"的根本原因，不是规模，而是"难以将业务、应用、数据、技术等领域紧密关联和结合起来，不能对市场做出快速和正确的响应"。若企业有办法将这些因素紧密关联，使各领域形成一个有机整体，并能快速响应外部驱动、技术进步、战略调整等带来的各种变化，"大象就可以跳舞了"。这样，企业既拥有"大象"般的体量和实力，又具备了"猎豹"般的机警和敏捷。

企业架构就是使"大象跳舞"的方法，是各种因素的"黏合剂"，使企业的各领域形成一个有机整体。企业架构是企业的完整"逻辑蓝图"，定义了企业的结构和运作逻辑，使企业能够达到现在和未来的目标。国际开发组织（TOG）提出的架构标准——开放组织架构框架（TOGAF），给出了企业架构的开发方法和工作路径，定义了开发过程的制品类型，但是TOGAF只给出了框架性要求，并没有给出具体的架构开发方法。

IBM公司参考TOGAF的理论，总结了众多企业架构实施案例经验，提出

了一个既实用又易于理解的"企业总体架构框架",并开发了一个业务组件模型(Component Business Modeling,CBM)作为描述企业业务架构的核心方法,包括业务组件、业务流程、属地分布、资源获取、组织架构、绩效考核及企业管控等。

市场环境瞬息万变,新的业务模式不断诞生,企业随时面对跨行业的竞争和挑战。数字经济时代,传统经济学理论中的"价值链"开始向"价值网"转变。当前的企业,无论规模多大,都不可能完全控制端到端的行业价值链,这要求企业必须专注于自己拥有绝对优势的领域,换言之,企业必须通过专业化整合实现专业化经营。

业务组件模型(CBM)以系统的视野,提供给企业专业化整合的解决方案。CBM通过对企业业务组件化建模,形成企业业务架构的顶层视图,在一张图上,直观显示企业的业务蓝图(如图8-16所示)。

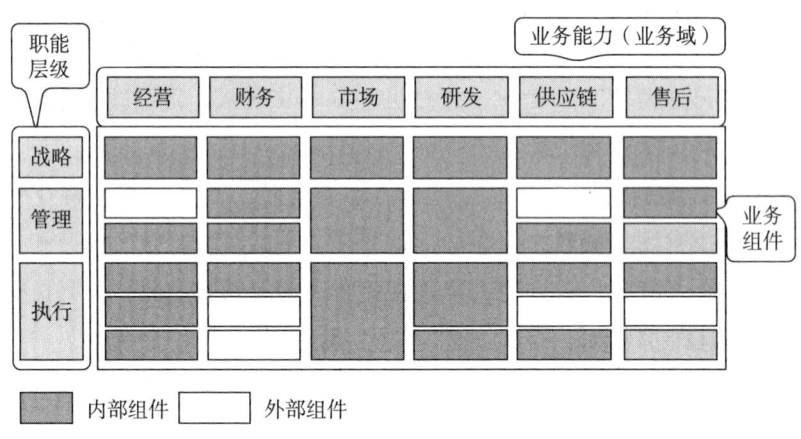

图8-16 业务组件模型(CBM)

CBM的横向是业务能力,即企业创造价值的能力,通过明确不同部门的业务功能、划分边界、确定关系,确保所有工作都有人在做,而且没有人做重复的工作。CBM的纵向是职能层级,分为战略层、管理层和执行层。战略层主要负责战略、总体方向和政策;管理层主要负责企业的管理活动,如监控、管理例外情况和战术决策;执行层负责具体的业务功能,如处理业务请求、业务数据、信息及各种资产,注重作业效率和处理能力等。

（二）业务组件模型（CBM）的基础单元——业务组件

业务组件（Business Component）可以比喻为建立企业的积木或者部件。一般的企业根据业务的复杂程度，会有100~200个业务组件，涵盖企业所有的业务活动。组件活动在企业范围内要做到全面而且不重复。企业所有的活动都必须而且只能归属于某一个组件，如果其他组件也需要相似的服务，只能通过标准的调用方式使用，不能重复再定义一次这个活动。

每个业务组件都有自己的业务目标，一系列紧密关联的业务活动，人力、技术、财务等资源，管理的方法及能够向外提供的服务。业务组件能够独立进行运作，既可以由企业内部完成，也可以外包。图8-17详细说明了业务组件的组成部分。

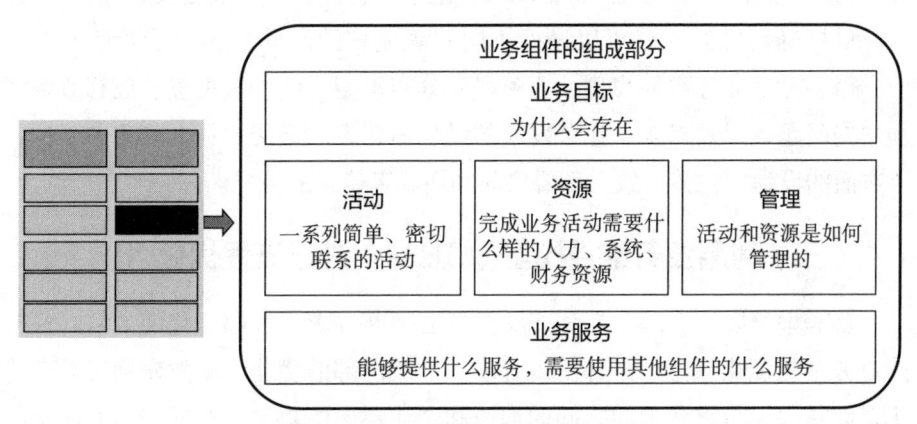

图8-17　业务组件的组成部分

在CBM框架下，每一个业务组件都有自己特定的、可量化的目标和指标，如时间、周期、成本、效率。一个业务组件往往有多个目标，应根据公司战略或业务组件的功能需求进行优先级排序与分解。例如，某业务组件有如下三个目标。

目标A：处理能力提高30%

目标B：人力成本降低15%

目标C：客户满意度提升10%

经管理层讨论，认为目标A和目标B的重要性高于目标C，接下来需要对高层次的目标进行分解，使其与流程中的活动和指标相匹配。

目标A可以分解为以下子目标。

目标A1：20%的业务采用客户自助式处理方式

目标A2：10%的业务无须人工处理，直接由系统处理

目标A3：标准作业件的平均处理时间从25分钟降低至20分钟

目标B可以分解为以下子目标。

1）目标B1：集中文档处理操作，减少分支机构的现有档案管理人员

2）目标B2：外包配送工作，取消所有配送岗位

3）目标B3：新的电话中心设置在人力成本低的地区，降低现有人员的工资水平

在目标分解过程中，可以发现有些底层的目标可以支持多个高层次的目标。例如，目标A1不仅支持目标A，还能支持目标B，可以成为改进的重点。

目标确定之后，就可以进行不同层级流程的设计。在流程设计的过程中，需要考虑业务组件模型、业务组件分布模型、内外包模型、现有业务流程中的问题，以及对未来业务发展的设想等因素。重要的是，对业务架构各个方面的设计须保持一致，不要出现冲突或者遗漏的情况。

（三）利用业务组件模型（CBM）进行流程优化

自20世纪以来，理论界和产业界都在不断寻求变革和优化的方法。最初的业务单元优化只考虑了部门内部或产品线内部的优化，虽然做到了局部优化，但是由于缺乏各部门之间的沟通和企业层面的协调，造成很多职能重叠和浪费，流程之间的共享和交互能力低。

哈默博士的业务流程重组（BPR）理论及方法提出后，很多企业通过流程再造或优化达成了改进的目标，例如通过建立共享流程实现了标准化和集中处理。但是，问题在于虽然单个流程做到了最优，但是企业整体没能得到优化，反而变得越来越复杂，甚至可能增加了整体的成本。

CBM的组件化方法可以通过内部组件化和外部专业化的转变，提高企业的灵活性，并实现跨越式的增长。组件化可以消除企业内部冗余的功能，明确战略重点组件，非关键组件可以从外部获取，从而实现从价值链向价值网络的转变（如图8-18所示）。快速响应与稳健运营、多元需求与有限资源是企业经营管理的两对固有矛盾，通过建立组件化的运营平台，可以用内部稳

定的、有限的资源（组件）搭建多样化的企业，满足外部多元、快速的客户需求，从而有效解决矛盾。

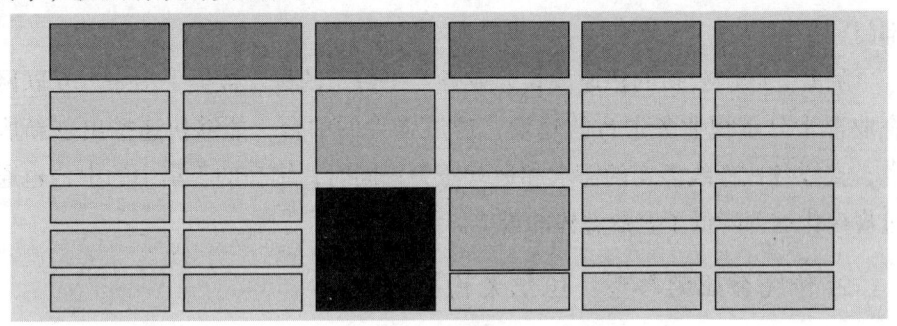

业务组件

- 关键活动被集中在相对独立的业务单元中，如客户管理、订单管理、财务管理、后台处理，通过服务相互调用。
- 重复的活动被减至最低，企业形成由内部和外部业务执行单元组成的价值网格。

图8-18　基于CBM概念的流程优化

图片来源：于海澜，唐凌遥，2019，企业架构的数字化转型，清华大学出版社。

CBM概念下的"流程优化"具有传统流程优化所不具备的三大特征：其一，流程优化是在CBM框架下针对业务组件下某一活动的优化，体现了全局及系统的视野；其二，流程优化活动通常在某一业务组件（部门）内进行，不会对其他业务组件（部门）造成影响，从而更加简单、高效，更能实现预期目标；其三，流程优化的成果通常利用IT手段加以固化并迭代，从而提高了流程执行的稳定性和敏捷性。

（四）利用业务组件模型（CBM）搭建平台化组织

1. 组织架构的演变：从"前台""后台"到"中台"

企业不断发展时，横向的职能部门不断增加，纵向的职位等级也不断增多，企业规模迅速扩大，巨型公司形成，"大企业病"也随之而来。企业为了适应市场的变化，提高整体运行效率，逐渐演变为上下（母子公司）管理模式，在一个组织内部分出总部与分支机构两部分，形成事业部制组织结构，并实现独立核算与考核。

随着事业部制的广泛应用，很多传统企业将分散的业务进行集中，建立了运营共享中心、财务共享中心、采购共享中心以及人力资源共享中心等，并将这些共享中心称为"后台"部门，将事业部（或业务线）称为"前台"部门。

随着互联网公司的快速成长，业务"中台"的概念被提了出来。互联网企业都十分重视业务中台的建设，通过强大的中台，能够快速推出创新服务，支撑各业务线多变的需求和运营压力；同时，统一的、集中的中台也通过规模化运营降低了企业整体的成本。

2. 传统企业的转型：组织架构平台化

传统企业为了满足业务部门的信息化管理需求，会不断上马新的信息系统，但往往因为缺少系统规划，导致各系统之间相互独立，应用不同开发商和运维团队，使用不同的编程语言、数据库、中间件、系统架构，没有任何交集。这种"烟囱式"的信息管理系统给运维环节造成了无尽的困难：各自为政、条块分割、孤岛林立、信息割裂。

在"前台"部门，事业部（或业务线）为了扩大经营管理权，会向总部申请更多的资源，包括人事、采购、财务、IT等，从而生成很多"山头"。每个"山头"都拥有独立的研发、市场、销售、采购、生产、售后服务等功能，但各"山头"之间往往业务功能不一致、工作流程不一致，甚至部门文化不一致，导致整体资源利用效率低下、协同困难，形成了"烟囱式"的组织架构。

组织架构的平台化是CBM理念在组织架构设计上的体现，能够有效实现"专业化整合"的目标，具体做法就是将原来隶属或分散于各业务单元、但可以共享的企业价值链条按照业务组件重新组合，并在此基础上进行组织架构的设计，形成可以资源共享的"中台"部门。"前台"部门（事业部或业务线）通过调用"中台"及"后台"的服务，向客户提供产品或服务。

组织架构的平台化能够有效消除组织架构和信息系统这两类"烟囱"，不仅能够彻底消除"大企业病"，还可以实现内外部专业化整合，提升资源利用效率及企业核心竞争力。

案例8-8：组织结构平台化转型案例

现以某集团公司销售部门的平台化变革为例阐释什么是组织机构平台化及其带来的变化。

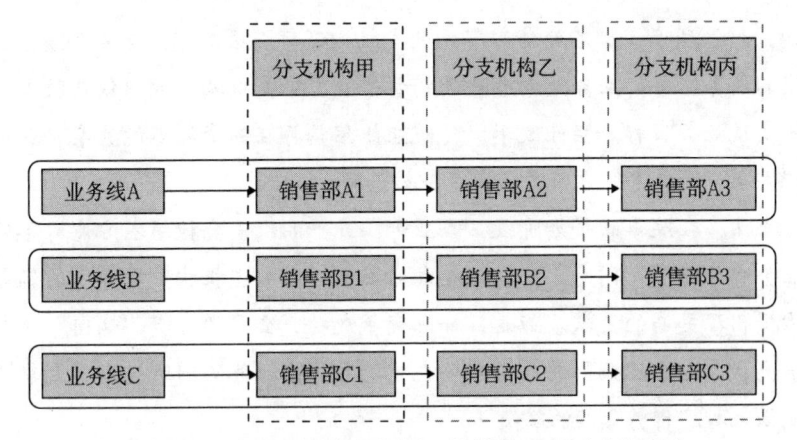

图8-19　传统企业事业部制下的销售职能（变革前）

图8-19显示的是传统企业事业部制下的销售职能（变革前）。在这种组织结构下，各业务线分别在各区域（国家或城市）的分支机构下设置业务网点（销售部门），各销售部门分别向业务线领导汇报工作，对分支机构领导没有汇报关系（或者虚线汇报）。这种架构的优点是便于业务线垂直管理，但缺点也同样明显。

1）不能资源共享。资源包括内部资源（人员、产品或服务）和外部资源（主要是客户）。例如，一名销售人员只能销售本业务线的产品，而不能销售其他业务线的产品；一个客户有跨业务线产品需求时，需要多名销售人员跟进；客户信息不能在一个组织（当地分支机构）内共享，这些问题导致资源利用效率不能最大化。

2）业务流程复杂。每个业务线都有自己的客户开发工作流程，从而导致在当地分支机构内存在多个销售流程、工具及表单，甚至每个部门采用的客户关系管理系统（CRM）都存在很大的差异，这大大增加了跨部门协调的难度以及IT系统的复杂度。

3）绩效管理体系复杂。每个业务线都设置有不同的绩效考评方式，一方面给绩效的测量、统计和分析增添了难度；另一方面，在同一个机构从事同样的工作，却会因资源（产品）的不同而收入差距明显，容易让员工产生不公平感，从而对组织缺乏归属与认同感。

管理层对传统的事业部组织架构进行了改革。在变革后的组织架构中

（如图8-20所示），各销售部门向分支机构领导汇报工作，并分别接受业务线的业务指导。业务线向各地的销售平台（分支机构）调用销售服务，从而实现业务目标。经此改革，传统组织架构存在的资源不能共享、业务流程复杂、绩效系统复杂的问题都迎刃而解。

当然，在改革的早期阶段，事业部（或产品线）会抱怨不方便对各地区业务部门指导，同时，这种调整也对属地（或分支机构）负责人的领导能力提出了更高的要求。但是，一旦变革成功，公司的各类"烟囱"将全部消失，"大企业病"的各类症状也将治愈，企业能够同时拥有"大象"般的强大和"猎豹"般的敏捷。

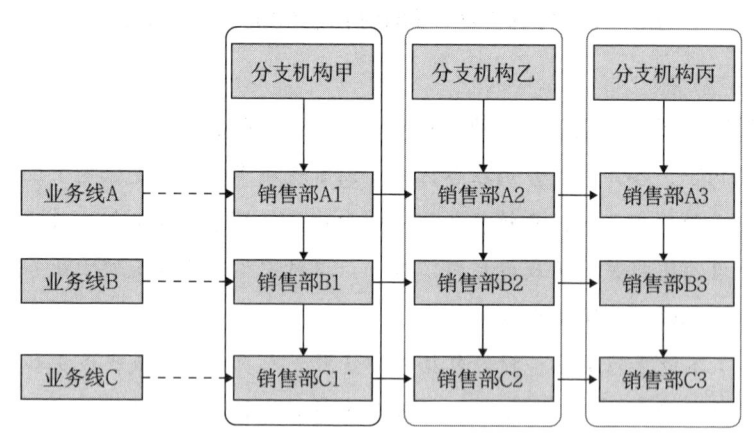

图8-20 组织结构平台化下的销售职能（变革后）

十、基于顾客的品牌资产金字塔模型（CBBE）——创建自主企业品牌

（一）建立强大企业品牌的路径——品牌资产金字塔模型（CBBE）概述

品牌管理大师凯文·莱恩·凯勒（Kevin Lane Keller）在关联网络记忆模型的基础上从个人消费者角度提出了品牌资产的概念模型，他将基于顾客的品牌资产定义为"品牌知识在消费者对品牌营销的反应中所发挥的不同影响"（1993），将品牌知识划分为两个维度——品牌意识和品牌形象，并对

各维度进行了不同程度的细化。当消费者熟悉该品牌并在记忆中拥有一些有利的、强大的和独特的品牌关联时，基于客户的品牌资产就产生了。随着品牌资产理论研究不断深化，凯勒（2001）在品牌资产概念模型的基础上进一步构建了基于顾客的品牌资产金字塔模型（Customer-Based Brand Equity Model，CBBE），又称品牌资产模型（如图8-21所示）。

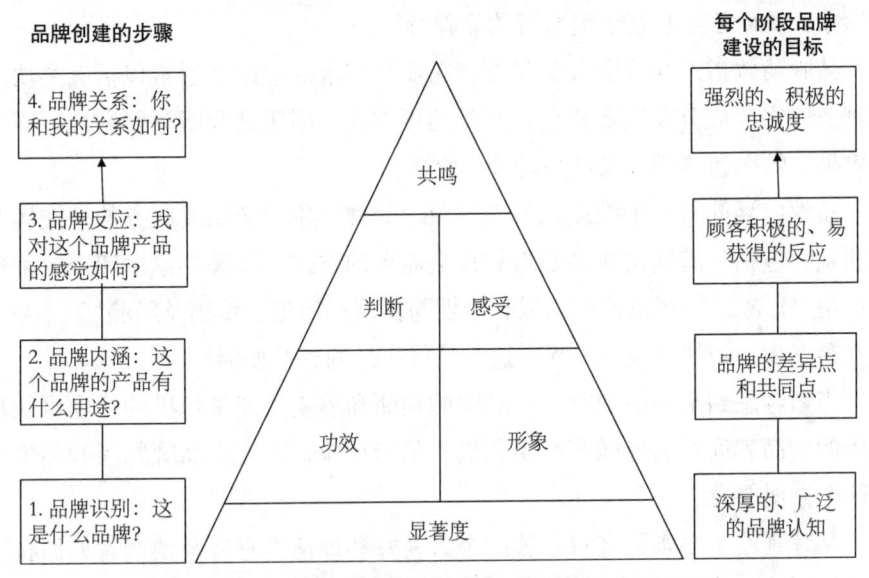

图8-21　基于顾客的品牌资产金字塔模型（CBBE）

图片来源：凯文·莱恩·凯勒，战略品牌管理（第四版），2015，中国人民大学出版社。

CBBE模型本质上回答了这样的问题：什么使品牌强大？如何从最基础的层次开始一步步建立一个强大的品牌？

该模型认为强大的品牌需要六大模块作为支撑，即显著性、功效、形象、评判、感觉和共鸣。

建立一个强大的品牌需要四个步骤。

第一步：品牌识别——这是什么品牌？

建立正确的品牌标识需要创建基于消费者的品牌显著性。区分品牌显著性的关键维度是品牌深度和品牌宽度，品牌深度指的是品牌被消费者认出的容易程度；品牌宽度则指当消费者想起该品牌时的购买范围和消费状况。一个高度显著的品牌能够使消费者充分购买并在可选择范围内总是想起该品牌。

第二步：品牌内涵——这个品牌的产品有什么用途？

品牌内涵的辨识，从功能性的角度，主要指与功效相关的消费者联想；从概念性的角度，指的是与品牌形象相关的消费者联想。这些联想可以直接通过消费者自己的体验形成，还可以通过广告信息或者口碑传播获得的信息形成。在创造合适的品牌内涵方面，关键是创建较高的品牌功能和良好的品牌形象，从而建立起基于消费者的品牌特征。

品牌功效指产品或服务满足顾客功能性需求的程度，通常包括五类功能和利益：主要成分及次要特色；产品的可靠性、耐用性及服务便利性；服务的效果、效率和情感；风格与设计；价格。

品牌内涵的另一个维度是品牌形象。品牌形象与产品或服务的外在属性相联系，包括品牌满足顾客心理和社会需求的方式。品牌形象由四个要素构成：用户形象；购买及使用情景；个性与价值；历史、传统及经验。

第三步：品牌反应——我对这个品牌产品的感觉如何？

当顾客想到某一品牌时，对品牌的判断和感受可能是积极的，也可能是消极的。品牌商要引导顾客产生积极的品牌反应，需要在品牌判断和品牌感受两个方面努力。

品牌判断主要指顾客对品牌的个人喜好和评估。它涉及消费者如何将不同的品牌功效与形象联想结合起来以产生不同的看法。消费者对品牌的判断通常包括四种类型：品牌质量、品牌信誉、品牌考虑、品牌优势。

品牌感受指消费者在感情上对品牌的反应。品牌感受与由该品牌所激发出来的社会流行趋势有关，越来越多的公司正试图在品牌中注入消费者的感情。品牌感受一般包括六种类型：温暖感、乐趣感、兴奋感、安全感、社会认同感和自尊感。这六种感受可以分为两大类别：前三种感受是即时的和体验性的，其强度会不断增加；后三种感受是持久性的和私人的，其重要性会不断增加。

第四步：品牌关系——你和我的关系如何？

模型的最后一步聚焦于顾客与品牌建立的终极关系和认可水平。品牌共鸣指品牌关系的本质，是顾客感受到与品牌同步的程度。品牌共鸣是通过顾客与品牌的心理联系的深度和强度来衡量的，同时也通过顾客行为形成的品牌忠诚度来体现，可以进一步分为四个方面：行为忠诚度——消费者重复购买的频率与数量，可以用重复购买率或品类份额衡量；态度依附——消费者认为该品牌非常特殊、具有唯一性，喜爱该品牌而不会转换成其他同类品牌的产品，通常用顾客忠诚度衡量；社区归属感——消费者之间通过该品牌产生联系、形成一定的亚文化群体，如俱乐部、粉丝群等品牌社区；主动介入——消费者成为该品牌的"代言人"，帮助传播该品牌的信息及该品牌与其他品牌的联系与优势，除了购买该品牌，还会选择访问该品牌相关的网站，加入聊天室并参与讨论等，可以用顾客参与度或顾客契合度衡量。

值得注意的是，在以上四个步骤中，每一步的实施都取决于成功实现前一步骤，前一步没有达成目标则不能开启下一个步骤。在CBBE模型中，六大模块与四个步骤形成对应：显著性对应品牌标识；品牌内涵的解释依赖于功效和形象；品牌反应与消费者评判和感觉有关；消费者与品牌的关系关键在于创建消费者关于品牌的共鸣。

世界500强企业普遍采用CBBE模型进行品牌管理和营销实践。例如，宝洁通过广告宣传和品牌故事引发消费者的情感共鸣；耐克通过体育明星代言和体育赛事赞助传播品牌情感和品牌认同；阿迪达斯通过产品创新和科技研发提升顾客对品牌的认知和情感，提升品牌价值和品牌竞争力。

（二）利用品牌资产金字塔模型（CBBE）建设强势自主品牌

中国市场的优势在于制造业的全产业链结构与完善的工业体系。历经40多年的改革开放，中国制造的量与质已今非昔比。然而，很多传统的企业（尤其是OEM企业）在创建自主品牌的转型过程中，囿于营销组织、营销人才、市场机制、品牌策略、营销技能等的匮乏，企业品牌建设举步维艰。企业创建自主品牌，存在诸多误区，例如，将商标等同于品牌、认为做广告就是做品牌、将外销产品直接投放国内市场、产品与渠道随意配置、品牌管理职能可有可无。

CBBE模型是品牌建设的关键工具，为企业创立自主品牌提供了清晰的指引。我国企业（尤其是中小民营企业）可以按照如下步骤来打造强势自主品牌（如图8-22所示）。

构建清晰的品牌自主意识 → 创造独特的自主品牌内涵 → 引导正面的自主品牌反应 → 建立消费者-自主品牌共鸣关系

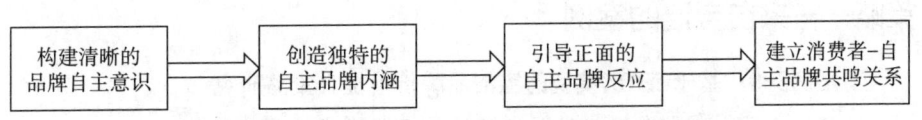

图8-22　CBBE模型在自主品牌建设中的应用流程

1. 构建清晰的自主品牌标识，提高品牌显著性

在这个步骤中，自主品牌企业可以根据民族特性进行有效宣传，提高品牌知晓度；设计体现自身特征、有别于其他品牌特别是外国品牌的标识体系，并将之贯穿于企业的一切营销活动中。

2. 创造独特的自主品牌内涵，开发强势的受消费者喜爱的品牌

自主品牌企业可以充分挖掘其产品特征，并将之联系于自主开发、拥有自主知识产权等一切让消费者引以为豪的品牌内涵；同时，将自主品牌展示于消费者时，让消费者联想到购买自主品牌产品的人群都是热爱民族产业、具有拳拳爱国心的群体，从而激发潜在消费者购买和喜爱自主品牌产品。

3. 引导正面的自主品牌反应，促进消费者正面评判和品牌感知

在这个过程中，自主品牌应针对品质、可信度等关键评判要素和热情、社会认同、自尊等关键的感觉要素，让消费者对自主品牌以发展的眼光评价，全面展示自主品牌在与外国品牌竞争中不断提升壮大的事实，并辅以国际化经营等重大事件宣传，营造正面评价的氛围，促进消费者对自主品牌的正面感知。

4. 建立消费者－自主品牌共鸣关系，培育较高的品牌忠诚度

自主品牌的构成要素中有一个独特的优势，即自主品牌能够较好地激发消费者的民族情感，因此企业在建立基于消费者的自主品牌关系时，应着重于将自主品牌的发展壮大与民族进步、自强联系起来，让消费者自然地将购买自主品牌的产品与支持民族产业联系起来，促成消费者形成自主品牌社区，加强企业与消费者之间的沟通，培育消费者自主品牌忠诚度。

通过上述工作，自主品牌企业将最终赢得消费者共鸣，培养壮大自主品牌的消费群体，提高顾客忠诚度，提升自身的品牌形象，构建成强势品牌（侯孝德，2004）。

（三）基于品牌资产金字塔模型（CBBE）的品牌价值提升策略——来自宝洁的案例

案例8-9：基于CBBE模型的宝洁品牌价值提升策略研究

宝洁公司自2014年开始进行品牌"瘦身"活动，希望通过缩减公司表

现不佳、缺乏竞争力的品牌降低企业的运营成本，并使集团专注于具有增长潜力的品牌。然而，随着大众消费结构的升级以及互联网对传统营销模式的冲击，仅依靠大规模缩减品牌数量的策略，难以达到预期目标，需要借助品牌资产金字塔模型（CBBE）来实现品牌价值提升。

一、宝洁品牌管理面临的挑战

（一）品牌过度细分，弱化了品牌显著性

宝洁在日用消费品领域拥有的绝对优势离不开其卓越的多品牌战略。这种"一品多牌"的策略，基于不同的功能特点建立品牌之间的差异化，使宝洁能与特定的竞争者品牌竞争并满足不同的需求。然而，过度细分的品牌战略，在突出某一品牌的核心特征的同时，也会限制消费者对品牌标识的长时记忆。首先，基于满足不同顾客需求细分出的多个品牌，在短期内虽然能够快速赢得目标群体的青睐，并迅速占领市场，但从长远来看，也限制了为品牌注入其他内涵的可能性。其次，细分品牌的弹性空间不足，既会使品牌自身缺乏长期的品牌标识和品牌吸引力，也极容易陷入与同类竞争对手的恶性竞争中，从而失去品牌创新的机遇。这两种情况从长期来看都会弱化品牌的显著性。以宝洁旗下的"海飞丝"为例，这款主打去屑的洗发产品就面临来自"清扬"的强力竞争，单就品牌识别来说，"海飞丝"并不具有明显的竞争优势。

（二）品牌老化问题凸显，品牌形象缺乏吸引

宝洁公司大规模缩减品牌数量的策略虽然使公司业绩水平相较于此前的停滞状态有一定改善，但投资者依然认为增长过缓。管理层所认为的通过缩减非核心品牌数量来专注于核心品牌的发展，并不能显著改善宝洁的品牌绩效。依据品牌资产模型（CBBE）来解释，单纯地减少原有品牌的数量，并不足以提高品牌的核心竞争力，问题在于宝洁核心品牌的内涵塑造不足，缺乏品牌创新。同样以"去屑"为卖点的"海飞丝"品牌为例，无论价格和产品功效，还是消费者的忠诚度，"海飞丝"品牌目标消费者不断流失，品牌疲态显现，后续消费者出现"断层"现象。近些年宝洁没有推出一个全新品牌，而过去极致细分的品牌策略又限制了为原有品牌注入新内涵的可能性，缺乏品牌创新驱动成为宝洁的极大劣势。

（三）品牌提升脱轨消费升级，品牌感觉持续低迷

根据品牌资产模型（CBBE）理论，当企业在消费者内心建立了强有

力的品牌标识，并通过塑造丰富的内涵树立了良好的品牌形象后，企业应着重引导消费者建立积极的、良性的品牌反应。正确的品牌反应的引导需要在品牌评判和品牌感觉两个方面努力。然而，宝洁品牌的重新塑造和价值提升没有很好地契合消费升级的市场环境变化。正如宝洁前CEO雷富礼所说，"宝洁被困在市场中间了，中国消费者越来越高端，而我们还在往下走"。在中国消费者不断升级和个性化发展过程中，宝洁无法满足更高品质的需求。相关研究报告也指出，消费者感觉宝洁大多品牌形象相对低端，无法满足需求，品牌陈旧平庸得令人厌倦。

（四）传统营销失灵，品牌连接强度较低，难以引发品牌共鸣

宝洁作为日化行业的巨头，其在营销模式上采取的是搭建全国性渠道、进行全国性广告投放的传统做法，在互联网分割消费群体的时代，这种营销模式受到了巨大的冲击。一些中小品牌利用互联网营销，可以有机会快速接触消费群体，从而极大降低了主导品牌的市场占有率。宝洁这类成长于工业时代的企业，尽管也在积极打造新型营销渠道，拥抱互联网营销，但大而全的渠道意识和营销体系面临极大的转型挑战。在以互联网营销为主要代表的新型营销方式已经表现出越来越明显的优势时，宝洁似乎并没有想好如何在互联网领域进行营销，这无疑会加剧顾客的流失，并且，因为宝洁没有与消费者及时建立新型的连接渠道，也会降低消费者的品牌忠诚，在消费者心中难以引发品牌共鸣。

二、基于CBBE模型的品牌价值提升策略

依据凯文·莱恩·凯勒品牌资产模型的六大模块及创建强势品牌的四个步骤，给出以下四点宝洁品牌价值提升策略。

（一）聚焦品牌，合理定位

品牌资产模型第一阶段本质上是让消费者认知"你是谁"，宝洁各细分品牌在消费者心中已经形成了较为深刻的印象。基于长期的视角，公司应思考如何增强宝洁各品牌的核心特性，以实现在更长的时期内保持相较于竞争对手更为明显的品牌标识。事实上，宝洁的"瘦身"活动已经在一定程度上表明了多元化品牌的黄金时代已经逝去，针对不同消费群体的专业化营销时代已经到来。为了避免过度市场细分导致的品牌效应降低，宝洁必须首先专注于具有竞争优势的核心品牌，集中精力和资源投入，驱动核心品牌的价值创新。此外，宝洁可以借助网络媒体，尤其是移动社交平

台（如Twitter、Facebook、微信、微博）加强品牌与消费者的接触面。

（二）强化品牌创新，丰富品牌内涵，运用品牌联想

宝洁能否提升品牌价值，重塑品牌核心竞争力，关键还在于品牌创新。一方面，基于现有的品牌"瘦身"和品牌聚焦活动，宝洁能够重新对其品牌进行梳理，使品牌的集中度和定位更加清晰。另一方面，宝洁应同时着手进行新品牌的开拓，而不是仅强调削减品牌数量。宝洁可以设计不同产品的品牌形象宣传片，在重点突出品牌核心特征的同时，加入环保、健康、潮流等消费者逐渐重视的理念。另外，运用品牌联想，借助次级联想策略，将品牌与那些可以把意义传递到消费者记忆的信息联系起来，如事件联想——善因营销、赛事赞助；地点联想——原产地策略；与其他品牌联系——与知名品牌联盟；人物联想——知名运动员广告封面，人物故事。

（三）引领消费升级，引导正面的品牌反应

在中国市场，消费群体日益壮大、消费市场日益成熟，消费者尤其是年轻人变得挑剔，开始偏好品牌个性鲜明的新鲜角色，追求高质量产品。宝洁在未来塑造的高端化品牌，不仅要更富有情感色彩，还要具备推送令人向往的美好生活方式的能力。如此，宝洁的品牌提升才能真正引领消费升级，并与消费者建立更强的情感连接。此外，宝洁要注意客户对不同品牌产品的反应和态度，引导消费者建立正面的品牌反应。公司应关注社交网络媒体中消费者购后感受，及时回复负面反馈；应和消费者积极互动，创造话题，强化消费者参与互动的积极性。

（四）拥抱互联网营销，创建消费者品牌共鸣

为了应对整合后的品牌管理及新产品的销售，宝洁开展了营销结构的变革，对营销团队进行了架构调整，加强了现代零售渠道、传统零售渠道和百货渠道的整合管理，同时还利用电子商务平台和"互联网+"的优势拓宽营销渠道。这表明宝洁正在积极构建新的全渠道营销体系，在优化整合渠道资源的同时，利用移动互联网的便捷性与消费者建立直接的联系，这对宝洁维持客户联系、强化品牌核心特征具有重要的作用。

此外，宝洁品牌应在属性及利益诉求的基础上，从价值诉求的角度打动消费者，并在线上建立品牌社区、在线下创建品牌俱乐部、举办品牌-客户活动，鼓励客户互动参与，增强客户品牌自豪感和归属感，提升品牌价值，真正建立企业与客户之间彼此信任、彼此期望又在价值回报上彼此

承诺的心理契约关系（樊潮，2019）。

（四）品牌资产测度

国外较有影响的品牌资产测度方法可归纳为以下三类。

1. 基于财务要素的测度方法

基于财务要素的测度方法给"品牌资产"的定义赋予了财务会计的意义，其优点是测度结果可以为企业的兼并、收购和合资活动提供价值参考；其不足是没有体现品牌资产的丰富内涵，也没有明确品牌资产的内部运行机制，不利于企业营销策略的制定与管理。品牌和消费者关系的密切程度会直接影响企业未来的获利能力，从而影响品牌资产价值。一个品牌如果近几年市场状况良好，但消费者忠诚度较低，那么，仅通过财务状况测度品牌资产价值就会偏离品牌的真实价值。

2. 基于市场要素的测度方法

基于市场要素的测度方法认为品牌资产是品牌未来收益的折现，品牌资产的大小应体现在品牌自身的成长与扩张能力上，但其测度结果仍需结合财务因素才可获得，同时品牌的发展潜力又与消费者要素密切相关。忽视顾客忠诚度等关键的消费者绩效表现，仅以市场占有率等指标来衡量品牌资产价值也会偏离品牌的真实价值。

3. 基于消费者要素的测度方法

基于消费者要素的测度方法认为品牌资产实际上是消费者如何理解品牌的资产价值，反映了品牌和消费者之间的关系，测度结果能够反映品牌资产真正的驱动因素，有利于分析企业的品牌形象，可以帮助企业从根本上改进品牌定位策略。但是，这类方法没有考虑企业对品牌资产价值的影响，完全撇开企业仅从消费者角度测度品牌资产也不够全面（张有绪，2011）。

为了克服以上三类测度方法的缺陷或不足，同时让品牌资产的测度更适应中国企业的管理实践，我国学者进行了广泛的研究。例如，范秀成提出"品牌权益三维度"模型，并据此探讨了对品牌权益的测评；冷岩提出以

"忠诚因子法"进行品牌权益测评；王海忠构建了基于消费者的品牌资产测试库；张有绪建立了由品牌知名度、品牌联想、感知质量、感知价值、品牌忠诚度五个维度构成的"基于消费者的品牌资产模型"及相应的测度指标体系（张有绪，2009）。

十一、集成产品开发（IPD）——面向市场的开发

（一）实施集成产品开发（IPD）能给企业带来什么

集成产品开发（Integrated Product Development，IPD）是一套聚焦产品开发的模式、理念与方法。IPD的思想来源于美国PRTM公司出版的《产品及生命周期优化法》（*Product and Cycle-time Excellence*）一书，该书详细描述了这种产品开发模式涉及的各个方面。最先将IPD付诸实践的是IBM公司，在实施三年后，IBM的产品开发流程得到了重大改善，多项指标被刷新，其显著改进表现在以下几个方面。

1）产品研发周期显著缩短。高端产品上市时间从70个月减少到20个月，中端产品上市时间从50个月减少到10个月，低端产品上市时间少于6个月。

2）研发费用占总收入的比例从12%减少到6%。

3）花费在中途废止项目上的费用明显减少，研发损失从起初的25%减少到6%。

4）人均产出率大幅提高。

5）产品质量普遍提高，产品成本降低。

根据PRTM公司的分析，成功进行IPD变革给企业带来如下益处：

1）产品上市时间缩短40%~60%；

2）产品开发浪费减少50%~80%；

3）产品开发能力提高25%~30%；

4）新产品收益（占全部收益的百分比）增加100%。

在IBM成功经验的影响下，许多高科技公司采用了集成产品开发（IPD）模式，如美国波音公司和深圳华为公司，都取得了较大的成功。实践证明，IPD既是一种先进思想，也是一种卓越的产品开发模式。

(二)集成产品开发(IPD)的核心思想

集成产品开发(IPD)模式以企业战略为导向制定产品战略,基于市场需求的角度选择业务机会,运用投资的理念执行业务计划,通过异步研发模式、跨部门团队和结构化并行研发流程,成功地将产品推上市场,实行产品生命周期管理。IPD的核心思想具体表现在以下几个方面。

1. 新产品开发是一项投资决策

对高科技企业而言,新产品开发不但是投资决策,而且是最重要的投资决策。因为投入的不仅是资金,最重要的还有资源。对任何一家企业,资源总是有限的,选择了A项目,往往意味着不能选择B项目和C项目,正确的选择能够给企业带来利润,选择失误造成的不仅是资源浪费,更可怕的是会失去市场机会和企业发展的机会。IPD对新产品开发进行分阶段投资,加强阶段决策,减少投资失误,即使失误,也能使损失降至最低。

2. 基于市场创新的产品开发

不管企业采用什么样的策略,新产品开发的目的无非是企业盈利(包括未来能盈利),所以新产品开发只能面向当前或未来(能预见到的未来)的市场需求。IPD强调基于市场的创新,为达此目的,IPD把正确定义产品概念、市场需求作为流程的第一步,着眼于一开始就把事情做正确,并且在产品的整个生命周期都从客户的要求出发制定有关计划。

3. 技术研发与产品研发分离

这是一种异步研发模式,关键的技术及技术平台在产品研发之前由专门的开发团队完成,这样在产品开发的过程中能够极大降低产品开发的技术风险,缩短研发周期,加快产品上市,同时也有利于技术进步和实破。

4. 跨部门的协同工作

IPD打破了传统功能组织串行开发模式,新产品开发流程成为跨部门的流程,有一个跨部门的产品开发团队对产品的最终市场结果和财务指标负责。跨部门团队协同各项活动,确保沟通、协调和决策的高效。

5. 结构化的并行研发流程

所有部门都只围绕IPD流程组织运作，因此开发任务一旦启动，所有部门都要同步参与。职能部门为产品开发任务提供充足的资源保障，包括所需的费用、人员、物料和设备。

6. 产品线与能力线并重

在组织管理上创建横向的产品线与纵向的能力线（资源部门），既强调产品线的产品管理，又强调职能部门围绕产品规划建立能力培养机制。职能部门从为事负责转向为人员和资源保障负责，包括人员到位、人员的技术水平保障和持续培养。

7. 职业化的人才梯队建设

产品研发需要各种类别和各个层次的人才。企业必须建立职业化的人才梯队，确保研发管理得到有效运行。不仅是产品经理和项目经理，参与产品开发任务的各职能部门的人员都要主动参与人才梯队建设。

（三）集成产品开发（IPD）的管理系统框架

集成产品开发（IPD）是一套完整的产品经营管理体系，包括从组织模式、市场运营、产品研发、项目流程、绩效激励等方面实现管理能力建设的全过程。集成产品开发管理系统架构如图8-23所示。

集成产品开发（IPD）管理系统通过顶层系统规划，分层实施的路径，围绕全系统链的各个环节，将岗位任职等级、组织模式、研发流程、信息化、绩效管理、薪酬体系等几个部分相互融合构建，实现组织研发能力整体提升；通过IPD流程拉通市场、产品线与制造、采购、财务等部门工作，建立起全企业的核心主航道，企业所有部门调整自己的职责并按照IPD流程提升本部门的能力，从而达到力出一孔的效果；通过重量级跨部门团队构建以及责权利对等机制设计，实现以开发项目驱动IPD流程，打破部门间的壁垒，快速、准确、稳定抓取市场机会并提升项目整体交付效率与质量。

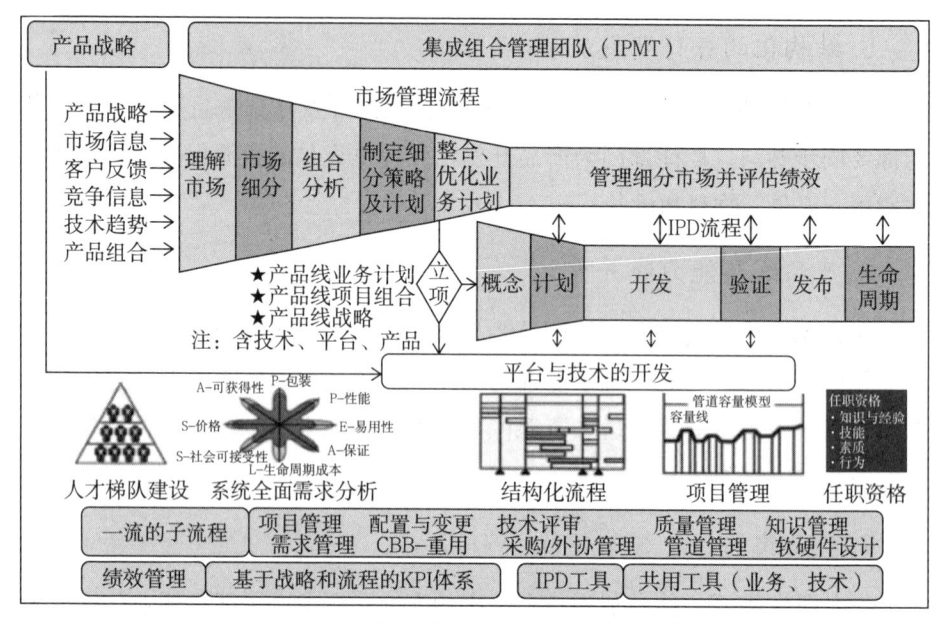

图8-23 集成产品开发管理系统架构图

图片来源：胡红卫，2009，研发困局，电子工业出版社。

IPD框架是IPD的精髓，它集成了代表业界最佳实践的诸多要素，具体包括以下七个方面。

1. 跨部门团队

跨部门团队指由开发、生产、采购、财务、客户服务等不同部门人员组成的贯穿整个产品开发过程的团队。IPD中，跨部门团队有集成产品管理团队（Integrated Portfolio Management Team，IPMT）和产品开发团队（Product Development Team，PDT）两种类型。

IPMT和PDT的人员组成和工作重点有所不同。IPMT由相当于公司副总裁层级的人员组成，它像银行家一样控制投资，其工作是确保公司的产品在市场上有正确的定位，保证资源到位及这些资源的有效利用。IPMT同时管理多个PDT，并从市场的角度考察这些PDT是否盈利，保证将公司有限的资源投到高回报的项目上。PDT由各职能部门的代表组成，其工作是制定产品策略和研发计划，负责计划的实施，确保按质按量实现项目目标，并及时地将产品投放到市场上。

2. 结构化开发流程

结构化流程指产品开发流程被明确地划分为概念、计划、开发、验证、发布、生命周期六个阶段，并且在流程中有定义清晰的决策评审点。这些评审点上的评审已不是技术评审，而是业务评审，更关注产品的市场定位及盈利情况。决策评审点有一致的衡量标准，只有完成了规定的工作才能由一个决策点进入下一个决策点。

在产品开发全过程中，就每一活动所需要的时间及费用，不同层级人员、部门之间依次做出承诺。职能部门向PDT成员做出承诺，PDT成员向IPMT做出承诺。

3. 项目管理和管道管理

项目管理和管道管理是密不可分的。

项目管理指在产品概念产生到产品投放市场的过程中建立规范的管理方式。项目管理是使跨部门团队集合起来更好地行动的关键，包括项目计划和计划执行两个方面。首先要定义项目的目标，然后制定详细的项目计划，该计划的各部分将具体划分为每个职能部门的工作。接下来确定活动的时间，然后对每个活动进行预算和资源调配，按照项目计划开展相应工作。在项目实施过程中还需要不断地与计划对照，必要时可以在细分层面上对计划进行一定调整，但是PDT的承诺不能改变。

管道管理指在产品开发过程中IPMT对项目及其所需资源进行平衡的过程。概念和计划阶段是管道管理中比较重要的两个阶段，在概念阶段需要发现一些"好主意"，并将之引入漏斗中，在进行概念决策评审时要把"坏主意"砍掉。如果评审通过，PDT就进入计划阶段，在计划决策评审点上进一步对项目进行决策评审，取消不好的项目。这样，在漏斗的前两个阶段就可以把不好的主意取消。如果项目获得批准，IPMT将对PDT做出资源、资金等方面的承诺，PDT按计划开发产品。

4. 并行异步开发

异步开发的基本思想是将产品开发工作分解为不同的层次（包括平台层、子系统层和技术层），通过减弱各层次间的依赖关系，实现所有层次任务的并行开发。上层技术或系统通常依赖于下层技术，开发层次之间的工作具有相互依赖性。一个层次的工作延迟，会造成整个周期的延长，这是产品开发延误的主要原因。为了不让底层技术的开发影响整个产品的上市，必须把技术开发与产品开发分离开来，并由不同的团队负责不同层次的工作。

5. 公共基础模块

企业产品种类不断增加，形成不同系统和产品类别，它们之间存在许多可以共用的技术平台、关键零部件、模块或组件。共用基础模块（Common Building Blocks，CBB）指那些可以在不同产品、系统之间共用的零部件、模块、技术及其他相关的设计成果。如果产品在开发中尽可能多地采用成熟的共用基础模块和技术，无疑这一产品的质量、进度和成本会得到很好控制和保证，产品开发中的技术风险也将大为降低。

6. 客户需求分析

准确、及时的市场及客户需求分析是产品开发成功的前提保障。IPD采用一种用于了解客户需求、确定产品市场定位的工具（$APPEALS）进行需求分析。$APPEALS包括八个方面：产品价格（Price）、可获得性（Availability）、产品包装（Packaging）、产品性能（Performance）、易用性（Easy to Use）、质量保证（Assurances）、产品生命周期成本（Lifecycle of Cost）、社会接受程度（Social Acceptance）。企业从这八个方面分析客户对产品的关注点，基于对客户最重要的关注项来定位产品的开发方向及关键点。

7. 投资组合分析

产品开发是一项投资活动，必须进行有效的投资组合分析。企业是否需要开发一个新产品、如何在各个新产品之间正确分配资源等，需要根据新产品投资利润率的测定来决策。投资组合分析行为需要贯穿整个产品生命周期，在产品开发过程中设置关键检查点，通过阶段性的评审来决定项目是继续、暂停、中止还是调整方向，从而可以最大限度地减少新产品开发过程中资源的浪费。投资分析和评审的依据是企业事先确定的关于产品开发的衡量指标，IPMT的衡量标准有投资效率、新产品收入比率、被废弃的项目数等；PDT的衡量标准有产品上市时间、产品营利时间、共用基础模块的重用情况等。

（四）中国中小民营企业如何导入集成产品开发（IPD）研发模式

1. PRTM导入IPD的四阶段演化路径

美国PRTM公司在《实施PACE：实现途径及维持方法》中提到："凡是真正地改进过产品研发流程的企业都必然要经历演变的各个阶段。有些公司比其他公司走得快一些，经历的弯路少一些。但是无论快或慢，每个想达到世界级水平的公司都必须经过这些阶段。"PRTM认为，每一个阶段都有代表性模块，过早地把下一个阶段的模块引入现阶段对实施开发流程非常不利。PRTM公司归纳出导入IPD的四阶段演化路径。

第一阶段：产品开发所需要的模块根本不存在，采用随意的开发方法。

第二阶段：通过项目管理进行产品开发，项目管理的职责将开发任务分配到各个职能部门，但是协调工作非常困难。

第三阶段：跨部门团队对开发任务进行跨部门整合，开发项目管理也发生在多个层面上（PDT和IPMT）。这个阶段的挑战点是如何进行有效的跨部门团队和项目管理。

第四阶段：在第三阶段成功的基础上，在整个企业跨项目层面上进行计划，该阶段主要征服的是跨项目流程管理，也就是市场管理流程。

2. 华为公司导入IPD的三个阶段：学习——发现——推广

案例8-10：

华为最开始导入IPD研发模式时经历过一段波折，变革并未取得预期效果。后来在IBM咨询团队的建议下，华为分三个阶段导入IPD。

阶段一：学习阶段。主要工作是调研华为公司的产品开发状况，制定IPD实施方案，并在公司内进行广泛宣传、培训、沟通，让所有员工了解什么是IPD。此阶段的具体任务是集中调研、评估华为当时的产品开发流程、开发平台和信息平台，以便能了解重组的切入点。基于调研的结果，提出IPD导入的解决方案、目标和考评方式。

阶段二：发现阶段。主要工作是对IPD研发模式进行试点应用。此阶段的工作主要是根据IBM的"基于市场的创新"（Market Based Innovation, MBI）方法论，运用"经引导后重整"（Facilitated Transformation, FT）的方法，选择试点重组公司的流程。

阶段三：推广阶段。工作主要由华为公司自行完成，IBM顾问不再直接参与。此阶段的主要目标是把第二阶段制定的流程、组织，各项成果逐步扩展到公司所有的产品线中，在全公司范围内推广IPD模式。

华为公司于1987年成立，1998年导入IPD研发模式时，公司成立时间并不长，和大多数年轻的中国中小民营企业一样，研发管理体系并不健全，面临着产品开发成功率不高、产品开发周期长以及产品开发成本高等诸多问题。因此，对中国企业（尤其是中小民营企业）而言，导入IPD并不是"高不可攀"的，企业管理层可以效仿华为的"学习→发现→推广"三步走的方式，根据研发管理现状分析调研结果，找准自己的位置，找到需要提高的模块，并制定灵活的IPD导入方案，分阶段实施。（白俊峰，2006）

十二、气候风险应对八步法——气候变化管理及气候信息披露的长效机制

（一）国际社会有关气候信息披露的要求

2023年6月26日，国际可持续准则理事会（ISSB）正式发布两项国际财务报告可持续披露准则（IFRS S1和IFRS S2）。这两项准则的颁布是全球可持续披露基线（Baseline）准则建设的重要里程碑，付诸实施后对提升全球可持续发展信息披露的透明度、问责制和效率，推动全球经济、社会和环境的可持续发展意义非凡。

2022年11月28日，欧盟理事会（EC）批准了《公司可持续发展报告指令》（CSRD）；2023年7月31日，欧盟理事会批准了第一批12个欧洲可持续发展报告准则（ESRS）。CSRD和ESRS的发布对于推动欧盟经济、社会和环境的可持续发展具有重要意义。

2022年11月10日，尼日利亚宣布该国将在2023年ISSB发布ISDS时采用这些准则，成为全球第一个宣布采纳ISDS的国家。2022年11月8日，全球环境信息研究中心（CDP）和国际财务报告准则（IFRS）基金会联合宣布，CDP将于2024年将IFRS S2纳入CDP全球环境信息披露体系，引起了全球市场高度关注。作为唯一的全球环境信息披露平台，2022年占全球市值一半的18700多家企业通过CDP进行了信息披露。CDP的这一重要举措，是ISSB制定的

IFRS在全球应用的重要里程碑之一，必将带动更多企业采用。

2023年4月，香港联合交易所发布《优化环境、社会及管治框架下的气候相关信息披露》的咨询文件，以咨询市场意见，建议强制所有发行人在其ESG报告中披露与气候相关的信息，即在某种程度上采纳IFRS S2的披露要求。这些要求原计划在2024年1月1日生效，后延至2025年1月1日，以给予发行人更多时间熟悉新的气候信息披露规定。

2020年9月22日，国家主席习近平在第七十五届联合国大会上提出，中国二氧化碳排放力争于2030年前达到峰值，努力争取2060年前实现碳中和；2021年9月22日中共中央、国务院联合印发《关于完整准确全面贯彻新发展理念 做好碳达峰碳中和工作的意见》；党的二十大报告提出"推动绿色发展，促进人与自然和谐共生"。社会各界纷纷呼吁，尽快制定和实施中国可持续披露准则。

（二）气候变化管理及披露机制的建立

ISSB发布的两份标准在核心内容方面完全借鉴了TCFD框架及指南，不仅限于气候变化主题，而且将TCFD的四支柱框架作为"一般要求"扩展至所有可持续发展主题。因此，IFRS S1的核心内容包括治理、战略、风险管理、指标和目标四个方面。IFRS S2是对IFRS S1中的一般要求在气候变化议题上的全面运用，因此在核心内容部分，IFRS S2同样按四支柱框架逐一展开具体的披露要求。

2021年11月5日，香港交易所发布了"按照TCFD建议汇报气候信息披露指引"文件，在指引中，港交所列出了香港上市公司评估和应对气候风险的八项具体步骤，及每一步骤对应的符合TCFD建议的披露建议。这份指引可以用于我国境内企业建立相关气候变化管理及披露机制，以满足当前及未来的境内及境外市场监管以及组织自身的可持续发展要求。

1. 步骤一：确立治理架构

（1）明确董事会及管理层的角色及职责

董事会及管理层在监管公司的气候相关议题上扮演不同角色。董事会的角色是决定及监察气候相关议题的政策及机制，并确保有足够的资源；管理层的角色是以高效及有效的方式切实执行有关政策及机制，并向董事会汇报气候变化管理绩效。

（2）确立适宜的治理架构

有两种可采用的架构。

1）综合法：气候相关议题的管理被纳入现有常务董事委员会（如审核、管治、提名、薪酬及风险委员会）。

2）专设法：设立独立委员会，包括具备充足气候变化知识的高级管理层及雇员，并就气候相关议题向董事会报告。在委员会下可以成立由不同部门负责人组成的工作小组，以有效规划及实施有关气候相关议题的适当措施。

（3）进一步的提升措施

有意提升气候管治架构的公司可考虑：

1）聘请气候专家提供意见；

2）将气候相关表现指标纳入董事会/管理层薪酬考量；

3）委派最高管理层负责管理气候相关议题（如可持续发展总监/ESG总监）；

4）委派外部人士评估董事会/专设委员会的有效性。

2. 步骤二：设定气候情景

（1）设定情境分析的范围及边界

情境分析的范围及边界确定公司分析的延伸程度，例如分析是否集中于公司主要营运的业务，或是否涵盖整个集团的营运。该范围及边界须能代表公司的重要业务营运。规模较小的公司分析其直接营运便已足够；规模较大的公司可考虑将其分析扩展至总部之外，甚至可达至供应链及客户。

气候情景指在不同的未来发展路径下，气候系统可能的变化和影响。气候情景大体上可划分为两类。一类是物理情景，即与气候变化实体影响有关的风险，可由洪灾类急性风险或海平面上升类慢性风险导致。另一类是转型情景，即与转型至更低碳经济有关的风险，可能牵涉政策、法律、技术及市场变化。

联合国政府间气候变化专门委员会（IPCC）在2013年提出"代表性浓度路径"（RCP）的概念，描述了温室气体、气溶胶及辐射强迫水平在未来可能发生的变化，包括RCP 8.5、RCP 6.0、RCP 4.5和RCP 2.6四种情景。2021年，IPCC开发了以共享社会经济路径（SSP）为基础的情景，提出SSP 1（可持续路径）、SSP 2（中间路径）、SSP 3（区域竞争路径）、SSP 4（不均衡路径）和SSP 5（化石燃料为主发展路径）五种情景。

（2）设定公司的气候情境

为促进对气候相关议题在不同情况下潜在影响的讨论及分析，建议制定最少两种情境，分别是严格路径（即致力达成更低碳经济的情境）及高排放／照常营业路径。

港交所根据若干公开获得的信息将气候情形分为两大类别，即绿松色情形和棕色情形（如表8-10和8-11所示）。

表8-10　两种气候情形的特征——物理情形

	绿松色情形	棕色情形
全球平均气温	于2060年之前约1.7℃，于2100年之前约1.8℃	于2060年之前约2.4℃，于2100年之前约4.4℃
全球平均海平面	于2065年之前可能达到0.30米，于2100年之前可能达到0.50米	于2065年之前可能达到0.40米，于2100年之前可能达到0.80米
北极海冰量	全年减少	全年减少
全球冰川体积	预计2100年之前较21世纪水平减少18%	预计2100年之前较21世纪水平减少36%
气候变化的影响	相对稳定，如于2080年之前农作物产量减少2%	重大，如于2080年之前农作物产量减少14%，可能会于2100年之前影响常见的人类活动，包括粮食种植和户外工作

表8-11　两种气候情形的特征——转型情形

	绿松色情形	棕色情形
经济发展	达至更具包容性的经济发展，并尊重已知环境界限	由化石燃料推动经济增长及技术进步，导致2100年之前温室气体排放处于高水平，从而可能加剧极端天气事件
气候政策	已有多个国家承诺于2050年之前实现净零排放，并已制定详细的近期目标及行动计划	存在体制、政治及经济障碍，即政策惰性，导致缺乏新的气候政策
政策的实施	政府实施严格的气候政策，执行难度低	缺乏详细的近期行动及实施计划
常见的商业模式	从依赖化石燃料的经济，快速转变为可再生能源驱动的经济	利润驱动的商业模式，未能妥善考虑环境及社会影响
承诺水平	企业承诺为国家及区域气候行动目标做出贡献，即商业伙伴共同努力实现低碳营运	公众意识不足，无法推动制度改革

（3）识别重要的物理及转型风险参数

在选择合适的情境后，公司应识别对公司业务营运造成重大物理及转型风险的参数。识别通常涵盖机构的业务性质及所处的地理位置，一般按照如下程序进行。

1）识别可能出现的物理风险及转型风险。前者包括热浪、水资源压力、海平面上升、洪灾、极端天气的频率及严重程度等；后者包括政策及法规、技术及市场偏好等。

2）考虑任何相关风险是否影响公司或其运营。例如，物理风险是否影响公司的运营、劳工或供应链等；转型风险是否影响公司的合规性、运营成本、资产折旧、收入等。

3）评估影响后果。这些风险对公司业务运营影响到何种程度。

4）辨别相关物理和转型风险的参数。例如，一家位于广州的制造工厂，其可能识别的相关参数包括全年天气酷热天数、炎热与生产力的关系、暴露于极端天气的影响、有关电动汽车的法规、碳价格、电池储能效率等。

3. 步骤三：识别气候相关风险并对其排序

（1）识别气候相关风险

风险识别可从行业风险审查和利益相关方参与两个层面进行。由于公司面临的气候相关风险与其所属行业高度相关，进行行业层面的风险审查是公司识别风险的常用方法，具体方式可包括：审阅同行发布的数据、行业评述、媒体报道、网页搜寻以及内外部审计等。

另外，与利益相关方（包括投资者、顾客、供应商、政府、社区、内部员工等）保持沟通，能够更广泛地了解气候相关风险如何潜在影响公司业务，并识别对利益相关方有重大影响的气候相关风险。

（2）对气候相关风险进行排序

通过风险排序，公司可有效地将资源分配给最重大或最迫切的风险。风险排序通常可采用定性评估和定量评分两种方式，机构可视自身惯常做法，采用认为合适的方法。机构应参照如下原则进行风险排序。

1）可能性：若某项事件发生的可能性高，应将其放在较高的排序。特定事件发生的可能性指事件的发生频率或发生概率。

2）影响：若某项事件对公司、环境或社会造成较严重的影响，应将其放在较高的排序。影响包括财务损失、声誉受损、被监管部门处罚或警告、失去战略合作伙伴。

3）适应力：若某项事件需要更多的精力和时间才能适应，应将其放在较高的排序。

4）恢复力：若某项事件导致需要花费更多的精力、资源及时间来恢复业务，应将其放在较高的排序。

4. 步骤四：将业务与重大风险对应

（1）将业务活动与价值链对应

价值链描述创造产品或服务所需的商业活动链，通常包括五个主要环节：内向物流、运营、外向物流、营销及销售、服务。公司应识别各业务部门的主要业务活动，并将此与价值链各环节对应。不同企业在各价值链环节可能进行不同的活动，例如制造商可能在内向物流、营运及外向物流方面有大量业务活动，而服务业企业的价值链则较少内向及外向物流活动。

（2）评估气候相关影响

完成业务活动与价值链的对应后，公司应评估已识别的气候相关风险对其价值链各环节造成的影响。影响可以从六大类资本考虑，包括财务资本、制造资本、知识资本、人力资本、社会与关系资本、自然资本。

（3）识别气候相关业务影响（CRBI）热点

得分最高的CRBI（Commodity Research Bureau Index）代表受气候风险影响最严重的领域（CRBI热点），公司后续在选择和确定参数、指标、目标和行动计划时，应优先考虑CRBI热点。港交所提供了一个计算CRBI的方法（如表8-12所示）。

表8-12 按六大资本的方法评估气候风险——CRBI计分表

气候风险X（如极端气候天气）					
价值链Y （如营运）	评估准则 六大资本	影响分数A （0=无；1=次要；2=重要）	相关分数B （0=无；1=次要；2=重要）	各资本分数 小计（A+B）
	1.财务			
	2.制造			
	3.知识			
	4.人力			
	5.社会与关系			
	6.自然			
	〔气候风险X〕对应〔价值链Y〕的总分数			

5. 步骤五：选定参数、指标与目标

（1）识别气候相关参数及指标

为量度公司气候相关风险的水平及影响，应就识别的各CRBI热点制定相关参数及特定指标。

1）气候相关参数是公司为评估气候相关风险而量度的数量。

2）气候相关指标是为反映特定气候相关风险对业务影响的水平而制定的指标。

（2）制定相应的气候相关指标

指标有两个主要类别，即绝对指标和强度（或密度）。公司可通过以下这些参数，制定最能反映自身状况的指标。

1）温室气体排放。

2）碳价格。

3）受物理及转型风险严重影响的资产及/或业务活动的比例。

4）用于应对气候相关风险与机遇的开支或资本投资金额。

（3）制定目标

气候相关目标是公司希望在特定时间范围内达到的既定水平、门槛或数量的指标，用以实现与气候相关的整体愿景和策略。

公司应就已识别的气候相关指标订立目标，以反映应对CRBI热点的减缓或适应活动的进展。目标有助于监察风险管理计划及评估气候变化政策、管理系统及减缓措施的有效性。

6. 步骤六：制定气候行动计划

（1）识别行动清单

公司已确认了针对CRBI热点的指标并订立了目标，针对每个目标，公司可通过专家评审、同行分析或利益相关方参与，识别可采取的行动。

（2）根据目标对行动排序

公司应就列表中的行动对应所有目标排序。公司可根据自身需求制定行动准则，同时也要考虑财务可行性、技术可行性、内部能力及影响。

（3）制定气候行动计划

下一步是加入具体的实施细节明确行动计划，包括时间安排、责任单位、行动状态、成本估算及影响评估等关键因素。

（4）监察及调整计划

管理层制定气候行动计划后，所有营运部门均有责任实施该计划。为实现目标，需要不断检讨及监察计划。公司应根据相应的气候指标和目标，评估特定行动的进展。

7. 步骤七：财务影响评估

（1）识别CRBI热点与财务项目之间的关联

评估公司的CRBI热点并决定相应的气候行动计划后，公司便可考虑CRBI热点对公司的财务表现及财务状况的影响。由于气候相关议题有可能长期影响公司的若干重要方面，公司应考虑气候相关议题造成的所有过去、目前及未来的财务影响。

（2）评估对各财务项目的影响

建立识别指标与相关财务项目的关联后，公司便应根据气候相关风险评估结果、已识别的参数、其他相关指标及目标及气候行动计划等相关信息评估财务影响。

8. 步骤八：将气候相关影响纳入业务战略

（1）提前部署，将气候相关影响纳入业务战略

管理实时的气候相关影响仅是气候相关风险管理过程的开始。董事会应提前部署，思考公司如何通过策略行动，避免或减缓气候相关风险，例如商业模式转型或采取不同的投资或撤资计划。公司可以从公司治理、顾客关系、目标市场、伙伴关系和资源分配五个方面将气候相关考虑因素纳入公司业务战略。

（2）拓宽业务战略视野以应对气候变化

确定CRBI热点与业务组成之间的关系只是业务整合的第一步。当公司不断改进气候风险管理时，会造就更绿色的营运、产品及／或服务，并最终转型至更低碳的商业模式。

第九章
沛思（PESC）系列工具的其他应用

沛思（PESC）系列工具本身是一套用于"造钟"的理论和方法，它是企业"从优秀到卓越""基业长青"的行动指南，由如下四大模块构成：

1）沛思（PESC）企业成长四阶段模型；
2）沛思环（PESC Circle 或 PIMA Circle）；
3）沛思计分卡（PESC）；
4）沛思（PESC）企业经营管理成熟度评价模型。

除了"造钟"，沛思（PESC）系列工具还具有广泛的功能和应用。企业、第三方机构、政府或行业组织也可以利用这套工具促进企业、行业及区域的高质量与可持续发展。

1. 对企业

1）沛思计分卡（PESC）是建立卓越绩效模式（Performance Excellence Model，PEM）的实施指南。

2）用沛思计分卡（PESC）替代平衡计分卡（BSC），作为一种企业战略部署的工具，化战略为行动。

2. 对认证／评审机构

3）实施基于沛思（PESC）管理成熟度评价的自愿性管理体系认证。

4）参照米其林餐厅评选机制，开展沛思（PESC）星级企业评选。

3. 对政府／行业组织

5）建立沛思（PESC）质量经营指数，监测区域／行业／特定企业群体的高质量与可持续发展绩效。

接下来，我们分五个小节对沛思（PESC）系列工具的其他应用进行介绍。

一、采用滴灌法导入卓越绩效模式

在本书第一章，我们基于对粤港澳大湾区先进制造业企业的调研结果，发现在经营时间、规模成长、公开上市以及导入卓越绩效模式四种成长路径中，导入卓越绩效模式对企业经营管理成熟度的提升作用最不明显。经分析，我们认为，导入卓越绩效模式在提升企业成熟度方面，相当于一种"漫灌"的方式。

《卓越绩效评价准则》没有告诉企业如何设计和遴选关键绩效指标，为满足《准则》要求，企业需要在六大类目及若干子类目建立过程及目标，并实现全部过程的"普遍提升"，从而导致所需时间较长，耗费企业资源较多，短期成效不明显。沛思计分卡（PESC）则是一种"滴灌"的方式，能够准确识别企业当下最重要的绩效指标及过程，并在较短的时间内快速提升企业关键过程的成熟度及绩效。因此，导入沛思计分卡（PESC）是企业提升成熟度一种新的路径，可以帮助企业实现经营管理成熟度的"精准提升"。

如何实施"滴灌"？

在本书第七章的"定制你的沛思（PSEC）经营管理成熟度模型"一段中，我们建议采用两个步骤构建企业的绩效指标体系：首先，参照沛思计分卡（PESC）构建企业自身的绩效测量指标体系；其次，采用层次分析法或判断矩阵法对各类指标进行重要度排名，找出企业需要"精准提升"的Top 20、Top 10或Top 5指标。在此基础上，企业应聚焦这些关键指标，确定绩效目标，选择适宜的方法，并通过一系列行动、测量、分析、改进和校准，持续提升企业经营管理成熟度。

"滴灌"的本质是将有限的资源投放到最重要的事务上，同时兼顾业务发展和管理提升的双重目标，伴随各项关键指标的逐步引入和提升，企业不断进化到更高的阶段，《卓越绩效准则》的各项要求也一一得到满足，获取政府质量奖自然水到渠成。

企业按照传统的方式导入卓越绩效模式，试图一次性满足《卓越绩效评价准则》的各项要求，相当于"漫灌"；采用沛思计分卡（PESC），分阶段引入当下最关键的绩效指标，相当于"滴灌"。"漫灌"适合成熟度较高的企业，"滴灌"适合成熟度较低的企业，现阶段我国大多数企业（尤其是中小民营企业）经营管理成熟度偏低，采用"滴灌"方式分阶段满足卓越绩效模式的各项要求，能够在帮助企业提升成熟度的同时，有助于获得政府质量奖，使企业避免本末倒置，迷失前进的方向。

二、采用沛思计分卡（PESC）进行企业战略部署

在本书第四章，我们针对平衡计分卡的历史局限性进行了系统分析，指出在满足21世纪20年代各类企业（尤其是制造型企业）绩效管理需求方面，平衡计分卡存在三个方面的不足，即未体现可持续发展理念、利益相关方的视角不够宽广、对创新的关注度不够充分。

我们比较了平衡计分卡、绩效三棱镜、美国国家质量奖、我国全国质量奖及欧洲EFQM卓越奖评奖标准在三大管理理念（可持续发展、利益相关方和企业创新理论）上的实施表现，找出了它们在绩效指标设置方面存在的缺失，并以平衡计分卡的基本架构为基础，构建了一个适用于经济类组织的具有4个层面、12个维度、50类指标的绩效管理体系——沛思计分卡（PESC）。

沛思计分卡（PESC）与平衡计分卡（BSC）相比，具有如下优势。

1）沛思计分卡（PESC）在平衡计分卡（BSC）的基础上融入了可持续发展理论、利益相关方理论、企业创新理论及其相应的评价指标，不仅涵盖了平衡计分卡"财务""客户""内部流程"和"学习与成长"4个层面9个维度中的所有指标，而且增加了新的维度和指标类型，形成了对平衡计分卡的历史性跨越。

2）沛思计分卡（PESC）实现了与卓越绩效模式（PEM）的完全契合。相关指标不仅涵盖了《卓越绩效准则》的7个类目指标，还在后者的基础上强化了可持续发展、利益相关方及企业创新指标。沛思计分卡（PESC）可以直接与PEM相结合，以建立起完全符合《准则》要求的绩效测量体系。

3）沛思计分卡（PESC）不是平衡计分卡（BSC）的简单变型，也不是各种指标的随意拼凑，而是基于当前最先进的企业管理理念的提升重构。例如，沛思计分卡将平衡计分卡单一的"财务"视角替换为包含"财务"和"可持续发展"维度的"企业价值"视角，这与国际财务报告准则基金会（IFRS）正在进行的财务报告改革方向高度一致；"顾客"视角被"利益相关方"视角取代，代表股东至上理论被利益相关方理论取代；以"ESG"维度取代"法规与社会流程"，以"企业创新"取代"创新"，都体现了沛思计分卡（PESC）具有坚实的理论基础，符合当今最新的企业管理发展趋势。

此外，沛思计分卡（PESC）是一个动态的指标体系，其指标构成及权重不是"一成不变"的，它不是一个"静态"的工具，而是一个程序化的、由多个步骤组成的方法。换言之，我们构建的沛思计分卡（PESC）指标体系及其权重，是根据20位专家意见以及300份企业问卷调查形成的研究成果，它是一个"静态"的结果，不能直接拿来用于真实企业的管理实践。企业可以采用本章上一节推荐的"滴灌法"来量身定制自身的绩效测量体系。

平衡计分卡经过多次改进，已演化为一种战略部署工具。鉴于沛思计分卡的上述优势，已经完全可以替代平衡计分卡，用于企业战略目标的制定与展开。

三、实施基于沛思（PESC）企业经营管理成熟度评价的自愿性管理体系认证

（一）评审机构开展企业经营管理成熟度评价存在的问题

基于卓越绩效模式的政府质量奖评审的本质是企业成熟度评价。评审人员能力不足会导致评审效果不理想。例如，《卓越绩效评价准则》推崇方法的使用，企业也在管理过程中使用了大量的方法，但是一些评审员对方法不

熟悉；评审员在提问时，所提问题缺乏层次，挖掘不出深层次的、有高度的问题；评审员在结论判定时，习惯从自身认识水平得出结论，而不是以客观事实为依据，等等。除了这些问题，我们从沛思计分卡（PESC）的应用角度，做如下三点补充。

1. 评审员对被评审企业"应"识别的行业成功关键因素缺乏理解

处于不同行业的企业面临不同的竞争环境，而处于相同行业的企业面临的竞争环境基本相同。在各类内外部环境中，行业成功关键因素是企业竞争取胜的关键，例如时装行业的关键成功因素是品牌、响应速度及设计新潮等。然而，由于对行业不了解，对企业是否有效识别出这些关键因素并将之作为战略规划的输入，很多评审员无法准确判断，导致评审工作偏离重点。

2. 评审员对被评审企业"应"构建的绩效测量系统缺乏认知

一种常见的情景是，企业呈现给评审员的绩效测量系统并不是一个"真实的"，或者"完整的"系统。更多的情景是，企业并不清楚应该构建一个什么样的测量系统既能满足卓越绩效模式的标准要求，又能契合企业经营管理的实际需求。如果评审员对被评审企业"应"构建的绩效测量系统缺乏基本的认知，将会陷入"盲人摸象"的窘境，只能依据企业的"一面之词"做出评判。

3. 评审员对被评审企业"应"合理使用的管理工具/方法缺乏了解

针对领导、战略、顾客、员工、运营等过程，《卓越绩效评价准则》推荐了数十种工具/方法供企业选用，但并未告知如何选择和使用它们。很多评审员缺乏这些工具/方法的应用经验或知识储备，不清楚它们的使用场合与时机。例如，大多数评审员缺乏财务方面的知识，从而无法准确判断企业经营状况的好坏。有时候，企业可能会盲目引进一项新的但不"适宜"的管理工具或模式（如六西格玛管理、阿米巴经营），评审员在给出高分前需要进行谨慎的判断，并给出专业的评价和建议。

（二）为评审机构提供企业经营管理成熟度评价的实施指南

鉴于沛思计分卡（PESC）是一个动态的方法，能为企业卓越绩效模式的导入提供指南,因此,我们建议政府质量奖评审机构(或第三方认证机构)将沛思计分卡(PESC)的使用"从单一企业扩展到特定行业",并将研究成果形成标准化的"评审指南",从而提升质量奖评审(或成熟度评价)的有效性和效率。"评审指南"的制作过程包括如下四个步骤。

1. 步骤一:确定行业指标体系

组织行业专家、职业经理人、政府工作人员等,在沛思计分卡(PESC)指标体系的基础上,结合行业成功关键因素,采用李克特量表(或其他工具)进行一轮或多轮讨论,形成特定行业的沛思计分卡(PESC)绩效指标体系。

2. 步骤二:确定行业指标权重

针对新构建的特定行业的沛思计分卡(PESC)绩效指标体系,利用层次分析法(或矩阵判断法),请专家组成员对所有指标进行重要程度的"两两比较",然后按照相应程序计算出所有指标的权重并排序,得出适用于该行业的各类指标的重要度排行榜(Top 20、Top 10或Top 5等)。

3. 步骤三:筛选行业管理工具/方法

在进行充分调研的基础上,请专家组成员进一步讨论、拟定一份可实现行业关键绩效指标的管理工具/方法清单,并对其应用提供指南。

4. 步骤四:制定特定行业成熟度评分指南

结合如下四部分内容可制定特定行业的企业经营管理成熟度评分指南,并可将其应用于第一方(企业自我诊断)、第二方(供应商评审)或第三方(管理体系认证)的企业管理成熟度评价:

Part Ⅰ:成熟度评价准则(参见表7-5);
Part Ⅱ:指标体系;
Part Ⅲ:指标权重;
Part Ⅳ:管理工具/方法清单(含应用指南)。

（三）开展企业经营管理成熟度评价的自愿性管理体系认证

《卓越绩效评价准则》不是符合性评价标准，而是成熟度评价标准，可以用于管理体系的自愿性认证。国内已有一些评价机构推出了"卓越绩效管理成熟度等级认定"之类的服务项目，其评定标准通常采用卓越绩效模式的评分系统。

在成功开发出特定行业的企业经营管理成熟度评分指南后，第三方认证机构可以开展相应的自愿性管理体系认证工作。与基于卓越绩效模式的成熟度评价（或认定）不同，基于沛思（PESC）企业经营管理成熟度模型的成熟度认证工作具有如下优势。

1）评价标准按照行业分类编制，融入了行业的成功关键因素和最佳实践。一方面，评审员在对某一具体企业开展评审时能够对照行业标杆"精准"发现企业经营管理的薄弱环节，指出企业的改进方向；另一方面，企业可以利用高质量的评审结果，对标行业最佳实践，将有限的资源"精准"投放到高价值的改进环节，从而让整个评审工作更有价值。

2）评价方法围绕沛思环展开，更加强调评审工作的系统性。《卓越绩效评价准则》的评分系统固然也强调"好的过程产生好的结果"，但某一具体"方法"与某一具体"结果"之间的逻辑关系并不清晰，或未能做到一一对应。沛思环从原则到指标、方法，再到行动、测量、改进以至校准，体现一条条相互独立，且环环相扣的"经营逻辑链"，有利于评审员发现企业经营管理的系统性问题，并促进企业更好地运用沛思环进行成熟度的系统改进。

3）评价工作的周期性以及评价人员的专业性能够帮助企业持续提升管理成熟度。效仿各类管理体系认证，成熟度评价工作每隔12个月开展一次，每3年为一个认证周期；评审人员接受系统的沛思计分卡（PESC）理论及工具的培训以及定期的考评，以保证其审核的专业性和评价的一致性。这种不以"获证"或"获奖"为目的的自愿性管理体系认证，能够帮助企业克服短期的功利心态，坚持长期主义，走向正确的"造钟"之路。

四、开展沛思（PESC）企业评选——来自米其林餐厅的启示

《米其林指南》（*Le Guide Michelin*）是法国知名轮胎制造商米其林公司出版的美食及旅游指南书籍的总称，其中评鉴餐厅及旅馆，书皮为红色的"红色指南"（Le Guide Rouge）最具代表性，被评论家评价为烹饪界的"圣经"，被食客称为餐饮界的"奥斯卡"。

《米其林指南》每年评选出的杰出餐厅分为三个星级，分别授予一星、两星，以及最高荣耀三星的评价。

一星（★）："值得"造访的餐厅；

二星（★★）："值得绕远路"造访的餐厅；

三星（★★★）："值得特别安排一趟旅行"造访的餐厅。

米其林餐厅的评选标准包括菜品口味、创新度、食材质量和服务水平等多个方面。只有在这些方面都达到一定的水准，餐厅才有可能获得米其林星级认可。米其林餐厅评选标准的严格性和全面性使米其林星级成为全球餐饮业的最高荣誉之一。

米其林美食评审员均为米其林的全职员工，他们每年大量旅行、在餐厅用餐和入住酒店，基于舒适程度及价格选取最佳餐厅和酒店。美食评审员会匿名造访所选定的餐厅和酒店，像一般顾客一样，订座、点菜、用餐及付款，以消费者的身份考察餐厅。

米其林星级餐厅的评选有严格的流程，一至两星往往要经过多名评审员每年15次的反复检查才能获得，三星则要更多。米其林每年或是18个月都会重新评选，所以一家米其林三星级饭店的产生，往往要好几年才能确定。即使是这样，已经获得两星或三星的餐厅或是厨师，只要有一点儿疏忽就会被降级。

借鉴米其林星级评定的方法，在沛思（PESC）企业经营管理成熟度评价体系已经建立的前提下，第三方认证/评价机构可以推出沛思（PESC）企业星级评定制度，根据得分将企业定为一星至五星等级，除了推动企业提升管理成熟度外，还可以帮助企业进行质量品牌宣传，在市场上获得更多知名度和美誉度。以下是供参考的五星沛思（PESC）企业定义：

一星★：处于"高质量发展"初级阶段的企业；

二星★★：处于"高质量发展"中级阶段的企业；

三星★★★：处于"高质量发展"高级阶段的企业；

四星★★★★：处于"可持续发展"阶段的企业；

五星★★★★★：处于"卓越经营"阶段的企业。

五、建立沛思（PESC）质量经营指数，监测高质量发展绩效

我们认为，企业引入卓越绩效模式最直接的成果就是企业经营管理成熟度的提升，以年为周期持续对同一企业进行成熟度评价，可以掌握其提升程度。如果对某一特定范围（如特定地区、特定行业或特定企业群体）的所有导入卓越绩效模式的企业进行成熟度评价，就可以掌握这一特定范围企业的整体成熟度。当然，如果这个特定范围的企业数量特别多，成熟度评价的工作量将非常大且难以实现。

解决办法就是选取一定数量的、具有代表性的企业，对它们的成熟度评价结果通过平均或加权的方式，形成一个成熟度指数，我们姑且称之为质量经营指数（Quality Management Index，QMI）。

参考沛思（PESC）企业经营管理成熟度评价模型，并在其优化的基础上，政府主管部门、行业协会及社团组织可以在对单一企业开展成熟度评价（或质量奖评审）的基础上，针对某一特定地区、行业或企业群体的样本企业进行成熟度评价，并形成"质量经营指数（QMI）"。通过横向和纵向比较，"质量经营指数（QMI）"可用于以下几个方面。

1）衡量地方政府在推动政府质量奖方面所取得的成效。尽管一些绩效数据，例如获奖企业数量、贯标企业数量、专业人才培养数量及最佳实践分享场次等，在一定程度上反映了政府在贯标和评奖方面所付出的努力，但只能反映"量"的增加而不是"质"的提升。"质量经营指数（QMI）"聚焦于样本群企业经营管理成熟度的提升，能够客观、真实地反映某个区域（或城市）推行政府质量奖所取得的成就。

2）监测某一特定地区或行业的高质量发展绩效。类似于"股票价格指数"是反映市场所在国（或地区）社会、政治、经济变化状况的"晴雨

表"，"质量经营指数（QMI）"也是反映某一特定地区或行业高质量发展的"晴雨表"。"质量经营指数（QMI）"可以进一步细分为"可持续发展指数"（或ESG指数）、"企业创新指数"等，实现多维度、全方位的衡量。

3）为入围"质量经营指数（QMI）"的企业树立质量品牌形象。类似于各类"股票价格指数"（如上证50、沪深300、中证500），"质量经营指数（QMI）"可进一步展开为不同的"子指数"，对企业群体进行细分，并对入围企业设置门槛，根据企业不同类型或绩效表现"好中选优""末位淘汰"，为入围企业树品牌做宣传，提供配套的激励政策，吸引更多企业导入卓越绩效模式。

附 录

附录一：沛思计分卡（PESC）绩效指标体系备选指标及工具/方法一览表（参考用）

序号	指标维度	指标类型	具体指标（示例）	常用工具/方法（示例）	备注
1	财务	营利能力	营业收入、净利润、税前利润、息税前利润（EBIT）、现金流、总资产报酬率、长期资金报酬率、股东权益报酬率、普通股权益报酬率、主营业务毛利率、主营业务净利率、每股盈余、每股现金流量、每股股利	杜邦分析法、ABC成本法、经济附加值、本量利分析	★
2	财务	营运能力	存货周转期/周转率、应收账款周转率/周转期、固定资产周转率/周转期、总资产周转率/周转期、营业周期、成本/费用控制、预算准确率		★
3	财务	偿债能力	资产负债率、股权比率、权益乘数、流动比率、速动比率、现金比率、现金流量比率		
4	财务	发展能力	利润增长率、销售增长率、股利增长率、总资产增长率、资本积累率、技术投入比/研发经费占比		
5	可持续发展	ESG评级结果	MSCI ESG评级、SUSTAINALYTICS ESG评级、汤森路透ESG评级、富时罗素（FTSE Russell）ESG评级、Vigeo Eiris ESG评价、中证ESG评级、华证ESG评级、商道融绿ESG评级	可持续发展报告、社会责任报告	★

续表

序号	指标维度	指标类型	具体指标（示例）	常用工具/方法（示例）	备注
6	顾客	顾客满意	顾客满意度、顾客投诉水平、顾客投诉响应时间	客户满意度/忠诚度调查	★
7	顾客	顾客契合	顾客契合度、顾客忠诚度、顾客参与度、顾客流失率、顾客保持率、顾客推荐率、顾客份额、顾客终生价值（CLV）、顾客推荐价值（CRV）		
8	顾客	顾客贡献	客户利润贡献率、战略客户（或关键客户）收入占比/利润占比/毛利率、客户重复购买收入占比、优质客户数量	顾客贡献度测量	★
9	员工	员工满意	员工满意度、员工流失率、员工晋升率、薪酬增长率	员工满意度/敬业度调查	★
10	员工	员工契合	员工忠诚度/敬业度、员工缺勤率、服务的平均时间		
11	员工	员工贡献	人均销售额/产出、合理化建议水平、全员劳动生产率	员工贡献度测量	★
12	供应商/合作伙伴	供应商/合作伙伴满意	核心供应商的比例、采购金额占比、供应商/合作伙伴满意度	供应商/合作伙伴满意度调查	★
13	供应商/合作伙伴	供应商/合作伙伴贡献	采购质量、采购成本、采购周期、来自供应商的创新数量	供应商/合作伙伴贡献度测量	★
14	规则制定者/社区	规则制定者/社区满意	社区投资、被处罚次数、被社区投诉/举报次数、就业贡献率	规则制定者/社区满意度测量	★
15	规则制定者/社区	规则制定者/社区贡献	政府补贴收入、获表彰次数、获荣誉次数、正面报道次数	规则制定者/社区贡献度测量	★

续表

序号	指标维度	指标类型	具体指标（示例）	常用工具/方法（示例）	备注
16	运营	品牌管理	品牌推广投入、注册商标数量、品牌知名度/美誉度/忠诚度、品牌价值	品牌价值评价、品牌定位、品牌推广、品牌保护、品牌形象管理、品牌计分卡	★
17		客户/市场开发	获得新客户、市场占有率/市场排名、市场份额增长率、电子商务收入、新增市场区域及出口	传统市场调研方法、网络市场调查技术、STP分析法、卡诺模型、质量功能展开、销售漏斗、客户关系管理、客户投诉处理、顾客声音和市场数据应用、最佳管理实践（如IBM MOT行为模式）	★
18		客户关系管理	交叉销售收入、售后服务收入/利润、顾客的评价、表彰和授奖等		
19		产品/服务生产	降低成本、改进流程、改进反应程度、提升质量、提高固定资产利用率	业务流程重组与优化、过程方法、精益管理（Lean）、约束理论（TOC）、六西格玛管理、零缺陷管理、PDCA管理、质量成本管理	★
20		（供应链）产品销售/服务提供	从接到订单发货运达的提前期、订单完成率、订单响应速度、生产柔性、供应链提前期、库存占销售产品成本的比率、现金周转率、净资产收益	企业资源计划系统（ERP）、仓库管理系统（WMS）、运输管理系统（TMS）、供应商关系管理（SRM）、供应链质量整合、最佳管理实践（如丰田供应链辅导）	★
21		运营风险管理	管理财务风险（坏账比率、汇率波动损失等）、管理运营风险（积压订单、现有和积压订单所需生产能力比率等）、管理技术风险（产品或工艺的技术排名等）、应急响应能力及业务持续性	业务连续性管理（ISO 22031）、信息安全风险评估（ISO/IEC TR 13335-3）、信息安全管理体系（ISO/IEC 27000）	★

续表

序号	指标维度	指标类型	具体指标（示例）	常用工具／方法（示例）	备注
22	创新	创新投入	创新经费投入、研究与发展（R&D）经费占主营业务收入比重、研发机构R&D经费投入占企业R&D经费比重		
23		创新能力（1）：劳动力技能	人均创新支出、R&D人员占就业人员比重、企业R&D人员中博士硕士学历人员比重		
24		创新能力（2）：知识产权能力	单位R&D经费投入的专利申请量、专利所有权转让收入、万名企业就业人员有效发明专利量		
25		创新活动	新产品上市时间、新产品量产时间、新产品设计成功率／项目通过率、新产品／项目开发周期、项目开发成本	破坏性技术、CTO制度、架构与模块化设计、技术路线图、产品和技术生命周期管理、产品集成开发模式（IPD）、研发外包与技术联盟、创新成熟度模型、计算机辅助创新、创新实验室、发明问题解决理论（TRIZ）、质量功能展开、稳健设计（或田口方法）、六西格玛设计（DFSS）	★
26		协同创新	企业R&D经费外部支出中高校和研究机构所占比重		
27		创新产出（1）：产品创新	产品创新的销售份额／市场份额、产品创新的利润率、产品创新的数量		

续表

序号	指标维度	指标类型	具体指标（示例）	常用工具/方法（示例）	备注
28	创新	创新产出（2）：商业流程创新	创新影响的公司人员的百分比、商业流程创新带来的销售变化、生产率提升、成本下降、流程改善、质量提升		
29	环境	气候变化	温室气体排放量（范围1/2/3，下同）、温室气体排放强度、温室气体减排量、臭氧消耗物质/氮氧化物/硫氧化物等排放强度、减排量	TCFD气候信息披露框架、CDP气候变化问卷	★
30	环境	能源与资源	能源（燃料、电力、供暖、制冷、蒸汽等，下同）强度比、节能量、产品和服务的能源消耗减少量、回收利用产品及其包装材料百分比	能源管理体系（如ISO 51001）、清洁生产、绿色工厂认证	★
31	环境	污染物排放	污水排放量、废弃物排放量、（油类、燃料、废弃物、化学）重大泄漏的总次数和总体积		
32	环境	环境负面事件	因违反环境法规受到的重大罚款和非货币制裁		
33	环境	环境治理机遇	使用可再生能源资源和循环水、全球使用的先进工作实践、使用环境标准筛选的新供应商百分比、开展环境影响评估、存在重大负面环境影响，因存在重大环境负面影响而实施改进或终止关系的各类供应商的比例	污染物排放管理、环境管理体系（如ISO 14001）、环境设计、最佳管理实践（如耐克Considered体系）	★

续表

序号	指标维度	指标类型	具体指标（示例）	常用工具/方法（示例）	备注
34	社会	员工雇佣	员工流失率、工伤数量和死亡率、严重工伤数量和比率、可记录的死亡率、可记录工伤的数量和比率、健康问题导致的死亡率、可记录的健康问题案例数、在实施重大运营变更之前通知员工及其代表的最短周期	各类企业社会责任（CSR）标准、职业健康与安全管理体系（ISO 45001）	★
35		社区支持	单位土地纳税额、公益支持投入、直接/间接解决就业的水平、对当地社区有实际或潜在重大负面影响的运营网点的数量		
36		产品责任	与侵犯客户隐私有关的投诉总数、泄漏、盗窃或丢失客户资料的总数、违反有关产品和服务的健康与安全规定、信息与标识规定、市场营销法规的事件总数（如罚款、处罚或警告）	产品召回制度	★
37		社会负面事件	违反社会经济领域法规受到的处罚，包括高额罚款罚货币总额、非货币制裁总数、通过争端解决机制提起的案件、有争议的物资采购		
38		社会责任机遇	社会沟通的途径、医疗保健、员工营养分比、开展社会影响评估、使用社会标准筛选的新供应商百分比、存在重大社会负面影响、因存在重大社会负面影响而实施改进或终止关系的各类供应商的比例		

续表

序号	指标维度	指标类型	具体指标（示例）	常用工具/方法（示例）	备注
39	公司治理	治理责任	公司治理指数、中小投资者权益保护指数、董事会治理指数、企业家能力指数、财务治理指数、自愿性信息披露指数、高管薪酬指数	组织治理系统（如集团公司与控股公司的管控模式），职业经理人激励机制、最佳管理实践（如IBM企业架构法）	★
40		法律责任	已进行腐败风险评估的运营节点的总数及百分比，腐败的事件的总数，员工因腐败而被开除或处理的总数，因腐败而与业务合作伙伴终止或未续订合同的事件总数，参与不当竞争行为的法律诉讼的数量	合规管理体系（ISO 37301）	★
41		商业道德	违背道德规范的事件数、道德热线的使用情况、道德审查审核的结果	企业社会责任（CSR）管理体系、最佳管理实践（如耐克企业社会责任体系）	★
42	人力资本	员工能力与量能	人力资本准备度、简化管理层级和岗位的数量、参与改进团队/组建跨功能小组和QC小组、管理人员比例的变化	人力资源规划、人力资源准备、员工绩效管理、多功能小组活动	★
43		员工权益与氛围	员工保险费用、员工休假天数、员工福利支出、员工参与（技术创新、合理化建议和QC小组数量）、针对员工的各类表彰和奖励数量		
44		员工学习与发展	人均培训时间和经费投入、员工培训满意度、培训前后员工绩效对比、交叉培训/工作轮换、职业发展（职业生涯规划结果）、领导层/关键岗位继任计划	员工教育训练、工作轮换、职业发展、关键岗位继任计划、未来领导者培养计划	★
45	数字资本	数字技术	数字/信息资本准备度、数字/信息系统投资额、软件系统的开发和应用、数字/信息技术系统（软硬件）的可靠性/安全性、易用性指标		

续表

序号	指标维度	指标类型	具体指标（示例）	常用工具/方法（示例）	备注
46	数字资本	数字化/智能化	数字化业务收入增长率比例，数字化驱动的降本增效	信息通信技术（ICT）应用（如软件定义网络、区块链、人工智能、大数据、云计算、虚拟化技术），数字化转型（如商业模式转型、服务模式转型、研发模式转型、制造模式转型）、管理信息系统（MIS），西门子知识理论成熟度模型（KMMM）	★
47	组织资本	知识管理	知识管理（知识资产的积累、分享和应用方面的指标），最佳实践（识别和推广方面的指标），组织学习（学习团队/或项目的数量/创造的价值等）	知识创造、知识获取、知识共享、知识保护、知识应用，最佳管理实践——如毕马威知识管理评估体系（KPMG），微软知识管理IT顾问，西门子知识管理成熟度模型（KMMM）	★
48		文化	客户为中心：理解我们使命的客户百分比（客户调查）；企业核心价值观：员工变革准备度（员工调查）	使命、愿景和价值观	★
49		领导力	领导力差距：在能力模型中排在底端之上的关键特征百分比，战略目标实现率，实施计划党关键绩效指标达成率	领导力模型	★
50		战略协同	战略意识：能确定组织战略优先任务的员工百分比；战略协调一致：目标和激励与平衡计分卡联结的员工百分比	战略规划（如PEST分析、五力模型、价值链分析、SWOT分析、波士顿矩阵）、卓越绩效计分卡（PESC）、平衡计分卡（BSC）、标杆分析法、关键绩效指标（KPI）、预算管理、最佳管理实践（如西南航空公司的蓝海战略，美孚石油公司的标杆管理）	★

注：推荐企业在构建绩效指标体系或成熟度模型时优先考虑带"★"的指标类型。

附录二：沛思（PESC）企业经营管理成熟度调查问卷（参考用）

序号	指标维度	指标类型	纳入绩效管理的关键指标	绩效监测持续年份	正式实施的工具／方法	成熟度评分	备注
1	财务	营利能力					★
2		营运能力					★
3		偿债能力					
4		发展能力					
5	可持续发展	ESG评级结果					★
6	顾客	顾客满意					★
7		顾客契合					
8		顾客贡献					★
9	员工	员工满意					★
10		员工契合					
11		员工贡献					★
12	供应商／合作伙伴	供应商／合作伙伴满意					★
13		供应商／合作伙伴贡献					★
14	规则制定者／社区	规则制定者／社区满意					★
15		规则制定者／社区贡献					★
16	运营	品牌管理					★
17		客户／市场开发					★
18		客户关系管理					
19		产品／服务生产					★

续表

序号	指标维度	指标类型	纳入绩效管理的关键指标	绩效监测持续年份	正式实施的工具/方法	成熟度评分	备注
20	运营	（供应链）产品销售/服务提供					★
21		运营风险管理					★
22		创新投入					
23		创新能力（1）：劳动力技能					
24		创新能力（2）：知识产权能力					
25	创新	创新活动					★
26		协同创新					
27		创新产出（1）：产品创新					
28		创新产出（2）：商业流程创新					
29		气候变化					
30		能源与资源					
31	环境	环境管理	污染物排放				
32			环境负面事件				
33			环境治理机遇				

续表

序号	指标维度	指标类型	纳入绩效管理的关键指标	绩效监测持续年份	正式实施的工具/方法	成熟度评分	备注
34		员工雇佣					
35		社区支持					
36	社会	产品责任					
37		社会负面事件					
38		社会责任机遇					
39	公司治理	治理责任					
40		法律责任					
41		商业道德					
42	人力资本	员工能力与量能					
43		员工权益与氛围					
44		员工学习与发展					
45	数字资本	数字技术					
46		数字化/智能化					
47	组织资本	知识管理					
48		文化					
49		领导力					
50		战略协同					

注：推荐企业在开展企业经营管理成熟度调查时，优先调查带"★"的指标类型。

致 谢

本书在我的博士论文研究成果的基础上,增加了我近几年来在卓越绩效模式这一领域探索的阶段性总结。掩卷长思,四年的学习和研究生活让我历经磨难,有风雨,更有阳光,当我最终完成书稿并提交给出版社时,突然有一种脱胎换骨的感觉。

我要感谢我的葡方导师Nelson José António教授。他对中国的发展和形势政策密切关注,是研究中国问题的专家,而且他与中国的大学保持着紧密的学术合作关系。他独到的学术见解、渊博的学术知识、友善的为人处世,让我既学到了知识,也收获了一份师生情谊。

此外,我还要感谢首任外方导师Isabel Lourenço教授,虽然她没有指导我到最终毕业,但整整有两年时间,我在她的细心指导下完成了课题选择、文献研究以及中期答辩,度过了那段最煎熬的时光。

我要感谢我的中方导师陈光宇教授。在我的研究过程中,曾遇到多次困难,在他的细心指导下,每次都能拨云见日,取得研究的突破并最终使我的论文得以顺利完成。

我要特别感谢ISCTE-UESTC DoM项目部的Virginia Trigo教授、肖文教授和冯毅教授。在我遇到困难,论文研究面临中断甚至可能推倒重来时,他们全力帮我协调资源,给出建议,让我成功走出困境并最终完成论文研究。在此,我要向这三位可爱的、受人尊敬的老师表示最崇高的敬意!

另外,我要向帮助我顺利完成学业的各位老师和同学表示感谢,包括孙平老师、高小丽老师、龙梅老师以及郑国辉同学等。龙梅老师提供了长达四年的、全程的、全方位的翻译指导,她还赠送她的译作供我学习,我们结下了深厚的友谊!郑国辉同学在我的"至暗时刻"陪同我去广州拜访Virginia Trigo教授和Nelson José António教授,此情此景,毕生难忘!

我要感谢那些参与意见调查的粤港澳大湾区卓越绩效管理领域的专家和

学者，感谢他们在百忙之中抽出宝贵的时间填写问卷，并反馈了非常专业的意见和建议，在他们的支持下，卓越绩效计分卡（PESC）的指标体系才得以最终形成。

我要感谢那些参与粤港澳大湾区先进制造业经营管理成熟度调查的企业家、经理人朋友，在他们的无私奉献下，我获得了大量且珍贵的第一手资料。通过对这些资料的深度加工和分析，形成了本书提及的企业经营管理成熟度四阶段模型。时值2022年岁末，许多朋友抱病为我填写问卷，让我非常感动。

我要感谢众多的学友，他们是丁倩梅、马昌博、王博文、兰烨、张亚、张锋、张湘蓉、杨君、杨明、杨凌、肖其强、余政壕、陈蓉、宋鲁华、赵远远、郑国辉、范晓、钟文富、高文超、唐翊珊、钱博一、秦蔚虹、黄小飞、黄震、曹志衡、董晓明、景智祥、赖世伟、蔡金鑫、谭兵、薛云，能与这些优秀的同学并肩学习，是我这一生莫大的荣幸。

最后，要特别感谢我的家人，正因为她们的关心、支持和付出，才使得我顺利完成了所有博士课程的学习、博士论文的撰写，以及本书的创作和出版。

杨克军

二〇二四年五月于深圳

后 记

2019年年底，我兑现了自己10年前攻读工商管理硕士学位的承诺，完成了《卓越绩效模式：职业经理人读本》一书的创作及出版。创作的初心是将企业经营管理的各种理论及方法融入卓越绩效模式当中，从而为那些志在追求"卓越"和"基业长青"的经理人提供一个"造钟"的方法。

2020年6月，受一位读者的邀请，我拜访了郑州市的一家《财富》中国500强的上市企业。尽管该公司已经获得河南省政府质量奖，但CEO却认为公司按照卓越绩效模式要求运营的程度还不够，他几乎邀请了国内所有知名的卓越绩效咨询机构的相关专家来探寻企业的"造钟"之路。我属于例外，既不是咨询师，也不是大学教授，仅是《卓越绩效模式：职业经理人读本》这本书打动了他。

这家公司的前身是一家国有企业，具有悠久的发展历史，很早就应用QCC小组进行绩效改进，并引入了丰田公司的精益生产系统，管理层采用平衡计分卡进行战略部署和绩效测量，经营业绩优良，并且在环境、社会与公司治理（ESG）方面取得了突出的成绩。

毫无疑问，这位CEO的诉求并不是申报政府质量奖，也不是简单地导入卓越绩效模式，因为公司在契合《卓越绩效评价准则》方面，已经具备了非常高的成熟度。他的目标是彻底贯彻卓越绩效模式的核心理念和要求，实现更高质量、更可持续的发展。

非常惭愧，作为一名质量奖评审员，我可以采用卓越绩效模式的评分系统对申奖企业进行成熟度评价，告知企业的"优势""劣势"及"改进机会"；作为一名质量奖培训师，我可以为经理人讲解标准的核心理念及具体要求，并推荐各类工具或方法的使用。但是，该如何作为一名合格的幕僚或者顾问，告诉CEO一个"造钟"的理论和方法，帮助"普通"的企业走向"优秀"或帮助"优秀"的企业走向"卓越"并实现基业长青呢？这方面我的思考并不多。

与这位CEO在郑州告别之后，这个问题一直困扰着我。2020年9月，我开始攻读里斯本大学学院-电子科技大学管理学博士（DoM），并将这个问题作为我的研究课题。经过四年潜心苦读及大量的调查研究，总算小有收获——我们开发了一个由沛思环（PESC Circle）、沛思计分卡（PESC）和沛思（PESC）企业四阶段成长模型组成的"造钟"理论和方法，并为企业提供了一个十二个步骤的"造钟"程式。此刻，我将我们的研究成果整理成册，献给一切有缘得见此书、得闻此法的企业家和经理人朋友，并向远在郑州的这位企业家致以最衷心的感谢！

德鲁克说过："管理是一种实践，其本质不在于'知'而在于'行'；其验证不在于逻辑而在于成果，其唯一权威就是成就。"以沛思计分卡（PESC）为核心的"造钟"理论和方法已经开发出来，未来能否被市场接受，尚待验证。期待五年之后，我能再版此书，并向大家呈现更多的企业成功实践案例。

卓越绩效模式自2004年由美国引入，已经整整二十年，当年的质量奖申报热潮已缓缓降温。在政府不断减少奖项设置、消减奖励金额、延长评奖周期，甚至完全取消质量奖评审活动的大背景下，《卓越绩效评价准则》这个标准如何依靠其自身的价值获得企业的青睐？

六西格玛管理、精益生产以及标杆管理等众多管理工具和方法，一直深受企业认可，并给企业带来巨大的经济效益。这些方法的成功，值得卓越绩效模式的拥护者深思。当年通用电气之所以接纳六西格玛管理方法并将其上升至企业文化层面，一个重要的原因是，联信总裁博西迪向通用总裁韦尔奇和他的高管们用"数字"分享了六西格玛在联信取得的巨大成功。

反观政府质量奖评审二十年，我们获得的比较数据可谓匮乏，包括企业自身的纵向对比、企业之间的横向对比，以及区域、行业和特定群体之间的各种对比，以至于关于卓越绩效模式对我国企业促进作用的讨论，业内存在两种完全相反的观点。借鉴六西格玛管理等方法的成功，在缺少政府背书的新形势下，我们需要另辟蹊径，帮助企业打开一扇扇通向卓越绩效的大门。

基于沛思计分卡（PESC）的"造钟"方法就是其中的一扇门。这套方法自带沛思（PESC）经营管理成熟度评价工具，可以通过持续的自我评价或外部评价获得更全面的成熟度提升及绩效改进的"数字"。我们呼吁第三方认证机构提供企业经营管理成熟度的管理体系自愿性认证服务，我们呼吁政府市场监管部门建立区域性的"质量经营指数"，沛思（PESC）经营管理成熟度评价模型可以助一臂之力。

我们也殷切期盼，在后"质量奖"时代，能够涌现更多的"造钟"理论和方法，帮助我国企业（尤其是中小民营企业）摆脱"野蛮式生长"模式，快速进入"高质量发展"以及"可持续发展"阶段，实现企业卓越经营、基业长青的梦想。

杨克军

二〇二四年五月

参考资料

[1] 吉姆·柯林斯,杰里·波勒斯. 基业长青[M]. 真如,译. 北京:中信出版社,2005.

[2] 汤姆·彼得斯,罗伯特·沃特曼. 追求卓越[M]. 胡玮珊,译. 北京:中信出版社,2007.

[3] 杨克军. 卓越绩效计分卡(PESC)的构建及其在粤港澳大湾区先进制造业的应用[J]. 管理学家,2024,7(下):1-9.

[4] 张东风,杜纲. 从质量到卓越绩效经营模式——美国国家质量奖对中国企业的启示[J]. 经济论坛,2004,(15):33-35.

[5] 胡晓洁. 政府质量奖公信力研究[J]. 中国乡镇企业会计,2018,(6):14-15.

[6] 曹静. 省级政府质量奖评审工作现状及优化对策研究[J]. 质量探索,2020,17(3):64-71.

[7] 熊伟,王娟丽. 政府质量奖实施效果及其对企业绩效的影响机理研究——基于浙江省424家企业调查的实证分析[J]. 宏观质量研究,2013,1(2):107-119.

[8] 吉姆·柯林斯. 从优秀到卓越[M]. 俞利军,译. 北京:中信出版社,2006.

[9] 查尔斯·汉迪. 第二曲线:跨越"S型曲线"的二次增长[M]. 苗青,译. 北京:机械工业出版社,2019.

[10] 克里斯·麦克切斯尼,肖恩·柯维,吉姆·霍林. 高效能人士的执行4原则[M]. 张莞然,杨颖玥,译. 北京:中国青年出版社,2013.

[11] Todd D, Palmer E. Development and Design if a Dynamic Scorecard in Local Government [A]. The European Operations Management Association 8th International Annual Conference [C]. Bath, United Kingdom, 2001:65-70.

[12] Malmi T. Balanced Scorecard in Finish Companies: A Research Note [J]. Management Accounting Research, 2001, 12(2):207-220.

[13] 彼得·圣吉. 第五项修炼:学习型组织的艺术实践[M]. 郭进隆,译. 北京:中信出版社,2009.

[14] 罗伯特·卡普兰,大卫·诺顿. 战略地图——化无形资产为有形成果[M]. 刘俊勇,孙薇,译. 广州:广东经济出版社,2005.

[15] 彼得·德鲁克. 创新与企业家精神 [M]. 蔡文燕, 译. 北京: 机械工业出版社, 2007.

[16] Jeffrey H, Dyer, Nile W, et al. 与供应商分享知识 [J]. 麻省理工学院斯隆管理评论, 2004, 春季号.

[17] 亚历山大·奥斯特瓦德, 伊夫·皮尼厄. 商业模式新生代 [M]. 黄涛, 郁婧, 译. 北京: 机械工业出版社, 2016.

[18] Robert, S K, Norton P D. The Balanced Scorecard-Measures that Driver Performance [J]. Harvard Business Review, 1992, 70 (1): 71-79.

[19] Robert S K, Norton P D. Putting the Balanced Scorecard to Work [J]. Harvard Business Review, 1993, 71 (5): 134-147.

[20] Robert S K, Norton P D. Using the Balanced Scorecard as a Strategic Management System [J]. Harvard Business Review, 2007, 74 (1): 75-85.

[21] 宋红玉, 沈菊琴. 平衡计分卡的发展及超越: 一个文献综述 [J]. 会计之友, 2015, (05): 134-136.

[22] Frigo M L, Krumwiede K R. The Balanced Scorecard: A Winning Performance Measurement System [J]. Strategic Finance, 2000, 81 (7): 50-54.

[23] 李志斌. 绩效测量新发展: 超越平衡计分卡. 财会月刊 [J]. 2006, (7): 76-77.

[24] 马歇尔·迈耶. 绩效测量反思: 超越平衡计分卡 [M]. 姜文波, 译, 北京: 机械工业出版社, 2005.

[25] 魏丽坤. 对中国平衡计分卡热潮的反思 [J]. 开发研究, 2005, (5): 101-103.

[26] Norrtklit H. The Balance on the Balanced Scorecard-A Critical Analysis of some of its Assumptions [J]. Management Accounting Research, 2000, (11): 65-68.

[27] Neely A, Adams C, Kennerley M. The Performance Prism: The Scorecard of Measuring and Managing Business Success [M]. New York: Pearson Education Limited, 2002.

[28] 王志红. 论平衡计分卡的变型 [A]. 管理会计与改革开放30年研讨会暨余绪缨教授诞辰86周年纪念会论文集 [C]. 厦门大学会计发展研究中心会议论文集, 2009, 134-141.

[29] WCED. Our Common Future, From One Earth to One World [A]. Report of the World Commission on Environment and Development [C]. 1987, 4.

[30] Carroll B A, Martin B, Meznar, et al. Social Responsibility and Strategic Management: Toward an Enterprise Strategy Classification [J]. Business &

Professional Ethics Journal, 1991, 10（1）：47-66.

[31] Elkington J. Partner Ships from Cannibals with Forks: The Triple Bottom Line of 21st-Century Business [J]. Environmental Quality Management, 1998,（1）：37-51.

[32] Freeman R E, Harrison J S, Wicks A C, et al. Stakeholder Theory: The State of the Art [M]. New York: Cambridge University Press, 2010.

[33] Freeman R E. Strategic Management: A Stakeholder Approach [M]. Boston: Pitman, 1984.

[34] Frederick W C. Business and Society: Corporate Strategy, Public Policy, Ethics [M]. 6th Ed. Irwin/McGraw-Hill, 1988.

[35] Charkham J. Corporate Governance: Lessons from Abroad [J]. European Business Journal, 1992, 4（2）：8-16.

[36] 安迪·尼利, 克里斯·亚当斯, 麦克·肯尼尔利. 战略绩效管理: 超越平衡计分卡 [M]. 李剑锋, 译. 北京: 电子工业出版社, 2004.

[37] 迈克尔·波特. 竞争战略 [M]. 陈小悦, 译. 北京: 华夏出版社, 2005.

[38] 钱·金, 勒妮·莫博涅. 蓝海战略 [M]. 吉宓, 译. 北京: 商务印书馆, 2005.

[39] 罗伯特·卡普兰, 大卫·诺顿. 平衡计分卡——化战略为行动 [M]. 刘俊勇, 孙薇, 译. 广州: 广东经济出版社, 2004.

[40] 迈克尔·希特. 战略管理: 竞争与全球化（概念）[M]. 6版. 吕巍, 译. 北京: 机械工业出版社, 2006.

[41] 肖尚纳·科恩, 约瑟夫·罗塞尔. 战略供应链管理: 供应链最佳绩效管理的五项原则 [M]. 李伊松, 田源, 译. 北京: 机械工业出版社, 2015.

[42] 马士华. 供应链管理 [M]. 5版. 北京: 机械工业出版社, 2016.

[43] Mitchell, Wood. Toward a Theory of Stakeholder Identification and Salience: Defining the Principle of Who and What Really Counts [J]. The Academy of Management Review, 1997, 122（4）：853-886.

[44] 颜志刚. 业绩三棱镜: 一种利益相关者为中心的业绩评价体系 [J]. 企业经济, 2004, 286（6）：32-33.

[45] 约瑟夫·熊彼特. 经济发展理论 [M]. 郭武军, 译. 北京: 商务印书馆, 1990.

[46] Stata R. Organizational Learning: The Key to Management Innovation [J]. Sloan Management Review, 1989, 63（1）：63-73.

[47] 彼得·德鲁克. 德鲁克论管理[M]. 何缨, 康志军, 译. 北京: 机械工业出版社, 2019.

[48] OECD. Oslo Manual: Guidelines for Collecting and Interpreting Innovation[M]. 3rd Edition. Pairs: OECD & Eurostat, 2005.

[49] OECD. Oslo Manual 2018: Guidelines for Collecting, Reporting and Using Data on Innovation[M]. 4th Ed. Pairs: OECD & Eurostat, 2018.

[50] 丁晓芹, 汤怡洁, 徐雯. 欧洲创新记分牌指数变化及其对中国的启示[J]. 科技和产业, 2022, 21(11): 44-50.

[51] 林如海, 彭维湘. 企业创新理论及其对企业创新能力评价意义的研究[J]. 科学学与科学技术管理, 2009, 30(11): 118-121.

[52] European Innovation Scoreboard 2018-Exploratory Report C: Supplementary Analyses and Contextualisation of Innovation Performance Data[EB/OL]. http://www.researchgate.net/publication/325285797.

[53] 中国科学技术发展战略研究院, 中央财经大学经济学院. 中国企业创新能力评价报告[M]. 北京: 科学技术文献出版社, 2016.

[54] EFQM. The EFQM Model-EFQM[EB/OL]. https://efqm.org 2022-07-24.

[55] 何阿毡. 透过卓越绩效模式看平衡计分卡在战略管理中的应用[J]. 山西财经大学学报, 2007, (4): 51-52.

[56] 杨登慧, 杨海光, 刘德智. 基于BSC的卓越绩效模式及框架研究[J]. 中国商界, 2010, (8): 69-70.

[57] 李娇, 于敬海. 卓越绩效平衡计分卡方法的提出与运用[J]. 建筑经济, 2007, (9): 70-73.

[58] 龚晓明. 基于卓越绩效模式经营结果的平衡计分卡创新[A]. 第三届中国质量学术论坛论文集[C]. 2008: 596-604.

[59] Yang C C. Development of an Integrated Model of a Business Excellence System[J]. Total Quality Management, 2009, 20(9): 931-944.

[60] Dubey M. Developing an Agile Business Excellence Model for Organizational Sustainability[J]. Global Business and Organizational Excellence, 2016, 35(2): 60-71.

[61] António N S, Teixeria A. Theoretical and Historical Framework Underlying the Qualstrategy Model[J]. Euro Asia Journal of Management. 2008, 6(18): 37-50.

[62] Edgeman L R. Sustainable Enterprise Excellence: Towards a Framework for Holistic Data-Analytics [J]. Corporate Governance: The International Journal of Business in Society, 2013, 13 (5): 527-540.

[63] Gupta N, Vrat P. An Evaluation of Alternative Business Excellence Models Using AHP [J]. Journal of Advances in Management Research, 2019, 17 (2): 305-331.

[64] Fan P H, Chang W L. Developing a Sustainable Business Excellence Model and Discussing Key Factors [J]. South African Journal of Industrial Engineering, 2021, 32 (1): 105-118.

[65] Neri A, Cagnoa E, Lepri M, et al. A Triple Bottom Line Balanced Set of Key Performance Indicators to Measure the Sustainability Performance of Industrial Supply Chains [J]. Sustainable Production and Consumption, 2021, 26: 648-691.

[66] 单汨源, 潘莎, 聂荣喜, 等. 基于卓越绩效模式的企业技术创新能力模型研究 [J]. 科学学与科学技术管理, 2009, 30 (6): 58-62.

[67] 单汨源, 李盈. 基于卓越绩效模式的企业持续创新机制研究 [J]. 科技进步与对策, 2009, 27 (15): 92-95.

[68] 德内拉·梅多, 乔根·兰德斯, 丹尼斯·梅多斯. 增长的极限 [M]. 李涛, 王智勇, 译. 北京: 机械工业出版社, 2013.

[69] 甄建斌, 刘延慧. 企业社会责任评价研究综述 [J]. 西安石油大学学报 (社会科学版): 2016, 26 (3): 46-51.

[70] 谢良安. 基于社会责任报告的"三重底线"指标研究 [J]. 财政监督, 2009, (10): 20-21.

[71] 温素彬, 薛恒新. 企业"三重盈余"绩效评价指标体系 [J]. 统计与决策, 2005, (3): 126-128.

[72] 宋荆, 顾平, 席娜利. 企业可持续发展"三重盈余"绩效评价研究 [J]. 华东经济管理, 2006, (20): 21-24.

[73] 白睿洁. 基于三重底线的林业企业绩效评价研究 [M]. 北京: 北京林业大学出版社, 2013.

[74] 李永臣, 曹希. 供电企业社会责任评价指标体系研究 [J]. 环境工程, 2013, 31 (S1): 677-680.

[75] 买生, 匡海波, 张笑楠. 基于科学发展观的企业社会责任评价模型及实证 [J]. 科研管理, 2012, 33（3）: 148-154.

[76] 付刚, 吴凡璐. 三重盈余: 企业社会责任评价新模式——三重盈余绩效评价的研究进展及述评 [J]. 财会月刊, 2015, （25）: 77-79.

[77] Chai N. Sustainability Performance Evaluation System in Government [J]. 2009, Springer: 35-80.

[78] Hubbard G. Measuring Organizational Performance: Beyond the Triple Bottom Line [J]. Business Strategy & the Environment. 2010, 18（3）: 177-191.

[79] Sundin, Heidi, Granlund, et al. Balancing Multiple Competing Objective with a Balanced Scorecard [J]. European Accounting Review, 2010, 19（2）: 203-246.

[80] Hsu C W, Hu A H, Chiou C Y, et al. Using the FDM and ANP to Construct a Sustainability Balanced Scorecard for the Semiconductor Industry [J]. Expert Systems with Applications, 2011, 38（10）: 12891-12899.

[81] 韦鑫煜. 基于可持续理念的平衡计分卡构建 [J]. 会计之友, 2012, （16）: 42-45.

[82] 彭定洪, 黄子航. 基于犹豫模糊层次TOPSIS的可持续平衡计分卡评价方法 [J]. 系统科学与数学, 2019, 39（9）: 1435-1449.

[83] 杨明. 企业绩效环境绩效评价体系的构建——基于平衡计分卡视角 [J]. 商业会计, 2015, （13）: 59-61.

[84] 陈玲. 可持续平衡计分卡的应用研究 [J]. 商业经济研究, 2016, （23）: 113-114.

[85] 梁言, 李辰. 基于平衡计分卡的环境绩效评价研究 [J]. 会计师, 2018, （21）: 3-4.

[86] 汪榜江, 黄建华. 企业可持续发展评价体系构建——基于环境、社会和治理因素 [J]. 财会月刊, 2020, （9）: 109-118.

[87] 王凯, 张志伟. 国内外ESG评级现状、比较及展望 [J]. 财会月刊. 2022, （2）: 137-143.

[88] 黄世忠. ESG理念与公司报告重构 [J]. 财会月刊, 2021, （17）: 3-10.

[89] 江若玫, 靳云汇. 企业利益相关者理论与应用研究 [M]. 北京: 北京大学出版社, 2009.

[90] Freeman R E, Eva W M. Corporate Governance: A Stakeholder Interpretation [J]. Journal of Behavioral Economics, 1990, （19）: 337-359.

[91] Hill C W L, Jones M T. Stakeholder-Agency Theory [J]. Journal of Management

Studies, 1992, 29（2）: 131-154.

[92] Blair M M, Stout L A. A Team Production Theory of Corporate Law [J]. Virginia Law Review, 1999, 85（2）: 247-328.

[93] Donaldson T, Preston L E. The Stakeholder Theory of the Corporation: Concepts, Evidence, and Implications [J]. Academy of Management Review, 1995, （1）: 65-91.

[94] Gorton G, Schmid F A. Class Struggle Inside the Firm: A Study of German Codetermination [J]. Federal Reserve Bank of St. Louis Working Paper 2000-025.

[95] Stiglitz E J. Perspectives on the Role of Government Risk-Bearing within the Financial Sector [J]. Semantic Scholar, 1993: 109-130.

[96] Sonnefeld J. Measuring Corporate Social Performance [J]. Academy of Management Annual Meeting Proceedings, 1982, （1）: 371-375.

[97] Clarkson M B E. A Stakeholder Framework for Analyzing and Evaluating Corporate Social Performance [J]. Academy of Management Review, 1995, 20（1）: 92-117.

[98] Wartick S L, Cochran P L. The Evolution of the Corporate Social Performance Model [J]. Academy of Management Review, 1985, 10（4）: 758-769.

[99] Davenpor K. Corporate Citizenship: A Stakeholder Approach for Defining Corporate Social Performance and Identifying Measures for Assessing It [J]. Business & Society, 2016, 39（2）: 210-219.

[100] Wood D J. Corporate Social Performance Revisited [J]. Academy of Management Review, 1991, 16（4）: 691-718.

[101] Sirgy M J. Measuring Corporate Performance by Building on the Stakeholders Model of Business Ethics [J]. Journal of Business Ethics, 2002, 35（3）: 143-162.

[102] 李苹莉. 经营者业绩评价——利益相关者模式 [M]. 杭州: 浙江人民出版社, 2001.

[103] 刘亚莉. 自然垄断企业利益相关者导向的综合绩效评价研究 [J]. 管理评论, 2003, （12）: 31-36+64.

[104] 邓德强, 温皓然. 管理会计工具及应用案例——利益相关者价值取向的绩效三棱镜及应用 [J]. 会计之友, 2016, （07）: 134-137.

[105] Solow S C. Innovation in the Process of Capitalization: A Critique of Schumpeter's

Theory [J]. The Quarterly Journal of Economics, 1951, 65: 417-428.

[106] Solow R M. Technical Change and the Aggregate Production Function [J]. The Review of Economics and Statistics, 1957, 39 (3): 312-320.

[107] 李永波,朱方明. 企业技术创新理论研究的回顾与展望 [J]. 西南民族大学学报(哲学社会科学版). 2002, (03): 188-191+252,

[108] Freeman C. A Study of Success and Failure in Industrial Innovation [J]. Science and Technology in Economic Growth, 1973, 227-255.

[109] Freeman C. The Economies of Industry Innovation [M]. Cambrige MA: MIT Press, 1982.

[110] Davis E L, North C D. Institutional Change and American Economic Growth [M]. New York: Cambridge University Press, 1971.

[111] 魏杰. 中国企业制度创新 [M]. 北京: 中国发展出版社, 2006.

[112] Damanpour F, Evan W M. Organizational Innovation and Performance: The Problem of Organizational Lag [J]. Administrative Science Quarterly, 1984, 29 (3): 392-409+675-688.

[113] Benghozi P J. Managing Innovation: From Adhoc to Routine in French Telecom [J]. Organization Studies, 1990, 11 (4): 531-554.

[114] Armbruster H, Bikfalvi A, Kinke S, et al. Organizational Innovation: The Challenge of Measuring Non-Technical Innovation in Large-scale Surveys [J]. Technovation, 2008, 28 (10): 644-657.

[115] 常修泽,高明华. 现代企业创新论 [M]. 天津: 天津人民出版社, 1994.

[116] Hamel G. The Why, What and How of Management Innovation [J]. Harvard Business Review, 2006, 84 (2): 72-84.

[117] Ichniowski C, Shaw K, Crandall W. Old Dogs and New Tricks: Determinants of the Adoption of Productivity-Enhancing Work Practices [J]. Brookings Papers on Economic Activity, 1995, (995): 1-65.

[118] Leseure J M, Baue J, Birdi K, et al. Adoption of Promising Practices: A Systematic Review of the Evidence [J]. International Journal of Management Reviews, 2004, 5/6: 169-190.

[119] 邓华,曾国屏. OECD创新测度的理论与实践——基于三版《奥斯陆手册》的比较研

究［J］. 科学管理研究，2011，（8）：49-53.

[120] 李金华. 国际科技活动测度体系群的演化与发展［J］. 国外社会科学，2018，（3）：116-125.

[121] OECD. Proposed Guidelines for Collecting and Interpreting Technological Innovation Data-Oslo Manual［M］. Paris：OECD Publishing，1992.

[122] OECD. Proposed Guidelines for Collecting and Interpreting Technological Innovation Data-Oslo Manual［M］. Paris：OECD Publishing，1997.

[123] 李巧巧，郇志坚. 全球GCI指数构建方法及对我国竞争力的启示［J］. 金融发展评论，2020，（6）：13-27.

[124] 李慧. 国内外企业自主创新能力研究文献综述［J］. 技术经济与管理研究，2015，（4）：40-43.

[125] Harris J M, Shaw R W, Sommers W P. The Strategic Management of Technology［J］. Strategy & Leadership，1983，（1）：28-35.

[126] Porter M. The Competitive Advantage of Nations［M］. New York：The Free Press，1990.

[127] Adler P S, Shenbar A. Adapting Your Technological Base：The Organizational Challenge［J］. Sloan Management Review，1990，（Fall）：25-37.

[128] Guan J, Ma N. Innovative Capability and Export Performance of Chinese Firms［J］. Technovation，2003，23：737-747.

[129] Burgelman R. Strategic Management of Technology and Innovation［M］. New York：McGraw-Hill，2004.

[130] Ransley L D, Rogers L J. A Consensus on B&D Development Practices［J］. Research Technology Management，1994，3-4：19-26.

[131] Henny R, Albaladejo M. Determinants of Innovation Capability in Small Electronics and Software Firms in Southeast England［J］. Research Policy，2002，（31）：1053-1067.

[132] Caloghirou Y K, Tsakanikas A. Internal Capabilities and External Knowledge Sources Complement or Substitutes for Innovative Performance［J］. Technovation，2004，（24）：29-39.

[133] 国家统计局. 中国企业自主创新能力分析报告［EB/OL］. http：//www.gov.cn/

jrzg/2005-11/06/content_92459.htm.

[134] 龙艺璇,高钰涵,翟夏普,等.我国企业技术创新能力评价指标体系研究现状分析——基于文献计量与主题模型[J].科学观察,2023,18(2):24-31.

[135] 曹洪军,赵翔,黄少坚.企业自主创新能力评价体系研究[J].中国工业经济,2009,(9):105-114.

[136] 庞景安,于洁,曹燕.中国企业创新发展指数的研究与应用[J].科技管理研究,2011,31(9):1-5.

[137] 谢德荪.源创新:转型期的中国企业创新之道[M].北京:中信集团出版社,2016.

[138] 王鹏程,孙玫,黄世忠,等.两项国际财务报告可持续披露准则分析和展望[J].财会月刊,2023,44(14):3-13.

[139] 黄世忠.可持续发展报告体系之争——ISDS与ESRS的理念差异和后果分析[J].财会月刊,2022,(16):3-10.

[140] 黄世忠.可持续发展报告迈入新纪元——CSRD和ESRS最新动态分析[J].财会月刊,2023,44(1):3-9.

[141] Wheeler D, Marias S. Including the Stakeholders: The business Cade [J]. Long Range Planning, 1998, 31(2):201-210.

[142] Oliver R L, Linda G. Effect of Satisfaction and Its Antecedents on Consumer Preference and Intention [J]. Advances in Consumer Research, 1981,(8):88-93.

[143] Tse D A. Models of Consumer Satisfaction Formation: An Extension [J]. Journal of Marketing, 1988,(25):204-212.

[144] 菲利普·科特勒.营销管理——分析、计划、执行与控制[M].梅汝和,梅清豪,张桁,译.上海:上海人民出版社,1997.

[145] 亨利·阿塞尔.消费者行为和营销策略[M].韩德昌,等译.北京:机械工业出版社,2000.

[146] Oliver, Rust, Varki. Customer Delight: Findings, and Managerial Insight [J]. Journal of Retailing, 1997, 73(3):311-336.

[147] Jones, Sasser. Why Satisfied Customers Defect [J]. Harvard Business Review, 1995,73(6):88-99.

[148] 杨平,封展旗,杨同卫.顾客满意与顾客忠诚的关系研究综述[J].商场现代化,2007,(31):53-54.

[149] Fornell C. The American Customer Satisfaction Index: Nature, Purpose, and Findings [J]. Journal of Marking, 1996: 60.

[150] 赵平. 中国消费者满意度指数构建方法的研究 [Z]. 国家自然科学基金项目（G0108）: 1997（1）-1999（12）.

[151] Fornell C. A National Customer Satisfaction Barometer: The Swedish Experience [J]. Journal of Marketing, 1992, 56: 6-21.

[152] Fornell C, M D Johnson. Differentiation as a Basis for Explaining Customer Satisfaction Across Industries [J]. Journal of Economic Psychology, 1993, 12（14）: 681-696.

[153] Gronholdt L, Martensen A, Kristensen. The Relationship between Customer Satisfaction and Loyalty: Cross-Industry Differences. [J]. Total Quality Management and Business Excellence Journal, 2000, 11（4-6）: 509-516.

[154] Gallup Consulting. The Constant Customer [EB/OL]. http://www.gallup.com/businessjournal/754/constant-customer.aspx. 2001.

[155] Forrester Research. How Engaged are Your Customers? [EB/OL]. http://www.indigopacific.com/pdf/Forrester_TLP. How Engaged Are Your Customers. pdf. 2000.

[156] Kumar, Rajan. Profitable Customer Management: Measuring and Maximizing Customer Lifetime Value. [J]. Management Accounting Quarterly, 2009, 10（3）.

[157] Gallup Consulting. Customer Engagement [EB/OL]. http://www.gallup.com/services/169331/customer engagement.aspx. 2000.

[158] Lantz J. Why does Customer Engagement Matter? [EB/OL]. http://www.peoplemetrics.com/blog/why does customer engagement matter. 2012.

[159] Boulding W, Kalra A, Staelin R, et al. Dynamic Process Model of Service Quality: From Expectations to Behavioral Intentions [J]. Journal of Marketing Research, 1993（30）: 7-27.

[160] Kiely M. Word of Mouth Marketing [J]. Marketing, 1993,（7）: 6.

[161] 马特, 郭艳红, 董大海. 四川成都第六届（2011）中国管理学年会——市场营销分会场论文集 [C]. 中国管理现代化研究会, 2011-09-24.

[162] Hoppock Robert. Job Satisfaction [M]. New York: Harper & Brothers Publishers, 1935.

[163] Herzberg F, Mausner B. The Motivation to Work [M]. New York: John Wiley & Sons Inc, 1959.

[164] Kahn, William Psychological Conditions of Personal Engagement and Disengagement at Work [J]. Academy of Management Joural, 1990, (4): 692-724.

[165] 卫巍. 高校行政人员员工满意度与敬业度的关系研究 [D]. 大连理工大学硕士学位论文, 2010: 1-50.

[166] 黄威, 包特力, 根白乙. 新生代知识型企业员工工作满意度与敬业度关系研究 [J]. 商场现代化, 2016, (9): 84-86.

[167] 马明, 陈方英, 孟华, 等. 员工满意度与敬业度关系实证研究 [J]. 管理世界, 2005, (11): 120-126.

[168] 兰玉杰, 张晨露. 新生代员工工作满意度与离职倾向关系研究 [J]. 经济管理, 2013, 35 (9): 81-88.

[169] 李鸿雁, 吴小节. 基于SET理论的知识型员工敬业度、工作能力与绩效关系研究 [J]. 科技管理研究, 2014, 34 (7): 222-228.

[170] 马凌, 王瑜, 邢芸. 企业员工工作满意度、组织承诺与工作绩效关系 [J]. 企业经济, 2013, 32 (5): 68-71.

[171] 惠调艳, 杨乃定. 工作满意度与绩效关系研究 [J]. 软科学, 2006, (4): 62-65.

[172] 刘云. 员工满意度与员工工作绩效关系实证研究 [J]. 重庆工学院学报, 2005, 4 (19): 59-62.

[173] 马学文. 员工满意度、员工敬业度与工作绩效的关系研究 [J]. 内蒙古科技与经济, 2023, (13): 41-43.

[174] Harter, James K, Frank L, et al. Business-Unit-Level Relationship between Employee Satisfaction Employee Engagement, and Business Outcomes: A Meta-analysis [J]. Journal of Applied Psychology, 2002, (2): 268-279.

[175] 柯特·科夫曼. 由此踏上成功之路 [M]. 放晓光, 译. 北京: 机械工业出版社, 2003.

[176] 迈克·贝纳特, 安德鲁·贝尔. 驱动力 [M]. 张义, 译. 北京: 电子工业出版社, 2006.

[177] Schaufeli W B, Bakker A B. Job Demands, Job Resources, Their Relationship with Burnout and Engagement: A Multi-Sample Study [J]. Journal of Organizational

Behavior, 2004, (3): 293-315.

[178] 陈方英, 于伟. 上司支持对饭店企业一线员工工作家庭冲突及工作绩效影响研究 [J]. 旅游论坛, 2011, 4 (6): 85-90.

[179] Smith, Patricia Cain, Lorne M, et al. The Measurement of Satisfaction in Work and Retirement [M]. Chicago: Rand McNally, 1969.

[180] 卢嘉, 时勘. 如何调查员工满意度 [J]. 中国人力资源开发, 2000, 20 (6): 32-33.

[181] 孙红志. 员工满意度、敬业度与绩效的关系——基于H公司的实证研究 [D]. 南京理工大学硕士学位论文, 2017.

[182] Maslach, Christina, Schaufeli, et al. Job Burnout [J]. Annual Review of Psychology, 2001, 52: 397-422.

[183] Schaufeli W B, Marti I M, Pinto A M. Burnout and Engagement in University Students: Across-National Study. [J]. Journal of Cross-Cultural Psychology, 2002, (5): 464-481.

[184] 张轶文, 甘怡群. 中文版 Utrecht 工作投入量表（UWES）的信效度检验 [J]. 中国临床心理学杂志, 2005, 34 (3): 268-270+281.

[185] 曾晖, 赵黎明. 企业员工敬业度的结构模型研究 [J]. 心理科学, 2009, 23 (1): 231-235.

[186] B M Beamon. Measuring Supply Chain Performance [J]. International Journal of Operations and Production Management, 1999, 19 (3): 275-292.

[187] J L Enos. Petroleum Progress and Profits: A History of Process Innovation [M]. Cambrige MA: MIT Press, 1962.

[188] Freeman C. The Economies of Industry Innovation [M]. Cambrige MA: MIT Press, 1982.

[189] 傅家骥. 技术创新学 [M]. 北京: 清华大学出版社, 1998.

[190] 朱睿, 李欣. "实质性议题"为企业践行可持续发展指点迷津 [EB/OL]. 第一财经 2021-07-19, https://www.yicai.com/news/101114703.html.

[191] 屠光绍, 王德全. 可持续信息披露标准及应用研究：全球趋势与中国实践 [M]. 北京: 中国金融出版社, 2022.

[192] 尤毅. ESG 中公司治理衡量指标体系构建初析 [J]. 海南金融, 2022, (9): 58-64.

[193] 陈夏旋. 公司治理评价体系比较研究 [J]. 中国市场, 2014, (49): 79-80+86.

[194] 李维安，张国萍［J］.经济理论与经济管理，2005，（9）：58-64.

[195] 安妮·布鲁金. 第三资源——智力资本及其管理［M］. 赵洁平，译. 大连：东北财经大学出版社，1998.

[196] 托马斯·A. 斯图尔特. "软"资产——从知识到智力资本［M］. 邵剑兵，译. 北京：中信出版社，沈阳：辽宁教育出版社，2003.

[197] John B H, Van R. How Effective are Fiscal Incentives for R&D［A］. Review of the Evidence［C］. Research policy，2000，29：449-469.

[198] 茅宁. 知识资产信息不对称性问题的探讨［J］. 外国经济与管理，2003，（9）：16-18.

[199] 张凤莲. 从无形资产价值的依附性谈国有产权拍卖交易方式［J］. 价格理论与实践，2006，（8）：62-63.

[200] Lucas R E. On the Mechanics of Economic Development［J］. Journal of Monetary Economics，1988，22（1）：3-42.

[201] 周其仁. 市场里的企业：一个人力资本与非人力资本的特别合约［J］. 经济研究，1996，（6）：71-80.

[202] Flamholtz E. Human Resource Accounting：Measuring Positional Replacement Costs［J］. Human Resource Management，1973，12（1）：8-16.

[203] 西奥多·W. 舒尔茨. 论人力资本投资［M］. 吴珠华，陈剑波，张伟，等译. 北京：北京经济学院出版社，1990.

[204] Snell S A, Dean J W. Integrated Manufacturing and Human Resource Management：A Human Capital Perspective［J］. Academy of Management Journal，1992，35（3）：467-504.

[205] Armstrong M. Performance Management［M］. London：The Cromwell Press，1998.

[206] Bate. Entrepreneur Human Capital Inputs and Small Business Longevity［J］. Review of Economics and Statistics，1990，72（4）：551-559.

[207] Chih-Hsien L, Songtao M. Market Implication of Human Capital［J］. Academy of Accounting and Financial Studies Journal，2011，（7）：59-87.

[208] 李倩，龚诗阳，姜博，等. 企业的人力资本投资对绩效的影响——基于中国工业企业的实证研究［J］. 投资研究，2015，34（4）：81-95.

[209] Huselid M A, Jackson S E, Schuler S R. Technical and Strategic Human Resource

Management Effectiveness as Determinants of Firm Performance [J]. Academy of Management Journal, 1997, (1): 171-188.

[210] 周文成, 赵曙明. 人力资源管理系统——改进企业人力资源管理效能的新路径 [J]. 南京邮电学院学报（社会科学版）: 2004, (6): 11-15.

[211] 布瑞·贝克, 马克·霍思利德, 大卫·尤瑞其. 人力资源计分卡 [M]. 郑晓明. 译. 北京: 机械工业出版社, 2003.

[212] 曹晓丽, 林牧. 基于人力资源计分卡的人力资源管理效能评价指标体系研究 [J]. 中国人力资源开发, 2010, (11): 35-38.

[213] Marc Uri Porat. The Information Economy: Definition and Measurement [J]. United States Office of Technology Special Publication, 1977, 12(1).

[214] 叶雅珍, 刘国华, 朱扬勇. 数据资产相关概念综述 [J]. 计算机科学. 2019, 46 (11): 20-24.

[215] Tapscott D, Ticoll D, Lowy A. Digital Capital: Harnessing the Power of Business Webs [M]. Boston MA: Harvard Business School Press, 2000.

[216] 许秀梅, 尹鑫, 孙志亮. 数字资本理论的兴起与发展 [J]. 财会月刊, 2022, (1): 48-53.

[217] McAfee A, Brynjolfson E. Big Data: The Management Revolution [J]. Harvard Business Review, 2012, (10): 60-68.

[218] Miiller O, Fay M, Janvom B. The Effect of Big Data and Analytics on Firm Performance: An Econometric Analysis Considering Industry Characteristics [J]. Management Information Systems, 2018, (2): 488-509.

[219] 何帆, 刘红霞. 数字经济视角下实体企业数字化变革的业绩提升效应评估 [J]. 改革, 2019, (4): 137-148.

[220] 刘平峰, 张旺. 数字技术如何赋能制造业全要素生产率？[J]. 科学学研究, 2021, (8): 1396-1406.

[221] 周青, 王燕灵, 杨伟. 数字化水平对创新绩效影响的实证研究——基于浙江省73个县（市、区）的面板数据 [J]. 科研管理, 2020, (7): 120-129.

[222] 祁怀锦. 数字经济对公司治理的影响——基于信息不对称和管理者非理性行为视角 [J]. 改革, 2020, (4): 50-60.

[223] 刘业政, 孙见山, 姜元春. 大数据的价值发现: 4C模型 [J]. 管理世界, 2020,

(2): 129-138+223.

[224] 庞瑞瑞, 汪明艳. 我国制造业数字化转型指数评估 [J]. 财会月刊. 2023, 44 (18): 116-123.

[225] Vial G. Understanding Digital Transformation: A Review and a Research Agenda [J]. The Journal of Strategic Information Systems, 2019, (2): 118-144.

[226] 刘政, 姚雨秀, 张国胜, 等. 企业数字化、专用知识与组织授权 [J]. 中国工业经济, 2020, (9): 156-174.

[227] 殷群, 田玉秀. 数字化转型影响高技术产业创新效率的机制 [J]. 中国科技论坛, 2021, (3): 103-112.

[228] 范德成, 王娅. 传统企业数字化转型对其创新的影响研究——以汽车制造企业为例 [J]. 软科学, 2022, (6): 63-70.

[229] 向显湖, 李永焱. 试论企业组织资本与财务管理创新 [J]. 金融研究, 2009, 2: 199-206.

[230] Prescott E C, Visscher M. Organization Capital [J]. Journal of Political Economy, 1980.

[231] Evenson R E, Westphai I E. Technological Change and Technology Strategy [J]. Handbook of Development Economics, 1995, (3): 2209-2299.

[232] 翁君奕. 企业组织资本理论——组织激励与协调的博弈分析 [M]. 北京: 经济科学出版社, 1999.

[233] 赵顺龙, 陈同扬. 企业组织资本略论 [J]. 学海, 2003, (3): 81-84.

[234] 徐茗丽, 孔东民, 代昀昊. 组织资本与企业创新 [J]. 金融学季刊, 2016, 10 (1): 73-96.

[235] Lev B, Radhakrishnan S, Zhang W. Organization Capital [J]. Abacus, 2009: 45 (3): 275-298.

[236] Atkeson A, Kehon P J. Modeling and Measuring Organization Capital [J]. Journal of Political Economy, 2005, 113 (5): 1026-1053.

[237] 邸强, 唐元虎. 组织资本与企业绩效关系的实证研究 [J]. 哈尔滨商业大学学报（自然科学版）: 2005, (3).

[238] 张钢, 陈劲, 许庆瑞. 技术、组织与文化的协同创新模式研究 [J]. 科学学研究, 1997, (2).

[239] 吉利，程冕，许自坚. 组织资本：研究综述和中国企业实践 [J]. 管理会计研究. 2022，（6）：56-67.

[240] 陈传明，张敏. 企业文化的刚性特征：分析与测度 [J]. 管理世界，2005，（6）：101-106+172.

[241] 刘超. 企业组织资本价值创造能力管理研究 [D]. 大连理工大学，2008.

[242] 邓康林，向显湖. 公司财务管理的新视野：组织资本与人力资本 [J]. 财经理论与实践，2009，01：51-55.

[243] Hall R E. E-Capital: The Link between the Stock Market and the Labor Market in the 1990s [J]. Brookings Papers on Economic Activity, 2000,（2）：73-102.

[244] Hall R E. The Stock Market and Capital Accumulation [J]. American Economic Review, 1991,（5）：1185-1202.

[245] 刘海建，陈传明. 企业组织资本、战略前瞻性与企业绩效：基于中国企业的实证研究 [J]. 管理世界，2007，（5）：83-93.

[246] Norreklit. The Balanced Scorecard: What is the Score? A Rhetorical Analysis of the Balanced Scorecard [J]. Accounting, Organizations and Society, 28.

[247] J Matthews, Katel. The Cost of Quality: Faced with Hard Times, Business Soars on Total Quality Management [J]. Newsweek. 1992.

[248] Ittner C, D Larcker. The Performance Effects of Process Management Techniques [J]. Management Science, 1997, 43（4）：523-534.

[249] Mittal W M, Lassar. The Role of Personalization in Service Encounters [J]. Journal of Retailing, 1996, 72（1）.

[250] Fornell. The Quality of Economic Output: Empirical Generalizations About Its Distribution Share [J]. Marketing Science, 1995, 14（3）.

[251] 黎航. 平衡计分卡因果逻辑关系实证研究——以重污染企业为例 [D]. 昆明理工大学硕士学位论文，2016.

[252] Birdi C, Allan P, Warr. Correlates and Perceived Outcomes of Four Types of Employee Development Activity [J]. Journal of Applied Psychology, 82（6）.

[253] Blau. Testing the Longitudinal Impact of Work Variable and Performance Appraisal Satisfaction on Subsequent Overal Job Satisfaction [J]. Human Relations, 1999, 52（8）.

[254] M S Krishnan, V Ramaswamy, M C Meyer, et al. Customer Satisfaction for Financial Services: The Role of Products, Services and Information Technology [J]. Management Science, 1999, 45 (9).

[255] R A Spreng, R Mackoy. An Empirical Examination of a Model of Perceived Service Quality and Satisfaction [J]. Journal of Retailing, 1996, 72.

[256] 宋典. 平衡计分卡执行企业战略的有效性问题研究 [D]. 南京农业大学博士学位论文, 2006.

[257] 冉立平. 基于平衡计分卡的企业战略实施研究 [D]. 哈尔滨工业大学博士学位论文, 2009.

[258] 胡元林, 黎航. 平衡计分卡因果逻辑关系的实证 [J]. 统计与决策, 2017, (1): 87-89.

[259] 瑞·达利欧. 原则 [M]. 崔苹苹, 刘波, 译. 北京: 中信出版社, 2018.

[260] 杨克军. 供应链质量管理: 概念、战略及方法 [M]. 北京: 中国标准出版社, 2019.

[261] 克雷沙·帕利普, 保罗·M. 希利. 经营透视——企业分析与评价 [M]. 4版. 朱荣, 译. 大连: 大连财经大学出版社, 1998.

[262] 周蒙. 基于改进杜邦分析法的豫能控股营利能力分析及提升策略研究 [D]. 江西理工大学, 2023.

[263] 杨有红. 整合内部控制与风险管理, 助推企业可持续性发展 [J]. 财会月刊. 2022, (16): 18-22.

[264] Rothbard N P. Enriching or Depleting? The Dynamics of Engagement in Work and Family Roles [J]. Administrative Science Quarterly, 2001, 46 (4): 655-684.

[265] 周施恩. 盖洛普的"S路径"模型 [J]. 企业管理, 2013, (9): 52-53.

[266] Appelbaum E, Bailey T, Berg P, et al. Manufacturing Advantage: Why High-Performance Work Systems Pay Off [M]. Ithaca: Cornell University Press, 2000.

[267] 王君. 高绩效工作系统对员工敬业度的影响 [J]. 合作经济与科技, 2017, (15): 143-144.

[268] 王玉珏. 基于AMO理论的华为高绩效工作系统研究 [J]. 现代管理科学, 2019, (2): 109-111.

[269] Kraljic P. Purchasing Must Become Supply Management [J]. Harvard Business Review, 1983: 9-117.

[270] Oliver Sheldon. The Philosophy of Management [M]. London Sirlsaae Pimanand Sons Ltd, 1965.

[271] 迈克尔·波特. 国家竞争优势 [M]. 李明轩, 邱如美, 译. 北京: 华夏出版社, 2002.

[272] Michael E, et al. Creating Shared Value [J]. Harvard Business Review, 2011, 1.

[273] 姚雯, 邓俊荣. 共享价值理念与战略性企业社会责任构建 [J]. 价值工程, 2015, 34 (34): 74-75.

[274] 普拉哈拉德. 金字塔底层的财富 [M]. 林丹明, 徐宗玲, 译. 北京: 中国人民大学出版社, 2005.

[275] 龙成志. 创造共享价值: 新时代背景下企业竞争战略新范式 [J]. 清华管理评论, 2021, (Z2): 65-73.

[276] 单茜, 叶志锋. 京东集团的共享价值创造——基于 ESG 视角 [EB/OL]. //http: 16517/j.cnki. cn12-1034/f. 20230613. 002.

[277] 李彦勇, 杨爱平. 跨国公司创造共享价值战略运作机制研究 [J]. 对外经贸, 2021, (9): 11-14.

[278] 李兵. 实施瓶颈管理是当前中国企业的最好选择 [J]. 电子制作, 2014, (4): 294.

[279] 艾利·高德拉特, 杰夫·科克斯. 目标 [M]. 3版. 齐若兰, 译. 北京: 电子工业出版社, 2006.

[280] 靳松. 基于 TOC 的 NH 公司经营管理研究 [D]. 沈阳航空航天大学, 2022.

[281] Todd Creasy. 6TOC 改善方法——整合精益、六西格玛和约束理论 [J]. 上海质量, 2015, (3).

[282] 段永刚, 等. 全面质量管理 [M]. 4版. 北京: 中国科学技术出版社, 2018.

[283] 田芳. 标杆管理及其在绩效评估中的应用 [D]. 大连海事大学, 2004.

[284] 杨跃进. GE 能做到, 我们能做到吗? [J]. 中国质量, 2003, (12): 2.

[285] 菲利浦·克劳斯比. 质量免费 [M]. 杨钢, 林海, 译. 太原: 山西教育出版社, 2011.

[286] 于海澜, 唐凌遥. 企业架构的数字化转型 [M]. 北京: 清华大学出版, 2019.

[287] 凯文·莱恩·凯勒. 战略品牌管理 [M]. 4版. 吴水龙, 何云, 译. 北京: 中国人民大学出版社, 2015.

[288] 侯孝德. 如何利用品牌权益模型创建自主品牌 [J]. 商业时代, 2006, (3): 46-47.

[289] 樊潮. 基于CBBE模型的宝洁品牌价值提升策略研究 [J]. 广西质量监督导报. 2019, (8): 73-74+69.

[290] 张有绪. 品牌资产测度方法构建研究［J］. 商业研究，2011，（1）：32-38.

[291] 张有绪. 品牌资产模型与测度方法研究［D］. 东北财经大学，2009.

[292] 胡红卫. 研发困局［M］. 北京：电子工业出版社，2009.

[293] 白俊峰. 集成式产品开发方法及其在中国企业的应用研究［D］. 四川大学，2006.

[294] 香港交易所. 按照 TCFD 建议汇报气候信息披露指引［EB/OL］. http：//www.hkex.com.hk/.

[295] 林文钦. 政府质量奖现场评审存在问题及注意事项［EB/OL］. http：//epaper.cqn.com.cn/html/2015-03/09/content_16542.htm?div=-1.

[296] 任婷钰，王宗军. "长江质量奖"对企业价值及区域经济的贡献及政策建议［J］. 财会月刊，2016，（21）：76-79.

[297] 姜辉，顾穗珊. 中国政府质量奖发展现状及其效益评价研究［J］. 管理科学与工程. 2018，7（3）：179-189.